地铁盾构法隧道下穿工程

周顺华　著

科学出版社
北　京

内容简介

本书针对近年来大量出现地铁盾构法隧道下穿铁路和其他既有建筑物所面临的工程风险，从设计理论和施工控制技术两方面系统阐述下穿工程涉及的理论问题和实践问题。全书共12章，包括下穿施工对环境的影响、下穿施工变形分析、辅助措施、施工监测、设备管理、设计方法和工程实例等。本书具有如下特点：①在设计理念上将传统下穿工程以被动防护为主改为主动控制；②在技术措施上将单一措施改为系统控制；③将控制应力释放作为下穿安全的基本原理。

本书可作为城市轨道交通工程、隧道及地下工程领域的相关技术人员的参考书，也可以供相关专业的研究生参考。

图书在版编目(CIP)数据

地铁盾构法隧道下穿工程/周顺华著. —北京：科学出版社，2017.10
ISBN 978-7-03-054697-5

Ⅰ. ①地…　Ⅱ. ①周…　Ⅲ. ①地铁隧道-隧道施工-盾构法-研究
Ⅳ. ①U231

中国版本图书馆CIP数据核字(2017)第244236号

责任编辑：杨向萍　张晓娟 / 责任校对：桂伟利
责任印制：赵　博 / 封面设计：熙　望

科学出版社 出版
北京东黄城根北街16号
邮政编码：100717
http://www.sciencep.com
北京中石油彩色印刷有限责任公司 印刷
科学出版社发行　各地新华书店经销
*
2017年10月第　一　版　开本：720×1000　1/16
2024年 1 月第六次印刷　印张：21 3/4
字数：438 000
定价：180.00元
(如有印装质量问题，我社负责调换)

前　　言

从第一次接手地铁盾构法隧道下穿运营铁路的专题研究算起，至今已有十多年了。十多年来，百余项下穿工程的方案设计、计算分析、施工控制方法以及实施中的监测是我这个研究团队引以为豪的工作之一，这些工作也不断地丰富着我对工程和科学的认识。受业界多位前辈的鼓励，我决定对这些成果进行系统总结，以便为更多的工程建设提供服务。我虽犹豫，但还是在几年前就着手这项工作，无奈繁杂之事缠身，进展缓慢，幸好自前年开始，团队中陆续有几位年轻朋友加入，分担了我的许多事务，书稿的进展才得以提速。

盾构法隧道本是在地层中利用盾构机穿越施工的一种方法，所谓盾构法隧道下穿似有画蛇添足之嫌。其实就工程而言，虽然同为穿越，但当上部的制约条件不同时，对施工控制来说差别悬殊，有时甚至不是通过施工控制就能解决的，而需要从方案着手才能实现穿越施工。所以本书之下穿，是有严格变形控制或功能要求的建筑物或构筑物存在之下穿。

团队中与我共事多年的王炳龙、宫全美两位教授对本书稿的完成挥发了非常重要的作用，正是他们无私的支持才使得这个团队能够发展壮大，正是拥有一个团结的团队，才使得我们能够承担一些具有高难度的科研项目。肖军华、孙玉永、杨永平、张银屏、庄丽、周冠南、代仁平、向科、王春凯、臧延伟、吕培林、汪江、贾剑、季昌、陕耀、吴迪、李雪、王培鑫、张继鹏等20多位博士后、博士生、硕士生先后参与下穿工程的专题研究；近年加入团队的杨新文副教授也参与了部分专题的研究工作；许恺教授、余儿忠工程师、刘宇宏、姚西平、刘畅、庞晨睿等承担了若干现场监测工作，为下穿专题研究提供了现场第一手资料，这些资料使得我们的计算精度不断地提高，控制方法也更具针对性。

盾构法隧道的下穿施工是一项系统工程，计算分析是为决策服务的，离开计算的决策是经验，仅仅依靠计算的决策可能会导致失误，只有考虑了方案、设备、地层、人员技术水平等因素的决策才是科学合理的。因此，在做下穿专题研究中需要具有不同专长的研究成员，只有团队的组合才使得研究结果更为可靠。

本书是对我们团队近十多年来针对下穿工程研究所取得成果的总结，书中的成果包含了同济大学轨道交通结构建养课题组所有成员的贡献，感谢这个集体，感谢曾经在这个集体中生活过的每一个成员。

前言的上述部分是我在2015年春节期间写的，当时已完成了几章书稿。2015年至今，我国城市轨道交通发展迅猛，无论建设还是运营都面临越来越复杂的技术问题和理论问题，尤其在这一时期，下穿高铁的工程数量迅速增加，我们团队承担了《公路与市政工程下穿高速铁路技术规程》的制定工作，书稿的工作一度中断。《公路与市政工程下穿高速铁路技术规程》的初稿基本完成之后，才恢复书稿的写作。这期间，团队又增加了新的成员：付龙龙和金浩加入了团队的研究工作，宋福贵和吴挺主要承担下穿铁路工程的专题论证。书稿的整理和绘图是一项非常烦琐的工作，研究生舒瑶、张佳伟、张润来等承担了大量文整工作。

随着2017年“五一”小长假的来临，全书终于进入了最后的编排阶段。希望通过本书中12章的内容，将盾构法隧道下穿施工所涉及的工程问题分别从工程、理论、技术三个方面介绍给读者。首先，从工程视角，主要通过物理概念、工程地质、环境和管理等要素来理解下穿所面临的独特问题；其次，在理论方面，本书试图回避传统的本构理论，而是以应力释放作为下穿施工的切入点，结合盾构机掘进施工的工作原理，进行相关的理论分析；最后，在技术方面，本书则从设计、施工控制、监控量测、辅助措施这几个方面构成下穿施工的安全控制技术体系。对于下穿工程，本书希望以主动控制解决施工安全并保障运营期间结构的性能。全书的最后一章提供了下穿铁路的几个典型案例，因为在所有下穿工程中，下穿铁路涉及行车安全，从技术层面分析是最为复杂的。

由于个人认识的局限，书中难免存在不足之处，恳请读者指正。

周顺华

2017年4月

目　　录

第1章 绪　　论

我国于1953年首次采用ϕ2.66m手握式盾构机在辽宁阜新煤矿修建疏水巷道,1957年又在北京分别采用ϕ2.0m和ϕ2.6m手握式盾构机修建了下水管道,1962年在上海塘桥试验基地试推了ϕ4.2m手握式普通敞胸盾构机,1965年又在上海02工地试推了ϕ5.8m网格挤压式盾构机。上述工作对我国盾构法隧道的发展起到了非常重要的推动作用。1966年,我国第一条越江盾构交通隧道正式于上海打浦桥开建,该工程采用ϕ10.22m网格挤压式盾构机。我国地铁工程的盾构法隧道于1980年在上海曹溪河地铁试验段开工,采用ϕ6.4m网格挤压式盾构机。1990年,上海轨道交通1号线正式采用ϕ6.43m土压平衡盾构机开工建设,此后盾构法在我国得到了飞跃式发展。迄今,我国已建成地铁盾构法隧道近3000km,在今后的若干年里仍将以每年数百公里的建设速度快速发展。目前,我国已经是世界上最大的盾构法隧道运营和建设国家。

1.1 我国轨道交通的规划建设概况

截至2015年底,我国内地已有北京、上海、广州、天津、重庆、佛山、深圳、武汉、南京、沈阳、长春、哈尔滨、大连、长沙、郑州、宁波、成都、无锡、西安、昆明、苏州、杭州、南昌、青岛、淮安等25个城市共开通93条城市轨道交通运营线,总里程达到3010.6km。其中,隧道里程近2100km,除北京地铁部分隧道采用浅埋暗挖,哈尔滨地铁部分隧道利用既有人防工程改建,广州、深圳、青岛和南京地铁个别区间采用浅埋暗挖法修建之外,其余均采用盾构法修建。除了上述已开通城市轨道交通运营的25个内地城市外,目前在建的城市还有青岛、合肥、常州、太原、乌鲁木齐、兰州、南宁、石家庄、厦门、东莞、福州、绍兴、昆山等,预计我国需要修建城市轨道交通的城市将超过40个。

我国城市轨道交通的修建始于北京、上海、广州等特大城市,这类城市除了人口规模大,也是国家的政治、文化和经济中心。随着综合国力的提升,城市轨道交通的建设也由国家级中心向区域级中心或地区级中心扩展,形成了庞大的建设市场。此外,我国高速铁路的快速发展超越了许多城市发展规划,在短短几年中建成的高速铁路网已经改变了一些城市的格局,不得不使后建的城市轨道交通面临穿越运营高铁的困境。

各地城市轨道交通的规划极少有真正长远的远景规划,以北京市为例,1957

年规划的城市轨道交通网为两横两纵两斜一环共 7 条线；1983 年的规划改为四横三纵一环共 8 条线 1993 年规划了 8 条地铁线加 4 条市郊铁路共 12 条线；到了 1999 年又调整为 13 条线；2003 年规划了三环四横五纵七放射共 19 条线。上海市的情况也大致相同，20 世纪 50 年代开始规划了 3 条线，1979 年调整为四线一环，1984 年进一步调整为 4 条直径线、1 条半径线、1 条环线、1 条半环线的 7 线规划。从 1990 年开始，上海市的轨道交通规划基本稳定在 17～19 条线的规模。

从上述情况可以发现，无论哪个城市对城市轨道交通的规划都是动态的，每过若干年就需要调整一次，调整的实际效果更多体现在线路数量的增加和总里程的增加，而这种扩张式的增加势必会遇到下穿已有的重要建(构)筑物。以杭州地铁 1 号线为例，图 1.1 是杭州地铁 1 号线的“Y”字形线路走向。线路由南至北先在萧山区下穿沪昆铁路，接着穿越钱塘江，然后在铁路杭州城站下穿 17 股道的站场和站房，到了艮山门下穿 26 股道的铁路编组站，再下穿沪昆铁路的杭州东站，最后在余杭区下穿行车速度为 300km/h 的沪杭高铁(设计速度 350km/h)，从城

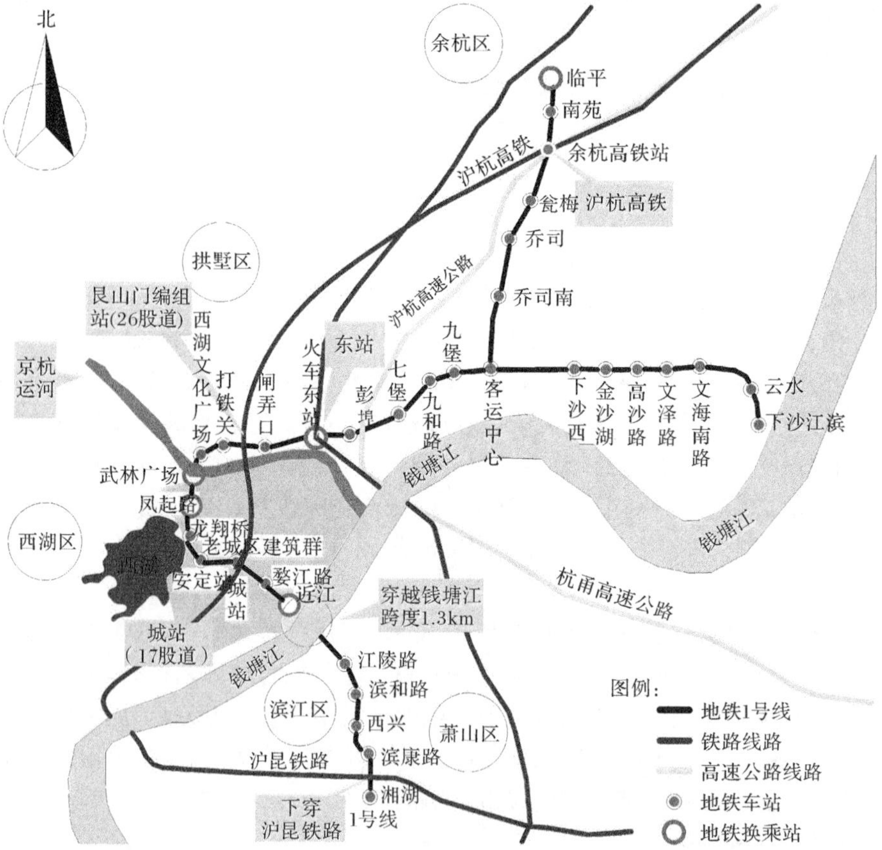

图 1.1 杭州地铁 1 号线“Y”字形线路走向

站到艮山门区段将穿越老杭州城区。老杭州城区的特点是街道狭窄、历史建筑物密集。杭州地铁线路施工的最大困难在于上述这些穿越工程。

1.2 下穿类型

城市轨道交通的盾构法隧道在地层中穿越施工会遇到各种形式的下穿工程,就一般工程而言,下穿施工只需进行常规的控制,但对于一些重要或特殊的建(构)筑物,由于其重要性或对变形的敏感性,因此需要采取特别严格的施工措施才能保证下穿施工的成功完成。此外,对某些工程来说,下穿施工仅仅是一方面,更重要的是施工完成之后,轨道交通车辆运行与被穿体之间存在某种复杂的相互影响,这种持续且长期的相互影响会对运行造成无法想象的危害,这也是下穿工程所必须面对的。

下穿工程的类型可以根据几种不同的方式进行划分:根据被穿体的不同,可以分为下穿交通线、下穿建筑物(单体)、下穿建筑群、下穿管线、下穿堤坝、下穿特殊的河流等;根据盾构法隧道与下穿体之间的平面几何关系,可以分为正交下穿、斜交下穿、小角度斜交下穿、部分下穿、切角下穿、侧下穿等;根据埋深关系,可以分为浅埋下穿和深埋下穿。

盾构机从桥墩侧面穿越、从堤坝下穿越或从建筑物下穿越,所产生的变形可以形象地表示为图 1.2 所示的情况,很显然,变形的大小与施工控制、土层等诸多因素有关。

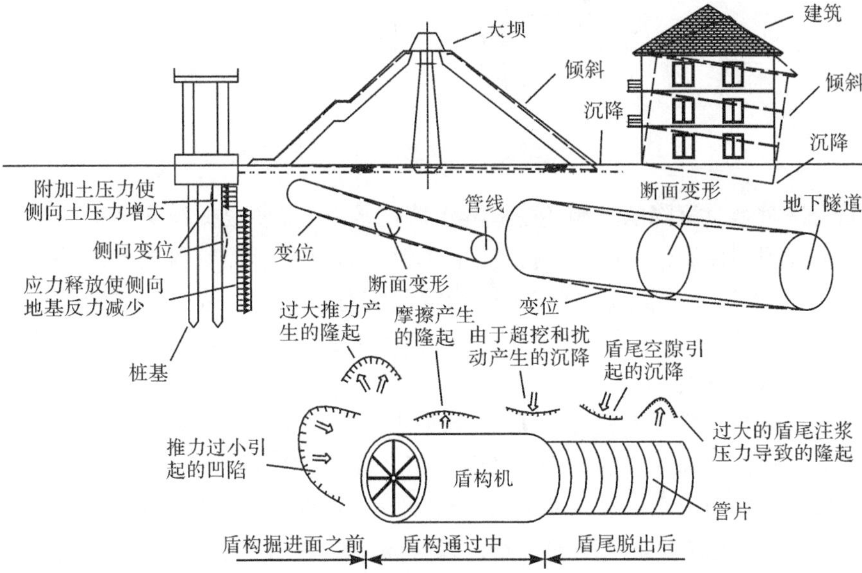

图 1.2 下穿施工的影响

工程地质条件对下穿方案的影响至关重要,是决定下穿施工措施乃至后续运营条件的重要因素。因此,在下穿工程分类时,需要考虑地质条件的特性。根据已有的实践,下穿工程所处的地层特性可以分为软黏土、黏土、软岩、复合地层和硬岩五类。其中,软黏土又可以进一步细分亚类:高灵敏性淤泥质土层、淤泥质土层、易液化土层等。软黏土由于强度低,地层损失难以控制,从而引起的变形量比较大,是下穿工程需要研究的重点。

1.3 下穿施工面临的问题

下穿施工面临的根本问题是变形控制。变形控制需要根据被下穿结构的特征,分绝对量和相对量两个方面进行控制。当绝对量控制得非常严格时,相对量便自然满足要求。当某些条件下绝对量难以严格控制时,相对量的控制就显得尤为重要。相对量的控制要从随着盾构掘进动态移动的三维沉降盆来考虑差异沉降的控制方面入手。以下穿铁路为例,如图 1.3 所示,随着盾构临近线路,两根钢轨会发生差异沉降,这是对行车安全最为不利的。

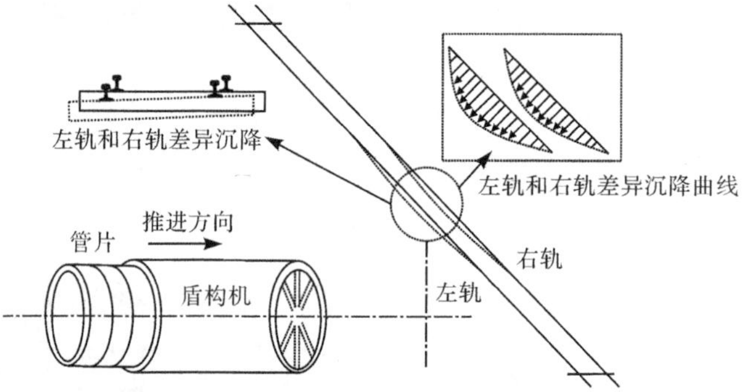

图 1.3 某隧道下穿路基时钢轨差异沉降

无论是对绝对沉降的控制还是差异沉降的控制,都要根据被穿结构的抗变形要求制定合理的控制值,这是下穿施工的关键。合理变形控制值的确定是非常困难的,因为在此次下穿施工之前,难以确定此前有多少次工程行为对结构物产生过影响。也就是说,下穿施工之前结构的已有变形是个未知量,这需要对结构物的状态进行综合判断。

变形控制的难易很大程度上取决于地层的工程特性和力学性质以及特定地层条件下盾构机型和配置的选择。随着施工机械化程度的不断提高,设备的适应性常常影响工程的成败。就盾构施工下穿而言,刀盘与面板的形式、开口率和刀盘的配置、同步注浆管路系统的设置以及注浆泵的数量和容量,都会影响施工中变形控制的效果,这些工作都是在下穿施工之前必须考虑的。

解决了施工机械的配置之后，接着需要研究的是施工参数。相同的装备在不同的土层中，应该对应不同的施工参数；相同的土层采用不同的施工机械时，也应该采用不同的施工参数；此外，隧道的线型也对施工参数的选择有所影响。除上述因素外，被穿结构与土层之间的作用特性对施工参数的确定也会产生影响。所以施工参数的正常确定是下穿施工中的一个重要环节，以前的施工主要靠经验，由经验上升到科学，这是工程师和科学家所要解决的问题。

有了合适的施工机械和合理的施工参数，还必须保证在实施中能够贯彻和执行，这是下穿施工中不可忽视的环节。要解决这一问题，需要从信息化、管理和监管三方面着手。信息化施工是现代施工的一大特征，它不仅能够提供施工所需要的各种信息数据，更重要的是能够为管理和监管提供科学依据。除了组织构架和规章制度，管理还应该有内在的技术理念、应变处置等方面的内容，这与队伍的总体素质密切相关。监管是独立于施工和监理的机构。

信息化技术一方面需要不断地引入新技术，另一方面需要实现信息化的取点更加合理和可靠，尤其是对于下穿铁路等具有动力响应的结构物，信息点的布置是相当重要的。

1.4 本书的宗旨

在过去的20年中，我国是世界上最大的盾构法隧道施工市场，20年前我国的盾构机多数是进口的。近10年来，我国已经逐渐开始合资生产或自行生产盾构机，在今后的20年中，我国依然是世界上最大的盾构法隧道施工市场。20年前盾构法隧道遇到地表有重要建筑物时，大多采用避让方式，以牺牲隧道线型为代价，后来逐渐能够穿越一些比较重要的建筑物。工程的建设总是先易后难、循序渐进的。可以预见，随着建设规模的增加，今后盾构法隧道下穿施工的难度将越来越大，数量也会越来越多。及时对过去的理论方法和技术成果进行系统总结，有助于指导今后的实践。

本书试图从系统的理论方法着手，通过下穿施工引起被穿结构的变形和盾构掘进施工原理，来阐述盾构法隧道下穿施工的控制措施和方法，希望从理论上对下穿施工控制给予解释，如果能够解答工程师们的某些疑惑，那么作者认为这本书就成功了。

需要指出的是，盾构法隧道下穿工程是一项系统工程，影响因素众多，而重要的影响因素会随现场情况的变化而发生变化，某些前期是次要影响因素，因外部情况变化会转变成主要影响因素；相反，某些前期是主要影响因素，由于外部条件的变化也会降为次要因素。工程人员只有熟知原理，及时掌握施工现场的动态，才能因时、因势采取针对措施，使施工按照预想的轨迹进行。

第 2 章　下穿施工的影响

下穿施工与其他隧道工程的区别在于：下穿工程必须保证被穿体的安全和功能。换言之，被穿体的结构特征与功能直接决定了下穿施工的控制要求，而不同的控制标准决定了不同的技术措施。因此，需要先讨论下穿施工对被穿体的影响问题。

2.1　下穿施工的特点

下穿施工具有以下特点：

(1) 与其他隧道工程的施工相比，下穿施工对变形的控制更为严格，需要更高精度的变形计算理论。

(2) 因为变形控制严格，在下穿施工时需要更为精细的施工控制方法，对施工设备而言，应该采用智能化的装备，以提高实际的控制效果。

(3) 需要更高精度的变形监控量测方法，以保证下穿施工的顺利进行。

可见，适应小变形控制贯穿于下穿施工全过程。另外，由于被穿体的不同，在穿越区产生的附加应力也不相同。例如，房屋建筑仅产生静止附加力，穿越铁路就面临列车产生的振动附加力，这两者对施工的影响也不相同。反之，由于被穿体的不同，对穿越施工产生的变形控制要求也各不相同。例如，下穿有砟轨道和下穿无砟轨道相比，由于轨道类型不同，对允许发生的施工变形值也相差甚大，这就导致因被穿体结构类型和功能不同而对下穿施工控制提出了显著差别的要求。因此，必须从下穿施工对不同被穿体的影响着手，讨论下穿施工对环境影响的问题。

2.2　下穿建筑物

下穿建筑物施工产生的影响主要体现在建筑物的变形方面，于是建筑物的类型、结构特征、使用年限等均要逐一考虑。对于建筑物的类型，要区分多层、高层，砖混结构和框架结构，还要进一步区分基础的类型，如筏板基础、复合地基、深基础等，类型不同，对变形的适应要求也不同。下面分别讨论下穿施工对不同类型建筑物产生的影响。

2.2.1　下穿多层建筑

多层建筑分为砖混结构和框架结构两大类型。下穿施工对砖混结构产生的影响主要体现在砌体的开裂和房屋结构的倾斜变形两个方面。砌体开裂最容易发生在窗台或墙面的斜裂纹，如图2.1所示。

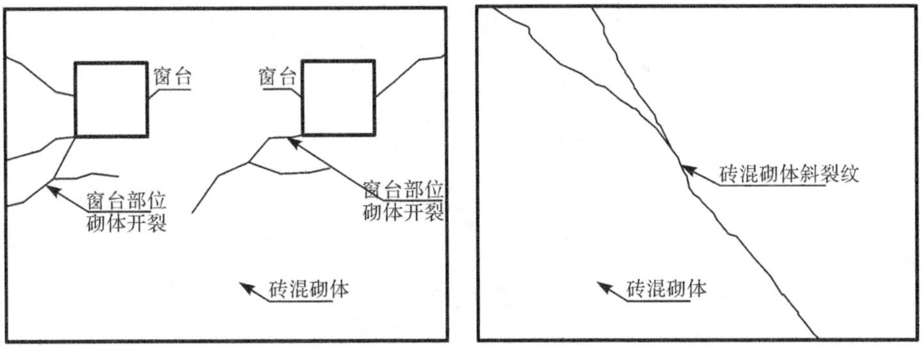

(a) 窗台位置砌体开裂　　(b) 砖混砌体墙面的斜裂纹

图2.1　砌体开裂形式

砌体开裂的位置、形式以及裂缝的宽度等除了受施工的影响，还与基础的类型有关。在抵抗墙体开裂方面，条形基础的刚度影响可忽略不计；但如果是箱形基础，则基础刚度在墙体抗开裂方面的作用必须考虑；如果是复合地基，则下穿施工变形对复合地基承载力损失的影响是至关重要的。

个别地区的多层建筑也采用深基础，下穿施工对深基础的影响主要是通过施工变形造成桩基承载力损失产生的。

多层建筑物的倾斜主要是由下穿施工引起不均匀沉降造成的。下穿施工引起的不均匀沉降除了常规的沉降槽，还与施工失水引起的固结沉降有关，大多数情况下，施工引起的沉降槽如图2.2所示，其影响范围取决于土层性质、施工参数以及盾构机的姿态控制等方面。

2.2.2　下穿高层建筑

高层建筑(含超高层)一般为钢筋混凝土结构或钢结构，结构的整体性好，加上高层建筑大多采用深基础(如桩基础)，下穿施工会对部分桩基产生影响，于是下穿施工研究重点为桩基的影响程度及其对上部结构的变形影响。下穿高层建筑与桩基之间的关系可以分为以下几种：①从桩基侧面穿过，如图2.3(a)所示；②切桩穿越，这需要截桩或对截断的桩基进行托换处理，如图2.3(b)所示。

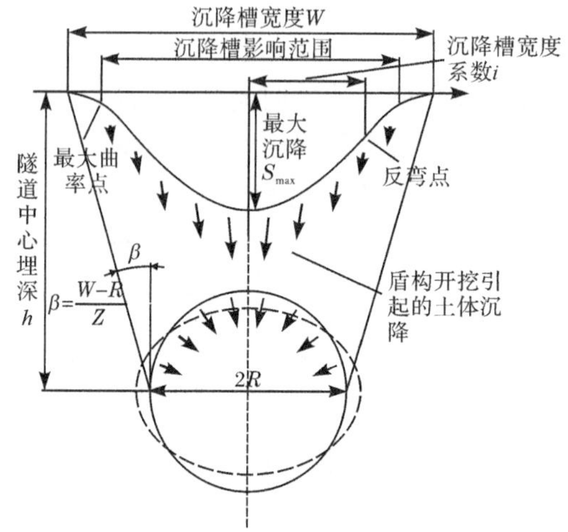

图 2.2　施工引起的沉降槽

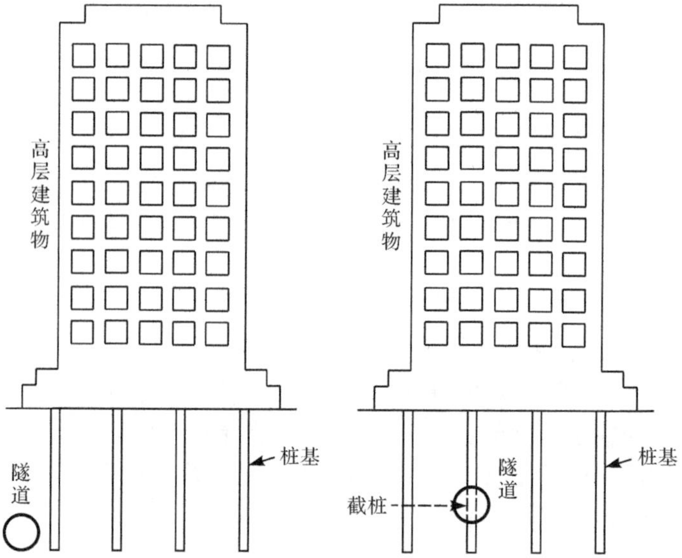

(a) 侧穿建筑　　(b) 切桩穿越

图 2.3　下穿高层建筑

无论侧穿还是切桩穿越，首先要考虑桩基的承载方式是摩擦桩还是端承桩，其次，穿越位置与桩基的空间距离关系直接决定了影响的程度。如图 2.4 所示分别为从桩基上部、中部和下部侧穿，施工变形对桩基产生的负摩擦影响显然也各不相同，这是穿越施工所需研究的重点。此外，除了施工期的影响，隧道在使用阶段产生的后期沉降对桩基产生长期影响，这也需要进行影响分析。

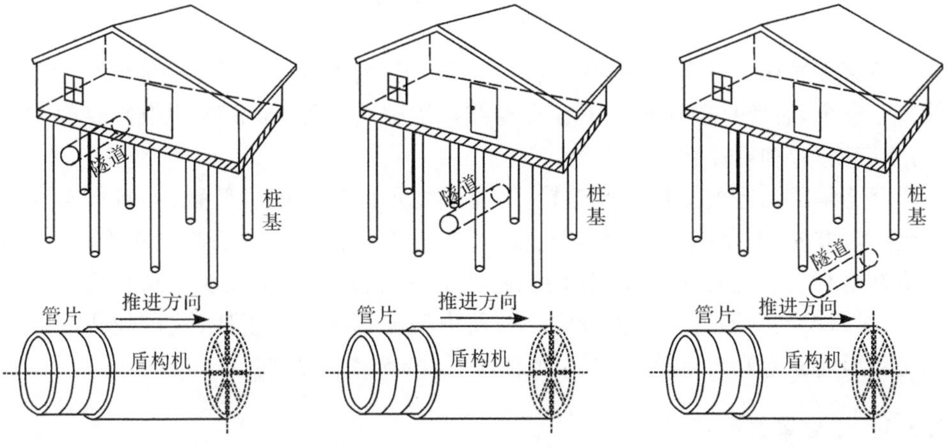

(a) 上部穿越　　(b) 中部穿越　　(c) 下部穿越

图 2.4　下穿桩基位置

2.2.3　下穿厂房高塔等其他建筑

厂房的特点是跨度大，而且在个别墙或桩的位置还具有特殊的承重体，如吊车荷载等。下穿厂房需根据厂房的特殊结构形式进行专门分析，重点应研究下穿位置对厂房基础产生的差异沉降，尤其是相邻几个承重基础之间所发生的差异沉降，如图 2.5 所示。同样，对于高塔结构，应重点研究穿越引起的高塔倾斜问题，如图 2.6 所示。

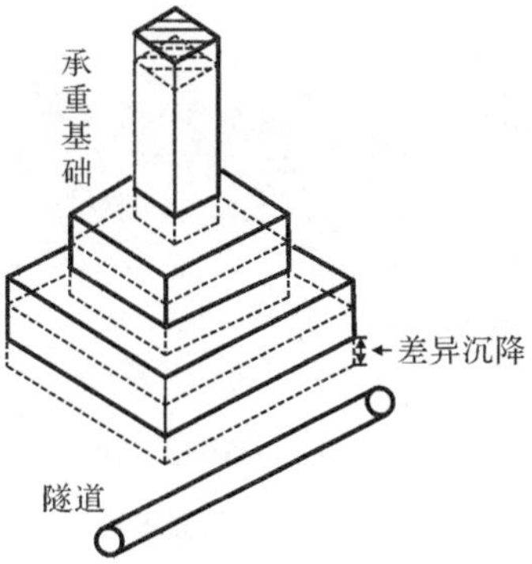

图 2.5　承重基础之间的差异沉降

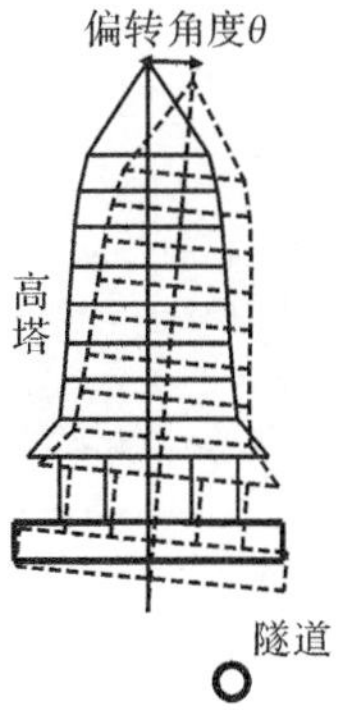

图 2.6　高塔结构倾斜示意图

2.3 下穿交通线

下穿交通线与下穿建筑物的最大区别在于：前者受行车荷载影响，而且要确保行车安全，后者是静荷载。下穿交通线可以分为公路（含机场跑道）、普通铁路（含重载铁路）和高速铁路三大类。

公路承载的运载工具是橡胶轮，对路面变形的适应能力较强，而且行车速度控制比较方便，下穿施工控制相对比较容易。下穿机场跑道面临飞机滑行安全，飞机在滑行时受上浮力作用，作用在跑道上的力较小，加上飞机的滑行轮也是橡胶轮，对跑道的变形适应能力较强。铁路由钢轮钢轨系统组成，这种硬碰硬的作用对变形的适应能力较差，对下穿施工的要求也就更为严格。

2.3.1 下穿普通铁路

普通铁路以有砟轨道为主，干线铁路大多客货混运，且通常为跨区间无缝线路，图 2.7(a)是有砟轨道线路的横断面结构，钢轨固定在轨枕上，轨枕是以碎石道砟为支托并稳定的；图 2.7(b)是线路的纵向，近年铺设跨区间无缝线路，由于Ⅲ型轨枕强度较高，统一采用轨枕间距 0.6m，即每公里轨枕数为 1667 根。

列车荷载通过钢轨、轨枕和道床扩散到路基面，图 2.8 是列车荷载在路基面上的横断面分布形式和列车通过时的动应力波。列车产生动荷载的大小受钢轨面的平顺性影响较大，即下穿施工产生的变形不仅影响车辆的振动和脱轨与否，也影响轨下附加应力的大小。下穿施工与铁路列车之间形成非良性循环，这是下穿铁路研究的重点。

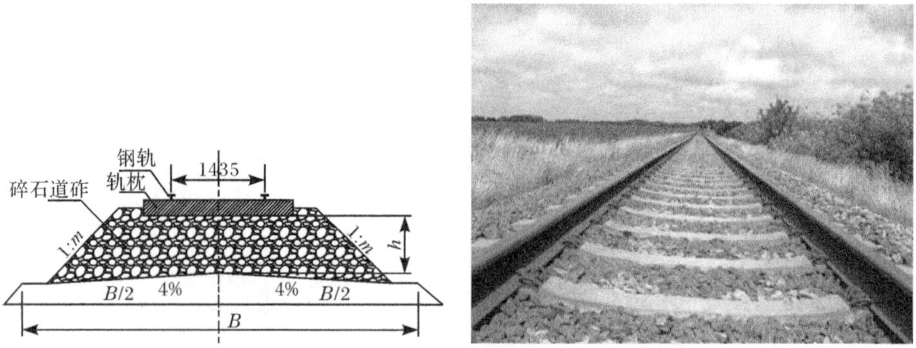

(a) 横断面示意图　　(b) 线路纵向

图 2.7　有砟轨道

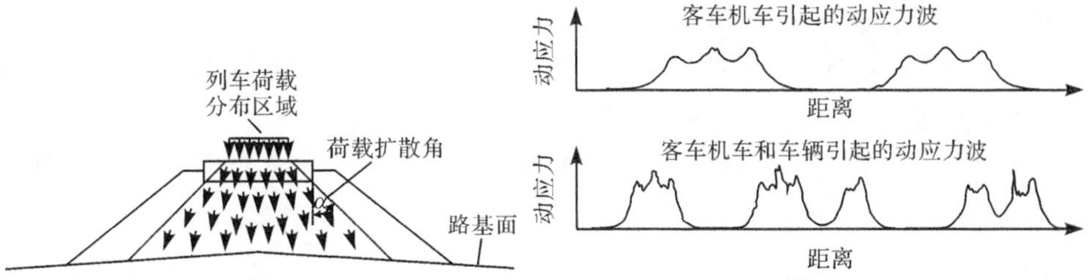

(a) 横断面　　(b) 纵向应力波

图 2.8　列车荷载在路基面上的横断面分布形式和列车通过时的动应力波

正因为线路变形控制的重要性，下穿铁路的施工应该区分以下几种情况：

(1) 隧道正交下穿铁路，随着盾构掘进面的推动，在线路横断面上左右两根钢轨会产生水平不平顺，如图 2.9(a)所示；在线路的纵向会形成高低不平顺，如图 2.9(b)所示。

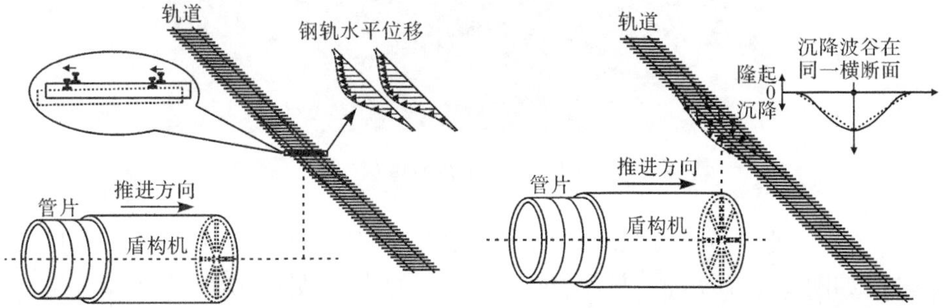

(a) 水平不平顺　　(b) 高低不平顺

图 2.9　隧道正交下穿铁路

(2) 隧道斜交下穿铁路，由于斜交夹角 α 的存在，两根钢轨的沉降波谷不在线路的同一横断面上，如图 2.10 所示，而且容易造成线路的方向不平顺，斜交下穿

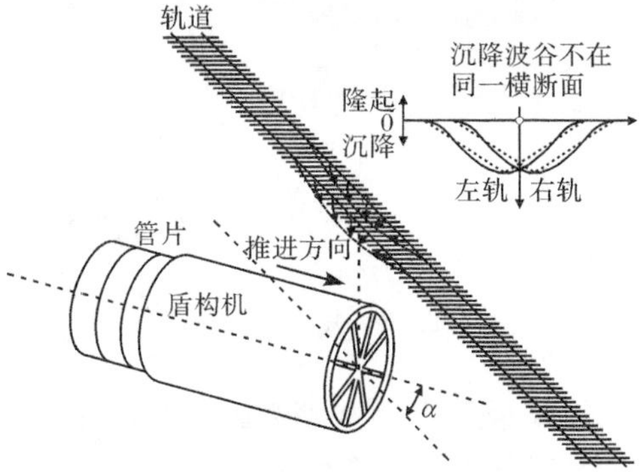

图 2.10　隧道斜交下穿铁路

时对列车安全的影响更为不利。

(3) 下穿咽喉区，铁路咽喉区又称道岔区，如图 2.11 所示。道岔是列车转换行驶路线的重要设施，根据《铁路线路修理规则》(铁运[2006]146 号)中道岔轨道静态几何尺寸容许偏差管理值规定：尖轨尖处轨距的作业验收的容许偏差管理值为±1mm。

图 2.11 铁路咽喉区

除了岔心的变形控制，由于并行多股线路相邻线路的列车荷载在下穿区会形成叠加，如图 2.12 所示，一方面增加施工控制的难度；另一方面，下穿施工也会对多条线路同时产生影响。

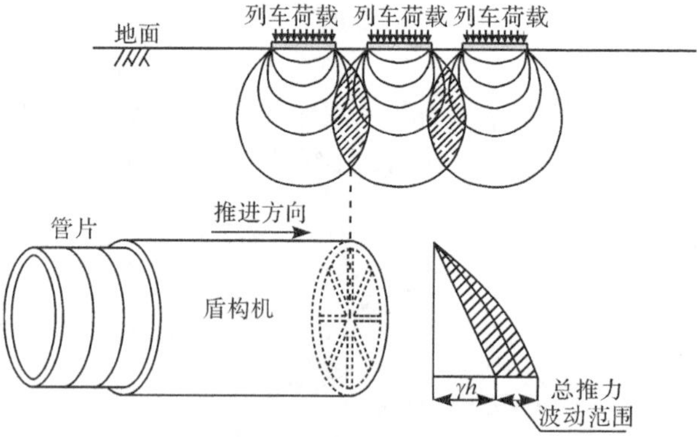

图 2.12 并行多股线路

(4) 下穿站场区，下穿站场区与下穿咽喉区类似，存在多条线路列车荷载的叠加影响；反之，施工也对多条线路同时产生影响。

2.3.2　下穿高速铁路

高速铁路因行车速度高，对轨面变形控制要求极为严格，甚至到了苛刻的程度，所以下穿高速铁路施工产生的影响也极大。从技术层面分析，下穿施工对高速铁路产生的影响主要集中在轨面、轨道板和混凝土基床的变形方面，图 2.13(a)是高速铁路典型的路基断面，下穿施工对线路产生的影响如图 2.13(b)所示，会导致基床面与混凝土基座之间产生空隙，在车载的作用下引起混凝土基床开裂，并引发病害。空隙量的大小也会影响轨面的平顺性，进而影响列车的舒适性和安全性。

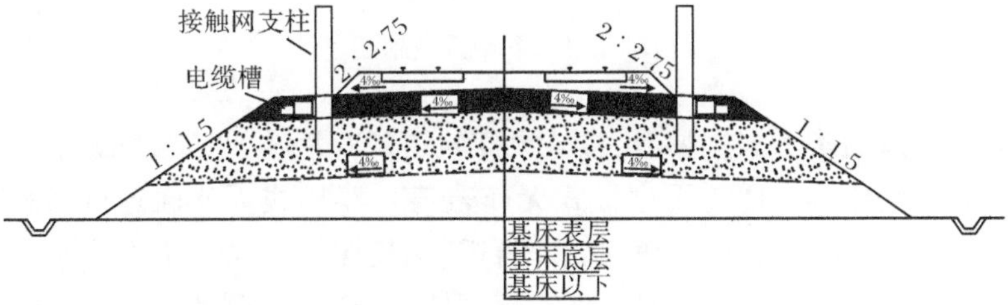

(a) 高速铁路典型的路基断面

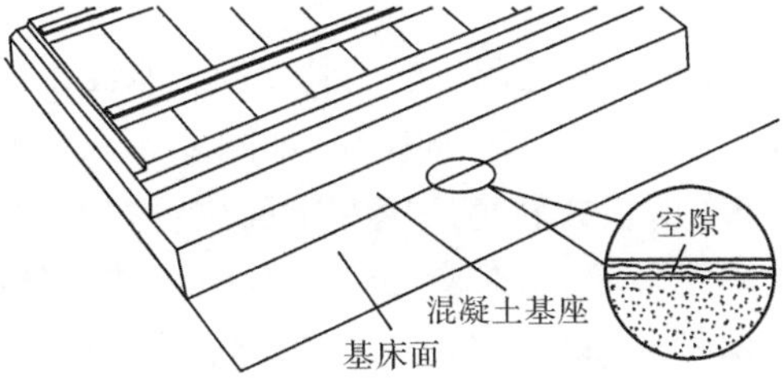

(b) 基床面与混凝土基座之间的空隙

图 2.13　下穿高速铁路

我国东部软土地区高速铁路线路约有 70%采用以桥代路的方式修建，下穿施工一般从高架桥孔中穿越，如图 2.14 所示，下穿施工需要关注的是对桥墩产生的变形影响，这与前述的侧穿桩基类似。

在高速铁路的桥孔中穿越需要区分桥梁的形式，如简支梁、连续梁等，并考虑无砟轨道道床板与桥面的连接方式。无砟轨道是以混凝土或沥青混合料等取代散粒道砟道床而组成的轨道结构形式。由于无砟轨道具有轨道平顺性高、刚度均匀性好、轨道几何形位能持久保持、维修工作量显著减少等特点，在各国铁路建设中得到迅速发展，特别是高速铁路，一些国家已把无砟轨道作为轨道的主要结构形式进行全面推广，并取得了显著的经济效益和社会效益。目前，我国高速铁路

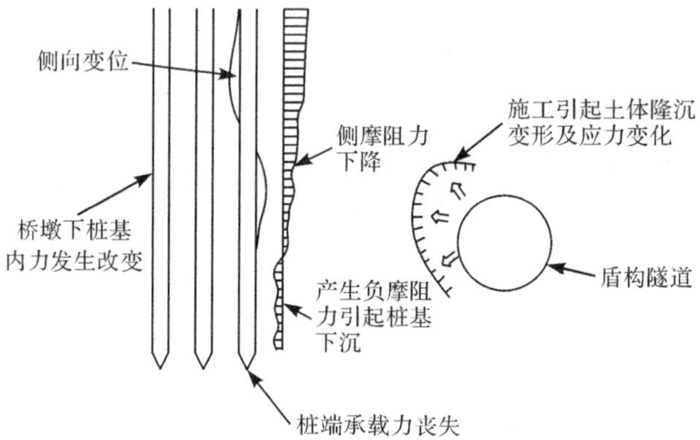

图 2.14　下穿桥墩施工

采用的无砟轨道结构形式主要有：板式无砟轨道（CRTSⅠ型板式无砟轨道、CRTSⅡ型板式无砟轨道和CRTSⅢ型板式无砟轨道）、双块式无砟轨道（CRTSⅠ型双块式无砟轨道和CRTSⅡ型双块式无砟轨道）和长枕埋入式无砟轨道等。

CRTS板式轨道由钢轨、扣件系统、预制轨道板、填充调整层（CA砂浆或自密实混凝土等）、混凝土底座（或支承层）和限位装置等构成。三种板式轨道之间的不同之处在于：

CRTSⅠ型板式无砟轨道填充调整层用乳化沥青水泥砂浆（CA砂浆），在单元板之间设置凸形挡台来实现纵向与横向限位，如图2.15(a)所示，其结构横断面如图2.15(c)所示，CRTSⅠ型板式轨道底座在梁面构筑并分段设置，每块轨道板底座之间设置20mm伸缩缝，伸缩缝对应凸形挡台中心并绕过凸形挡台，底座范围内梁面不设防水层和保护层，轨道中心线2.6m范围内的梁面在梁厂预制时进行拉毛处理，梁体采用预埋套筒植筋与底座相连。

CRTSⅡ型板式无砟轨道采用纵向连续铺设的轨道系统，如图2.15(b)所示，CRTSⅡ型板式轨道横断面如图2.15(d)所示，没有凸形挡台，轨道底座和桥梁之间采用“两布一膜”滑动层，轨道结构和桥梁结构利用锚固限位装置耦合在一起，通过在每孔梁固定支座上方预设齿槽、锚固螺栓以保证底座和桥梁间纵向可靠连接，其余部位通过在梁面铺置滑动层保持滑动状态，并在梁缝处前后3m范围的梁面上铺设5cm厚的硬质泡沫塑料板，以减缓梁端转角与无砟轨道结构的影响，且在底座两侧设计侧向挡块进行横向限位（底座与梁面间横向为滑动状态），桥梁固定支座端设置剪力齿槽，梁端两侧设置50mm厚的硬泡沫塑料板，桥台后路基上设置端刺及摩擦板等。

CRTSⅢ型板式无砟轨道与CRTSⅡ型板式无砟轨道结构较为相似，两者不同之处在于：CRTSⅢ型板式无砟轨道填充调整层采用自密实混凝土，轨道板与自密实混凝土通过板下设置门型钢筋相连接，每块轨道板下设置两个限位凹槽，在其底座顶面上设置 4mm 厚的土工布隔离层，在凹槽四周设置 10mm 厚的复合弹性橡胶垫层，且在底座板缝处设置传力杆，在桥梁段轨道底座和梁面之间通过预埋套管和预埋钢筋来实现连接，桥上 CRTSⅢ型板式轨道结构如图 2.15(e)所示，CRTSⅢ型板式轨道横断面如图 2.15(f)所示。

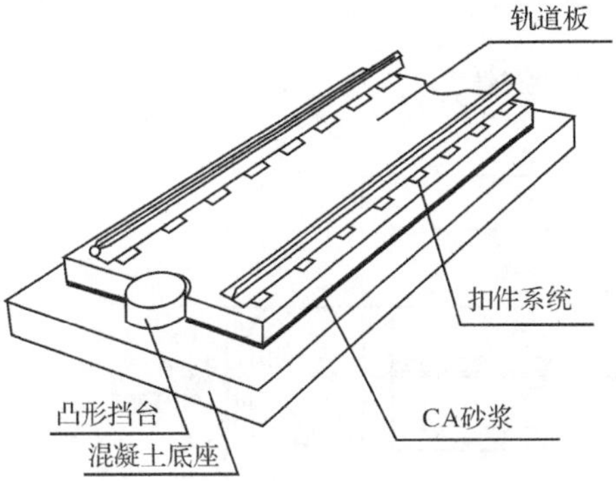

(a) CRTSⅠ型板式无砟轨道结构

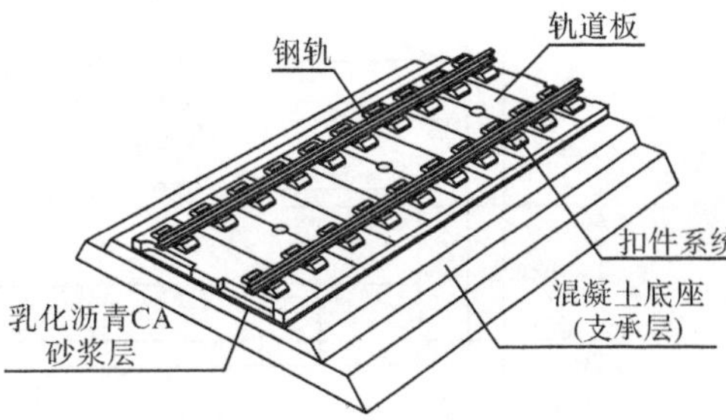

(b) CRTSⅡ型板式无砟轨道结构

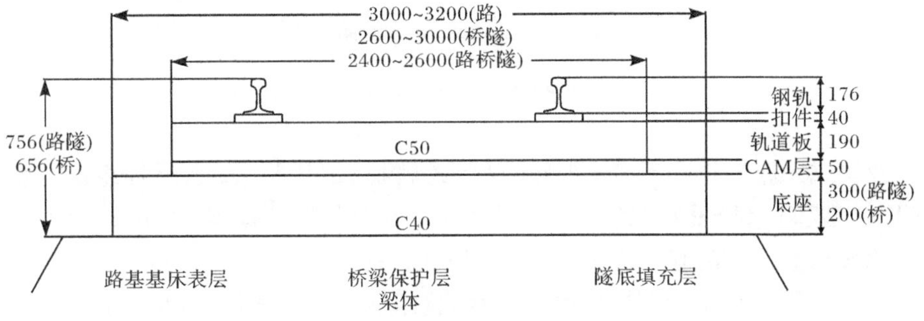

(c) CRTSⅠ型板式无砟轨道横断面

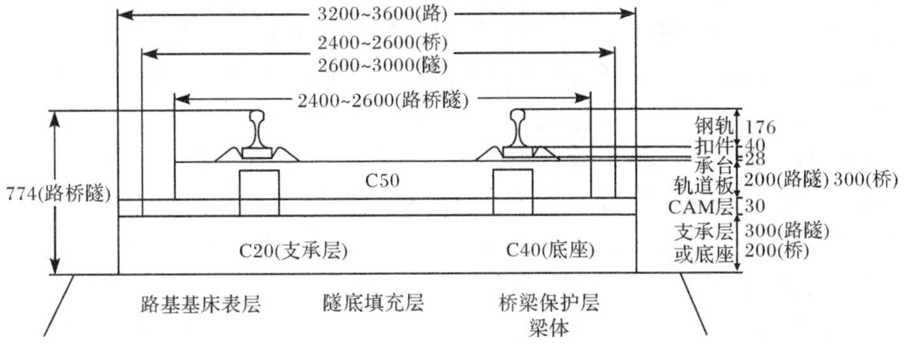

(d) CRTSⅡ型板式无砟轨道横断面

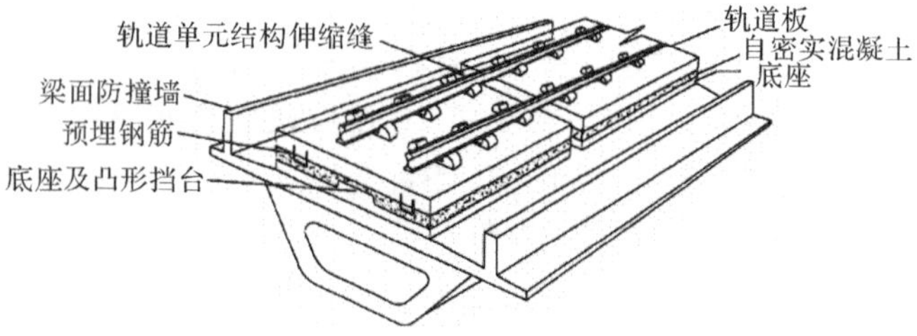

(e) 桥上 CRTSⅢ型板式轨道结构

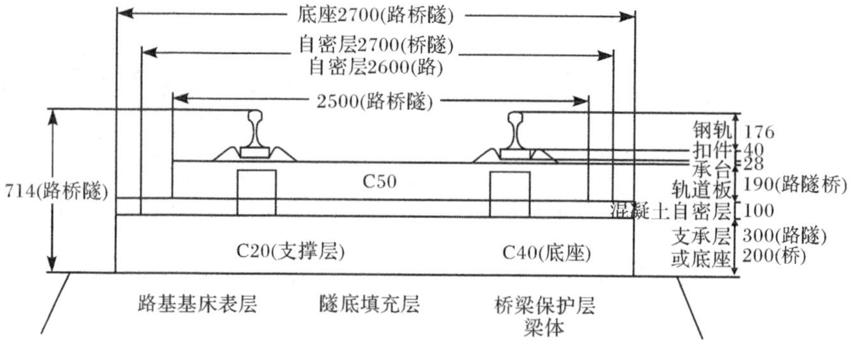

(f) CRTSⅢ型板式轨道横断面

图 2.15 CRTS 板式无砟轨道(单位:mm)

双块式无砟轨道由钢轨、扣件、双块式轨枕、道床板、支承层等组成。我国 CRTSⅠ型和 CRTSⅡ型双块式无砟轨道是在充分借鉴了德国 Rheda2000 无砟轨道和旭普林型无砟轨道的基础上,自主研发的适应于中国高速铁路的无砟轨道结构。CRTS 系列的两种双块式无砟轨道结构组成基本上相同,只是在施工工艺上略有差异,双块式无砟轨道横断面如图 2.16 所示。CRTSⅠ型双块式无砟轨道广泛应用在武广客运专线、合武铁路、温福客运专线、福厦铁路等高速铁路或其长大隧道内,如图 2.17(a)所示。CRTSⅡ型双块式无砟轨道应用于郑西客运专线铁路中,如图 2.17(b)所示。由于桥梁在温度荷载及列车垂向荷载的作用下,梁体会发生纵向位移和挠曲变形,同时为了使桥上道床板的受力更好地传递到桥梁结构上,桥上双块式无砟轨道结构采用单元板式设计,道床板一般每 6.5m 左右长为一个单元,每块道床板范围内的保护层设置抗剪凸形挡台,用以将轨道纵、横向荷载传递至下部结构。凸台侧面设橡胶垫板,以适应道床板温度伸缩、减少轨道与桥梁之间的纵向作用力,起到缓解梁轨相互作用的目的。

另外,我国高速铁路道岔区常采用长枕埋入式无砟轨道结构,主要由钢轨件、弹性扣件、钢筋桁架式岔枕、道床承载层及支承层等组成。

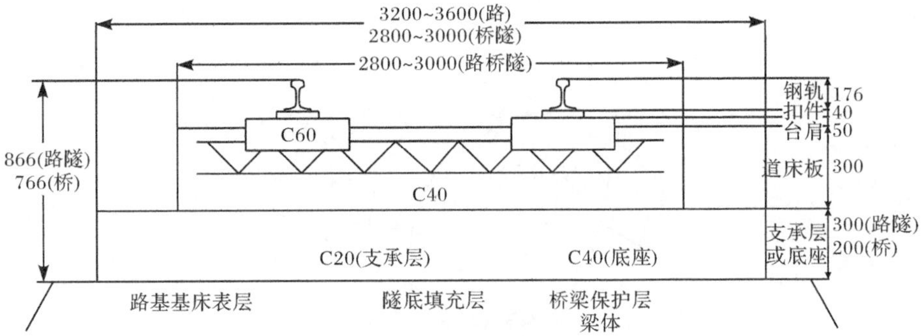

图 2.16　双块式无砟轨道横断面(单位:mm)

(a) CRTSⅠ型双块式无砟轨道

(b) CRTSⅡ型双块式无砟轨道

图 2.17　CRTS 双块式无砟轨道

2.3.3　下穿既有地铁盾构法隧道

盾构法隧道的管片结构是由一环一环拼装而成的,如图 2.18 所示。环与环之间靠螺栓连接,其刚度相对比较小,在外部不均匀施工荷载作用下容易产生错动变形。

环与环之间可以发生错动变形,下穿既有地铁盾构法隧道的施工影响主要体现在盾构法隧道管片的变形方面,如图 2.19 所示。隧道内的道床一般采用钢筋混凝土分段浇筑,当隧道发生不均匀沉降时,道床与管片之间会发生脱空,如图 2.20 所示,在长期列车动荷载作用下会发生道床破损等结构病害。

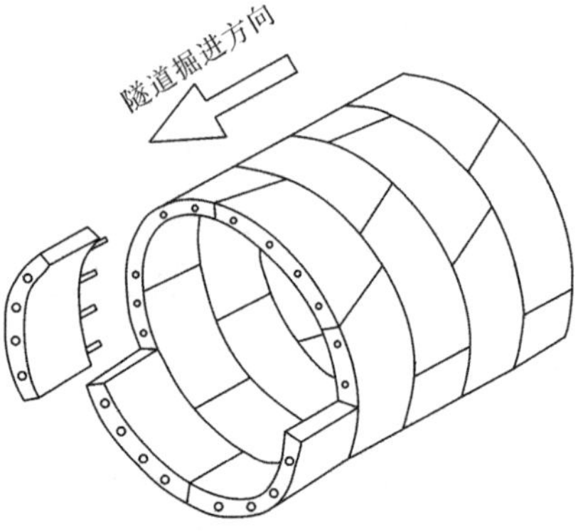

(a) 错缝拼装的盾构法隧道管片

(b) 盾构隧道管片剖切面

图 2.18　盾构法隧道管片

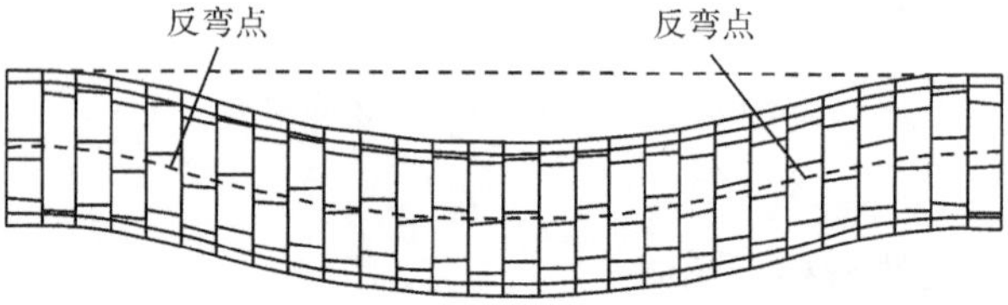

图 2.19　管片变形

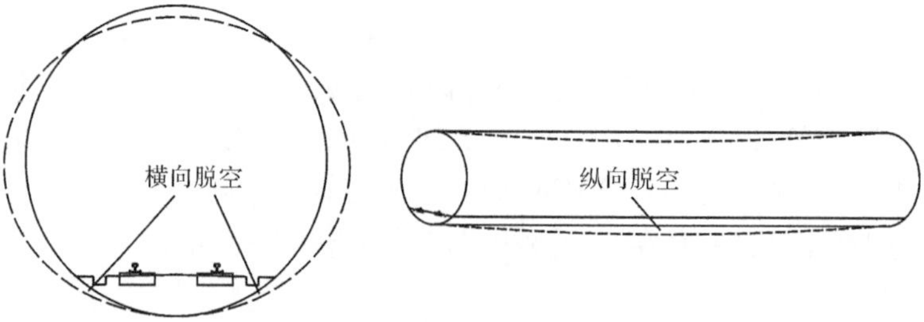

图 2.20　管片结构与道床之间脱空

2.4　下穿管线

管线是城市的生命线，一般沿城市道路敷设，如图 2.21 所示。从广义上讲，地下管线是埋置于地面以下一定深度，具有不同用途的圆柱壳体结构。地下管线在市政、交通、水利等部门得到了广泛运用，已经成为城市基础设施的重要组成部分。

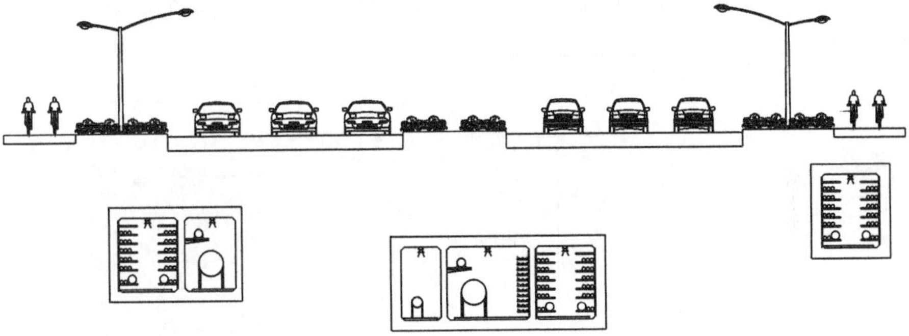

(a) 城市道路横断面

(b) 城市道路及下方管线剖面

图 2.21　城市道路及下方管线

从城市发展的格局来看，地铁建设往往是在地面建设、地下管线发展到相当规模后才开始的，因而地铁建设常常需要穿越大量的地下管线。地铁下穿管线过程中，隧道开挖对邻近管线的影响是地铁工程中的重点和难点，如何在开挖过程中防止管线变形过大，以保护工程中地下管线的安全，成为地铁下穿工程亟待解决的一项重要课题。

保护下穿管线的关键在于根据管线的类型给出安全性评价并制定相应的保护方案和技术措施。按照使用功能来看，地下管线主要可以分为排水管道、给水管道、燃气管道、电信电缆和电力电缆五类，按每类管线所输送的物质和用途，又可以分为许多小类，如图 2.22 所示。

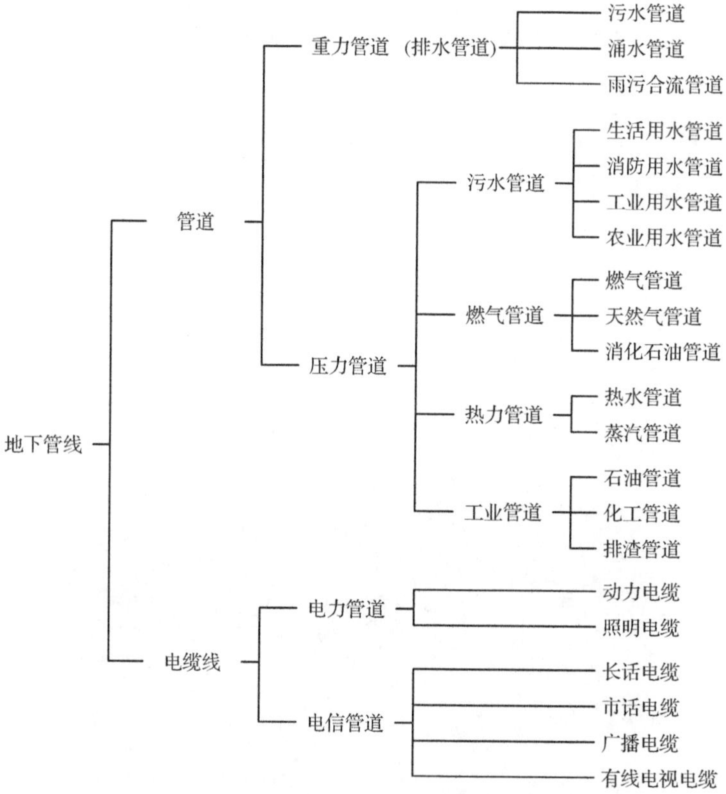

图 2.22　地下管线的分类

地铁工程中通常遇到的是排水管道、给水管道和燃气管道等市政管线。常见的排水管道为混凝土管，给水管道多为铸铁管和钢管，燃气管道主要为钢管和聚乙烯管。

对于常见的用于排水的混凝土管，当管道直径大于 1500mm 时，多采用现场浇制钢筋混凝土箱涵；当管道直径大于 500mm 时，排水管一般需配置钢筋；当管道直径小于 500mm 时，多采用素混凝土管。钢筋混凝土管多采用柔性接头，常见的接头形式如图 2.23 所示。

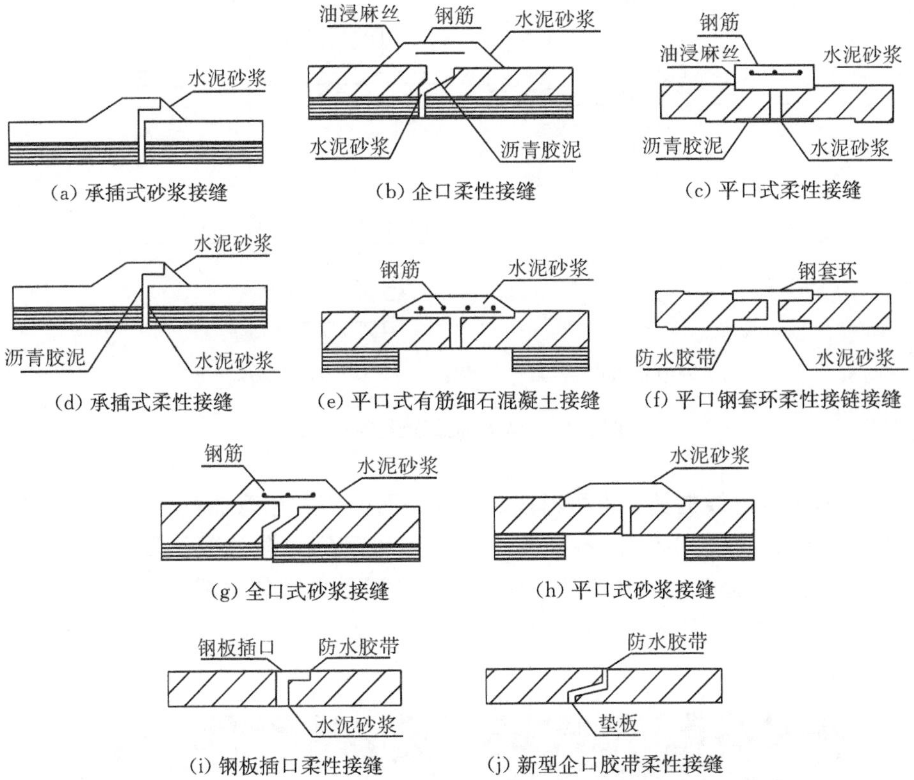

(a) 承插式砂浆接缝　(b) 企口柔性接缝　(c) 平口式柔性接缝

(d) 承插式柔性接缝　(e) 平口式有筋细石混凝土接缝　(f) 平口钢套环柔性接链接缝

(g) 全口式砂浆接缝　(h) 平口式砂浆接缝

(i) 钢板插口柔性接缝　(j) 新型企口胶带柔性接缝

图 2.23　钢筋混凝土管常见接头形式

给水管道多采用铸铁管和钢管，铸铁管铸造方法主要有离心铸造法和地坑铸造法两种。由于离心铸造法生产的铸铁管性能更好，现在普遍采用离心铸造法。铸铁属于脆性材料，没有明显的屈服点，铸铁管在应变很小时就容易突然出现脆性破坏。离心球磨铸铁管均采用柔性接口，接口形式有石棉水泥接口、T 形接口、滑入梯唇形接口及柔性机械式橡胶圈密封接口(见图 2.24)。

在进行下穿管线施工影响分析时，更为重要的是考虑管线自身力学特征。一般地，城市管线根据输送方式可以分为压力管线和无压管线。压力管线指管道内流体或气体介质在外部施加力作用下流动的工程管线，通常通过一定的加压设备将流体介质由管道系统输送给终端用户。给水、煤气、灰渣管线均为压力输送。

无压管线又称为重力自流管线，指管道内流动的介质在重力作用下沿其设置方向流动的工程管线。这类管线有时需要中途提升设备将流体介质引向终端。

污水、雨水管道为重力自流输送。

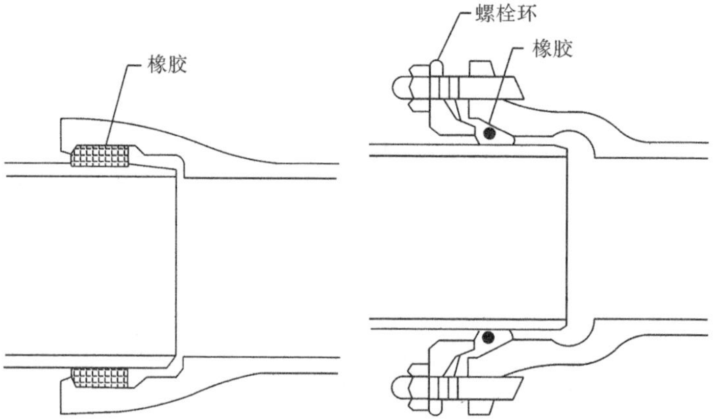

(a) 滑入式　　(b) 机械式

图 2.24　常见的铸铁管接头形式

此外,下穿管线的类型也可以按照管线是否允许发生弯曲变形划分为柔性管线和刚性管线(见图 2.25)。各种电信管线和电力管线、给水管线属于柔性管线,这类管线允许在施工过程中发生一定的弯曲;相反,电信管道或电力管沟、雨污水管属于刚性管线,下穿时需要严格控制它们的变形。管线按照力学特征分类统计可参见表 2.1。

(a) 电信管线　　(b) 地下综合管沟

图 2.25　城市管线中的柔性和刚性管线

表 2.1　城市管线分类表

管线名称		按输送方式划分		按是否可以弯曲划分	
		压力管	无压管	柔性管	刚性管
给水管线		√		√	
雨污排水管线			√		√
热力管线		√		√	
燃气管线		√		√	
电信管线	直埋电缆			√	
	管道				√
电力管线	直埋电缆			√	
	管沟				√

目前,我国尚未建立管线的变形控制统一标准。部分经验标准和做法整理如下。

(1) 每节管段允许差异沉降为 $L/1000$(适用于承插接口铸铁管道和柔性接缝管道,L 为管节长度)。

(2) 根据国内北京、重庆等地地铁施工总结的技术标准,地表最大斜率为 2.55mm/m。

(3) 管节受弯应力控制标准:管节中纵向弯曲应力对管线的受力起控制作用,当管线安全系数取 5 时,需满足 $\sigma_t<[\sigma_t]=37.21$MPa(容许拉应力),$\sigma_c<[\sigma_c]=127.4$MPa(容许压应力)。

(4) 管线接头接缝控制标准:管线接头接缝张开值或接头转动的角度小于允许值时,管道为全状态。我国台湾采用相对转角为控制标准:混凝土管为 1/100rad,钢管和预制管为 1/150rad。

在厘清管线分类的基础上,下穿施工过程应该关注的有:

(1) 下穿有压管时,因为有内压存在,外加的附加变形容易造成管线破坏,而且有压管一旦炸裂,后果将非常严重,如燃气管会发生爆炸。

(2) 对于低强度的刚性管,尤其是雨水管和污水管,虽然刚度大,但接头的强度低,施工变形容易引起开裂,开裂的外漏水会引发次生灾害。

对于需要重点关注的管线,施工中常用的保护方法包括隔离法、悬吊法、支撑法、土体加固法、对管线进行搬迁或加固处理、卸载保护和管线内部铺设防水材料法,以下做简要介绍:

(1) 隔离法。隔离法是通过工程措施形成隔离体,从而限制管线周边土体位移,防止挤压或振动管线。这些工程措施包括钢板桩、树根桩和深层搅拌桩等。隔离法在管线埋深大或与隧道距离较小的情况下经常使用。

(2) 悬吊法。如果管线周围土体位移较大，则采用隔离法将管线挖出后，不宜在中间架设支撑，此时可以采用悬吊法将管线固定。采用悬吊法时，要注意考虑吊索的变形伸长和吊索的固定点位置不受土体变形的影响。悬吊法的优点是管线受力、位移明确，并可以不断调整吊索来改变管线的受力点和位移。

(3) 支撑法。当土体可能产生较大沉降而导致管线悬空时，可以沿着管线走向设置若干支撑点支撑管线。支撑体可以是临时的，也可以是永久的。临时支撑常见的是打设支撑桩、砌支墩；永久性支撑一般结合永久性建筑物设置。

(4) 土体加固法。土体加固方法一般分为两种，一种是在施工前对地下管线与施工区之间的土体进行注浆加固；另一种是在施工完成后对管壁松散土和空隙进行注装充填加固。有时也采用旋喷法、深层搅拌法、分层注浆法加固管线周围土体，从而保护邻近的地下管线。

(5) 对管线进行搬迁或加固处理。对于改迁费用不大且改迁容易的管线，可在施工前对管线进行临时改移。也可以通过改善、加强原管线的接头方式、材料，设置伸缩节等措施，改善管线的抗变形能力。

(6) 卸载保护。为使作用在管线周围土体上的荷载减小，可在施工期间将管线周围，特别是上部荷载卸去，从而改善管线的受力和减小土体的变形。

(7) 管线内部铺设防水材料法。当管径较大，且管线可短时间暂停使用时，可在管线内壁上敷设防水材料，防止管线破损导致管线内的物质泄漏。

2.5 特殊河流

盾构技术最早就用于下穿河流，此处的特殊河流指在河床中含有承压水、沼气、卵砾石、流砂层等特殊介质，对穿越施工造成的困难会对环境产生以下负面影响[1]。

1. 螺旋输送机喷涌

土压平衡盾构作业时，刀盘切削前方土体并使其进入土仓，螺旋输送机将土仓中的渣土排出。在盾构推进的过程中需使盾构切削(刀具切削)的土体与螺旋输送机排出的渣土之间保持一种动态的平衡，使土仓中始终充满渣土，并保持一定的压力，以平衡掘进面的水、土压力，维持开挖面的稳定，如图 2.26 所示。为确保这样一个动态平衡过程的顺利实施，进入土仓内的渣土必须形成一种“塑性流动状态”，具备一定的塑性流动性和防渗性，能充满土仓以稳定开挖面，并且有一定的止水效果，防止地下水通过螺旋输送机涌入隧道。

在类似于上海的淤泥质黏土层中掘进时，只要在土仓内通过旋转翼板搅拌，渣土即成为流塑状态。然而，如果地层是黏粒含量较少的卵石层、砂土地层、风化

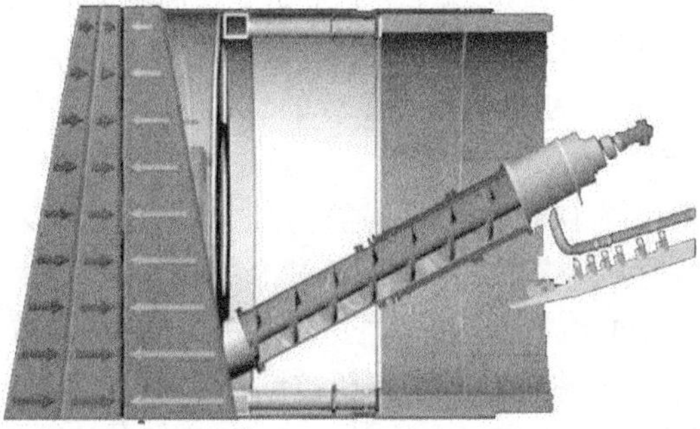

图 2.26　土压平衡盾构开挖面稳定示意图

岩地层，地层地下水的通路没有阻断，泡沫、膨润土等添加剂使用不当，渣土改良不理想，未能有效改变渣土渗透性，那么进入土仓中的土体就很难形成这种“塑性流动状态”。若此时地层中含有承压水，则极容易造成螺旋输送机喷涌事故，影响工程的顺利实施（见图 2.27）。

图 2.27　螺旋输送机喷涌

在砂卵石、高承压水中进行掘进施工时，为避免发生螺旋输送机喷涌事故，应通过盾构掘进保压测试系统，模拟不同江水压力下，不同埋深、不同特性的地层通过掘进系统最终渣土的排出效果，同时定量获知掘进系统沿程压力分布状态，最终判定不同特性地层和外界水压对压力稳定性和出土效果的影响。对不良地层和外界过高水压，需从机械装备和渣土特性改良等方面提出相应的稳压技术。

（1）机械装备设计。在装备方面，螺旋输送机设计对盾构穿越地层外界水压控制有较显著的影响。日本学者通过类比大量施工实例，提出螺旋输送机单体的止水性能界限为 300kN/m^2 左右，如果达到 200kN/m^2，除螺旋输送机单体（闸门止水方式）外，必须与其他的装置结合起来共同采取措施，主要设计措施有机械分开式、压送泵式、多段螺旋式输送机式和泥浆泵式等。

(2) 土体和渣土特性改良。通过江下土压平衡盾构刀盘前方土体改良和土仓渣土改良，能改善土料的渗透系数、增加其流塑性，从而保障外部高水压环境、不良地质条件下土压平衡盾构掘进具备长效的保压能力。具体的土体和渣土特性改良技术详见 5.2 节。

(3) 盾构掘进主要施工参数控制。通过控制掘进速度和刀盘转速来控制土压平衡盾构进土效率，通过螺旋输送机转速、螺旋输送机开门度来控制土压平衡盾构出入效率，单位时间进出土量关系与土仓室和螺旋输送机渣土压力存在一定关联。具体的盾构掘进主要施工参数和保压控制技术详见第 4 章。

此外，当遇到螺旋输送机喷涌事故时，可采取以下应对措施：

(1) 迅速关闭排渣门，配备双排渣门的设备可以充分利用两道闸门间预留保压泵接口接驳保压泵系统，保证掘进，避免地下水、流沙或者渣土改良剂的大量涌出，保证开挖仓内的压力稳定。

(2) 向开挖仓内加入高浓度膨润土、泡沫或者水玻璃等改良剂，改善开挖仓内渣土的特性，使渣土中的颗粒、泥浆成为整体，使渣土具有良好的可塑性、止水性及流动性，便于螺旋输送机顺利出渣。

(3) 利用盾构机配套的二次注浆设备及时二次补浆，在管片外周形成连续的封闭环，防止管片周围的地下水串通，避免喷涌。

总之，在富水地层施工时，施工单位应提前研究盾构机穿越段地质资料和水文资料，在螺旋输送机设计时采用防喷涌设计，在施工中采取科学的施工方法，根据开挖情况及时调整渣土改良和注浆参数，同时在喷涌发生时采取合理有效的措施就能很好解决喷涌事故。

2. 沼气爆炸事故

一般地，沼气对下穿工程的影响主要体现在：浅层沼气会增加地下工程施工难度，沼气突然释放将威胁施工人员安全，影响工程质量，严重时甚至会发生沼气爆炸、损坏建(构)筑物，造成人员伤亡等事故；若沼气泄漏进下穿体结构中，达到一定浓度将发生爆炸事故，爆炸时造成的高温高压将对人体造成直接伤害，如灼伤与撕裂伤害；当隧道中可燃性气体浓度过高致使空气中含氧量不足时，施工人员缺少充足氧气将难以维持正常的血液循环。

1) 沼气爆炸特性

地下涌出的沼气与空气混合稀释，浓度逐渐降低而达到爆炸浓度，但一经稀释不可能再浓缩。沼气浓度低于 5%或高于 15.4%时，火源周围会出现蓝色火焰与黑烟，不会延伸至其他地方，也不会发生爆炸。沼气浓度在 5%～15.4%内遇火源时，因其存在状态不同而可能产生燃烧或爆炸，表 2.2 为不同沼气浓度及后果关系。

表 2.2　不同沼气浓度及后果关系

浓度	后果	备注
达到 3%时	遇火将发生燃烧	
5%～16%	遇火将发生爆炸	9.5%时爆炸最强烈，威力最大
＞16%	能使人窒息	
＞43%	因缺氧，沼气遇火也不燃烧	

沼气在不完全燃烧的状态下会产生 CO 等有害气体，爆炸会产生对人体最具危害性的残留沼气，沼气浓度在 9.5%以上(空气量不足)时，爆炸会产生最大量的 CO，其含量及成分见表 2.3。

表 2.3　沼气浓度与残留沼气的成分变化情形

爆炸前的气体浓度/%			爆炸后产生的各项气体浓度/%					
CH_4	CH_4 以外的可燃气体	O_2	CO_2	O_2	CO	H_2	CH_4	N_2
7	0.14	19.1	6.6	5.8	0.1	＜0.1	＜0.1	87.2
10	0.21	18.5	7.6	0.6	0.7	0.5	＜0.1	90.7
12	0.25	18	5.8	0.3	4.4	3.4	0.2	86.0

从过去沼气爆炸灾害死亡人数统计中可以看出，吸入残留沼气而中毒或窒息死亡的人数最多，其次为烧伤死亡或重击死亡。

2) 沼气爆炸的危害

沼气爆炸后，爆点附近的空气受高热而急速膨胀，此膨胀气体以高压力的形式在坑道内传播，爆焰(火焰)则紧随其后而至(见图 2.28)。爆炸刚发生时，火焰呈蓝色(若碳尘爆炸，火焰则呈红色)，并伴随火花。爆点附近的爆炸波与火焰的破坏作用并不大，反而距爆点一定距离处所受影响最大，隧道末端附近威力再呈衰减。爆炸的破坏作用除压力波冲击外，尚有其后发生的强烈回风。产生回风的

图 2.28　沼气爆炸

原因是压力波前进后，爆点附近几乎呈真空状态，当压力波能量衰减后，产生逆向前进的压力。沼气爆炸的危害如图 2.29 所示。

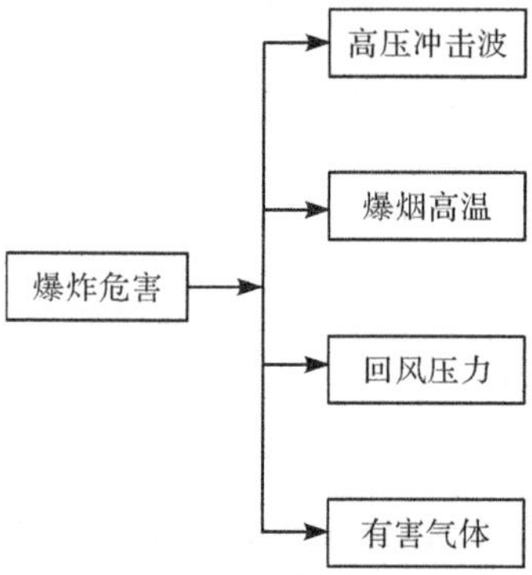

图 2.29　沼气爆炸的危害

即使可燃性气体的量与火源条件等均相同，爆炸强度也视隧道内的各项条件而异。当隧道内有可燃气体积存时，例如，爆点在开挖面附近（隧道底端）时，产生的爆音及爆压极大，且爆焰的传播速度最快，但是，爆焰的温度较低；受害者所受的烧伤及火灾的程度较低；爆点在隧道洞口附近时，爆焰的温度最高，但是爆焰向隧道内传播的速度最慢，爆压则极为强大。这类差异是由爆炸发生时封闭空间的大小与空气体量所造成的。

3）缺氧对人员的影响

盾构法隧道施工过程中，沼气从盾尾、管片连接处和螺旋输送机出土口渗入到隧道内，随着沼气浓度的增加，隧道内氧气的浓度不断降低。若沼气在隧道内发生爆炸，氧气的浓度也会降低。氧气浓度的变化会对隧道内的施工人员造成不同程度的影响。氧气浓度对人体的影响见表 2.4。

表 2.4　氧气浓度对人体的影响

氧气浓度/%	氧气分压/mmHg*	动脉中氧气分压/mmHg	动脉中氧气饱和度/%	症状
16～17	120～90	60～45	89～85	脉搏、呼吸次数增加、精神难以集中、无法做细微的肌肉活动、头痛
9～14	105～60	55～40	87～74	判断力失常、兴奋状态、不安定的精神状态、无刺痛感、酩酊状态、丧失当时记忆、体温上升、发白
6～10	70～45	40～20	74～33	意识不清楚、中枢神经障碍、痉挛、发白
维持在 6～10 或以下	45 以下	20 以下	33 以下	昏睡→呼吸缓慢→呼吸停止→6～8min 后心脏停止跳动

* 1mmHg=0.133kPa。

例如，北京地铁4号线2标段工地一名检查基坑抽水井工人，因管道里沼气较多，引起窒息昏迷后掉入水管道里，所幸抢救及时，未造成人员死亡。

第3章　盾构穿越施工变形

前面已经分析了盾构穿越施工引起临近建(构)筑物变形的根本原因在于施工引起了周边土体的变形,因此,研究盾构穿越施工引起的建(构)筑物变形首先要明确其引起的土体变形。现阶段我国城市轨道交通区间隧道建设大多采用土压平衡盾构机,根据土压平衡盾构掘进过程及其引起变形的时空特性,掘进施工引起的地表沉降可细分为五个阶段,如图3.1所示。

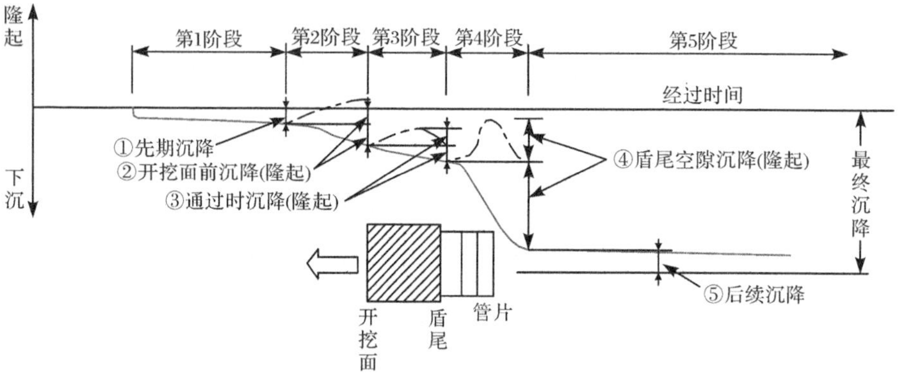

图3.1　盾构施工引起沉降阶段划分

第1阶段:盾构机在地下水环境复杂或需要特殊处理区段穿越前,往往会在盾构掘进前方位置进行降水等超前预处理措施,以确保盾构顺利通过;降水等超前预处理措施势必会引起地表变形。这一阶段的地表变形并非由盾构施工直接引起。

第2阶段:盾构机在掘进施工时,由于推力和土仓压力的设定无法与掘进面(刀盘前方开挖面)所需支护力达到理想平衡,难免欠压或过压掘进,从而导致刀盘前方一定范围内土体发生变形,表现为地表沉降或隆起变形。

第3阶段:盾构机在掘进过程中,刀盘直径大于盾壳直径及盾壳与土体之间的摩擦和黏连作用均会引发土体变形;同时,曲线段刀盘超挖产生的超挖间隙并不能及时被浆液填充,从而产生地层损失,并引起地表沉降。此外,盾构掘进姿态不良还会导致盾构机壳与土体间相互作用复杂,姿态调整时的超挖、挤土等行为均会引起地表不同程度的变形。

第4阶段:刚脱出盾尾部分的土体与管片之间存在间隙(盾尾间隙),此时若注浆不及时或浆液填充不饱满,隧道四周土体会发生向管片方向的收敛变形,并传递至地表。事实上，该阶段变形首先受到盾构机选型影响：若盾构机外径与管片外径相差较大，则固有盾尾间隙将增大，此时同步注浆和变形控制难度都将增大。因此，在同等条件下应尽量选择外径接近管片外径的盾构机。

第 5 阶段：盾尾注浆即便实现完全同步且饱满填充，随着时间推移，由于浆液向周围土体扩散，盾尾间隙仍会再次出现，并引发沉降。此外，盾构掘进过程中切削、挤压等对土体扰动所致的变形也在这一阶段趋于稳定。这一阶段的地表变形发展较为缓慢，可延续至盾构穿越后数月。

需要注意的是，盾构机在地层中掘进时，欠压掘进、注浆量不足等引起沉降变形的本质是下部土体体积损失（地层损失）扩散至地表而形成沉降；而过压掘进、过量注浆等引起的隆起变形多伴随土体的拉伸或剪切破坏，故施工中应尽量避免发生隆起变形。在无特别说明的情况下，本书中提及的土体“施工变形”均指沉降变形。

3.1　盾构掘进施工变形的影响因素

盾构掘进施工引起土体变形的过程非常复杂，影响因素也较多。一般地，盾构施工所致土体变形主要受盾构超挖、掘进参数及地层特性三方面影响。其中，盾构超挖和掘进参数是土体变形产生的内在根本原因，地层特性为影响变形的外部因素。

3.1.1　盾构超挖

盾构掘进施工所产生的超挖可分为常规超挖和特殊超挖两部分。

1. 常规超挖

盾构机壳是盾构工作室的保护壳，为保证盾构机在地层中顺利掘进，刀盘直径（开挖直径）通常等于或略大于盾构机壳外径；而管片则在盾构机壳内部完成拼装，因此，开挖直径必然大于管片外径，两者的差值即为盾尾间隙。如图 3.2 所示，图中突出显示放大了盾尾间隙，实际工程中单圆地铁隧道的盾尾间隙一般为 14～30mm。可以看出，盾尾间隙是由盾构法隧道的特殊施工方法所决定的，这部分超挖不可避免，因此称为常规超挖。

2. 特殊超挖

盾构机身为刚度足够大的钢壳结构，在曲线段掘进时，理论上掘进面必须大于盾构机身，否则盾构机会受周围硬土的作用而卡死在土层中。一般地，如果土层较软，盾构机可以通过挤压土层实现曲线转弯；如果土层较硬，则必须通过超挖刀进行特殊超挖。但无论软土中的挤土还是硬土中的超挖，管片与开挖轮廓面

(简称“轮廓面”)之间的间隙都较直线段大,就结果而言都可视为存在特殊超挖。下面分别详述盾构以挤土和超挖刀辅助超挖两种方式施作曲线段的过程。

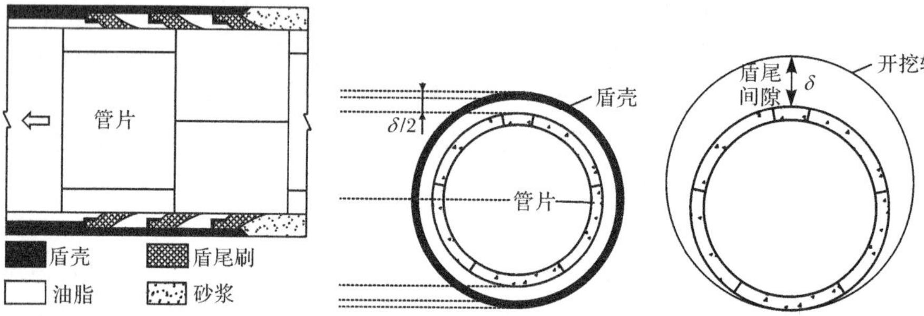

(a) 盾构掘进纵向剖面图 (b) 脱出盾尾前 (c) 脱出盾尾后

图 3.2 盾尾间隙示意

1) 盾构挤土

图 3.3 为盾构通过挤土实现左转弯曲线施工的过程,图 3.3(a)为盾构进入曲线段之前未发生偏转时的位置状态。盾构开始向左转弯时可通过控制盾尾左侧千斤顶行程小于右侧千斤顶行程实现盾构偏转,此时盾构机对曲线内侧的土体产生挤压,如图 3.3(b)所示。在盾构机发生偏转的同时,盾构机右侧盾壳与土体接触的位置产生了间隙(称为超挖间隙);左侧超挖间隙与盾尾间隙连通,故可及时注浆填充;右侧超挖间隙由于被盾尾隔断,因此无法及时被浆液填充。一般地铁隧道建设采用的盾构长度为 7～8m,管片环的宽度通常有 1.2m 和 1.5m 两种,按平均每天掘进 10 环计算,右侧超挖间隙从产生到盾尾处同步注浆填充需要约 12h;在此期间超挖间隙处的土体发生应力释放并产生向盾构机方向的收敛变形,并逐步填充超挖间隙,如图 3.3(c)所示。随着盾构的掘进不断有新的超挖间隙产生,原有超挖间隙连同盾尾间隙一起被同步注浆浆液填充,如图 3.3(d)所示。同步注浆可限制土体的进一步变形,从而减小超挖间隙地表变形量。

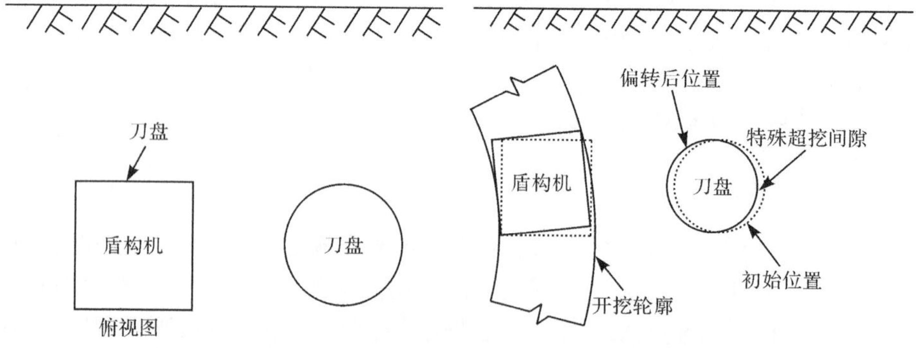

(a) 盾构未发生偏转 (b) 盾构向左偏转

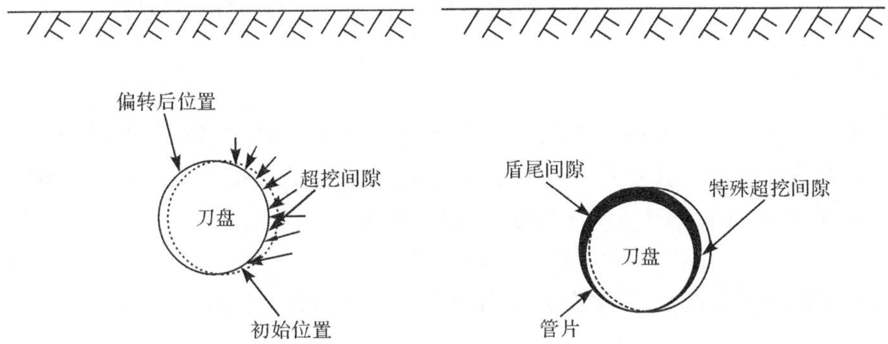

(c) 土体向超挖间隙运动，填充间隙　(d) 同步注浆填充超挖间隙

图 3.3　盾构挤压过程

2) 超挖刀辅助超挖

为了减轻盾构在方向变化时所产生的抵抗土压力，通常在刀盘外缘设置超挖装置；常用超挖装置一般分为超挖刀和仿形刀两种。超挖刀由刀头和油缸组成，超挖刀就是将切削刀头突出于盾构外围，随着刀盘的转动在全周方位进行一定量超挖的装置；油缸行程决定了刀头突出程度，一般超挖刀油缸的最大行程为 50mm。仿形刀包含刀头和仿形机构两部分，其与超挖刀的区别在于，超挖刀伸出后油缸行程固定，无法随刀盘转动而实时变动，而仿形刀的仿形机构使得刀头伸出行程与刀盘转动形成联动，从而实现异形轮廓开挖。与仿形刀相比，超挖刀结构简单，从使用实际来看也比较稳定；而配备有仿形刀的盾构机可在满足超挖需求的前提下尽可能减少对开挖面周围土体的超挖。

工程实践中，对于不同土层性质及曲线半径，可采用全周超挖和局部超挖两种模式，如图 3.4 所示。其中，超挖刀和仿形刀均可实现全周超挖，而局部超挖则

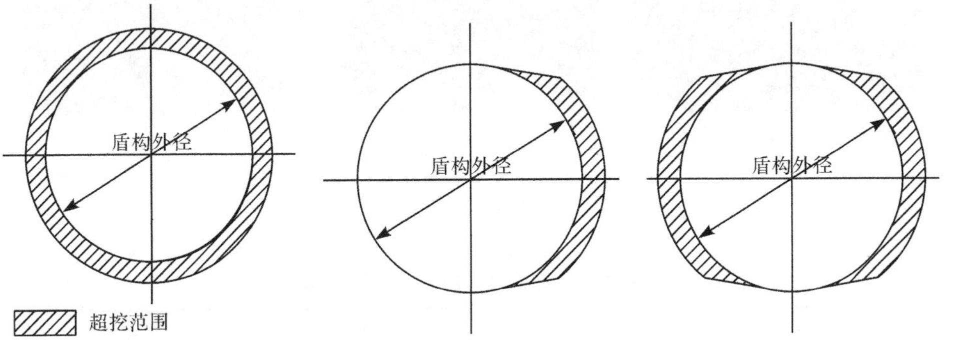

(a) 全周超挖　(b) 单侧局部超挖　(c) 双侧局部超挖

图 3.4　超挖模式

只能由仿形刀来完成。现阶段多数盾构机都采用仿形刀进行土体超挖。

3.1.2　掘进参数

掘进参数对土体变形的影响可分为土仓管理和盾尾注浆管理两部分。土仓管理含螺旋输送机的排渣量与盾构机推进速度之间的匹配关系。假定盾构机的推进速度为 v，在某一时间 Δt 内推进的距离 S 为

$$S = v\Delta t \tag{3.1}$$

盾构机前进距离 S，理论上通过面板进入土仓的渣土量为

$$\Delta V_1 = \pi r^2 S \tag{3.2}$$

式中，r 为盾构机的切削半径。

在同一时间段内，若螺旋输送机的出渣量为 ΔV_2，当 $(1-n_2)\Delta V_2=(1-n_1)\Delta V_1$ 时为平衡出渣，即从理论上讲土仓压力维持不变。其中，n_1 是原始地层孔隙率；n_2 是渣土孔隙率。然而，盾构机在推进过程中，安装在刀盘上随刀盘转动的搅拌棒将带动土仓中的渣土一起转动并产生纵向进-出运动，因此，实际土仓压力是动态的。

图 3.5 是三种典型的土压平衡盾构机刀盘形式：面板式、辐板式和辐条式，三者刀盘开口率依次加大，表 3.1 是三种刀盘形式对应的开口率情况。可以看出，面板式的开口率仅 30%左右，此时面板对前方的土体具有良好的支持作用；辐条式的开口率较大，此时对前方土体的稳定作用主要依靠土仓内的平衡土压力；辐板式则介于两者之间。

(a) 面板式刀盘　　(b) 辐板式刀盘　　(c) 辐条式刀盘

图 3.5　土压平衡盾构机典型刀盘形式

表 3.1　不同刀盘形式对应开口率

刀盘形式	面板式	辐板式	辐条式
开口率/%	约 30	35～50	60～95

由于面板处于掘进面与渣土之间，前方土体只能从面板开口进入土仓，仓内渣土产生的平衡土压力也只能通过开口处作用到掘进面。掘进面土压平衡原理如图 3.6 所示。可以看出，盾构机对掘进面的作用力由两部分组成：面板对掘进面的作用力 P_{CF} 和土仓中渣土对掘进面的压力 P_m。盾构机前方水平土压力为 P_e，则土仓的理想管理要实现 $P_e = P_m$。这就是所谓的平衡掘进，此时可认为盾构掘进施工不扰动前方土体。

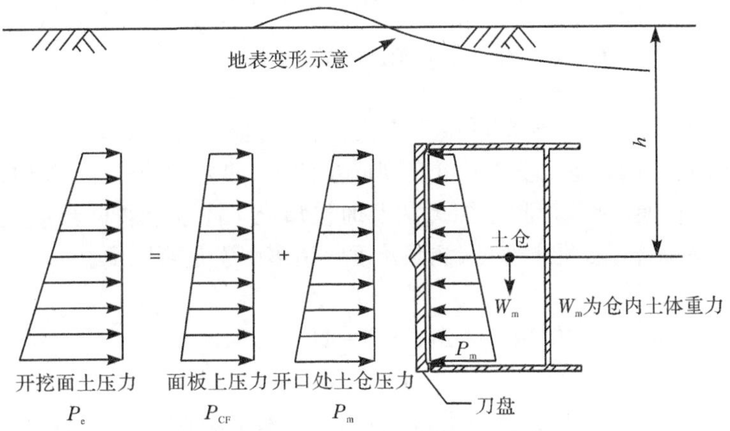

图 3.6　掘进面土压平衡原理示意

当 $P_m < P_e$ 时为欠压掘进，前方土体易发生沉降；当 $P_m > P_e$ 时为盈压掘进，前方土体易发生隆起变形，并对土体产生较大扰动。渣土在土仓中能否达到理想的土压力状况，关键在于螺旋输送机能否实现保压。

掘进参数对变形影响的另一方面是盾尾施工参数管理。图 3.7 为不同形式的盾尾注浆系统，图 3.7(a)为日本系列盾构机注浆管的布置方式，即注浆管在盾壳的外侧，盾尾厚度较小；图 3.7(b)为德国系列的注浆管布置方式，即注浆管嵌入盾壳之中，盾尾厚度较大，盾尾间隙自然也就大了。从理论上讲，随着盾构机的推进，通过盾尾同步注浆可实现浆液同步填充空隙；但实际上由于盾构机内部空间的限制，很难做到真正意义上的同步，总会有间隙时间存在。

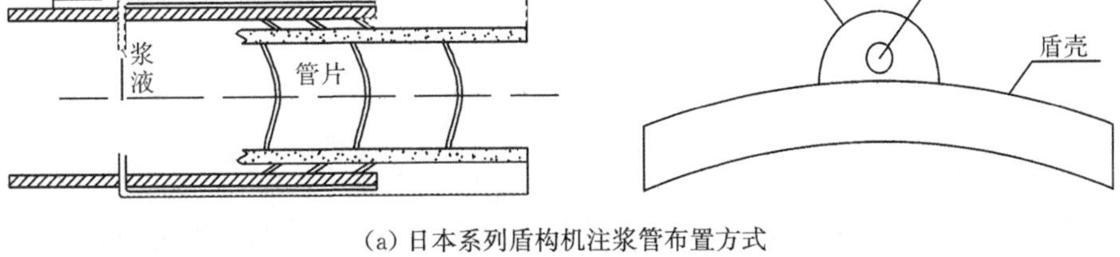

(a) 日本系列盾构机注浆管布置方式

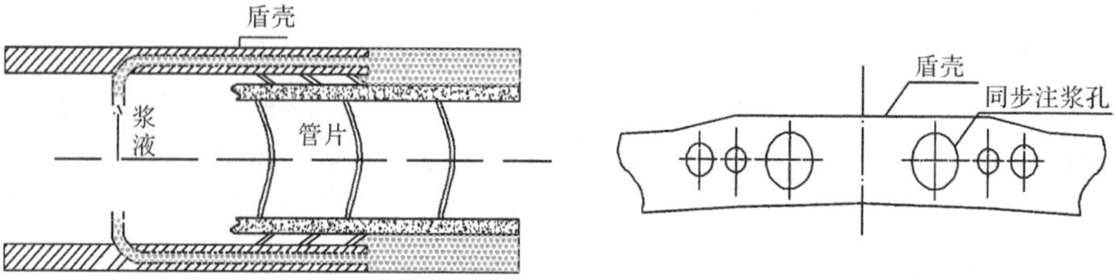

(b) 德国系列盾构机注浆管布置方式

图 3.7　不同形式的盾尾注浆系统注浆管布置方式

一般情况下，一台注浆泵可供两根注浆管路进行注浆，如果配置两台注浆泵则四根管路可同时注浆，理论上可实现同步注浆；如果四根注浆管路共用一台注浆泵，管路的切换需要时间，空隙无法及时被填充。注浆能否同步取决于盾尾间隙、超挖量、注浆容量、推进速度、注浆速度等诸多因素是否匹配。

1) 同步注浆

同步注浆所需浆液体积可采用式(3.3)计算：

$$Q = v\alpha \tag{3.3}$$

式中，Q 为注浆量；v 为理论空隙量；α 为注入率，饱满注浆时 $\alpha=1$，欠注浆时 $\alpha<1$，超注浆时 $\alpha>1$。

同步注浆应考虑地层对浆液的吸收能力，如图 3.8 所示，注浆压力作用下浆液会侵入、扩散到土体孔隙中，导致浆液流失。因此，为实现饱满注浆，α 值一般略大于 1。

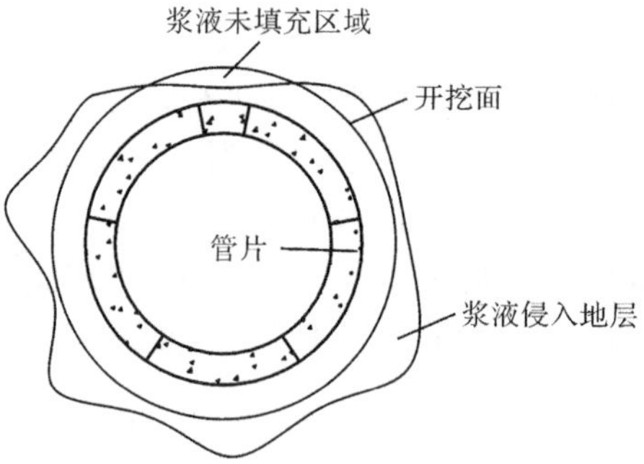

图 3.8　注浆填充示意图

2) 滞后注浆

如果注浆不及时，在管片脱离盾尾一定时间后才实施注浆，则称为滞后注浆，此时土层在开挖应力释放作用下已经发生一定收敛变形，可能会引起饱满注浆时的注浆率 $\alpha<1$，对应的地层损失将会偏大。

盾构法隧道的掘进施工希望控制在理想的平衡状态，即实现施工的“零”变形，但在实际中由于超挖的存在，掘进参数与实际工况很难完全匹配，因而难以实现理想的平衡掘进，施工变形在所难免。根据前述分析，盾构施工引起土体变形可分为如下三部分：①盾构机刀盘压力（含面板压力与开口处土压力）与掘进面压力不平衡引起的土体变形，对应图3.1中第2阶段；②超挖或挤土（特殊超挖）引起的盾壳变形与侧向土压力不平衡引起的土体变形，对应图3.1中第3阶段；③盾尾间隙或超挖间隙采用注浆填充不及时或不饱满引起的土体变形，对应图3.1中第4阶段。3.2节和3.3节将分别从应力法和位移法两方面探讨上述三阶段变形的计算。

3.1.3　地层特性

地层特性包括土体自身的工程力学性质及土体特殊的空间分布特性。土体工程性质所造成的变形通常难以准确计算，但可以通过物理概念进行推断，根据推断的结果采取相应的措施；土体因力学性质不同而产生的变形可以通过计算获得，但土体特殊的空间分布特性不仅导致了土体的各向异性，还会对面板开口处的进土产生影响，这一部分通常也是难以计算的。当厘清了可计算量和不可计算量之后，建立在计算分析基础上的措施和预估才是正确的。

一方面，盾构掘进施工会对土体产生多种扰动，例如，土仓平衡压力出现欠压、盈压等，是掘进面前方土层发生变形的主要原因；地层特性则决定了土体受扰动程度及变形向周围的扩散特性。因此，地层特性是决定施工变形的重要。另一方面，地层特性也决定了盾构机的选型设计和相关配置参数的确定，因为盾构隧道的掘进系统通过计算机程序的控制实现对机械的控制，而智能控制的外部因素就是盾构机所作用的土层。盾构机在不同地层中掘进时，其变形特征也有所差异。

1. *岩层*

岩体强度较高，在开挖后具有较好的自承能力，故而盾构机在岩层中掘进施工引起的岩体变形一般较小。岩层中的节理、裂隙、破碎带都会影响岩体的变形特征。对于特殊岩体，盾构施工引起的变形也会表现一些特殊规律，如膨胀岩具有明显的遇水膨胀和失水收缩特性。盾构掘进施工期间，由于同步注浆会引起岩体膨胀，故在施工后地层沉降较小，甚至表现为隆起；然而当浆液固化、水分损失之后，岩体的收缩则可能引起较大的地层变形。

2. *卵石层*

单个卵石的强度很高，然而卵石体的整体强度却因其离散性和结构性而表现出较大的差异性，致使卵石地层的初始内力分布异常复杂。盾构机在卵石层掘进引起的变形影响范围一般较小，局部变形量较大，主要表现为塌落，严重时甚至会导致贯通地面的塌坑，因此对施工参数控制要求极高。此外，受卵石体离散性和结构性的影响，盾构机在卵石层掘进时引起的土体变形特征具有较大不确定性。

3. 砂层

砂土也具有显著的离散性和结构性。一般而言，盾构掘进施工引起的密砂的变形程度和范围均较小，通常表现为较大的局部变形，如塌落；而对密实度较小的砂土，施工引起的砂土变形程度和范围均较大，通常由局部塌落开始并扩散至周边一定范围。总体而言，盾构施工引起的砂层变形具有较为显著的波动性。

4. 黏土层

相较于其他隧道施工方法，盾构法在黏土地层施工具有显著优势，因此广泛采用。由于黏土易于变形，且在黏土地层修建隧道的需求量巨大(如我国东南沿海地区地铁隧道密集)，因此，长期以来盾构在黏土层掘进施工引起的土体变形问题备受关注。黏土较强的可塑性使得盾构掘进施工引起的土体变形范围较大，但变形曲线较为平滑，通常采用 Peck 曲线[2]加以描述。

5. 淤泥质土层

盾构法在淤泥质土层施工也具有显著优势。对于含水量高、孔隙率大、强度低、具有流变性和触变性的淤泥质土，在施工扰动下土体更容易发生变形；并且，由于淤泥质土层抗力不足，盾构机姿态不易控制，姿态异常及纠正过程会对土体产生额外的扰动，因此盾构掘进施工引起的地层变形通常较大。一般情况下，地层变形特征也可采用 Peck 曲线加以描述；但当开挖扰动引起土体结构变化时，则可能导致土体渐进性变形，影响范围极大(如土体发生大范围滑移)，甚至造成灾难性后果。

需要注意的是，实际地质条件基本可视为上述土层不同形式的组合，因此，实际盾构掘进引起的土体变形过程无疑是复杂的。特别地，对于软硬互侵的复合地层，盾构掘进施工引起的地层变形受盾构与互层交界面位置关系、软层和硬层的位置关系等因素影响较大，变形特征较为复杂。同时，盾构在复合地层掘进时受到来自软、硬地层的作用力有较大差异，致使盾构机姿态控制难度大，姿态异常及纠正过程不可避免会对土体产生额外的扰动，因此引起的地层变形通常也较大。设计时应尽量减小盾构机在复合地层的掘进距离。

3.2　基于应力释放的盾构掘进施工变形计算

3.2.1　盾构掘进施工中的应力释放

图 3.1 为盾构掘进施工引起的五阶段土体变形，第 2～5 阶段地层变形的实质均为开挖面压力不平衡所致。当土仓压力处于欠压时，开挖面土体通过刀盘开口发生有一定应力限制的应力释放，如图 3.9(a)所示，实际支护力(P_1)小于开挖面理想平衡所需压力(P_0)时，刀盘前方土体内的初始应力(σ_0)将发生大小为 $\Delta\sigma$ 的应力释放。当盾构超挖时，盾壳周围土体将发生有一定位移限制的应力释放，如图 3.9(b)所示，开挖面因发生位移 δ_1 而引起土体内的初始应力(σ_0)发生大小为 $\Delta\sigma$ 的应力释放。当盾尾同步注浆不能实现理论上的“同步”时，同样也会发生有一定位移限制的应力释放。按照盾构掘进的时空顺序，图 3.1 中 2～5 阶段施工变形产生的原因依次为掘进面应力释放(阶段 2)、盾壳范围内轮廓面应力释放(阶段 3)及脱出盾尾后轮廓面应力释放(阶段 4 和阶段 5)。

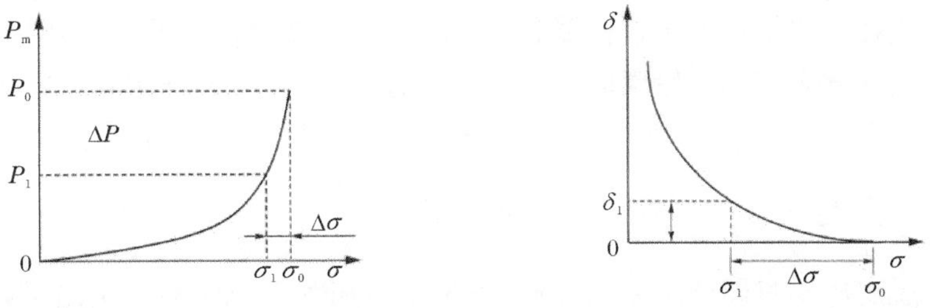

(a) 开挖面支护力不足引起的应力释放　　(b) 开挖面发生位移引起的应力释放

图 3.9　应力边界和位移边界条件下的应力释放

1. 掘进面应力释放

土仓中的渣土与掘进面土体通过刀盘开口连通，理想平衡状态下，土仓压力等于掘进面土压力。当土仓中的土压力小于刀盘前方土体的水平土压力(图 3.6 中 $P_e > P_m$)时，掘进面上对应刀盘开口处的土体会发生应力释放，即刀盘对土体切削的同时土体由于应力释放对刀盘开口处具有挤压作用，从而引发刀盘前方土体的变形，如图 3.10 所示。掘进面产生应力释放的前提是土仓压力不足，而应力释放大小则与土体性质、刀盘开口大小及土仓压力这三者有关。从应力释放的角度讲，开口率越大，土仓压力大小对掘进面稳定性的影响越大，因此土仓压力的控制要求越高。

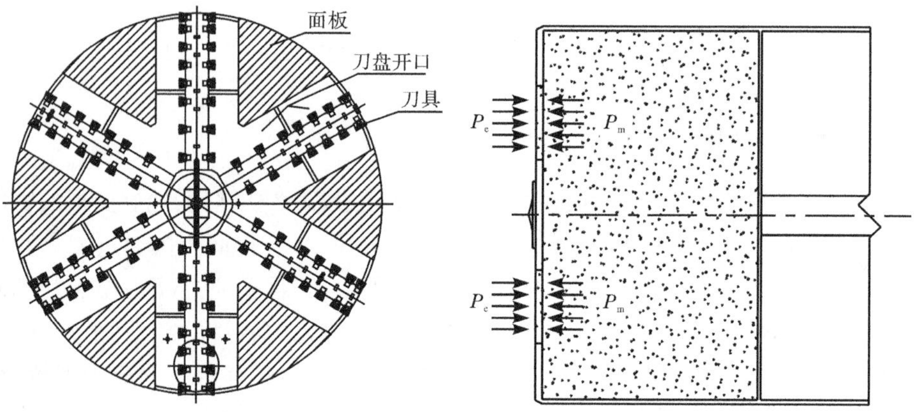

(a) 刀盘 (b) 盾构机纵剖面

图 3.10 土仓压力不足引起的掘进面土体(刀盘开口处)的应力释放

2. 盾壳范围内轮廓面应力释放

盾构机在曲线掘进或盾构机姿态不良时会产生隧道横断面上的超挖,超挖间隙的存在会使盾壳范围内轮廓面土体产生应力释放,并引起土体发生向盾构机方向的收敛变形,如图 3.3(c)所示。这部分应力释放受土体性质和超挖量影响。

3. 盾尾处轮廓面应力释放

管片脱出盾尾时即产生盾尾间隙,图 3.3(c)和图 3.3(d)分别给出了无超挖和有超挖两种状态下的盾尾间隙示意图。管片脱出盾尾的同时需通过注浆填充盾尾间隙,理论上注浆与管片脱出盾尾同步,且所注浆液体积与超挖量相等。但实际中不可避免地出现注浆滞后、欠注浆或浆液扩散等诸多不足,最终导致轮廓面土体产生应力释放。该部分应力释放大小与土体性质、盾尾间隙、注浆工艺及浆液性质等因素有关。

3.2.2 开挖应力释放计算法

盾构开挖引起土体变形的根本在于开挖产生了临空面,从而使土体在自重作用下发生往临空面方向的位移,引起地层损失,最终导致地表变形。开挖是外部条件,内力的推动作用才是根本原因,因此,计算开挖变形首先需确定开挖引起的应力释放量[3,4]。

取边长相等的隔离体单元 P,地层中因重力产生的内力平衡状态可简化为如图 3.11 所示的弹簧滑块模型,弹簧中存储的应力 σ_u 即为内应力,在初始平衡状态，其所受法向作用为 σ_c，左右两侧受力均为 σ_u。假定右侧开挖产生临空面，即右侧 σ_u 被撤除，此时弹簧中内应力将得到释放，直至与滑块底部的摩擦力 σ_f 相等，此时系统又处于平衡状态，但滑块 P 的位置发生了移动，该移动量即为开挖面位移；若内应力 $\sigma_u \leqslant \sigma_f$，则即使有临空面也不会发生位移。由此可以看出，介质的内摩擦性是影响应力释放的内在属性，初始应力状态及开挖引起的应力状态变化(取决于开挖产生的临空面形状)是应力释放的外部诱因；这些内、外部因素均会影响应力的释放量。

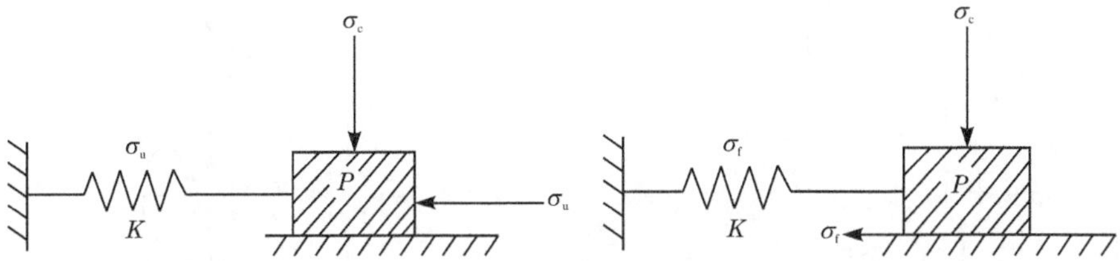

(a) 初始应力状态　　(b) 卸荷后应力释放及残余应力

图 3.11　弹簧滑块模型

根据图 3.11 弹簧-滑块模型所示内摩擦阻碍应力释放的现象，可用图 3.12 的二元件模型说明[5,6]。

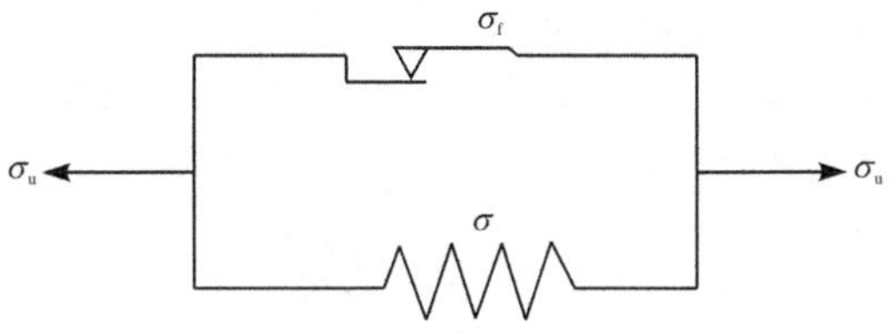

图 3.12　二元件应力释放模型

该模型将传统的弹簧与圣维南元件并联，并赋予新的含义：

(1) 给圣维南元件赋予库仑元件的摩擦特性。圣维南元件作为判断应力释放的工具，但其上的应力不是定值，而是参考库仑摩擦元件的计算方法，见式(3.4)[5]：

$$\sigma_f = \sigma_c \tan\varphi_s \tag{3.4}$$

式中，σ_c 为平均法向应力；φ_s 为材料的内摩擦角。

(2) 模型反映的是弹簧中初始应力的释放与圣维南元件及外部力增量的平衡问题，也对应于初应力条件下的应力释放问题。

(3) 圣维南元件中的内摩擦力是根据散粒体颗粒间的接触力计算的，显然与所研究问题的应力状态有关，即模型中的 σ_f 既与弹簧元件中的 σ 有关，也与模型外部卸除的应力水平 σ_u 有关。

实际开挖引起的隧道周边土体应力变化可示意为图 3.13。结合前述的开挖应力释放模型及图 3.13 可知，开挖前径向应力 σ_r^0 在开挖后释放，则定义隧道开挖周边因临空面应力移除而导致的土体内部释放的应力与初始应力的比值为应力释放率 β。

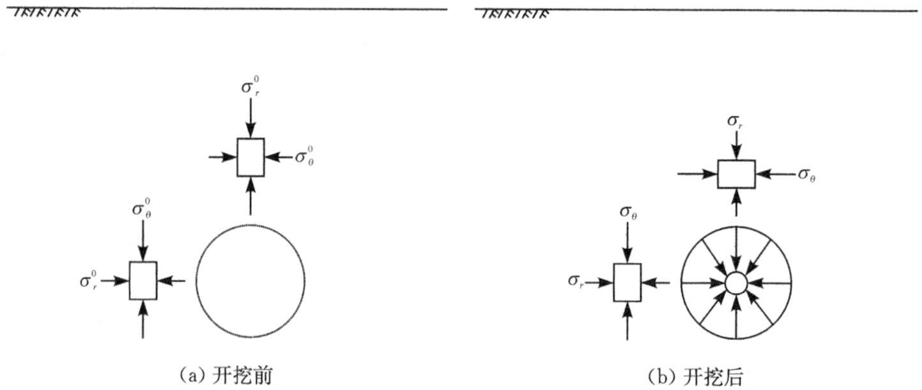

图 3.13 开挖引起的隧道开挖面周边土体中的应力变化

$$\beta = \frac{\sigma_r^0 - \sigma_f}{\sigma_r^0} \tag{3.5}$$

对于隧道开挖面周边，平面应变条件下，可取内摩擦阻力为八面体剪应力，如式(3.6)所示，主应力差 q 在伸长极限状态下如式(3.7)所示，从而可得应力释放系数的计算式，见式(3.8)[5]。

$$\sigma_f = \tau_8 = \frac{\sqrt{2}}{3}q \tag{3.6}$$

$$q = \sigma_\theta - \sigma_r = \frac{2\sin\varphi}{1+\sin\varphi}\sigma_\theta \tag{3.7}$$

$$\beta = 1 - \frac{2\sqrt{2}\sin\varphi}{3(1+\sin\varphi)}\frac{\sigma_\theta}{\sigma_r^0} \tag{3.8}$$

式中，σ_r^0 为开挖前的径向应力；σ_f 为散粒体的内摩擦阻力；q 为大小主应力差；φ 为散粒体的综合内摩擦角；σ_θ 和 σ_r 分别为环向应力和径向应力。

与目前连续介质力学分析所采用的微元体思路有所不同，由于散粒体的内摩擦力参与荷载传递，所以该模型不适用于连续介质力学的微元体上力的分析方法，必须在微元体中增加摩擦分量[7,8]。不同隧道形状和埋深的主要区别在于开挖周围的应力场不同，开挖后环向应力水平的大小是影响应力释放最主要的因素。下面从开挖孔洞周边应力的弹性解出发，给出考虑应力释放的开挖孔洞周边应力的解。

1. 开挖孔洞周边应力的弹性解

以图 3.14 所示的圆形、正方形和椭圆隧道为例，开挖后其孔洞周边的弹性应力解可根据文献[3]、[4]、[7]～[10]得出，据此得出的环向应力解见表 3.2，p 为竖向自重应力，μ 为泊松比。表 3.3 则给出了 $\mu=0.3$ 时隧道开挖周边环向应力与 p 的对应关系。

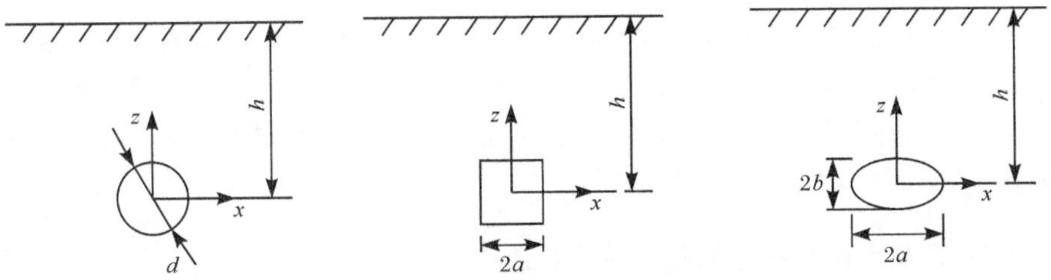

图 3.14　不同形状开挖隧道

表 3.2　隧道开挖周边环向应力

孔形	圆形	椭圆($a=2b,m=1/3$)	正方形
$\sigma_{\theta=0}$、$\sigma_{\theta=\pi}$	$-\frac{3-4\mu}{1-\mu}p$	$-\frac{5-6\mu}{1-\mu}p$	$-\frac{31-48\mu}{21(1-\mu)}p$
$\sigma_{\theta=\pi/4}$、$\sigma_{\theta=3\pi/4}$ $\sigma_{\theta=5\pi/4}$、$\sigma_{\theta=7\pi/4}$	$-\frac{1}{1-\mu}p$	$-\frac{6\mu+1}{5(1-\mu)}p$	$-\frac{3}{1-\mu}p$
$\sigma_{\theta=\pi/2}$、$\sigma_{\theta=3\pi/2}$	$\frac{1-4\mu}{1-\mu}p$	$\frac{1-3\mu}{1-\mu}p$	$-\frac{48\mu-17}{21(1-\mu)}p$

表 3.3　$\mu=0.3$ 时隧道开挖周边环向应力

孔形	圆形	椭圆($a=2b,m=1/3$)	正方形
$\sigma_{\theta=0}$、$\sigma_{\theta=\pi}$	$-2.57p$	$-4.57p$	$-1.13p$
$\sigma_{\theta=\pi/4}$、$\sigma_{\theta=3\pi/4}$ $\sigma_{\theta=5\pi/4}$、$\sigma_{\theta=7\pi/4}$	$-1.43p$	$-0.8p$	$-4.29p$
$\sigma_{\theta=\pi/2}$、$\sigma_{\theta=3\pi/2}$	$-0.29p$	$0.14p$	$0.18p$

对于深埋隧道，由于成拱效应，认为隧道周边的应力相等，即 $p=q,\mu=0.5$。由此可分别求得初始应力水平为 p 及不同开挖形状下隧道周边的环向应力，见表 3.4。

表 3.4　$\mu=0.5$ 时隧道开挖周边环向应力

孔形	圆形	椭圆($a=2b,m=1/3$)	正方形
$\sigma_{\theta=0}$、$\sigma_{\theta=\pi}$	$-2p$	$-4p$	$-0.67p$
$\sigma_{\theta=\pi/4}$、$\sigma_{\theta=3\pi/4}$ $\sigma_{\theta=5\pi/4}$、$\sigma_{\theta=7\pi/4}$	$-2p$	$-1.2p$	$-6p$
$\sigma_{\theta=\pi/2}$、$\sigma_{\theta=3\pi/2}$	$-2p$	$-p$	$-0.67p$

对比表 3.3 和表 3.4 可见，隧道周边水平方向上的环向应力在 $\mu=0.5$ 时比 $\mu=0.3$ 时略小，而重力方向上的环向应力要大许多，$\mu=0.5$ 时隧道周边均为压应力，$\mu=0.3$ 时在椭圆和正方形隧道的拱顶和拱底出现了拉应力。$\mu=0.5$ 时，任何轴比的洞室，周边都不会产生拉应力。

2. 考虑应力释放的开挖孔洞周边应力

根据表 3.3 的结果，取散粒体的综合内摩擦角 φ 为 30°，则不同开挖形状浅埋和深埋隧道周围的应力释放系数见表 3.5 和表 3.6。

表 3.5　不同开挖形状浅埋隧道周围的应力释放系数

位置	孔形		
	圆形	椭圆($a=2b,m=1/3$)	正方形
$\sigma_{\theta=0}$、$\sigma_{\theta=\pi}$(水平向)	0	0	17.4%
$\sigma_{\theta=\pi/4}$、$\sigma_{\theta=3\pi/4}$ $\sigma_{\theta=5\pi/4}$、$\sigma_{\theta=7\pi/4}$ (45°方向)	55.1%	74.9%	0
$\sigma_{\theta=\pi/2}$、$\sigma_{\theta=3\pi/2}$(竖向)	90.9%	100%	100%

表 3.6　不同开挖形状深埋隧道周围的应力释放系数

位置	孔形		
	圆形	椭圆($a=2b,m=1/3$)	正方形
$\sigma_{\theta=0}$、$\sigma_{\theta=\pi}$(水平向)	37.2%	0	78.9%
$\sigma_{\theta=\pi/4}$、$\sigma_{\theta=3\pi/4}$ $\sigma_{\theta=5\pi/4}$、$\sigma_{\theta=7\pi/4}$ (45°方向)	37.2%	62.3%	0
$\sigma_{\theta=\pi/2}$、$\sigma_{\theta=3\pi/2}$(竖向)	37.2%	68.6%	78.9%

由表 3.5 和表 3.6 可知，对于浅埋圆形和椭圆形隧道，隧道顶部和底部的应力释放系数最大，其次为与中轴线成 45°方向，水平两侧的释放系数最小；矩形隧道的应力释放系数从大到小的位置依次为：顶部和底部＞水平两侧＞与中轴线成 45°方向。对于深埋圆形隧道，开挖面周围的应力释放系数均相同；深埋椭圆隧道和正方形隧道的应力释放系数从大到小的位置规律与浅埋相同。

式(3.8)表明，除了应力水平，应力释放系数与材料的内摩擦角有很大的关系，不同内摩擦角时的开挖应力释放系数对比见表 3.7～表 3.12。可以看出，内摩擦角增大，将会阻碍材料的应力释放。由于砂的内摩擦角一般大于饱和黏土，因此砂中的应力释放比饱和黏土中要小。

表 3.7　浅埋圆形隧道不同内摩擦角下开挖应力释放系数

位置	内摩擦角						
	10°	15°	20°	25°	30°	35°	40°
$\sigma_{\theta=0}$、$\sigma_{\theta=\pi}$	16.6%	0	0	0	0	0	0
$\sigma_{\theta=\pi/4}$、$\sigma_{\theta=3\pi/4}$ $\sigma_{\theta=5\pi/4}$、$\sigma_{\theta=7\pi/4}$	80.1%	72.3%	65.6%	60.0%	55.1%	50.9%	47.3%
$\sigma_{\theta=\pi/2}$、$\sigma_{\theta=3\pi/2}$	96.0%	94.4%	93.0%	91.9%	90.9%	90.0%	89.3%

表 3.8　浅埋椭圆隧道不同内摩擦角下开挖应力释放系数

位置	内摩擦角						
	10°	15°	20°	25°	30°	35°	40°
$\sigma_{\theta=0}$、$\sigma_{\theta=\pi}$	36.3%	11.4%	0	0	0	0	0
$\sigma_{\theta=\pi/4}$、$\sigma_{\theta=3\pi/4}$ $\sigma_{\theta=5\pi/4}$、$\sigma_{\theta=7\pi/4}$	88.8%	84.5%	80.8%	77.6%	74.9%	72.5%	70.5%
$\sigma_{\theta=\pi/2}$、$\sigma_{\theta=3\pi/2}$	100%	100%	100%	100%	100%	100%	100%

表 3.9　浅埋矩形隧道不同内摩擦角下开挖应力释放系数

位置	内摩擦角						
	10°	15°	20°	25°	30°	35°	40°
$\sigma_{\theta=0}$、$\sigma_{\theta=\pi}$	84.2%	78.1%	72.9%	68.4%	64.5%	61.2%	58.3%
$\sigma_{\theta=\pi/4}$、$\sigma_{\theta=3\pi/4}$ $\sigma_{\theta=5\pi/4}$、$\sigma_{\theta=7\pi/4}$	40.2%	16.9%	0	0	0	0	0
$\sigma_{\theta=\pi/2}$、$\sigma_{\theta=3\pi/2}$	100%	100%	100%	100%	100%	100%	100%

表 3.10　深埋圆形隧道不同内摩擦角下开挖应力释放系数

位置	内摩擦角						
	10°	15°	20°	25°	30°	35°	40°
$\sigma_{\theta=0}$、$\sigma_{\theta=\pi}$	72.1%	61.2%	52.0%	44.0%	37.2%	31.3%	26.2%
$\sigma_{\theta=\pi/4}$、$\sigma_{\theta=3\pi/4}$ $\sigma_{\theta=5\pi/4}$、$\sigma_{\theta=7\pi/4}$	72.1%	61.2%	52.0%	44.0%	37.2%	31.3%	26.2%
$\sigma_{\theta=\pi/2}$、$\sigma_{\theta=3\pi/2}$	72.1%	61.2%	52.0%	44.0%	37.2%	31.3%	26.2%

表 3.11 深埋椭圆隧道不同内摩擦角下开挖应力释放系数

位置	内摩擦角						
	10°	15°	20°	25°	30°	35°	40°
$\sigma_{\theta=0}$、$\sigma_{\theta=\pi}$	44.2%	22.5%	3.9%	0	0	0	0
$\sigma_{\theta=\pi/4}$、$\sigma_{\theta=3\pi/4}$ $\sigma_{\theta=5\pi/4}$、$\sigma_{\theta=7\pi/4}$	83.3%	76.7%	71.2%	66.4%	62.3%	58.8%	55.7%
$\sigma_{\theta=\pi/2}$、$\sigma_{\theta=3\pi/2}$	86.1%	80.6%	76.0%	72.0%	68.6%	65.6%	63.1%

表 3.12 深埋矩形隧道不同内摩擦角下开挖应力释放系数

位置	内摩擦角						
	10°	15°	20°	25°	30°	35°	40°
$\sigma_{\theta=0}$、$\sigma_{\theta=\pi}$	90.7%	87.0%	83.9%	81.2%	78.9%	77.0%	75.3%
$\sigma_{\theta=\pi/4}$、$\sigma_{\theta=3\pi/4}$ $\sigma_{\theta=5\pi/4}$、$\sigma_{\theta=7\pi/4}$	16.3%	0	0	0	0	0	0
$\sigma_{\theta=\pi/2}$、$\sigma_{\theta=3\pi/2}$	90.7%	87.0%	83.9%	81.2%	78.9%	77.0%	75.3%

事实上，埋深和开挖形状的差异使得开挖面周边土体的应力状态有所不同，从而导致不同埋深和开挖形状条件下应力释放系数的差异。因此，若将受应力状态影响的应力释放系数引入有限单元法中，则理论上可以实现任意开挖条件下考虑应力释放的开挖完成后的应力重分布计算。

3.2.3 开挖应力释放的有限元计算方法

传统的开挖荷载主要指开挖临空面上的节点反力，考虑材料的摩擦效应时，开挖荷载与应力释放存在对应关系[11,12]，即同样存在于开挖面以外的计算区域。为了说明开挖的应力释放效应，考虑如图 3.15 所示的构件：开挖的结果即解除 F 的压力，若物块 P 为开挖面以下某点，此时物块有移动的趋势，弹簧将要弹开，物块因为有运动趋势而产生摩擦力，假设最大静摩擦力为 f，如果 $f \geqslant F$，则物体不会移动，弹簧无法弹开，应力释放不发生；如果 $f < F$，物体产生移动，弹簧力释放并在周边共同作用下趋于稳定，系统重新达到平衡。前期研究结果[4]表明，卸载阶段颗粒是否会发生位移以及接触力的变化，取决于作用在其上力的变化（卸载力）是否能够与摩擦力平衡，可以采用增量应力释放模型中应力释放的判定准则：卸除力大于材料的内摩擦阻力。

图 3.15 所对应的 p-δ 曲线如图 3.16 所示。加载阶段物块 P 周边的土体集合体在被压缩时系统的等效刚度为$\dfrac{K_1K_2}{K_1+K_2}$，如图中 OA 段所示；若 F 的压力在 A 点解除，且卸载量小于颗粒间摩擦阻力，即 $f \geqslant F$，则物块 P 不弹开，此时系统等效

刚度可以看成无穷大，如 AB 段所示，反之则物块 P 发生移动，系统等效刚度为 $\frac{K_1K_2}{K_1+K_2}$，如 BC 段所示。

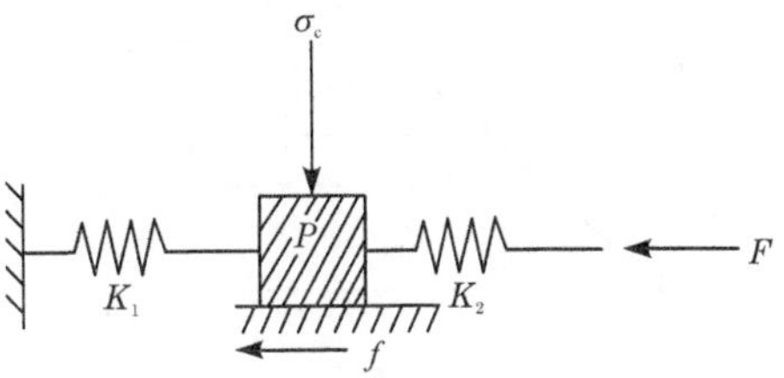

图 3.15 开挖应力释放的产生

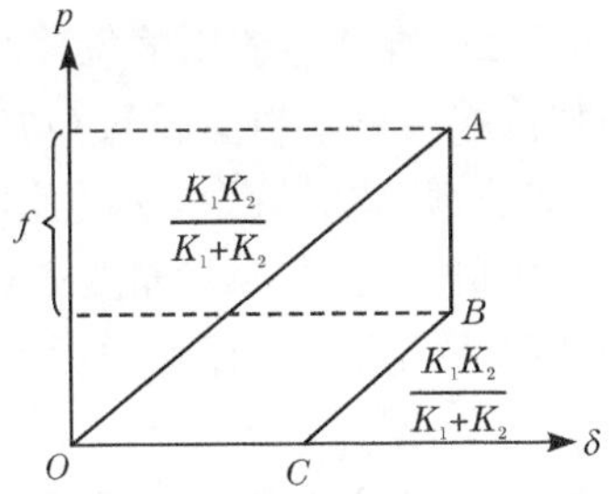

图 3.16 简化模型下的 p-δ 曲线

进一步细化图 3.15 所示的简化模型，将物块 P 看成土颗粒和土颗粒集合体的总和，如图 3.17 所示。

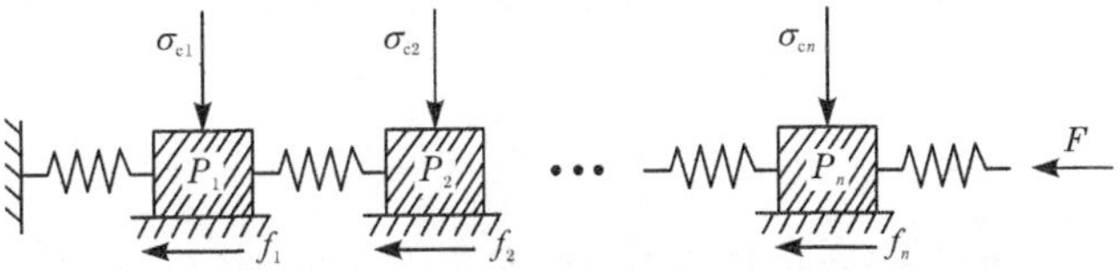

图 3.17 多元件开挖卸载简化模型

由于土体是非线性散粒体材料，颗粒间的内摩擦力使得应力释放呈非线性，实际开挖卸载的等效模型远比图 3.15 和图 3.17 复杂。在研究内摩擦力对应力释放的影响时，若考虑土体的黏性，则黏聚力的存在将导致卸荷过程中影响应力释放特性的因素增多，机理更复杂，难度也更大。因此，此处以无黏性砂性土为对象，且假设砂土中应力释放特性为各向同性。单次加卸载下砂的卸载规律可以通过 p-δ 曲线或 σ-ε 曲线进行说明。由于荷载 p、应力 σ 与位移 δ、应变 ε 有对应关系，故可将 p-δ 曲线和 σ-ε 曲线画在同一个坐标系内，图 3.17 所示模式对应的单次加卸载特性如图 3.18 所示[10]。

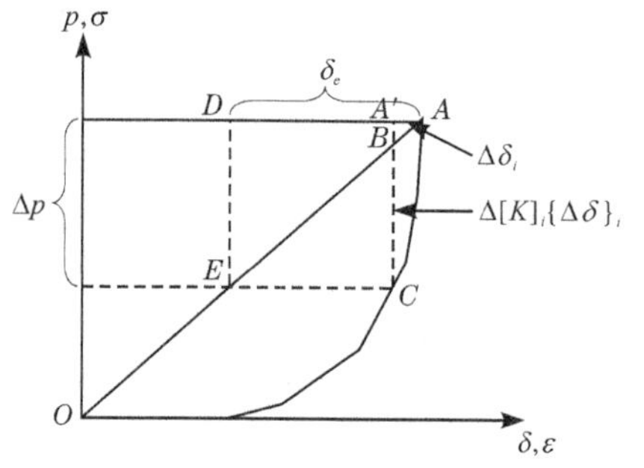

图 3.18 单次加卸载下的 p-$\delta(\sigma$-$\varepsilon)$曲线

如图 3.18 所示，纵坐标和横坐标分别表示计算域内的外荷载和任意一点的位移。δ_e 为计算域内某点加载 Δp 所产生的压缩位移增量；$\Delta\delta_i$ 为第 i 级开挖（卸除对应外荷载）时该点的回弹位移增量。当荷载从 O 加载到 A 点（弹性阶段为线性，弹塑性阶段为非线性）后卸载，卸载增量为 Δp（负值），如果卸载路径与加载路径重合，也就是沿 OA 方向卸载到 E 点，位移增量为 δ_e（负值），但实际上由于卸载与加载时刚度（模量）不同，卸载路径为 AC，位移增量为 $\Delta\delta_i$，这是由加载阶段材料的非线性所造成的。

图 3.18 所示的 p-δ 曲线可以从应力释放的角度进行等效，此时需按照卸荷弹性模量与加载模量相同进行考虑：若卸载 Δp（负值）后回到 E 点，则认为应力完全释放；但实际中颗粒内部存在摩擦效应[11,12]，摩擦约束将导致卸载时部分应力残留在材料内部，于是只有 $A'B$ 部分的应力被释放出来，残留在土体内部的部分为 BC，对应的位移增量为 $\Delta\delta_i$。若选取开挖面附近某点作为测量对象，则第一级卸载应力释放率为

$$\delta_0 = \frac{A'B}{\Delta p} \tag{3.9}$$

卸载阶段材料的非线性与开挖力的关系可以通过式(3.10)建立，假设土体的应力释放特性为各向同性，首先对第 i 级开挖，卸荷刚度矩阵可以写为

$$\boldsymbol{D}_{iu} = \boldsymbol{D}_{\mathrm{L}} + \Delta\boldsymbol{D}_i \tag{3.10}$$

式中，$\boldsymbol{D}_{\mathrm{L}}$ 为弹塑性本构关系矩阵，弹性阶段 $\boldsymbol{D}_{\mathrm{L}}=\boldsymbol{D}_{\mathrm{e}}$，弹塑性阶段 $\boldsymbol{D}_{\mathrm{L}}=\boldsymbol{D}_{\mathrm{ep}}$，且 $\Delta\boldsymbol{D}_i>\boldsymbol{0}$。对应的单元刚度矩阵为

$$\begin{aligned}\boldsymbol{k}_{iu} &= \int_\Omega \boldsymbol{B}^{\mathrm{T}}\boldsymbol{D}_{iu}\boldsymbol{B}\mathrm{d}V = \int_\Omega \boldsymbol{B}^{\mathrm{T}}(\boldsymbol{D}_{\mathrm{L}} + \Delta\boldsymbol{D}_i)\boldsymbol{B}\mathrm{d}V \\ &= \int_\Omega \boldsymbol{B}^{\mathrm{T}}\boldsymbol{D}_{\mathrm{L}}\boldsymbol{B}\mathrm{d}V + \int_\Omega \boldsymbol{B}^{\mathrm{T}}\Delta\boldsymbol{D}_i\boldsymbol{B}\,\mathrm{d}V \\ &= \boldsymbol{k}_{\mathrm{L}} + \Delta\boldsymbol{k}_i\end{aligned} \tag{3.11}$$

组装成总体刚度矩阵，则求解该问题的节点平衡方程可以表示成如下形式：

$$\boldsymbol{K}_{iu}\{\Delta\boldsymbol{\delta}\}_i=\{\Delta\boldsymbol{p}\}_i \tag{3.12}$$

$$(\boldsymbol{K}_{L}+\Delta\boldsymbol{K}_i)\{\Delta\boldsymbol{\delta}\}_i=\{\Delta\boldsymbol{p}\}_i \tag{3.13}$$

即

$$\boldsymbol{K}_{L}\{\Delta\boldsymbol{\delta}\}_i=\{\Delta\boldsymbol{p}\}_i-\Delta\boldsymbol{K}_i\{\Delta\boldsymbol{\delta}\}_i \tag{3.14}$$

式(3.14)即为第 i 级开挖时体现开挖应力释放的平衡方程，图 3.18 中的 BC 段在量值上等于 $\Delta\boldsymbol{K}_i\{\Delta\boldsymbol{\delta}\}_i$。式(3.14)右端表示按照应力释放理论等效后计算区域内的开挖应力释放量，即计算域内的开挖荷载，此时的加载模量与卸载模量一致。从该式可以看出，开挖荷载同样存在于开挖面以外的区域，按照现有的应力释放理论研究成果，其原因主要是开挖卸载阶段颗粒间的摩擦约束，这也是导致卸荷刚度较大且非线性的因素之一，即开挖荷载的影响可以通过卸荷刚度的调整予以体现。现行的只考虑开挖面的应力释放率 δ_0 来对临空面开挖荷载进行修正，实际上是对开挖问题做的简单处理，并不满足节点平衡方程，由方程解的唯一性可知，这种情况下求解得到的位移场与实际是不相符的。

Balendran 等[13]提出岩土材料加卸载过程中的双向滑移模式，认为卸载同样属于弹塑性过程，且受颗粒位移和摩擦的影响。从式(3.14)的推导过程来看，开挖卸载过程中的应力释放效应是导致卸荷刚度较大且呈非线性的主要原因之一，并与颗粒间摩擦作用关系密切。因此，需要通过考虑摩擦做功在开挖阶段产生的能量耗散来对传统的弹性卸载进行修改正。

式(3.14)中的 $\Delta\boldsymbol{K}_i\{\Delta\boldsymbol{\delta}\}_i$ 表示在开挖卸载过程中计算域内的节点均受到一个虚拟节点力的作用，该力与土体内部的虚拟支撑力存在对应关系，对开挖卸载引起的材料回弹起到了一定的约束作用。由于开挖应力释放和颗粒间的内摩擦作用有密切关系，可以从能量角度建立如下关系：虚拟节点力在回弹阶段做负功，认为颗粒间内摩擦行为产生的能量耗散在数值上同作用在该单元节点上的虚拟节点力所做负功相等，即

$$\int_{\Omega}\{\boldsymbol{\varepsilon}^*\}^{\mathrm{T}}\boldsymbol{f}\mathrm{d}V=\{\Delta\boldsymbol{\delta}\}_i^*\Delta\boldsymbol{k}_i\{\Delta\boldsymbol{\delta}\}_i \tag{3.15}$$

式中，$\boldsymbol{f}$ 为颗粒间摩擦效应所等效的摩擦应力；$\boldsymbol{\varepsilon}^*$ 为对应方向上的虚应变；$\{\Delta\boldsymbol{\delta}\}_i^*$ 为节点虚位移。

对于颗粒间的摩擦效应，可近似采用八面体剪应力来替代极限状态下的摩擦力，这里的极限状态指细观上颗粒间发生相对错动的状态，并非土体的破坏极限；对于那些尚未发生错动，只存在相对运动趋势的颗粒，其间的静摩擦力同样可以用八面体剪应力状态表示，只是该应力状态尚未达到可以使颗粒间发生相对错动的极限，此时的八面体应力状态并非颗粒间的抗剪强度，而是低于该强度水平的某一个应力水平。

在研究空间问题时，垂直于卸载方向上(横向)的内摩擦作用与单元体应力状

态还没有明确的数学关系予以表示，因此可基于应力释放的各向同性假设，认为发生卸载时横向摩擦作用也可以用八面体剪应力表示，又假定材料的应力释放特性不受应力历史的影响。由此，对计算域内的任意单元体，可将其应力张量写成

$$\sigma_{ij}=\delta_{ij}p+s_{ij} \tag{3.16}$$

式中，σ_{ij} 为应力张量；p 为单元体平均应力；s_{ij} 为偏应力(式 3.16 中 i 仅表示方向，不表示第 i 级加卸载)。用八面体应力状态表示，则有

$$\boldsymbol{\sigma}=\boldsymbol{\sigma}_{\text{oct}}+\boldsymbol{\tau}_{\text{oct}} \tag{3.17}$$

即

$$\boldsymbol{\tau}_{\text{oct}}=\boldsymbol{\sigma}-\boldsymbol{\sigma}_{\text{oct}} \tag{3.18}$$

写成能量的形式，有

$$\int_{\Omega}\{\boldsymbol{\varepsilon}^{*}\}^{\mathrm{T}}\boldsymbol{f}\mathrm{d}V=\int_{\Omega}u_{\tau_{\text{oct}}}\mathrm{d}V=\int_{\Omega}u_{\sigma}\mathrm{d}V-\int_{\Omega}u_{\sigma_{\text{oct}}}\mathrm{d}V \tag{3.19}$$

式中，u_{σ}、$u_{\sigma_{\text{oct}}}$ 和 $u_{\tau_{\text{oct}}}$ 分别为对应应力状态下所做的虚功，注意到 π 平面上只有八面体正应力时有如下关系：

$$\sigma_1=\sigma_2=\sigma_3=\frac{1}{3}(\sigma_x+\sigma_y+\sigma_z)=\frac{1}{3}\sigma_{kk} \tag{3.20}$$

且此时八面体上的正应变为

$$\varepsilon_{\text{oct}}=\frac{1}{3}(\varepsilon_x+\varepsilon_y+\varepsilon_z) \tag{3.21}$$

则式(3.19)变为

$$\begin{aligned}\int_{\Omega}u_{\sigma}\mathrm{d}V-\int_{\Omega}u_{\sigma_{\text{oct}}}\mathrm{d}V&=\int_{\Omega}\{\boldsymbol{\varepsilon}^{*}\}_{\mathrm{e}}^{\mathrm{T}}\{\boldsymbol{\sigma}\}_{\mathrm{e}}\mathrm{d}V-\int_{\Omega}\{\boldsymbol{\varepsilon}_{\text{oct}}^{*}\}_{\mathrm{e}}^{\mathrm{T}}\{\boldsymbol{\sigma}_{\text{oct}}\}_{\mathrm{e}}\mathrm{d}V\\&=\int_{\Omega}\{\boldsymbol{\varepsilon}^{*}\}_{\mathrm{e}}^{\mathrm{T}}\{\boldsymbol{\sigma}\}_{\mathrm{e}}\mathrm{d}V-\int_{\Omega}\{\boldsymbol{\delta\varepsilon}^{*}\}_{\mathrm{e}}^{\mathrm{T}}\left\{\boldsymbol{\delta}\,\frac{1}{3}\sigma_{kk}\right\}_{\mathrm{e}}\mathrm{d}V\\&=\int_{\Omega}\{\boldsymbol{\varepsilon}^{*}\}_{\mathrm{e}}^{\mathrm{T}}\left(\{\boldsymbol{\sigma}\}_{\mathrm{e}}-\left\{\boldsymbol{\delta}\,\frac{1}{3}\sigma_{kk}\right\}_{\mathrm{e}}\right)\mathrm{d}V\end{aligned} \tag{3.22}$$

式中，$\{\boldsymbol{\varepsilon}^{*}\}_{\mathrm{e}}$ 为单元虚应变张量；$\{\boldsymbol{\sigma}\}_{\mathrm{e}}$ 为单元应力张量。

将式(3.22)代入式(3.15)并用节点虚位移表示，得到

$$\begin{aligned}(\{\Delta\boldsymbol{\delta}\}_i^{*})^{\mathrm{T}}\cdot\Delta k_i\{\Delta\boldsymbol{\delta}\}_i&=\int_{\Omega}\{\boldsymbol{\varepsilon}^{*}\}_{\mathrm{e}}^{\mathrm{T}}\left(\{\boldsymbol{\sigma}\}_{\mathrm{e}}-\left\{\boldsymbol{\delta}\,\frac{1}{3}\sigma_{kk}\right\}_{\mathrm{e}}\right)\mathrm{d}V\\&=(\{\Delta\boldsymbol{\delta}\}_i^{*})^{\mathrm{T}}\cdot\int_{\Omega}\boldsymbol{B}^{\mathrm{T}}\left(\{\boldsymbol{\sigma}\}_{\mathrm{e}}-\left\{\boldsymbol{\delta}\,\frac{1}{3}\sigma_{kk}\right\}_{\mathrm{e}}\right)\mathrm{d}V\end{aligned} \tag{3.23}$$

即

$$\int_{\Omega}\boldsymbol{B}^{\mathrm{T}}\left(\{\boldsymbol{\sigma}\}_{\mathrm{e}}-\left\{\boldsymbol{\delta}\,\frac{1}{3}\sigma_{kk}\right\}_{\mathrm{e}}\right)\mathrm{d}V=\Delta k_i\{\Delta\boldsymbol{\delta}\}_i \tag{3.24}$$

将式(3.24)代入式(3.14)，得到单元上考虑内摩擦行为的开挖应力释放量有限元计算格式：

$$\boldsymbol{k}_{\mathrm{L}}\{\Delta\boldsymbol{\delta}\}_i=\{\Delta\boldsymbol{p}\}_i-\int_{\Omega}\boldsymbol{B}^{\mathrm{T}}\left(\{\boldsymbol{\sigma}\}_{\mathrm{e}}-\left\{\boldsymbol{\delta}\,\frac{1}{3}\sigma_{kk}\right\}_{\mathrm{e}}\right)\mathrm{d}V \tag{3.25}$$

式中，$\boldsymbol{k}_{\mathrm{L}}$ 为采用材料本构关系矩阵计算得到的单元刚度矩阵；$\{\Delta\boldsymbol{p}\}_i$ 为第 i 级开挖下对应单元的地应力等效节点荷载。式(3.25)右端表示考虑了摩擦作用的计算域内的开挖荷载，右端第二项即为开挖问题计算域内的摩擦效应导致的开挖力的折减量。

对于空间问题，式(3.25)右端第二项进行离散得到

$$\begin{aligned}&\int_{\Omega}\boldsymbol{B}^{\mathrm{T}}\left(\{\boldsymbol{\sigma}\}_{\mathrm{e}}-\left\{\boldsymbol{\delta}\,\frac{1}{3}\sigma_{kk}\right\}_{\mathrm{e}}\right)\mathrm{d}V\\
&=\int_{\Omega}\boldsymbol{B}^{\mathrm{T}}\begin{Bmatrix}\frac{2}{3}\sigma_x-\frac{1}{3}(\sigma_y+\sigma_z)\\ \frac{2}{3}\sigma_y-\frac{1}{3}(\sigma_x+\sigma_z)\\ \frac{2}{3}\sigma_z-\frac{1}{3}(\sigma_x+\sigma_y)\\ \tau_{yz}\\ \tau_{zx}\\ \tau_{xy}\end{Bmatrix}\mathrm{d}V\\
&=\int_{\Omega}\boldsymbol{B}^{\mathrm{T}}\begin{bmatrix}\frac{2}{3}&-\frac{1}{3}&-\frac{1}{3}&&&\\ -\frac{1}{3}&\frac{2}{3}&-\frac{1}{3}&&0&\\ -\frac{1}{3}&-\frac{1}{3}&\frac{2}{3}&&&\\ &&&1&&\\ &0&&&1&\\ &&&&&1\end{bmatrix}\begin{Bmatrix}\sigma_x\\ \sigma_y\\ \sigma_z\\ \tau_{yz}\\ \tau_{zx}\\ \tau_{xy}\end{Bmatrix}\mathrm{d}V\end{aligned} \tag{3.26}$$

令 $\boldsymbol{L}=\begin{bmatrix}\frac{2}{3}&-\frac{1}{3}&-\frac{1}{3}&&&\\ -\frac{1}{3}&\frac{2}{3}&-\frac{1}{3}&&0&\\ -\frac{1}{3}&-\frac{1}{3}&\frac{2}{3}&&&\\ &&&1&&\\ &0&&&1&\\ &&&&&1\end{bmatrix}$，则式(3.26)可以写成

$$\int_{\Omega}\boldsymbol{B}^{\mathrm{T}}\left(\{\boldsymbol{\sigma}\}_{\mathrm{e}}-\left\{\boldsymbol{\delta}\,\frac{1}{3}\sigma_{kk}\right\}_{\mathrm{e}}\right)\mathrm{d}V=\int_{\Omega}\boldsymbol{B}^{\mathrm{T}}\boldsymbol{L}\boldsymbol{D}_{\mathrm{L}}\boldsymbol{B}\mathrm{d}V\{\Delta\boldsymbol{\delta}\}_i \tag{3.27}$$

代入式(3.15),得到

$$\Delta \boldsymbol{k}_i = \int_{\Omega} \boldsymbol{B}^{\mathrm{T}} \boldsymbol{L} \boldsymbol{D}_{\mathrm{L}} \boldsymbol{B} \mathrm{d}V \tag{3.28}$$

空间问题下考虑内摩擦行为的单元刚度矩阵计算式为

$$\boldsymbol{k}_{i\mathrm{u}} = \boldsymbol{k}_{\mathrm{L}} + \Delta \boldsymbol{k}_i = \int_{\Omega} \boldsymbol{B}^{\mathrm{T}} (\boldsymbol{I} + \boldsymbol{L}) \boldsymbol{D}_{\mathrm{L}} \boldsymbol{B} \mathrm{d}V \tag{3.29}$$

式中,$\boldsymbol{D}_{\mathrm{L}}$ 为弹塑性刚度矩阵;弹性阶段 $\boldsymbol{D}_{\mathrm{L}}=\boldsymbol{D}_{\mathrm{e}}$,弹塑性阶段 $\boldsymbol{D}_{\mathrm{L}}=\boldsymbol{D}_{\mathrm{ep}}$;$\boldsymbol{I}$ 为单位矩阵。以此对卸荷刚度进行调整,即可考虑材料的摩擦作用对计算区域的影响。

由式(3.29)可知,应力释放效应对开挖荷载的影响最终可以通过调整卸荷刚度予以实现,系数($\boldsymbol{I}+\boldsymbol{L}$)反映了摩擦功对计算的影响。在开挖阶段按照式(3.29)计算单元刚度矩阵,此时的荷载边界为等效节点反力,这与采用传统的硬化类弹塑性模型而不对临空面开挖荷载做折减的处理方法类似,区别在于式(3.29)的修正方法在卸荷阶段考虑了摩擦产生的能量耗散,且与应力水平相关,与传统的弹塑性模型所认为的弹性卸载不同。

至此,描述颗粒材料内摩擦性质对卸载应力释放特性影响的应力释放系数理论计算方法及对应有限元数值计算方法均已得出;后续研究将致力于这两种方法在开挖引起的土体变形计算中的应用。

3.3 位移法计算开挖施工变形

开挖引起地层变形的过程为:开挖在初始应力场中构造了一个环形自由边界,初始应力平衡被打破。在设计上,开挖面与支护面之间存在间隙,虽然通过注浆间隙会被填充,但注浆滞后或注浆填充不饱满等会造成开挖面支护力不足,此时内应力将发生释放直至达到新的平衡状态。应力释放过程伴随着土体位移,因此轮廓面应力释放将引起土体向支护结构方向(径向)的收敛变形,从而引起地层变形,地层变形逐层传递为最终的地表变形。

鉴于土体应力释放与位移变化的关系,可通过在轮廓面施加强制位移的方法等效模拟开挖应力释放引起的地层变形。断面土体收缩计算地层变形的方法很多,如有限单元法、随机介质法[14]、经验算法[15]等,其中,有限单元法是目前使用最为广泛的一种,因此以有限单元法为例,说明不同超挖和注浆填充条件下位移法计算开挖施工变形时断面收缩的设定方法。

有限元中采用断面收敛计算开挖引起地层变形的思路为:通过设置断面收缩率施加径向强制位移,使初始开挖面收敛至注浆填充后的等效隧道外轮廓面,然后根据开挖面节点变形与土体本构模型计算体系内力重新平衡后的节点力及对应的地层变形。在不考虑盾构开挖引起地层变形的时变效应,即仅考虑地层损失引起的最终变形时，断面收缩率可通过图 3.19 所示的超挖及填充横向平面模型确定，等效的断面均匀收缩率 ψ 可按式(3.30)计算。

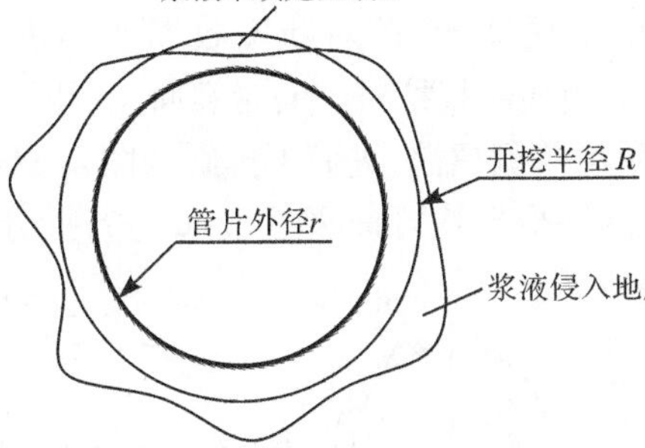

图 3.19　超挖及填充横向平面模型

$$\psi=\frac{2\pi r(R-r)(1-\xi)}{\pi r^2}=2\left(\frac{R}{r}-1\right)(1-\xi) \tag{3.30}$$

式中，R 为开挖面半径；r 为管片外径；S 为未填充间隙，一般结合工程实况和经验加以确定；ξ 为盾尾间隙的实际填充率。

$$\xi=1-\frac{S}{2\pi r(R-r)} \tag{3.31}$$

在无特殊超挖条件下，盾构法施工过程中轮廓面实际变形在横断面上可视为径向均匀收缩 δ_r、竖向位移 δ_v 及管片在水-土压力作用下的椭圆收敛变形 δ_e 三部分的组合[15]，如图 3.20 所示。图中，δ_u 为隧顶竖向变形，δ_d 为隧底竖向变形。在有限元中，δ_r 可通过施加强制位移实现，断面径向均匀收缩率可按式(3.30)计算；在模型和参数匹配较好时，δ_v 可在开挖后模型应力平衡计算中自动得出，必要时 δ_v 可通过施加强制位移实现；而由管片自重及水-土作用引起的 δ_e 则在开挖后模型应力平衡计算后自动得出。虽然受地层初始应力、注浆控制不当等诸多因素影响，实际断面径向收缩沿环向并非均匀分布，但由于常规超挖量一般较小，且经盾尾同步注浆填充后，开挖面土体能够发生的收敛变形量非常有限，故采用径向均匀收缩等效实际断面收缩的变形计算精度一般可满足工程需求。

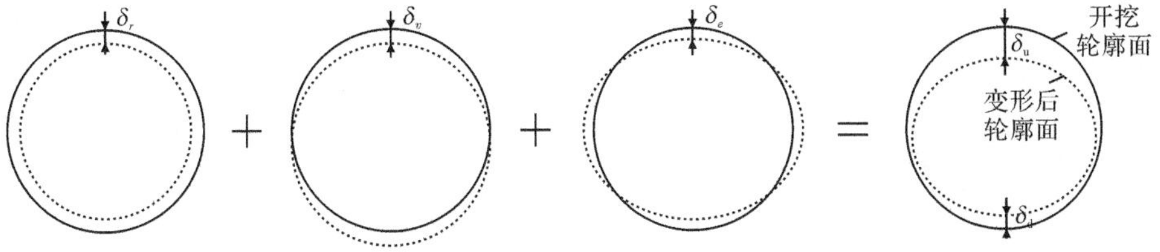

图 3.20　轮廓面实际变形在横断面上的拆分

然而，当存在特殊超挖时，轮廓面的收敛变形将变得复杂。对于图 3.4(a)所示全周超挖，轮廓面实际变形在横断面上仍可按图 3.20 进行拆分。而对于图 3.4(b)和(c)所示局部超挖等环向超挖显著不均匀的情况，要想准确计算超挖(包括常规超挖和特殊超挖)引起的地层变形，需对断面收缩变形进行精细化设计。基于图 3.21，图 3.4(b)所示单侧局部超挖对应的轮廓面变形[见图 3.21(a)]在横断面上可近似为图 3.21(b)所示单侧超挖，进而可拆解为图 3.21(c)和(d)所示两阶段；图 3.21(c)和(d)所示轮廓面变形均可按照图 3.20 进行拆分。

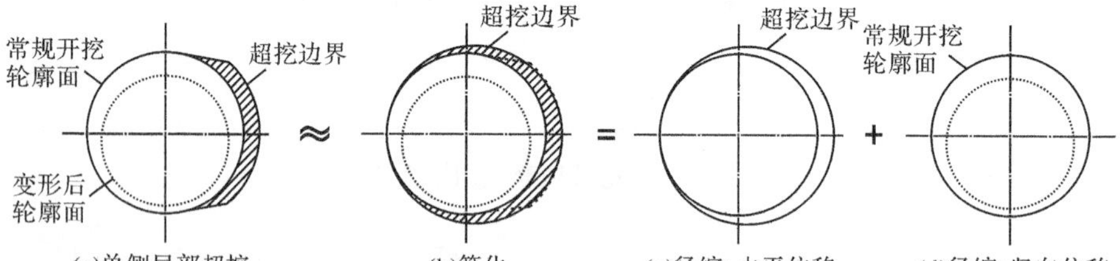

图 3.21　单侧局部超挖轮廓面变形在横断面上的简化和拆分

此外，也可通过设置等代层模拟盾构超挖及注浆填充效果。需要特别注意的是，有限单元法的准确性在很大程度上取决于土体本构模型，因此，应在充分获取位移收敛过程对应的土体应力-应变关系后选取适当的土体本构模型，以得到更为准确的变形计算结果。

第4章　盾构下穿施工变形控制

盾构下穿施工是对土体进行切削、管片拼装和同步注浆的过程，这一过程是先打破地层中原来处于平衡状态的应力场，再使应力场恢复新的平衡的过程。从平衡到不平衡再到平衡，既是动态发展过程，也是地层发生变形的过程。应力场的不平衡是导致应力释放并产生变形的根源，于是，施工变形控制的实质就是要减少不平衡的量或不平衡状况的时间长度，进而控制不平衡状态，达到减小应力释放实现减小施工变形的目的。

下穿施工过程中因土层应力释放所产生的变形主要有三部分：①盾构面板开口处土仓压力小于前方土体压力时土层中发生的应力释放；②曲线地段盾构机超挖引起的应力释放；③盾尾间隙在同步注浆不及时或注浆量不足所引起的应力释放。针对不同的下穿工程，上述三个部分所占比例不同，施工中须对症下药方可实现对周边建筑物变形的控制。

4.1　开挖面处应力释放与控制

盾构开挖面由刀盘面板和开口两部分组成，当盾构机掘进处于理想状态时，开挖面是不发生应力释放的，刀盘切削下来的土体相当于对天然地基的卸载，但由于土仓压力的存在，这一过程发生的应力释放非常有限。实际的施工情况非常复杂，盾构刀盘面板与土体之间的作用与盾构机的运动状态有关，当盾构机不发生后退，且前进速度与排土速度平衡时，可以近似认为面板为刚性本，面板压力与前方土体压力等效平衡，此时面板开口处的土压力为土仓压力，如图4.1所示。若盾构机发生后退或土仓压力不足，则在盾构的开挖面发生应力释放，造成开挖

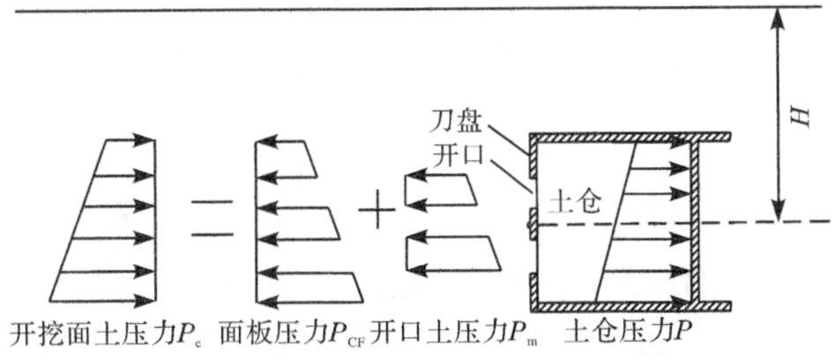

图4.1　盾构开挖面土压力支护示意图

面前方的土体发生变形。相反的情况是盾构机掘进速度过快，对前方土体造成挤压或土仓压力过大，也会通过刀盘的开口对前方土体造成挤压，从而引起掘进面前方发生地表隆起现象[16]。

4.1.1 土仓压力设定影响因素分析

图 4.1 中，P_e 主要受土层性质、地面附加荷载影响；P_m 除受 P_e 影响外，还与刀盘开口率、开口尺寸大小及土仓内渣土的性状有关。由于刀盘在切削过程中要发生旋转，因此 P_e 与 P_m 之间的关系是动态的，但为了方便，可以形象地近似为图 4.1所示的状态。

1) 刀盘开口率与尺寸

刀盘开口率是面板范围内开口与面板轮廓面积之比，开口尺寸是单个开口大小，这两个指标实际上影响面板前方土体动态稳定的情况。以静态的关系分析，开挖面处土体是否会存在临时土拱，或者说要使开挖面形成临时土拱，在土仓中需要给开挖面提供多大的支撑压力。

2) 土层性质

土层性质包含土的物理力学性状，对水平土压力和工程行为影响很大。一般土层水平应力可以表示为式(4.1)。事实上，地层经局部开挖后 P_e 并不等于 P_0，因此引入开挖影响系数 η 描述开挖面实际土压力与其计算初值的关系，如式(4.2)所示。盾构机在直线段掘进施工时，土仓压力设定值 P_r 往往需要在 P_0 基础上进行修正，因此考虑土层性质对 P_r 的影响，定义 α_1 为土性修正系数，并按照式(4.3)确定 P_r；由图 4.1 所示的土仓压力与开挖面土压力的关系可知，当掘进面处于理想平衡状态时，有 $P_r=P_m$，又因为 $P_m=\lambda P_e$，则推导可得 α_1 与 λ、η 的关系，如式(4.4)所示。

$$P_0 = k_0 \gamma h \tag{4.1}$$

$$\eta = \frac{P_e}{P_0} \tag{4.2}$$

$$P_r = (1+\alpha_1)P_0 \tag{4.3}$$

$$\alpha_1 = \frac{P_r}{P_0} - 1 = \frac{P_m}{P_0} - 1 = \frac{P_m}{P_e}\frac{P_e}{P_0} - 1 = \lambda\eta - 1 \tag{4.4}$$

3) 隧道线型

盾构机在曲线段掘进施工时，外侧千斤顶行程大于内侧，此时盾构中心线与隧道中心线不重合，在曲线内、外侧形成超挖，如图 4.2(a)所示。直线地段，当盾构机的姿态不良时，也会造成超挖。盾构机在曲线段掘进引起的最小超挖量如图 4.2(b)所示，超挖量 δ 用式(4.5)表示，详细推导见 4.2.2 节。假设超挖前、后隧道横截面如图 4.2(b)所示，则超挖前、后开挖面面积分别为 A 和 $A+\Delta A$。显然，超挖后开挖面支撑力大于超挖前，此时为保持开挖面及其前方土体的稳定并控制地层损失，往往需要提高土仓压力。超挖前、后土仓压力的增长率 β 理论上如式(4.6)所示。由式(4.5)和式(4.6)可知，隧道曲率半径 R_0 越小，理论上最小超挖量 δ 反而越大。事实上，受限于施工工艺，实际超挖量往往大于理论上的最小超挖量，同时综合考虑曲线段盾构机姿态控制难度大等因素影响，需要对式(4.3)所示直线段土仓压力设定值进行曲线修正，如式(4.7)所示，其中 α_2 为曲线修正系数。

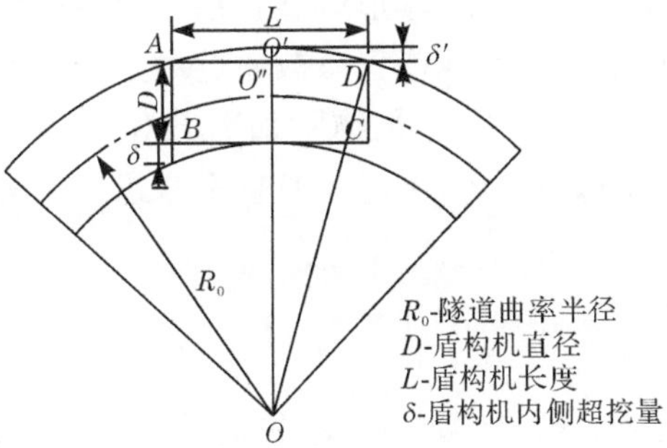

(a) 曲线段超挖的平面图

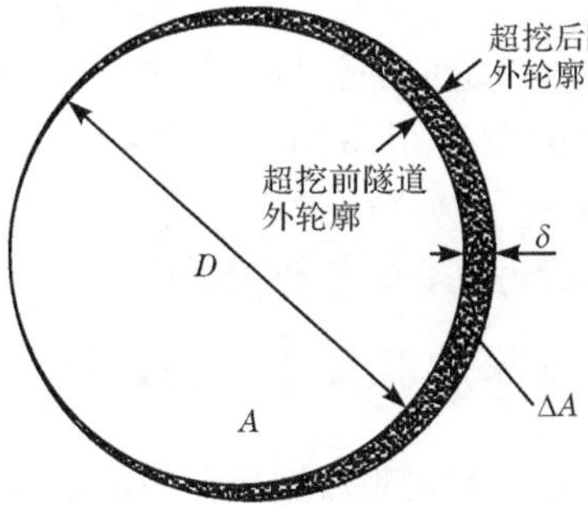

(b) 横断面

图 4.2　盾构机在曲线段掘进时的超挖示意图

$$\delta = \sqrt{\left(R_0 - \frac{D}{2}\right)^2 + \frac{L^2}{4}} - \left(R_0 - \frac{D}{2}\right) \tag{4.5}$$

$$\beta = \frac{\Delta A}{A} = \frac{(D+\delta)^2 - (D)^2}{(D)^2} = 2\frac{\delta}{D} + \left(\frac{\delta}{D}\right)^2 \approx 2\frac{\delta}{D} \tag{4.6}$$

$$P_r = k_0(1+\alpha_1)(1+\beta+\alpha_2)\gamma h \tag{4.7}$$

4) 地面附加荷载

盾构掘进过程中，隧道上方有建筑物时，势必在开挖面引起附加应力，从而需要增大土仓压力以维持开挖面稳定。实际施工中，通常先预设初始土仓压力增量，然后结合现场监测反馈再对其进行动态调整。预设土仓压力增量时，建筑物引起的开挖面水平附加应力 q 可按式(4.8)估算。

$$q = k_0\sigma_z \tag{4.8}$$

式中，σ_z 为地面超载在隧道中心引起的竖向附加应力，当建筑物距隧道较远时可近似取为布西内斯克(Boussinesq)解。

4.1.2　盾构掘进面应力释放控制方法

通过上述分析可以知道，盾构掘进面应力释放的控制由两部分组成：一是面板与土接触部分，二是开口处。第一部分可以通过盾构机的止退装置以及保持一定的推进速度来实现面板的平衡推进。第二部分只有通过土仓压力的设定和保压来实现对应力释放的控制。以下介绍土仓压力设定方法和螺旋输送机保压方法。

1. 土仓压力设定方法

根据上述对 4 个影响因素的分析，提出土仓压力设定值的计算方法为

$$P_r = k_0[(1+\alpha_1)(1+\beta+\alpha_2)\gamma h+\sigma_z] \tag{4.9}$$

式(4.9)的特点在于同时考虑了穿越土层性质、隧道线型和地面附加荷载对土仓压力设定值的影响。其中，土性修正系数和曲线修正系数通过对土仓压力实测数据的反分析得出。需要指出的是，当不考虑建筑物附加荷载($\sigma_z=0$)时，式(4.9)退化为式(4.7)；当盾构机在直线段掘进($\beta=0$，$\alpha_2=0$)且不考虑建筑物附加荷载时，式(4.9)退化为式(4.3)。

2. 土仓压力反分析计算方法

土仓压力实测数据反分析的目的是确定式(4.9)中的 α_1 和 α_2，则需要优化的设计变量$\{\boldsymbol{\alpha}\}$如式(4.10)所示。为了通过反分析得到 α_1 和 α_2 的最优解，建立目标函数 $F(\alpha)$，则反分析转化为求目标函数 $F(\alpha)$最小值的问题，使 $F(\alpha)$达到最小值的设计变量$\{\boldsymbol{\alpha}\}$即为待求参数的最优值[17]。

$$\{\boldsymbol{\alpha}\} = [\alpha_1, \alpha_2]^{\mathrm{T}} \tag{4.10}$$

$$F(\alpha) = \min\sum_{i=1}^{n}[P_m - P_r(\alpha)]^2 \tag{4.11}$$

式中，n 为土仓压力采集组数。

当盾构机直线掘进时，根据式(4.3)和式(4.11)，使 $F(\alpha)$达到最小值的 α 即为 α_1 的最优解；求得 α_1 后，当盾构机曲线掘进时，根据式(4.7)、式(4.11)和 α_1，使 $F(\alpha)$达到最小值时即可求得 α_2 的最优解。

3. 螺旋输送机保压

1) 螺旋输送机分类

螺旋输送机为土压平衡盾构机的出土结构，是土压平衡盾构机排土和建立土压力平衡的重要组成部分。螺旋输送机根据构造的不同可分为两类，一类是中心轴螺旋杆式，如图 4.3(a)和(c)所示，主要包括圆筒状机壳、中心螺杆(轴式)和螺旋叶片三部分，适用于一般性砂土运输，且有较好的抵抗水压的能力，是目前土压平衡盾构主要选用的形式。另外一类是无中心轴带式，如图 4.3(b)和(d)所示，仅有机筒和螺旋叶片，通过叶片的旋转将渣土刮出，可用于较大颗粒砂砾和块石运输，目前主要用于含有大量卵石的地层，对水压的抵抗能力较差。

(a) 中心轴螺旋输送机实物图

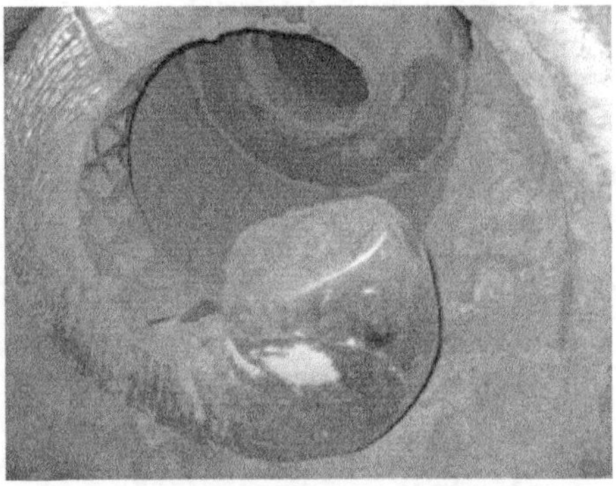

(b) 无中心轴带式螺旋输送机实物图

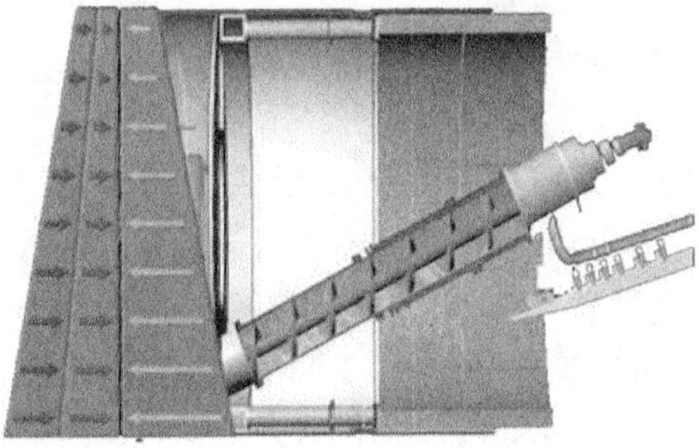

(c) 中心轴螺旋输送机示意图

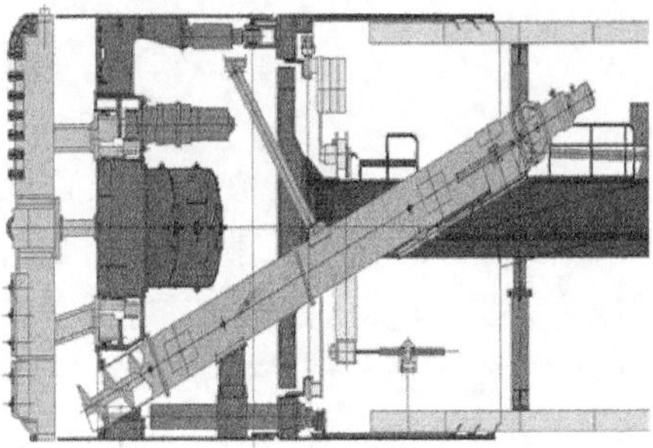

(d) 无中心轴带式螺旋输送机示意图

图 4.3　两种常见的螺旋输送机

由于设备空间的限制，目前土压平衡螺旋输送机结构中能调整的部分一是螺杆形式，包括轴式和带式，二是螺旋输送机直径。螺旋输送机螺杆形式不同，其能够输送的最大粒径也有所不同。两类螺旋输送机能够输送的最大颗粒粒径为

$$\begin{cases} H \leqslant 0.35D & \text{（轴式）} \\ H \leqslant 0.6D & \text{（带式）} \end{cases} \tag{4.12}$$

式中，H 为最大输出颗粒粒径；D 为螺旋机内径。

图 4.4 为轴式和带式螺旋输送机排出大粒径卵石示意图。可以看出，带式螺旋输送机在输送大粒径卵石方面有更强的适应性。在无水砂卵石地层，带式螺旋输送机得到了更好应用。

2) 螺旋输送机排土保压

综合考虑土压平衡盾构的整个作业过程可以看出，刀盘切削的渣土随着所处位置的改变起两方面的作用。一是由刀盘切削后进入土仓中时，渣土充满土仓，充当支撑介质，将掘进面的压力均匀传递至土仓隔板，确保掘进面的压力平衡；二

是当渣土从土仓进入螺旋输送机后，依靠自身重力及渣土与螺杆、叶片及筒壁界面间的摩擦作用，在输送过程中同时起到塞子的作用，在这里将其称为土塞，在盾构掘进中利用螺旋输送机中土塞抵抗土仓内的水-土压力，进而使掘进面的压力平衡得以保证[18,19]。

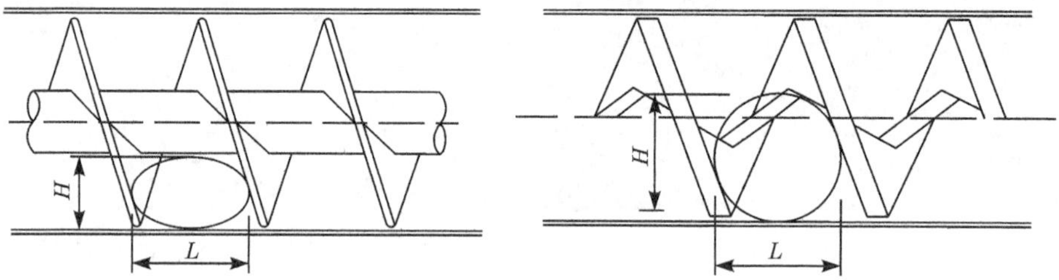

(a) 轴式螺旋输送机输送卵石　　(b) 带式螺旋输送机输送卵石

图 4.4　两种常见的螺旋输送机排出卵石示意图

土压平衡盾构渣土在不同位置处的压力分布如图 4.5 所示。当螺旋输送机出渣时，渣土压力值从螺旋输送机进渣口到出渣口位置逐渐下降，到出口处渣土的压力为零，其实质是通过渣土在螺旋输送过程中压力逐步下降的方式来保持土仓内的工作压力。调节盾构机的开挖速度可以调节进入土仓的渣土量，调节螺旋输送机的转速可以调节渣土排出土仓的速度，两者共同调节可以保持土仓内的压力平衡，并达到稳定掘进面、减少掘进面失水的目的，这正是土压平衡盾构施工的关键。

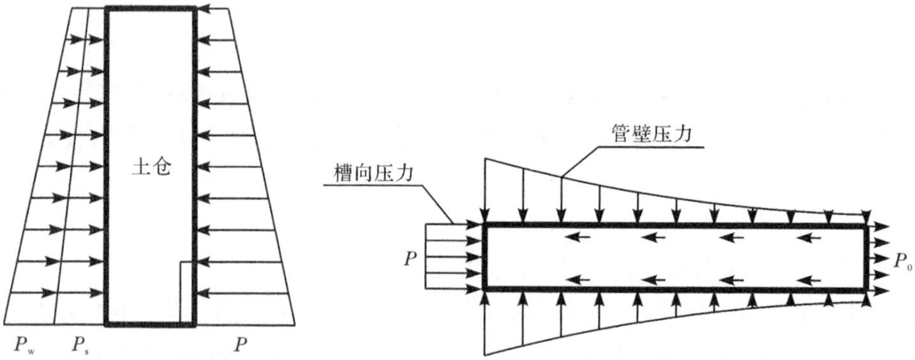

(a) 土仓内压力传递　　(b) 螺旋输送机内压力衰减

图 4.5　土压平衡盾构渣土在不同位置处的压力分布

由图 4.5 可知，当盾构机处于土压平衡状态时，上述的几个压力之间有以下关系：

$$P = P_s + P_w \tag{4.13}$$

$$P = \Delta P + P_0 \tag{4.14}$$

其中，式(4.13)表示保持掘进面压力平衡时土仓所需要的压力，式(4.14)表示土仓压力和螺旋输送机的关系，即螺旋输送机内压降和出口压力与土仓压力的关系。

在螺旋输送机出渣时，其出口处的压力 P_0 应等于 0，即渣土从螺旋输送机进口到螺旋输送机出口的压降应等于土仓内螺旋输送机进口的压力，此时螺旋输送机能够正常出渣，且土仓压力能够保持稳定。由此可知，土压平衡盾构压力平衡的实质也可认为是螺旋输送机对渣土所产生的压降及螺旋输送机出口的压力和等于土仓内所需的平衡压力。而当掘进面的水头较高，且土层的渗透系数较大时，则可能从地层中向土仓内进入过多的地下水，使渣土过稀，流动性过大，螺旋输送机内渣土的压降 ΔP 很小，无法保持土仓压力，从而发生喷涌并使掘进面失去稳定，这也正是土压平衡盾构不适用于富水且渗透性大的地层的根本原因。

4.2　超挖时应力释放与控制

盾构超挖主要由盾构机姿态偏差和盾构穿越平曲线和竖向变坡点等特殊线型引起。如图 4.6 所示，盾构机姿态偏差会造成盾构对周边地层一侧形成挤压，而在另一侧脱空并产生超挖间隙，引起应力释放，应力释放的过程伴随着位移释放，并逐步发展到地表形成地表沉降。因此，合理选择超挖装置、严格控制超挖量能够有效控制应力释放和施工变形[18,19]。

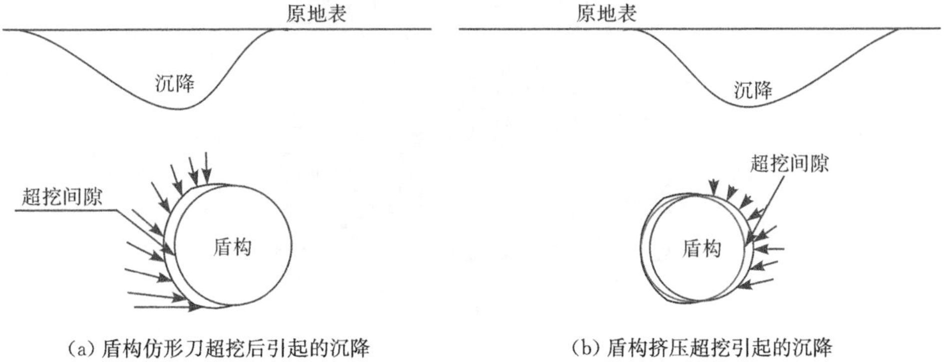

(a) 盾构仿形刀超挖后引起的沉降　　(b) 盾构挤压超挖引起的沉降

图 4.6　超挖引发的地表沉降

4.2.1　超挖刀的选用

当进行曲线施工及纠偏施工时，为了减轻盾构在方向变化时所产生的抵抗土压力，通常在开挖轮廓线外侧，设置超挖装置，对盾构开挖面之外的土体进行超挖。超挖装置主要有两种，一种是超挖刀，如图 4.7 所示，将切削刀头突出于盾构外围，使之在全周方位上进行一定量超挖；另一种是仿形刀，如图 4.8 所示，仿形刀就是安装了仿形机构的超挖刀。同仿形刀相比，超挖刀结构简单，从使用实绩来看也比较稳定。仿形刀上的仿形机构能够根据需要，将切削刀头突出于盾构外周，并在旋转切削的局部范围内完成超挖量。通过非接触式开关检测切削刀头的旋转位置，根据动作图式由仿形刀自动地进行仿形切削。在进行曲线施工时，它可以不挖掘开挖面的顶部和底部，仅挖掘两侧部位。仿形刀根据超挖量和超挖位置的需要，可以随时调整，其优点是在满足曲线或纠偏超挖需要的同时，尽可能减少对开挖面周围土体的超挖。

图 4.7　超挖刀

图 4.8　仿形刀

根据实际盾构方向改变的需要，盾构开挖面外侧土体的超挖分为全周开挖和部分位置超挖，如图 4.9 所示。其中，超挖刀和仿形刀都可以做到全周超挖，而部分超挖则只能由仿刀来完成。因此，现阶段多数盾构采用仿形刀进行土体超挖。仿形刀的优点在于能够根据需要，进行按需超挖。使用的关键是确定仿形刀的伸缩位置、超挖范围和超挖量，如图 4.10 所示。通常情况是，左转弯曲线时，一般在 $\frac{\pi}{2}\sim\frac{3\pi}{2}$ 超挖；右转弯曲线时，在 $0\sim\frac{\pi}{2}$ 和 $\frac{3\pi}{2}\sim2\pi$ 超挖。图 4.10 为在右转弯曲线时仿形刀伸缩过程示意图。

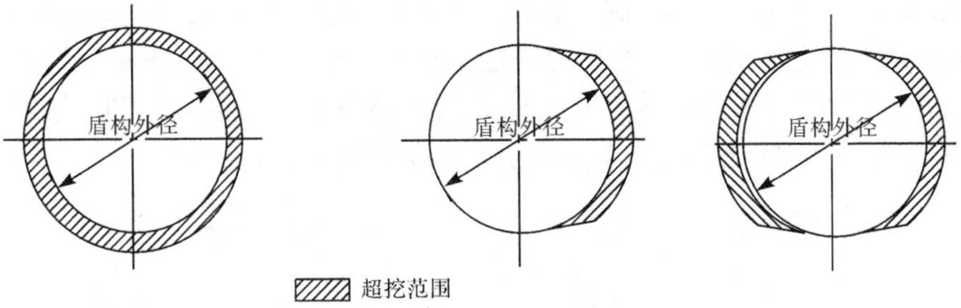

(a) 全周超挖　　(b) 部分超挖

图 4.9　盾构曲线(纠偏)施工土体超挖

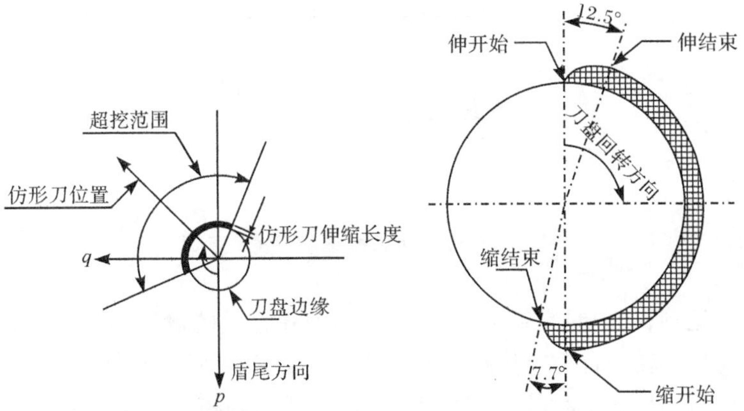

图 4.10　右转弯曲线时仿形刀伸缩过程

盾构曲线或纠偏施工时的超挖，有利于盾构机在曲线或纠偏时推进，但如果控制不当，对隧道的工程质量影响颇大。由于超挖间隙的存在，除了为周围土体变形提供空间，也为同步注浆材料绕流进入开挖面提供通道。因此，盾构掘进时的超挖既影响施工变形控制，也对工程质量产生负面影响。

4.2.2　超挖量控制方法

采用仿形刀对曲线段内侧的土体进行超挖来调整盾构姿态的目的是减小盾构姿态调整时对土体的挤压，可以减小千斤顶推力和刀盘扭矩。一般可以根据盾构机与曲线之间的关系将超挖量分为三类:①超挖适当;②超挖过量;③超挖不足。超挖量与隧道的曲线线性关系如图 4.11 所示。图 4.11(a)属于超挖过量,可能造成地层损失过大,地表沉降过大;同时,盾尾中 D 点与隧道开挖轮廓线存在一定间隙,在千斤顶侧向推力的作用下盾构机容易向隧道外侧发生偏转;图 4.11(b)属于超挖适当,此情况下不仅满足了盾构姿态调整的需要,不会对土体造成挤压,而且盾构前后的外侧都与开挖出的隧道轮廓线接触,在千斤顶侧向分力的作用下,盾构不会向隧道外侧偏转。图 4.11(c)属于超挖不足,盾构前体和后体对土体均有挤压作用。显然控制超挖量有助于减少应力释放和施工变形。

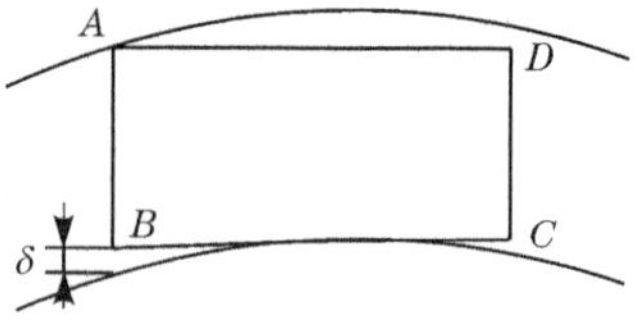

(a) 超挖过量

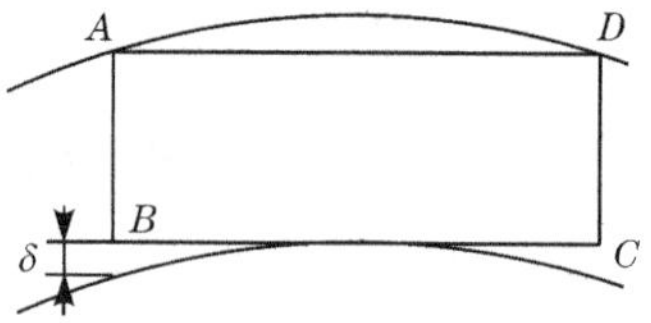

(b) 超挖适当

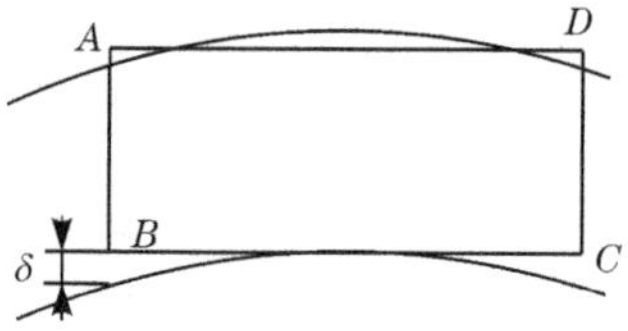

(c) 超挖不足

图 4.11　无铰接盾构超挖模式示意图

由此可见,盾构曲线段施工过程中,仿形刀超挖量的设置相当重要,施工前就应根据盾构的偏转量计算出仿形刀的最佳超挖量,以便达到最优的施工效果。

现根据盾构机转弯时的几何关系,以超挖适当的模式对超挖量进行计算,如图 4.12所示。

计算过程中做如下假设:

(1) 盾构管片采用的是楔形环,每环管片拼装好后,管片的横断面与盾尾垂直(管片完全按设计曲线拟合),盾尾四周间隙均匀。

(2) 盾构开挖面超挖后,超挖面不发生坍塌。

(3) 盾构姿态调整过程中,盾尾不挤压土体,沿着盾构开挖的轮廓移动。

(4) 因盾构每次转动的角度较小,假设 $\delta=\delta'$。

(5) 盾构的 BC 边缘与隧道的开挖轮廓线相切。

盾构机经过曲线引起的超挖量可采用下面的方法计算。

因 BC 边与隧道轮廓线相切,则 O' 点为 AD 边的中点,则在直角三角形 $OO'D$

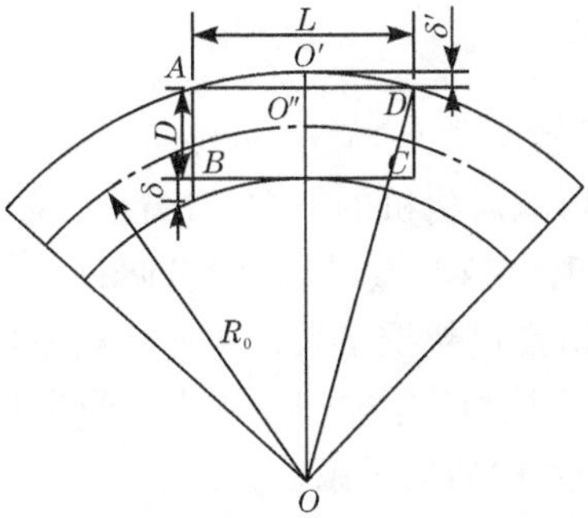

图 4.12　盾构机经过曲线示意图

R_0. 隧道曲率半径；D. 盾构机直径；L. 盾构机长度；δ. 盾构机内侧超挖量

中，有

$$|OD|^2 = |OO''|^2 + |O''D|^2 \tag{4.15}$$

$$OD = R_0 + \frac{D}{2} + \delta \tag{4.16}$$

$$OO'' = R_0 + \frac{D}{2} \tag{4.17}$$

$$O''D = \frac{L}{2} \tag{4.18}$$

可得

$$\left(R_0 + \frac{D}{2} + \delta\right)^2 = \left(R_0 + \frac{D}{2}\right)^2 + \left(\frac{L}{2}\right)^2 \tag{4.19}$$

展开得

$$\left(R_0 + \frac{D}{2}\right)^2 + \delta^2 + 2\left(R_0 + \frac{D}{2}\right)\delta = \left(R_0 + \frac{D}{2}\right)^2 + \left(\frac{L}{2}\right)^2 \tag{4.20}$$

整理后得

$$2\left(R_0 + \frac{D}{2}\right)\delta + \delta^2 = \left(\frac{L}{2}\right)^2 \tag{4.21}$$

则超挖量为

$$\delta = \frac{\sqrt{(2R_0 + D)^2 + L^2} - (2R_0 + D)}{2} \tag{4.22}$$

式中，R_0 为曲线半径，m；D 为盾构机直径，m；L 为盾构机长度，m；δ 为超挖量，m。

从式(4.22)可以看出，盾构曲线段的超挖量和盾构机的长度、直径和转弯半径有关。一般在三者确定以后，盾构超挖量的理论计算值就基本确定。以上仅从盾构机自身在无挤压土体情况下分析转弯需要的超挖量。而实际中，超挖量受仿形刀超挖能力、管片的楔形量(拟合半径)和盾尾间隙的影响。

4.2.3　盾构机灵敏度选择

盾构机的灵敏度用灵敏系数来描述，如式(4.23)所示，为盾构机长度与盾构机外径之比，灵敏度直接影响盾构机的方向控制能力及推进的稳定性。灵敏系数越小，盾构机推进的蛇行现象越严重，但盾构机调整方向越容易；灵敏系数越大，其方向稳定性越好，但弯道推进超挖量大。对盾构机不同直径范围的实例统计分析见图4.13。可以看出，盾构机直径越小，灵敏系数越大，且相同盾构直径下无中折装置盾构比有中折装置盾构的灵敏系数大。

$$\eta = \frac{L}{D} \tag{4.23}$$

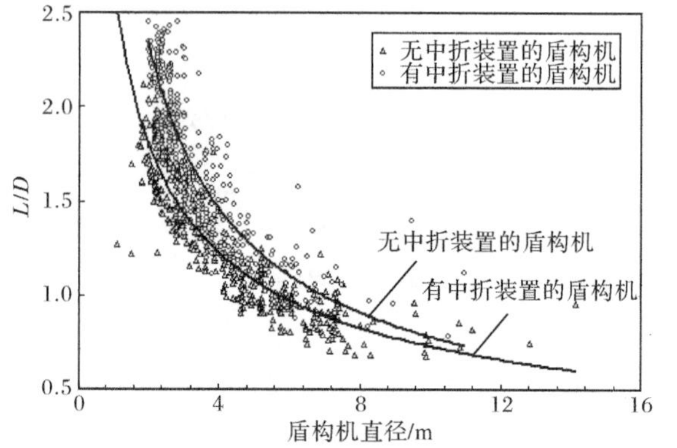

图4.13　盾构灵敏度的应用实例

图4.14是不同灵敏系数时超挖量随曲线半径变化的规律，可以看出，随着曲线半径的增加，超挖量不断减小，且灵敏系数越大超挖量越大，超挖量越大引起的地层损失越大，地表沉降也越大。所以盾构选型过程中盾构直径一旦确定后，应尽量减小盾构机长度，以减小曲线段施工时对地层的超挖。

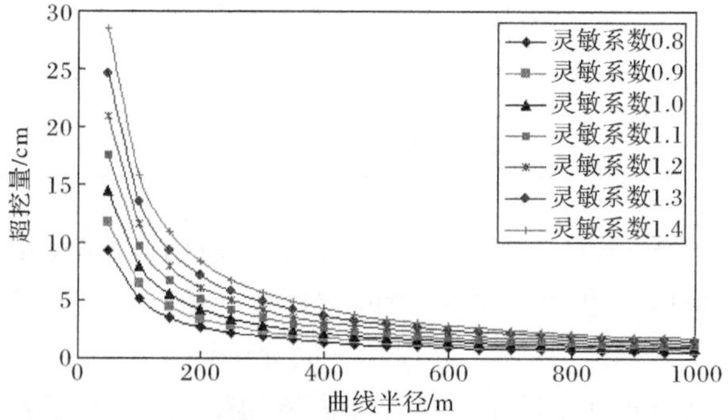

图4.14　超挖量变化规律(盾构外径6m)

图 4.15 对比分析了相同灵敏系数、不同盾构直径下超挖量随曲线半径的变化规律。可以看出，相同灵敏系数下，盾构直径越大，超挖量越大。

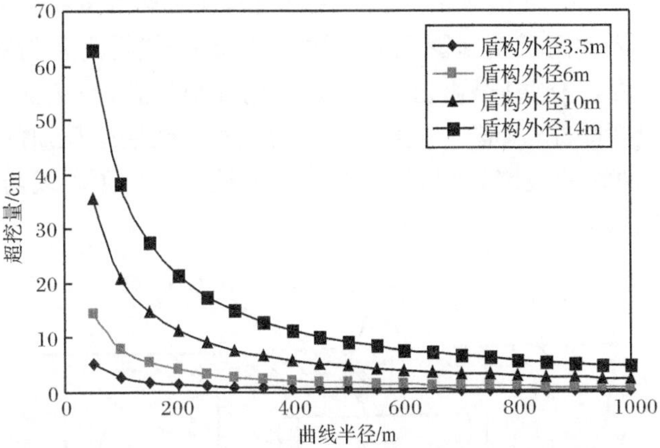

图 4.15　相同灵敏系数($L/D=1$)时不同直径下超挖量随曲线半径的变化规律

从图 4.16 可以看出，超挖量随着盾构灵敏系数的增加呈直线增加，相同曲线半径下，盾构灵敏系数越大，超挖量越大；相同盾构灵敏系数下，曲线半径越小，超挖量越大。

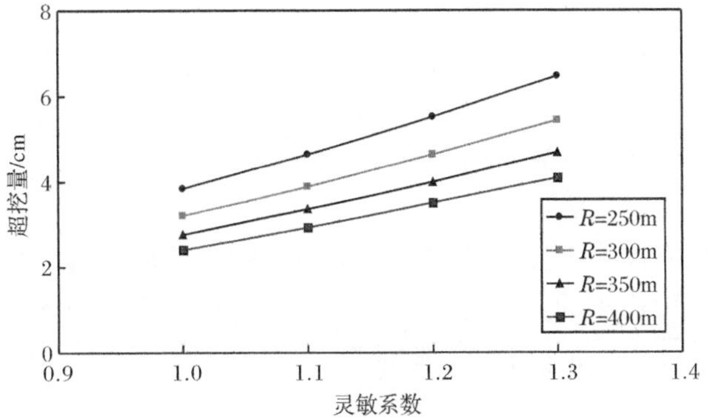

图 4.16　ϕ6000mm 盾构机不同半径时超挖量与灵敏系数的关系

4.2.4　盾构铰接选择

从上述分析可以看出，由于受到盾构机灵敏性的限制，无铰接装置的盾构机在小曲线半径施工过程中，影响了盾构转弯(不能完全拟合曲线)，即使能够完成一定的转弯，但是对土体的超挖量很大，容易产生应力释放与地表沉降。而通常情况下，盾构直径确定后，盾构机长度变化的范围不大，此时，常采用铰接装置来减小盾构机的单节长度，盾壳在铰接处发生少量偏转，以此来适应小半径曲线的掘进。相对于无铰接装置的盾构机，铰接装置的使用可以减少推进时的超挖量。

盾构铰接装置示意如图 4.17 所示，在盾构机前后两部分结合处装有密封圈，防止地下泥水侵入。两道密封圈之间可注入油脂，一能提高密封效果，二能延长密封圈的施工寿命。有些盾构机还装有紧急充气密封圈，当正常密封圈失效时，可对紧急充气密封圈充气，靠气压挡住外部的泥水。铰接千斤顶的两端分别沿盾构圆周布置，其两端的铰销处装有球铰，以保证铰接千斤顶轴线与盾构机轴线之间有一定的摆动角度。

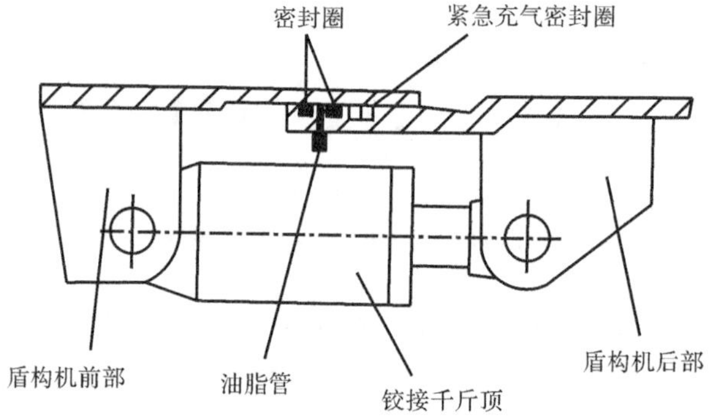

图 4.17　盾构铰接装置示意图

根据盾构机推进千斤顶在盾构机上固定的位置不同，铰接装置可分为主动型和被动型两种。

1. 主动型

主动型是依靠铰接千斤顶的主动伸缩使盾构机前后部分发生弯折。盾构推进千斤顶固定在盾构机的后部，如图 4.18 所示。推进千斤顶的推力作用在盾构的后部再通过铰接千斤顶传递到盾构前部。

2. 被动型

被动型是依靠外力使铰接千斤顶伸缩，从而使盾构机前后部发生弯折。盾构推进千斤顶油缸的后端顶紧在盾构机的前部，油缸的前部搁置在摆动轴上，如图 4.19所示，推进千斤顶的推力直接作用在盾构前部。

根据铰接方式不同，铰接盾构的受力和使用特点也不相同，主动型和被动型铰接装置特点列于表 4.1。可以看出，主动型和被动型两种装置各有其特点，在进行选择时，应从隧道的曲线半径、管片宽度、盾构机制作商的经验和操作者的习惯等综合考虑。

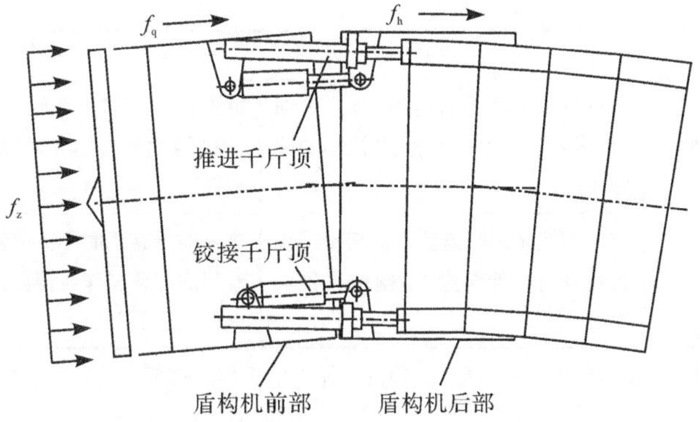

图 4.18　铰接机构中盾构千斤顶后部固定

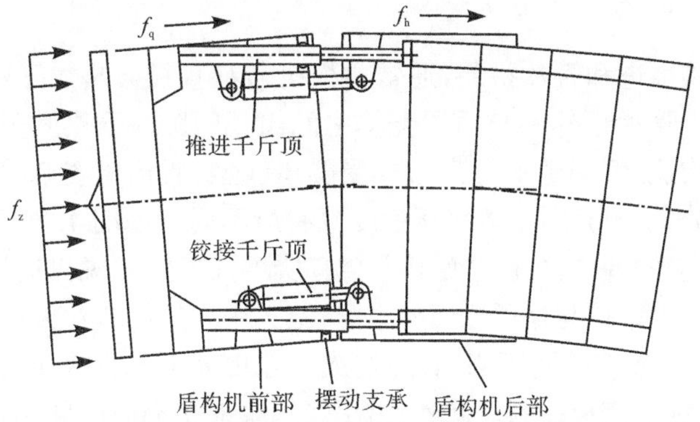

图 4.19　铰接机构中盾构千斤顶前部固定

表 4.1　不同类型铰接盾构使用特点分析

项目	主动型	被动型
推进千斤顶推力	$f_T=f_z+f_q+f_h$ 较大	$f_T=f_h$ 较小
装置结构和维修情况	装置结构复杂，外形尺寸大，不利于维修与保养	装置结构简单，外形尺寸小，利于维修与保养
对液压系统的要求	千斤顶荷载大，液压系统油压高，液压油容易泄漏	千斤顶荷载小，液压系统油压相对低，液压油不容易泄漏
对管片拼装的影响	推进千斤顶行程足够，对管片的拼装有利	推进千斤顶行程无形被缩短，当推进千斤顶行程设计余量较小时，会出现开口侧因掘进距离不够而影响管片的拼装
推进千斤顶与管片中心线的偏心距	较小	较大

续表

项目	主动型	被动型
铰接角度及拟合曲线	可进行水平和垂直向的弯曲，弯曲角度最大可达 9°，可适应较小的曲线半径	可进行水平和垂直向的弯曲，弯曲角度最大只能达到 3°，可适应曲线半径较主动型弱
操作方便性	进入曲线施工时需要对铰接千斤顶进行专门的伸缩操作，操控过程较繁琐	进入曲线施工时不需要对铰接千斤顶进行专门的伸缩操作，可随外力的作用而伸缩，操控过程简单

注：f_z 为盾构机刀盘正面阻力；f_q 为盾构机前部壳体上的土体摩擦阻力；f_h 为盾构机后部壳体上的土体摩擦阻力。

4.3　盾尾间隙的应力释放与控制

为方便盾构推进和管片拼装，通常盾构机刀盘直径会略大于隧道外径，这导致在施工过程中管片环外侧与盾尾壳体之间出现间隙。盾尾间隙的大小取决于盾构机和盾尾构造，但间隙的分布形式受隧道线型、盾构机姿态等影响。由于盾尾间隙不同的分布，盾壳对土体挤压程度也有所不同。如图 4.20 所示，由于间隙发生位置不同，应力释放产生的变形也会有所不同。管片脱出盾尾后，盾尾间隙加上盾尾厚度成为结构与地层之间的空隙，施工中采用同步注浆的方式对该空隙进行填充，若注浆参数控制不当，容易造成空隙填充不充分或压力过大破坏既有地层结构，均不利于变形控制。此外，由于受到浆液初凝时间限制，地层在浆液具备一定强度之前也会发生朝向空隙的移动，导致应力释放的发生，引起施工变形。理论上讲，当同步浆液真正实现盾构推进同步时，应力释放是不发生的，但实际上难以做到同步，加上浆液填充不足、浆液失水等因素，浆液外侧土体会发生变形。工程中同步注浆和二次注浆控制越好，这部分的变形越小[19,20]。

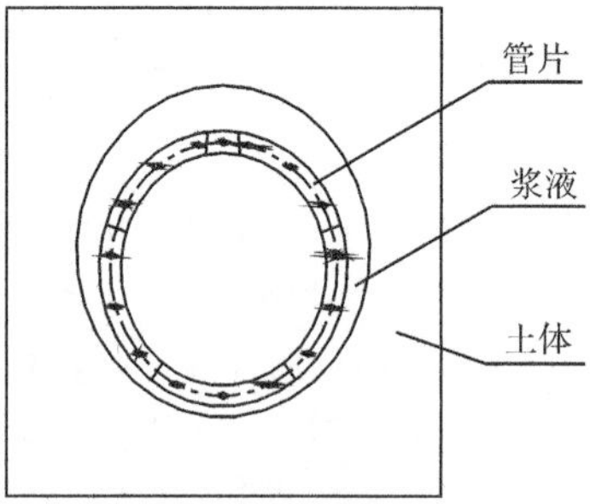

(a) 整体填充

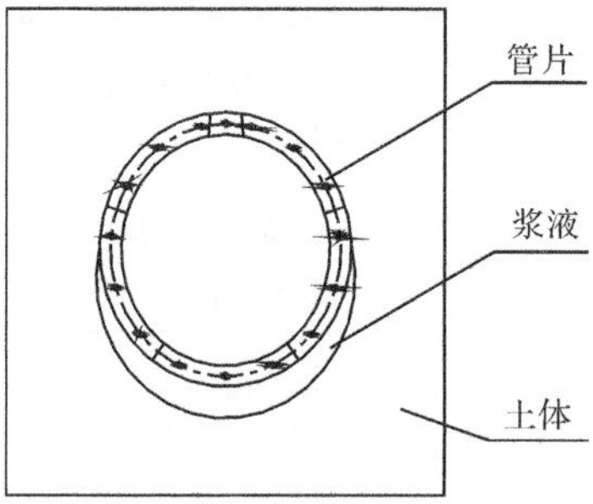

(b) 局部填充

图 4.20　盾尾间隙与盾壳挤土

4.3.1　同步注浆

盾构掘进施工中，随着盾构机向前推进，管片脱离盾尾，在土体与管片之间会形成一道宽度为 115～140mm 的环行空隙。若不将该空隙及时充填，则管片周围的土体将会因为应力释放而发生变形，从而导致地表沉降等不良后果。同步注浆是指在盾构向前推进，盾尾空隙形成的同时，通过盾构机尾部的注浆孔向盾尾间隙注入浆液。浆液在盾尾空隙形成的瞬间起到充填作用，从而使周围土体获得及时支撑，可有效防止应力释放和变形，进而控制被穿体的沉降，同步注浆示意如图 4.21所示。

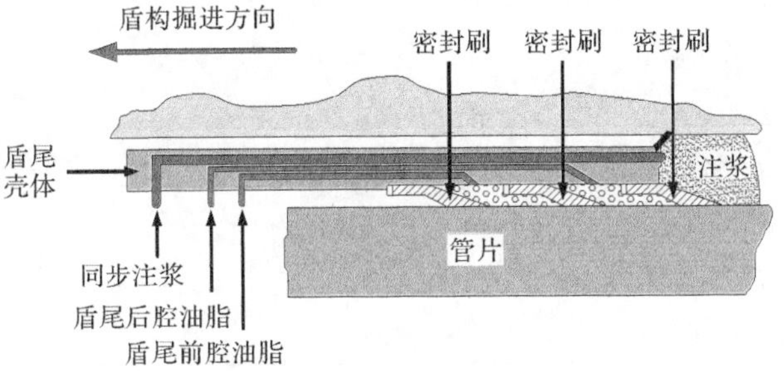

图 4.21　同步注浆示意图

盾构同步注浆目的主要如下：

(1) 控制地表沉降。注浆最重要目的就是及时填充施工间隙，防止因间隙的存在而导致地层发生较大变形。

(2) 控制管片的稳定性，提高管片与周围土体共同作用力。用具备一定早期强度的浆液及时填充施工间隙，可以确保管片早期和后期的稳定。

(3) 提高隧道抗渗能力。盾尾注浆液凝固后，一般有一定的抗渗性能，可作为隧道的第一道止水防线，提高隧道抗渗性能。

(4) 防止盾尾水源流入密封土仓而造成的喷涌。在复合地层施工时，如果施工间隙没有得到良好填充，在很长的一段距离内与地下水系连成一体，该水系通过盾壳与土体之间的缝隙流至开挖面，将对开挖面形成一股较大的水压，造成喷涌。良好的注浆可以截断盾尾水源，减少喷涌发生的机会。

1. 同步注浆系统

同步注浆系统一般采用全液压双缸双出口活塞注浆泵，该泵由电动液压泵站提供动力。浆液在搅拌站配置好以后，由砂浆运输车(带搅拌叶片)运至注浆站，通过软管抽送至砂浆存储罐内(搅拌罐)，连接好注浆管路，并在设定压力和流量后进行注浆。同步注浆系统主要包括注浆泵、搅拌器、储浆罐、输浆管路、压力传感器、注浆管油脂及注入管路等。

其中，注浆泵作为主要的核心部分，主要有德国注浆泵和日本注浆泵两种。两种注浆泵的技术性能对比和主要优缺点，如表 4.2 和表 4.3 所示。

表 4.2　日本 PA-30C 与德国施维英注浆泵的技术性能对照表

序号	PA-30C	德国施维英
泵送缸数量/只	1	2
泵送冲程长度/mm	500	500
泵送缸直径/mm	180	180
最大输出量时冲程/(次/min)	8.25 (伸缩式，85%泵缸充满)	2×8.73 (挤压式，90%泵缸充满)
最大可调输出浆量/(m^3/h)	12.78	12
最大理论输送压力/bar*	55	60
最大可调输出时连续工作压力/bar	30	30
功率/kW	30	12×18.5
出口料通径/mm	100	100
入口料通径/mm	100	150
监控装置	带 4 路监测和报告 4 点注浆压力系统，报警系统连接压力传感器，通过冲程计数器提供泵的输送信息	带 4 路监测和报告 4 点注浆压力系统，报警系统连接压力传感器，通过冲程计数器提供泵的输送信息

* 1bar=10^5Pa。

表 4.3　日本 PA-30C 与德国施维英注浆泵的主要优缺点

序号	日本 PA-30C	德国施维英
1	两个进管球阀，两个出口球阀，易造成堵塞，盾构司机不易察觉，注浆压力变小，清理程序烦琐，清理时间长(约 4h)	吐出侧的阀为弯曲式，便于进行内部检查和清扫保养，维修约 20min
2	注浆箱到注浆泵的进浆管为弯曲式，且入料口直径较小(10cm)，容易堵浆	注浆箱到注浆泵的进浆管方向上部直接向下，且入料口直径变大变粗(15cm)，不易堵浆
3	柱塞泵的活动模式为活塞式，活塞泵伸缩时均进行注浆，吐出压力变小	柱塞泵的活动模式为单挤压式，在缩回同时浆液被吸到泵体，再由泵挤压至浆管，泵吐出压力变大，针对厚浆效果明显
4	一台注浆泵，只有一个独立控制吐出量的出口	有两台注浆泵，有两个独立控制吐出量的出口，功率增倍

2. 同步注浆物理过程描述

同步注浆的注浆扩散过程可分为四个阶段,充填注浆扩散、渗透注浆扩散、压密注浆扩散和劈裂注浆扩散。注浆扩散是一复杂过程,与周围土质、施工工艺、浆液性质、注浆压力和地下水等多种因素有关。各种扩散方式之间没有很清晰的界限。例如,在充填注浆过程中存在渗透现象,在渗透注浆过程中存在劈裂现象,在劈裂注浆过程中存在渗透流动,在压密注浆过程中存在劈裂或渗透流动等。

尽管浆液在地层中的流动很复杂,但其在一定条件下可以归纳为图 4.22 所示的过程。

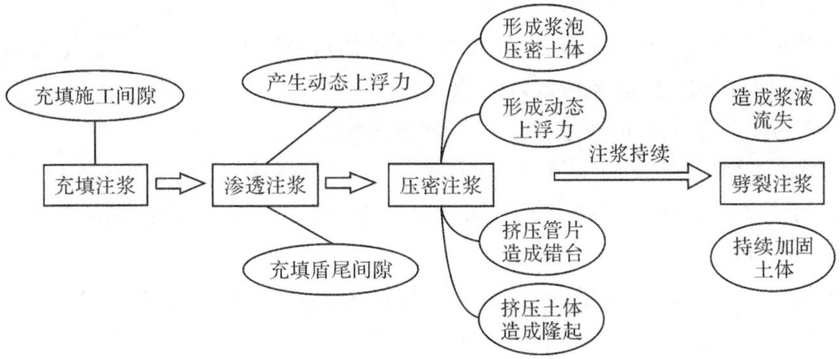

图 4.22　盾尾浆液扩散过程

在浆液的填充阶段,浆液主要是填充盾尾间隙。管片脱离盾尾后,周围土体会马上向管片方向流动,注浆填充范围与土体位移此消彼长,土体位移大,则浆液填充间隙小;反之,土体位移小,浆液填充间隙大。根据填充范围的不同,填充注浆可以细分为整体圆环填充和局部空穴填充,或直接跨越此阶段进入渗透填充阶段。

渗透注浆主要发生在颗粒和孔隙率较大的砂性土中。盾尾间隙被浆液填充满之后,随着浆液的持续注入,颗粒间的空气和水将被挤出,而被浆液取代,即进入渗透阶段。

压密注浆是指用较高的浆液压力在注浆管底部附近形成浆泡,使注浆点附近的土体挤密,硬化的浆泡是一个坚固的压缩性小的球体或圆柱体。在盾构法隧道盾尾注浆中,渗透注浆主要发生于颗粒和孔隙率较大的砂性土中,对于渗透性很差的黏性土,浆液会跨过渗透阶段,直接进入压密阶段。

劈裂阶段是指在压力作用下,浆液克服地层的初始应力,使地层中原有的裂隙或空隙张开,形成新的裂隙和空隙,促使浆液注入并增加其可注性和扩散距离。劈裂注浆的特点是注浆过程中将引起土体结构的扰动和破坏,注浆压力相对较高。

3. 同步注浆浆液性能指标和分类

1) 同步注浆浆液性能指标

(1) 同步注浆浆液的抗压和抗剪强度——强度指标。

浆液层在后期有一定的强度，以保证在管片周围形成永久性的固定保护层，防止管片移动。抗压强度分为试件在温度20℃，相对湿度为95%条件下分别养护3d、7d、28d后测量的抗压强度，抗剪强度则分别是试件在温度20℃，相对湿度为95%条件下分别养护1d、2d、3d后测量的抗剪强度。

(2) 同步注浆浆液的稠度——稠度指标。

浆液从产浆池输送到盾构机并在储浆仓暂时存放过程中，必须保持良好的塑性状态，以便能够顺利地泵送入环形空间内。

(3) 同步注浆浆液的泌水率——泌水性指标。

泌水是指水分从浆液中流出，导致浆液含水量减小，降低浆液的流动性和泵送性。为了防止浆液在泵送过程中堵塞泵送系统，应该尽量控制浆液在存储和输送过程中发生泌水。

泌水率(%)＝泌水质量(g)/[试样浆体质量(g)×浆体含水率(%)]×100%。

(4) 同步注浆浆液的流动度——流动性指标。

流动度是浆液可泵性和稳定性的重要指标，流动度过大浆液容易离析、分层，流动度过小浆液可泵性降低。

(5) 同步注浆浆液的初凝时间指标。

初凝是指浆液从搅拌开始直到开始失去流动性，初凝时间不宜太短，略长的初凝时间有利于浆液的生产、输送、存储和泵送，且能应对施工中断等各种非正常情况，但初凝时间也不宜太长，一旦初凝时间过长，注浆层不能及时达到稳定状态，会引起管片的过度变形。

在实际施工中，根据地层条件、地下水情况及周边条件等，宜采用不同配比的同步注浆材料。主要性能指标应满足以下要求：

(1) 胶凝时间一般为3～10h。

(2) 凝固体强度1天不小于0.15MPa，28天不小于1.2MPa。

(3) 浆液结石率＞95%，即凝固收缩率＜5%。

(4) 浆液稠度8～12cm。

(5) 浆液稳定性，倾析率(静置沉淀后上浮水体积与总体积之比)小于5%。

(6) 达到拌和静置72h后不离析。

2) 同步注浆浆液分类

注浆浆液单纯从成分上可以分为单液型和双液型两种。单液型浆液是在搅拌机等搅拌器中一次拌和成为流动的液体，再经过液体-固体的中间状态（流动态凝固及可塑状凝固）后，凝固（硬化），如常用的水泥砂浆类浆液。双液型浆液通常是指化学注浆，即把 A 液（水泥类）和 B 液（通常是水玻璃类作为硬化剂）两种浆液混合，变成胶态溶液，混合液的黏性随时间的延长而增长，随之进入流动态凝固和可塑态凝固区。

由于水泥的水化反应非常缓慢，单液型浆液达到凝固需要几小时至几十小时不等。特别是惰性浆液，不发生化学凝固，所以凝固时间更长。而双液型浆液的凝胶时间通常很短（0～60s），按凝固时间来分，双液型浆液又可以分为缓凝型、可塑型和瞬凝型三种。由于不同浆液凝固时间不一样，因此各自填充空隙的机理大相径庭。

如图 4.23(a)所示，单液型浆液在注浆时是没有完全自立性的流体，所以具有非常平缓的倾斜填充，形成后注浆液顺次推压先注的浆液，使浆液逐渐填充到前方。由于是流体状压入，浆液易流失到管片背部建筑空隙之外的其他部位（如开挖面、周围土体等）并且易受地下水影响。而最应该注入的区域，特别是管片的顶端部位却很难填充到。

如图 4.23(b)所示，缓凝型浆液（30～60s）在凝胶前，流动性非常好，可以实现平缓、小坡度、大范围地充填。凝胶后的浆液，过渡到凝固区（固体）就不再流动，后来的浆液在未凝胶前顶破凝固体，渗到未充填部位后凝固。由于到凝胶停止的时间较长，并且黏性小，缓凝型浆液容易流失到远处，因此对限定范围特别是隧道顶部的填充较为困难。此外，在凝胶前的一段时间里易受地下水稀释，或出现材料分离，存在凝固强度不均匀等缺点；但对涌水等止水的性能良好。

如图 4.23(c)所示，可塑性浆液（5～20s）从双液混合到凝固的过程中，存在一个可塑态凝固的、实用有效的时间范围。在可塑态凝固区的保持时间内，注入的充填浆液①、②、③均可以被依次压送到前方。注入可塑性浆液时，随着注入（填充）范围的扩大，浆液依次压入，能进行大范围的填充。此外，由于是可塑态凝固，可从后面压入，逐渐向前移动直到完全填充空隙。另外，因为可塑态黏性非常高，所以很难向周围土体中扩散。

如图 4.23(d)所示，瞬凝型浆液可塑态凝固区保持时间较短。首批注入的浆液在凝胶时间和可塑态凝固区保持时间重合的一段时间内容易填充，但进入凝固区后，凝固体就不移动了。但是连续地从后面压入浆液，对首批凝固体会产生劈裂现象，在首批凝固体的中心部位形成浆液的一个流通通路，通过该通路注入的浆液即可填充到前方。若使注浆连续停止数分钟，由于通路内浆液凝固，再开机注入时，可发现注入压力猛增，致使注入不能完成，这是上述浆液通路被闭塞所导致的。因此，用这种瞬凝型浆液作为注浆材料时，其注入（填充）范围越大，注入阻力也越大，其结果很可能导致浆液被压入周围阻力小的土体中去。由于不能取得很大的注入范围，因此施工使用受到限制，在进行同步注浆施工时容易造成事故。

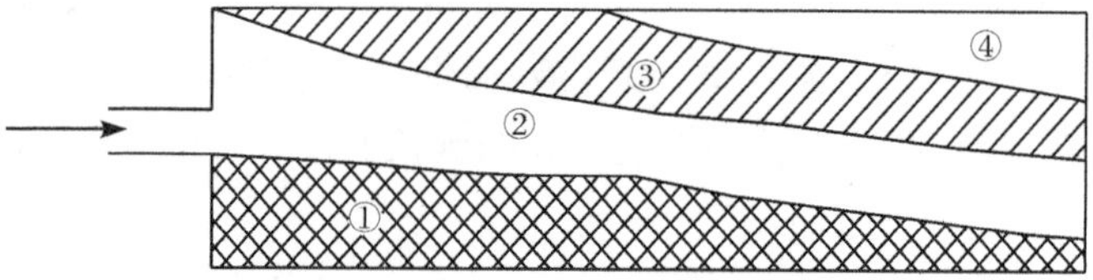

(a) 单液型浆液

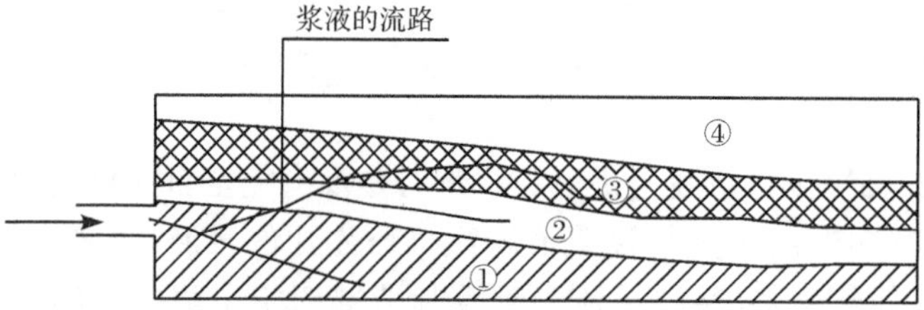

(b) 缓凝型浆液

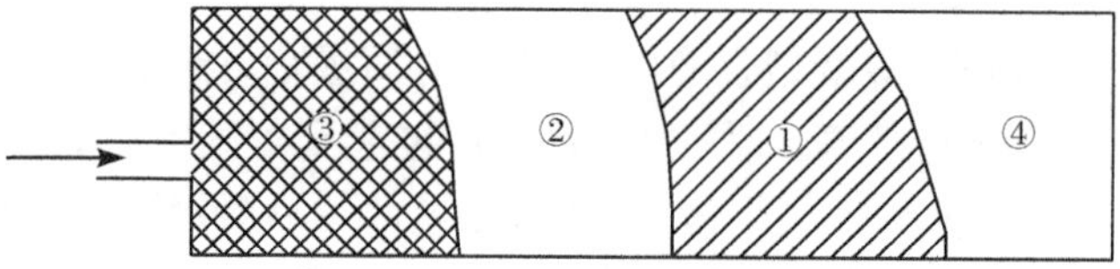

(c) 可塑性浆液

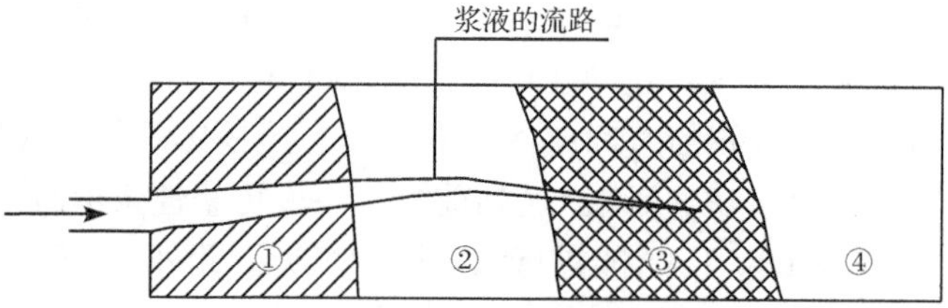

(d) 瞬凝型浆液

图 4.23　不同类型浆液填充机理

①第一批进入的浆液；②第二批注入的浆液；③第三批注入的浆液；④没有充填到的部位

4. 同步注浆材料选择与配比

同步注浆材料的选择要本着实用、就近取材、经济和制作方便的原则，主要有以下几种：

(1) 水泥。作为固化剂在配合料中起到提高强度的作用，有遇水胶凝的特性。

(2) 黏土。增加浆液材料的流塑性，提高浆液的整体性，增加浆液的抗水冲分散性能和抗渗性。

(3) 膨润土。可防止浆液离析，提高浆液的泵送性能，膨润土的加入使砂浆的稳定性得到提高，可泵性增大，防止浆液在输送管路中过早沉积而堵塞管路。

(4) 粉煤灰。实际上是一种人工生产的具有火山灰性质的材料，可增加流动性，具有遇水胶结的特性。

(5) 外加剂。能改善浆液的性能，如水玻璃、纯碱、羧甲基纤维钠素、减水剂等。水玻璃作为速凝剂加入浆液中可调整初凝时间和早期强度。

对上海、南京、深圳、广州四地部分盾构区间壁后注浆材料进行调查分析，将常用注浆材料配合比汇于表4.4。

表4.4 上海、南京、深圳、广州等地的地铁同步注浆材料配合比

地铁线路	水泥(C)/kg	粉煤灰(F)/kg	膨润土(B)/kg	砂(S)/kg	水(W)/kg	减水剂(A)/kg	$\frac{W}{C+F}$	$\frac{C+F}{S}$
上海轨道交通(惰性浆液)	—	310	90	595	450	—	—	—
深圳地铁1号线	180	310	37	875	310	—	0.63	0.56
南京地铁一期工程	100	300	75	1350	225	—	0.56	0.30
广州地铁3号线	122	223	248(黏土)	910	248	2.5	0.72	—
广州地铁4号线	240	320	30	1100	470	—	0.84	0.51

注：$\frac{W}{C+F}$为水胶比；$\frac{C+F}{S}$为胶砂比。

表4.4中，水泥、粉煤灰遇水具有胶结性，因此定义为胶凝材料。注浆材料配合比与地层条件、施工条件有关，从已建或在建盾构区间所用单液硬性浆配合比可以看出，常用水胶比为0.6～0.8，胶砂比为0.5～0.7。

5. 同步注浆参数设定

1) 同步注浆参数

(1) 注浆压力。

注浆压力需要根据工程实际综合地质、注浆量等情况考虑。压力参数设定后，当注浆压力达到设定的最大停止压力时注浆泵将自动停止。只有随着盾构机的继续掘进，浆液流动，压力减小到设定的启动压力时，注浆泵才可能再次启动。

注浆压力是一个非常重要的参数。其值的确定也是注浆施工中很重要的一个方面，过大可能会损坏管片，反之浆液又不易注入，故应综合考虑地质情况、管片强度、设备性能、浆液性质、土仓压力等以确定出能完全填充且安全的最佳值。根据施工实际，注浆压力一般可取 0.2～0.4MPa。

施工中操作人员务必要将压力传感器接好，并检查其工作情况，确保传感器能正常工作。坚决杜绝在无压力传感器的情况下继续注浆，以防注浆压力过大损坏管片。注浆压力是评估盾尾建筑空隙填充情况的重要参数。施工中应以此控制每环的注浆量。采用同步方式注浆时，注浆过程中注浆压力应保持恒定。

(2) 注浆量。

管片背后注浆量是以盾尾建筑空隙量为基础并结合地层、线路及掘进方式等考虑适当的饱满系数来确定的，以保证达到充填密实的目的。

注浆应紧跟盾构机的掘进进行，应准备足够的砂浆，施工中要做到不注浆不掘进，要掘进必须注浆。施工中必须按确定的注浆量来控制注浆，保证每环填充饱满。但应当明确，施工中达到设定的注浆量，也只能保证盾尾建筑空隙理论上填充饱满，实际的填充情况则取决于注浆压力。注浆量每环 5.9～8.1m^3。

(3) 注浆速度。

注浆速度应与盾构机的掘进速度相适应。过快可能会导致堵管，过慢则会导致地层的坍塌或使管片受力不均，产生偏压。注浆速度与地层特性、注浆泵性能、掘进速度相适应，一般取值为 140～200L/min。

2) 注浆参数设定计算

同步注浆参数预控计算时一般先计算注浆压力，注浆压力的计算和外界土层的压力相关，故首先计算外界土压力值，将同步注浆管口的水平土压力值近似等效为注浆压力值。对于同步注浆量的计算，一般采用经验试错法，根据注浆量与土层变形的监测进行动态控制[19]。

(1) 注浆压力计算。

注浆压力必须克服地下水压力、土压力及管道的摩阻力才能将浆液压注到盾尾空隙中。但是压浆压力又不能太大，否则会对周围土体产生劈裂注浆，并容易损坏盾尾密封，或是浆液前窜到开挖面而影响开挖面的稳定。注浆压力的最佳值应在综合考虑地质条件、管片强度、设备性能、浆液特性和开挖面土仓或泥水压力的基础上来确定。

注浆压力是指注入孔附近的压力，压力不能过大，否则会导致地面隆起以及管片破坏，造成浆液外溢。如果注浆压力太小，则浆液填充速度赶不上空隙形成速度，又会造成地面沉陷。一般对于混凝土管片，注浆压力为 0.1～0.3MPa，并参照覆土厚度、地下水的压力及管片的强度进行压力设定。

劈裂压力主要和注浆材料的黏性、覆土压力、覆土高度与盾构机直径之比有关，相关试验公式如下所示：

$$P_{\mathrm{f}} = \gamma h + a q_{\mathrm{u}} \tag{4.24}$$

式中，P_{f} 为劈裂压力(同步注浆压力不大于劈裂压力)；γ 为土体重度；h 为埋深；a 为随浆液黏性和盾构机直径比而变化的系数；q_{u} 为土体的无侧限抗压强度。

对于混凝土管片，当注浆压力在 0.4MPa 左右时，将使混凝土管片开裂。国内外对盾构注浆压力与地表沉降量之间关系进行的研究表明，当注浆压力相当于隧道埋深处的地层应力时，对减少地层损失和地表沉降量效果最为显著。地铁隧道埋深一般为 10～20m，采用太沙基的土压力计算方法较为合理。

$$P_{\mathrm{e}} = \frac{B(\gamma - c/B)}{K_0 \tan\varphi}\left(1 - \mathrm{e}^{-K_0 \tan\varphi \frac{H}{B}}\right) + W_0 \mathrm{e}^{-K_0 \tan\varphi \frac{H}{B}} \tag{4.25}$$

$$B = \frac{D}{2}\cot\left(\frac{45^\circ + \frac{\varphi}{2}}{2}\right) \tag{4.26}$$

式中，P_{e} 为土压力，$\mathrm{kN/m^2}$；D 为隧道外径，m；$2B$ 为隧道顶部松动圈幅，m；K_0 为水平土压力和垂直土压力之比；γ 为土体的容重，$\mathrm{kN/m^3}$；c 为黏聚力，kPa；φ 为土的内摩擦角，(°)；H 为覆土深度，m；W_0 为地面荷载，kPa；注浆压力应至少大于 P_{e}。

(2) 注浆量计算。

根据施工实际，饱满系数包括由注浆压力产生的压密系数、取决于地质情况的土质系数、施工消耗系数、由掘进方式产生的超挖系数等。注浆量必须很好地填充尾隙。理论上来说，注浆量应该等于刀盘开挖外径与管片外径间的空隙，但是由于浆液向土体中的渗透、泄漏损失及超挖等因素影响，注浆量一般为空隙体积的 150%～200%，少数达到 300%。对于同步注浆量的计算，一般采用经验试错法，根据注浆量与土层变形的监测动态控制。

一个行程的注浆量为

$$Q = \frac{\pi}{4}(D_1^2 - D_2^2)ma \tag{4.27}$$

式中，D_1 为理论掘削半径；D_2 为管片外径；m 为行程长度；a 为注入率(主要和以下因素有关：注入压力决定的压密系数 a_1、土质系数 a_2、施工损耗系数 a_3、超挖系数 a_4)。

例如，对于盾构机外径 6.34m，管片外径 6.2m，每环管片长 1.2m 的盾构法隧道，施工同步注浆量的注浆率(注浆量/理论开挖空隙)控制在 200%～250%，计算得到

$Q = 1.2 \times 2 \times \pi(6.34^2 - 6.2^2)/4 \approx 3.3(\mathrm{m^3})$

$Q = 1.2 \times 2.5 \times \pi(6.34^2 - 6.2^2)/4 \approx 4.1(\mathrm{m^3})$

因此，每个行程(1.2m)注浆量为 $3.3 \sim 4.1\mathrm{m^3}$。

在盾尾注浆的施工中，有两种方法对注浆进行控制：一是通过注浆压力的大小来控制注浆施工，二是通过预设注浆量的多少来决定注浆过程是否结束。由于注浆压力受很多因素影响，应用较多的是由注浆量来决定注浆施工，即要保证有足够的浆液，能很好地填充管片与地层之间的空隙。目前要求同步注浆采用双控法，即同时控制同步注浆参数中的注浆压力和注浆量。

4.3.2 二次注浆

实际工程施工中，盾构同步注浆管路在盾尾左右两侧隧道水平腰线的位置上、下各设一组，注入的惰性缓凝浆液凝固时间较长(初凝时间 6～10h)，注浆浆液经常难以注满管片背后拱顶部分空隙。隧道腰线上的管背后空隙可以靠注浆压力来充填。但是，由于同步注浆压力略高于土仓中的设定土压，也会致使浆液沿着盾壳与开挖轮廓之间的空隙向土仓中流失，使得管片背后拱部的空隙也无法填注满浆液，特别是拱部 11 点～1 点的部位多数未注满浆液，从而使这个部位也形成一个汇水区和流水通道。因此需要进行二次注浆来提高注浆质量[21]，如图 4.24所示为盾构二次注浆。

图 4.24　盾构二次注浆

1. 二次注浆的作用

(1) 由于盾构机本身的同步注浆系统无法将管片背后拱顶部位的空隙填充密实，因此该部位成为汇水区和水流通道，上述二次同步注双液型浆液可及时注满管片背后顶部并凝固，阻断盾构后方的水流通道，防止掘进中排渣口喷涌。

(2) 在盾构掘进的过程中，管环在盾尾中的位置由盾构掘进方向确定，管环受力推出盾尾而管背填充不实将引起管环位置改变，下坡掘进使管环上浮，弯道上掘进，拐弯处几环管环外移，此时的双液注浆点除选择管背顶部外，还应向弯道外侧点的管环背面注入双液型浆液。

(3) 二次注双液型浆液距盾尾越近，则固定管环位置越准确。但是，距离越近会造成双液型浆液进入盾尾刷和同步注浆排浆口，破坏盾尾刷密封和阻断同步注浆管道。施工中，双液型浆液注浆孔位置宜选择在推出盾尾 4～6 环范围内的管片孔中进行。

(4) 通过拱顶管片孔向管片背后注入一定量的双液浆，还可以有效地填充管片背后拱部空隙，使管片与地层尽快紧密结合，防止工后渗漏水和地层沉降。

(5) 注入的惰性浆料后期强度高、止水效果好、耐久、无污染、成本较低，可确保成品隧道的质量稳定。

2. 二次注浆设备选择

注浆设备选择首先要先确定注浆能力，一般考虑浆液的注入量在拱顶 10 点～2 点范围内，一环管片按 1.5m 计，则需注入浆液约 1.35m^3，考虑与掘进同步，设每掘进一环用时 30min，则设备的注浆能力应选择 45L/min 以上为宜。再考虑到隧道埋深一般在 20m 左右，则注浆压力应在 2MPa 以上为宜。

(1) 液压双液注浆泵为一般工程中普遍使用的双液注浆设备，由一个压力泵站、两个浆液桶和一个注浆机组成。该种设备比较耐用，操作方便，但不足之处是体积大，组件多，盾构使用时需占用轨道，使注浆与盾构掘进施工不能有效同步进行，需采用停止掘进，等待注浆作业的方式。也不能及时通过盾构掘进来检查注浆止水效果，往往需要掘进、注浆交替作业才能看出注浆效果，既费时又影响掘进。

(2) 风动双液注浆泵。由于使用气压为动力(盾构机有压供给)，故机器体积小、质量轻(75kg)，注浆设备和浆液材料均可以安装在连接桥平台上，使注浆施工与盾构掘进实现同步进行，并可随时检查到止水对改善掘进的效果。该设备的使用已有较多成功范例，推荐使用该种设备进行盾构二次同步注双液型浆液。

3. 二次注浆操作要点

(1) 双液浆一般为水泥＋水玻璃浆液。浆液的凝固时间大致调制在 10s 以内，以控制浆液的扩散范围。

(2) 根据掘进位置的水-土压力设定注浆泵的终注压力，注浆量可由该孔的可注性自适应确定。注浆压力小时，注浆泵自动快速注浆，当接近终注压力时，泵慢速注浆至自动停注(一般在自动停注前就人为停注)，这样既可以保证快速注浆，又可以控制浆压不超，确保对管环结构不造成损伤。

(3) 双液注浆的混合接头为特制加工的，既要使两种浆液在此充分混合后很快注入管背，又要使接头和管片手孔结合牢固、严密。

(4) 注浆前应将至少一环的注浆材料备足待用,注浆管路连接好后应检查其牢固性。若手孔打开后有水大量流出,需在附近另开一个手孔放水。

(5) 一般需 3 人,1 名制浆工,1 名注浆工,1 名注浆控制手。

(6) 每注完一个孔,必须及时清理浆液混合器的各条管道,确保管道畅通。注浆完成后,应对手孔进行认真封堵。

第 5 章　下穿施工辅助措施

盾构法隧道下穿施工时受到工程地质、水文条件和周边建(构)筑物等众多因素限制,工程面临的情况差异很大,所选择的解决方法也各不相同。在下穿施工时有必要采取一些辅助措施,提高工程的安全性。本章着重从盾构机姿态控制、土体改良和主动预加固三方面阐述下穿施工的辅助措施。

5.1　盾构机姿态控制

盾构机的姿态控制对下穿施工变形控制极为重要,一旦施工中姿态控制不好,一方面对隧道周围的土体产生扰动,另一方面造成新的施工间隙,这两者都会加大施工沉降。

盾构机在掘进过程中可以采用以下 6 个参数描述三维空间中的形态:盾构机三维坐标以及俯仰角、横摆角和扭摆角,如图 5.1 所示。其中,俯仰角表示盾构机中轴线与水平面之间的夹角,表征盾构机在竖直平面内掘进坡度,可用倾斜仪或测锤进行测定。横摆角又称偏航角,表示盾构机中轴线与隧道设计轴线在水平面内的夹角,表征盾构机在水平面内的方位,可在后方用经纬仪测量或设置在盾构机盾体上的回转罗盘进行测定。扭摆角表示盾构机绕自身中轴线旋转的角度,可采用扭转计或者测锤进行测定。姿态控制的关键在于及时进行纠偏,而纠偏是通

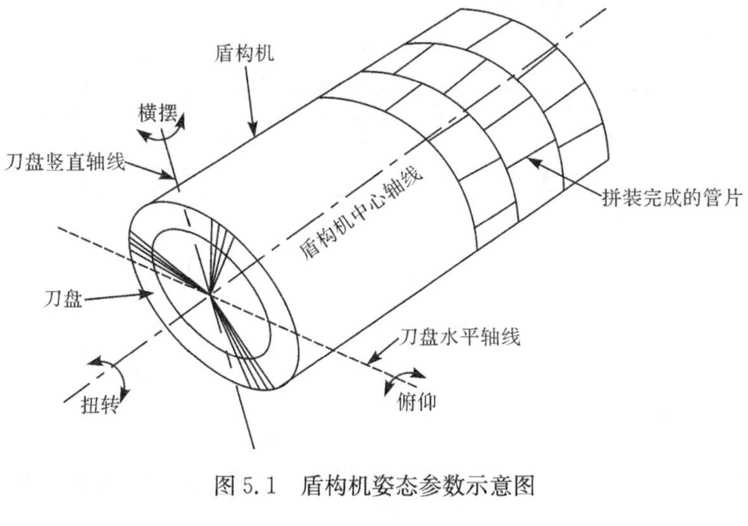

图 5.1　盾构机姿态参数示意图

过盾尾千斤顶的顶力差来实现的[22]。因此,以下先讨论盾构机纠偏的力学模型,然后基于该模型讨论纠偏控制方法。

5.1.1 盾构机纠偏计算

盾构掘进过程中的姿态偏差一般分水平偏差和高程偏差,当偏差量超过一定值后,通过设定千斤顶分区油压进行纠偏调控。因两种偏差模式下,盾构机受力有所不同,即使两种模式偏差量相同,其千斤顶分区油压大小也有所区别。加之盾构法隧道设计轴线线型对盾构机姿态纠偏量也有很大影响,不同偏差模式下,纠偏量所需的千斤顶推力也不相同。因此,有必要对两种模式分别进行分析。

为计算方便,进行如下假设:

(1) 盾构机为刚体。

(2) 盾构机纠偏过程中盾壳周边土体的变形、作用力都在弹性范围。

(3) 盾构机纠偏过程中绕其中心旋转。

(4) 忽略盾构机盾尾挤压、约束等作用力对盾构机姿态的影响。

为使计算中盾构机掘进姿态偏差的正负与工程现场规定一致,计算纠偏力矩时,进行如下规定:以绕盾构机中心顺时针旋转为正。盾构机竖向偏差计算时,以使盾构机姿态向上为正,使姿态向下为负;盾构机水平偏差计算时,以使盾构机姿态向右为正,使盾构机姿态向左为负。

盾构机纠偏过程中,盾构角度变化必然会使盾构一定区域土体受到挤压而产生抗力,而在另外一侧的土体与盾构机产生脱离。基于此,假设盾构机姿态角度纠偏时,盾壳周边土压力荷载模式为三角形分布,如图 5.2 所示。

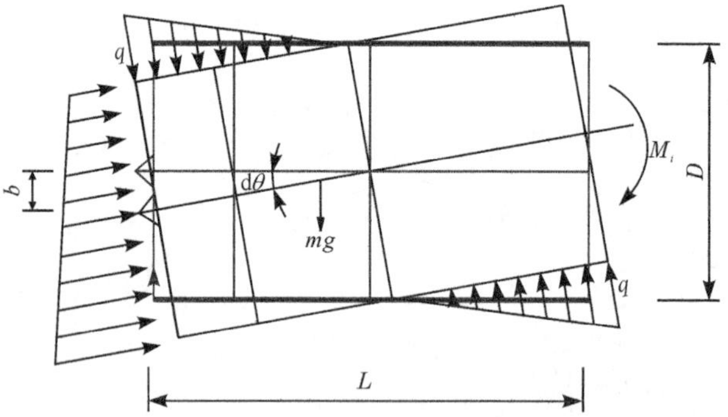

图 5.2 盾构机姿态偏差纠偏周边土压力模式

1. 竖向俯仰姿态纠偏模型

盾构推进过程中,竖向偏差模式分为两种:“前低后高”模式和“前高后低”模式,竖向纠偏计算模型如图 5.3 所示。由于两种模式下纠偏力矩与抵抗力矩有所不同,需要分别进行计算[23]。

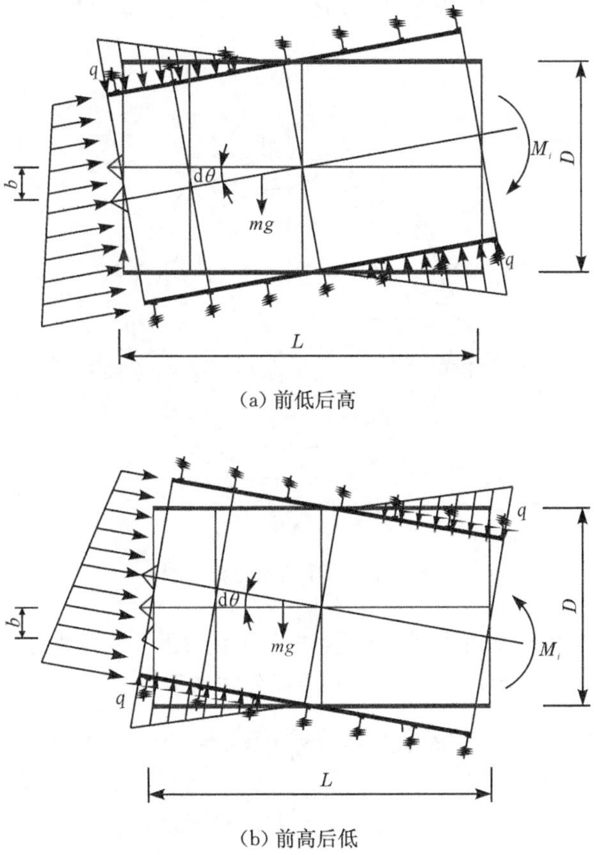

图 5.3　盾构机姿态竖向纠偏计算模型

1)"前低后高"竖向偏差姿态模式("栽头"模式)

盾构机自重产生的纠偏力矩 $M_{F_1\mathrm{p}}$,由于盾构机重心靠前,因此自重对盾构角度偏差产生的力矩始终为负,即绕盾构机中心逆时针旋转。

$$M_{F_1\mathrm{p}} = mgL_0\cos(\Delta\theta) \tag{5.1}$$

当 $\Delta\theta$ 值较小时,根据小角度近似关系,$\cos(\Delta\theta)\approx 1$,因此有

$$M_{F_1\mathrm{p}} = mgL_0 \tag{5.2}$$

式中,L_0 为盾构机重心到盾构中心点的距离,m。

盾构千斤顶分区油压产生的纠偏力矩为 $M_{F_2\mathrm{p}}$和 $M_{F_2\mathrm{y}}$,其中,F_2 代表千斤顶压力;p 代表 pitching,表示俯仰角;y 代表 yawing,表示偏航角。

通常情况下,盾构机千斤顶都分若干区,如图 5.4 所示,油缸分区为 A、B、C、

D、E、F 共六个区，B、E 区分别位于盾构机顶部和底部，A、F、C、D 区对称布置于盾构机左右两侧。根据各分区千斤顶的油压、千斤顶截面积及千斤顶到盾构机中心轴线的距离，可以计算出各时刻盾构机的俯仰力矩 $M_{F_2\mathrm{p}}$和水平偏转力矩 $M_{F_2\mathrm{y}}$。

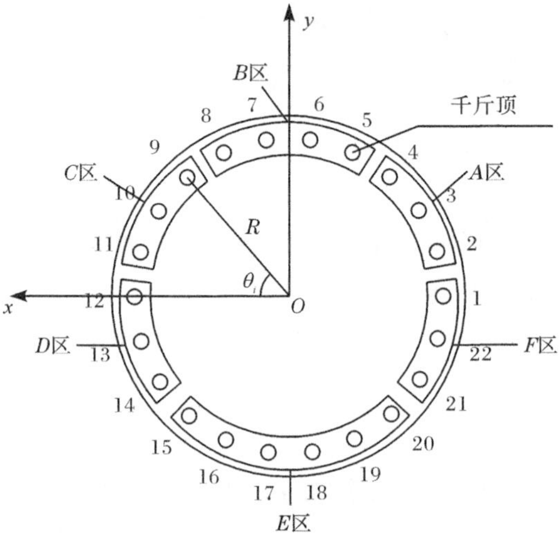

图 5.4　千斤顶简化布置图

为计算方便，将千斤顶数量及位置进行简化，图 5.4 为盾尾千斤顶简化布置图，盾构机的俯仰力矩和水平偏转力矩计算公式如下：

$$M_{F_2\mathrm{p}} = -\sum_{i=1}^{n} P_i A_i R \sin\theta_i \tag{5.3}$$

$$M_{F_2\mathrm{y}} = -\sum_{i=1}^{n} P_i A_i R \cos\theta_i \tag{5.4}$$

式中，$M_{F_2\mathrm{p}}$为盾构机俯仰力矩，kN · m；$M_{F_2\mathrm{y}}$为盾构机水平偏转力矩，kN · m；P_i 为第 i 个千斤顶油压，kPa；A_i 为第 i 个千斤顶截面积，m^2；θ_i 为第 i 个千斤顶与盾构机中心轴的连线和 x 轴的夹角，(°)；n 为千斤顶个数。

(1) 盾构机前方土体对其产生的纠偏力矩 $M_{F_3\mathrm{p}}$。

从图 5.5 可以看出，盾构机前方土体土压力沿 y 轴对称分布，仅对盾构机俯仰产生影响，通过计算可得

$$M_{F_3\mathrm{p}} = \frac{\pi k_0 \gamma R^4}{4} = \frac{\pi k_0 \gamma D^4}{64} \tag{5.5}$$

(2) 盾壳周边土抗力产生的抵抗纠偏力矩 $M_{F_4\mathrm{p}}$。

假设盾构机在纠偏力矩下角度变化为 $\Delta\theta$，由几何关系可以知，盾构机中心角度变化 $\Delta\theta$，则相应竖向姿态偏差为

$$b = \Delta y = \frac{L}{2}\tan(\Delta\theta) \tag{5.6}$$

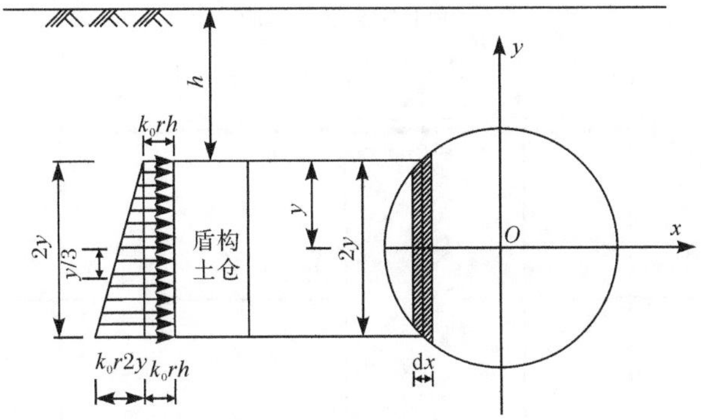

图 5.5　盾构前方土体产生力矩计算图

当 $\Delta\theta$ 值较小时，根据小角度近似关系，有 $\Delta\theta\approx\tan(\Delta\theta)$，因此，式(5.6)可表示为

$$\Delta y=\frac{L}{2}\Delta\theta \tag{5.7}$$

假设地层抗力荷载形式呈三角形分布，根据文克勒(Winkler)地基梁假设，有

$$q=k_y\Delta y=k_y\frac{L\Delta\theta}{2} \tag{5.8}$$

由周围土体抗力而产生的抵抗纠偏力矩为

$$M_{F_4\mathrm{p}}=2\left[q\frac{L}{2}\frac{1}{2}\left(\frac{L}{2}-\frac{L}{3}\frac{L}{2}\right)\frac{1}{2}\pi D\right] \tag{5.9}$$

将式(5.8)代入式(5.9)，进行化简得

$$M_{F_4\mathrm{p}}=\frac{kL^3\pi D\Delta\theta}{24} \tag{5.10}$$

将其表示为姿态角度表达式：

$$\Delta\theta=\frac{24M_{F_4\mathrm{p}}}{k_yL^3\pi D} \tag{5.11}$$

同时，姿态偏差量表达式为

$$\Delta y=\frac{L}{2}\frac{24M_{F_4\mathrm{p}}}{k_yL^3\pi D}=\frac{12M_{F_4\mathrm{p}}}{k_yL^2\pi D} \tag{5.12}$$

(3) 盾构机上部、下部竖向压力及摩阻力对盾构机中心产生的力矩 $M_{F_5\mathrm{p}}$。

盾构机盾壳周边受到的竖向土压力如图 5.6 所示，在纵向竖直平面内可将其分为两部分，盾构机上方竖向土压力 $F_{5\mathrm{u}}$ 及盾构机下方竖向土压力 $F_{5\mathrm{d}}$，假设盾构机姿态改变不影响盾构周边竖向土压力大小，在竖向平面内，上方竖向土压力及下方竖向土压力的等效力系作用于盾构中心位置，对盾构机中心不产生力矩作用。

此外，随着盾构机的掘进前行，周边土压力对盾壳切向产生摩阻力，方向与盾

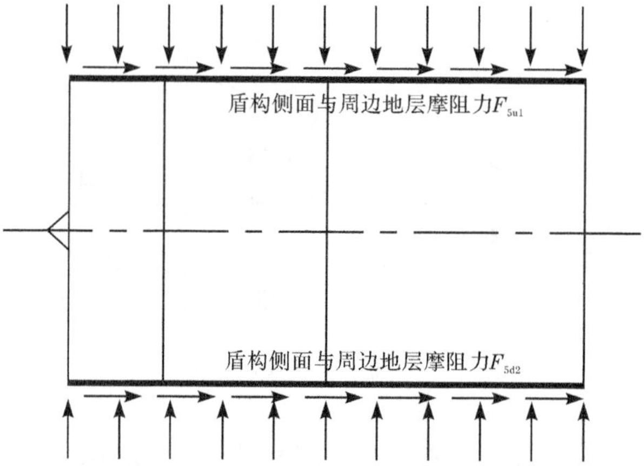

图 5.6　盾构机竖向土压力及摩阻力产生力矩计算图

构掘进方向相反，如图 5.6 所示。假设摩阻力大小与垂直土压力成正比，作用于盾构机上部摩擦力大小为 F_{5u1}，同理，作用于盾构机下部摩擦力大小为 F_{5d2}，上、下盾壳所受摩阻力对盾构机中心产生的力矩为

$$M_{F_5\mathrm{p}} = (F_{5d2} - F_{5u1})\frac{D}{2} \tag{5.13}$$

综合 5 种作用力产生的力矩，根据力矩平衡条件，有

$$\sum_{i=1}^{5} M_{F_i\mathrm{p}} = 0 \tag{5.14}$$

即任意时刻，纠偏力矩等于抵抗力矩。对于盾构机姿态“前低后高”（“栽头”模式），当盾构机姿态发生偏差时，要对其进行纠偏，仅千斤顶产生的力矩为纠偏力矩，由自重、盾构周边土抗力、盾构正面压力及盾壳切向侧摩阻力产生抵抗力矩。

根据纠偏力矩等于抵抗力矩，得

$$M_{F_2\mathrm{p}} = M_{F_1\mathrm{p}} + M_{F_3\mathrm{p}} + M_{F_4\mathrm{p}} + M_{F_5\mathrm{p}} \tag{5.15}$$

将式(5.10)～式(5.13)代入式(5.14)和式(5.15)，通过移项可得

$$\Delta\theta = \frac{24}{k_y L^3 \pi D}\left[-\sum_{i=1}^{n} P_i A_i R\sin\theta_i - mgL_0 - \frac{k_0 \pi\gamma D^4}{64} - (F_{5d2} - F_{5u1})\frac{D}{2}\right] \tag{5.16}$$

$$\Delta y = \frac{12}{k_y L^2 \pi D}\left[-\sum_{i=1}^{n} P_i A_i R\sin\theta_i - mgL_0 - \frac{k_0 \pi\gamma D^4}{64} - (F_{5d2} - F_{5u1})\frac{D}{2}\right] \tag{5.17}$$

式(5.16)和式(5.17)为盾构“前低后高”竖向偏差（“栽头”）模式下，盾构机姿态偏

差与纠偏力矩之间的计算方法，该式揭示了盾构机姿态偏差与盾构机、土层及掘进参数的关系；在盾构机一定的情况下，相同的纠偏力矩下，姿态纠偏量与盾构周边土体的抗力成反比，周边土体抗力系数大，需要的纠偏力矩相应要增大；反之，纠偏力矩相应减小。进一步说明，由于盾构机的受力特征，盾构“前低后高”竖向偏差模式下，自重、盾构正面压力及盾壳周边切向侧摩阻力都产生抵抗力矩，因此该种情况下，千斤顶分区油压提供的纠偏力矩就要相应增大。

2）“前高后低”竖向偏差模式

图 5.7 是盾构机姿态“前高后低”竖向纠偏角度变化过程。当盾构机姿态出现前高后低，即抬头现象时，对其进行纠偏，千斤顶油压产生的力矩、自重产生的力矩、盾构机正前方土压力及盾壳切向侧摩阻力产生的力矩为纠偏力矩，仅盾构机周边地基土产生抵抗力矩。

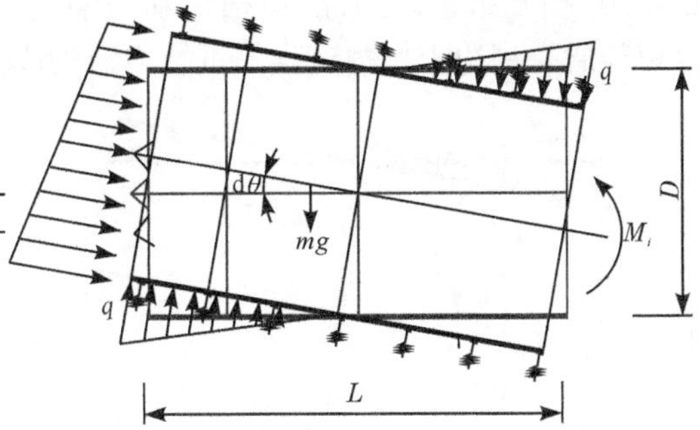

图 5.7　盾构机姿态“前高后低”竖向纠偏角度变化过程

根据纠偏力矩等于抵抗力矩，得

$$M_{F_1\mathrm{p}}+M_{F_2\mathrm{p}}+M_{F_3\mathrm{p}}+M_{F_5\mathrm{p}}=M_{F_4\mathrm{p}} \tag{5.18}$$

将各力矩表达式代入式(5.18)可得

$$\Delta\theta=\frac{24}{k_yL^3\pi D}\left[-\sum_{i=1}^{n}P_iA_iR\sin\theta_i+mgL_0+\frac{k_0\pi\gamma D^4}{64}+(F_{5\mathrm{d2}}-F_{5\mathrm{u1}})\frac{D}{2}\right] \tag{5.19}$$

$$\Delta y=\frac{12}{k_yL^2\pi D}\left[-\sum_{i=1}^{n}P_iA_iR\sin\theta_i+mgL_0+\frac{k_0\pi\gamma D^4}{64}+(F_{5\mathrm{d2}}-F_{5\mathrm{u1}})\frac{D}{2}\right] \tag{5.20}$$

式(5.19)和式(5.20)为盾构机“前高后低”竖向偏差姿态模式下，盾构机姿态偏差(偏角和偏差量)与纠偏力矩之间的计算方法，揭示了盾构机姿态偏差与盾构机、地层及掘进参数的关系。除姿态纠偏量与盾构机周边土体的抗力成反比之外，该式还说明，由于盾构机的受力特征，盾构“前高后低”竖向偏差模式下，自重、盾构机正面压力、盾壳侧摩阻力都产生纠偏力矩，因此该模式下，相同条件的千斤顶分区油压提供的纠偏力矩比“前低后高”竖向纠偏力矩要小。

2. 水平偏航姿态纠偏计算

假设盾构机隧道设计轴线水平方向为直线，盾构机在水平面内荷载模式如图 5.8所示。水平偏航纠偏时，盾构机在水平面内作用力主要包括：油压千斤顶产生的纠偏力矩、抵抗角度改变而产生的周围地基反力、水平方向的土压力及摩阻力。假设姿态偏角变化仅影响盾壳地基反力，并且纠偏过程旋转中心为盾构机竖直平面内 $L/2$ 处。

水平偏差纠偏模式计算模型如图 5.8 所示。该模式下，盾构机自重作用点在盾构中心轴线上，自重对水平纠偏力矩没有贡献。盾构机前方土压力理想情况下，在盾构机前方沿竖向轴线对称分布，盾构机水平面内左右土压力及摩阻力等效后对盾构机中心取矩，相互抵消。因此，盾构机水平偏差主要由盾构机千斤顶产生的水平纠偏力矩与盾壳周边土抗力产生的抵抗力矩构成。

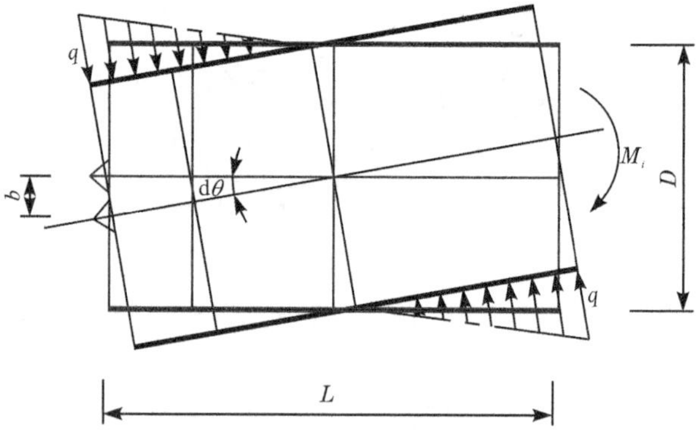

图 5.8　盾构机水平偏差纠偏计算

盾构机分区千斤顶油压产生主动偏航纠偏力矩，计算公式为

$$M=\sum_{i=1}^{n}P_iA_iR\cos\theta_i \tag{5.21}$$

盾构机周边地基抗力产生的抵抗力矩计算与竖向偏差一样，计算公式为

$$M_R=2\left[q\frac{L}{2}\frac{1}{2}\left(\frac{L}{2}-\frac{L}{3}\frac{L}{2}\right)\frac{1}{2}\pi D\right] \tag{5.22}$$

$$M_R=\frac{kL^3\pi D\Delta\theta}{24} \tag{5.23}$$

令 $M=M_R$，得出水平姿态纠偏角度计算公式：

$$\Delta\theta=\frac{24}{k_xL^3\pi D}\sum_{i=1}^{n}P_iA_iR\cos\theta_i \tag{5.24}$$

$$\Delta x = \frac{12}{k_x L^2 \pi D} \sum_{i=1}^{n} P_i A_i R \cos\theta_i \tag{5.25}$$

式(5.24)和式(5.25)为盾构机水平偏差姿态模式下，盾构机水平姿态偏差(偏角和偏差量)用纠偏力矩表示的数学表达式，该式揭示了盾构机姿态偏差量大小与盾构机装备、土层及掘进参数的关系。水平姿态进行纠偏时，理论上，水平偏航纠偏量仅与水平地层抗力产生的扭矩有关，而纠偏力矩大小仅由千斤顶分区油压产生的偏航扭矩确定。

5.1.2　盾构机姿态优化控制

实际姿态的控制需通过设定位于盾尾的分区千斤顶油压完成。目前，实际姿态控制依靠经验设定千斤顶油压进行控制，缺乏具有理论意义的指导。以盾构纠偏力矩已知为前提，对千斤顶分区油压如何合理设定进行研究，达到保证盾构机顺利前行，又能兼顾对盾构机姿态进行纠偏的目的。

在盾构机掘进过程中，姿态出现偏差需要调整时，主要是依靠盾构机司机的经验进行调整，通过姿态偏差大小和设计轴线的几何关系，对千斤顶顶力进行分区设定，从而实现盾构机姿态纠偏量化控制：

(1) 通过几何关系，根据偏差量、偏差角大小及隧道设计线型确定下一步的纠偏量和纠偏角大小。

(2) 通过物理力学关系，计算求得纠偏量、纠偏角所需的俯仰纠偏力矩和偏航力矩大小。

(3) 考虑千斤顶合力大小，同时兼顾千斤顶产生的俯仰纠偏力矩、偏航力矩，对分区千斤顶油压进行合理分配。

基于以上几点，理论上盾构机姿态纠偏控制流程如图 5.9 所示。

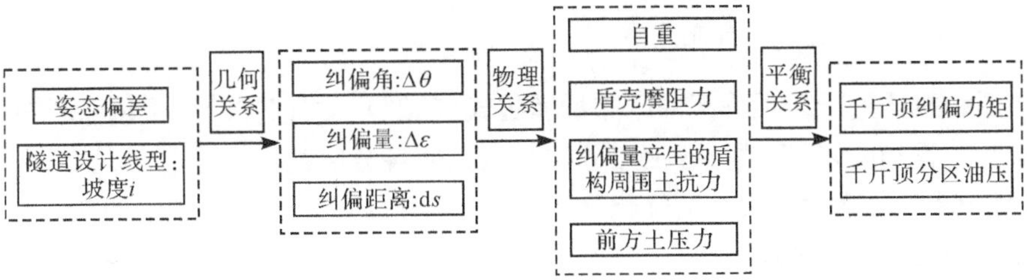

图 5.9　盾构机姿态纠偏控制流程

盾构机的推进机构提供向前掘进的动力，是由在盾构机主体的内周配置的液压千斤顶来提供的。通常，千斤顶沿盾构本体内周分为 4 区或 6 区，每个分区有一定数量的千斤顶。通过调整每个分区千斤顶的油压来对盾构机进行纠偏和调整方向，使盾构机姿态尽可能沿着设计轴线推进。

定义以盾尾推进液压千斤顶油缸分布的圆心为原点构建坐标系，x 轴平行于掘进方向，且与掘进方向相反，y 轴水平向右，z 轴垂直指向地面。如图 5.4 和图 5.5所示。图中，x 轴方向总推力等于各千斤顶油压产生的推力之和。M_y 为千斤顶产生的俯仰力矩，M_z 为千斤顶产生的偏航力矩。当盾构机的姿态发生偏差时，分区千斤顶需要的顶力通过计算求得，同时，分区千斤顶也会产生顶力差。通过分区油压大小及距 y 轴、z 轴的距离建立相应平衡关系。

1. 平衡方程

根据盾构机推进有以下平衡方程：

$$\sum_{i=1}^{n} F_i = F \tag{5.26}$$

$$\sum_{i=1}^{n} F_i z_i = M_y \tag{5.27}$$

$$\sum_{i=1}^{n} F_i y_i = M_z \tag{5.28}$$

式中，F_i 为第 i 台液压千斤顶提供的推力，kN；F 为盾构机的总推力，kN；z_i、y_i 为第 i 台千斤顶在 yOz 平面的坐标，m；n 为千斤顶数量；M_y 为盾构机的竖向纠偏所需千斤顶产生的纠偏力矩，kN · m，规定使盾构机向上偏转的力矩为正，反之为负，即从盾尾方向看，绕 y 轴顺时针方向为正；M_z 为盾构机的水平偏航纠偏所需千斤顶产生的纠偏力矩，kN · m，规定使盾构机向右偏转的力矩为正，反之为负，即从盾尾方向看，绕 z 轴顺时针方向为正。

式(5.26)～式(5.28)表示盾构机各千斤顶推力大小与总推力、千斤顶产生的俯仰及偏航力矩的平衡关系。

2. 盾构机姿态控制补充方程

盾构机推进千斤顶分区油压除了满足式(5.26)～式(5.28)等平衡条件外，根据实际工程经验，千斤顶分区油压分配原则应使各分区油压大小尽量均匀。基于此，可构建各分区油压大小的优化函数，如式(5.29)所示，求该函数的极小值即可获取较均匀的分区油压。

$$g_{\min} = \frac{1}{2}\sum_{i=1}^{n} (F_i - F_{平均})^2 \tag{5.29}$$

式中，$F_{平均} = \frac{1}{n}\sum_{i=1}^{n} F_i$，$n$ 为千斤顶个数；F_i 为第 i 个液压千斤顶推力，kN。

式(5.29)中 g 取得最小值，表明盾构推进系统各分区千斤顶推力之间的差值最小，即各区千斤顶油压大小最趋于均匀。

联立式(5.26)～式(5.29)构建拉格朗日函数：

$$
\begin{aligned}
L_f =& \frac{1}{2}\sum_{i=1}^{n}(F_i - F_{平均})^2 \\
&+\lambda_1\left(\sum_{i=1}^{n}F_i - F\right)+\lambda_1\left(\sum_{i=1}^{n}F_i z_i - M_y\right) \\
&+\lambda_1\left(\sum_{i=1}^{n}F_i y_i - M_z\right)
\end{aligned}
\tag{5.30}
$$

对式(5.30)中 F_i 及 λ_i 分别求偏导，得

$$
\frac{\partial L_f}{\partial F} = F_i - F_{平均} + \lambda_1 + \lambda_2 z_i + \lambda_3 y_i, \quad i = 1,2,\cdots,n \tag{5.31}
$$

$$
\frac{\partial L_f}{\partial \lambda_i} = 0, \quad i = 1,2,3 \tag{5.32}
$$

因此，通过构建拉格朗日函数，联立式(5.31)～式(5.32)求解相应方程组，可得到 F_i 和 λ_i。

5.2　土体和渣土改良

为了确保下穿工程施工顺利进行，多数地质情况下需要对盾构机刀盘掘进面前方的土体或土仓内的渣土进行改良，土体改良是为了保证掘进顺利，渣土改良是为了保证出渣顺利以及土仓压力的稳定控制。

土体改良是通过盾构机配置的专用装置向刀盘面板处添加改良剂，能够起到降低刀盘摩擦，降低刀盘正面负荷，降低掘进面的透水性，增加掘进面稳定性，防止刀盘结泥饼的作用。渣土改良主要通过压力隔板上的注入孔向土仓内添加改良剂，在螺旋输送机上也有改良剂添加孔。渣土改良主要是为了提高渣土的流动性，利于螺旋输送机排土；保持土仓的均匀流动，方便土仓压力管理；防止螺旋输送机喷涌。通常，通过土体改良也能达到渣土改良的目的[24]。

5.2.1　常见改良剂及其机理

目前，土压平衡盾构施工中最常用的土体改良剂是泡沫剂和泥浆，对于水量较大、水压较高的地层还会使用高分子聚合物。以下介绍这三类改良剂及其机理。

1. 泡沫剂

泡沫剂属于表面活性材料，主要是利用空气、水和泡沫剂一气二液混合发泡，其 90%以上为空气，不足 10%为发泡剂溶液，而发泡剂溶液 90%～99%为水，其

余为发泡剂。使用时，通过一定装置向泡沫剂加入压缩空气便可形成泡沫。

泡沫可以看成一种二维平面结构，在这个二维平面结构中，气相与薄层液膜之间由一个二维界面隔开，薄层液膜及其两侧的界面区域称为“薄片”，如图 5.10 所示。泡沫剂的作用主要来自其中的活性剂成分。活性剂具有渗透、乳化、发泡、减摩等作用，这些作用都源于活性剂分子在气-液界面和液-固界面上的吸附。在气-液界面和液-固界面上泡沫剂中的活性剂分子形成定向排列。这种定向吸附作用形成定向的吸附膜，可明显降低界面间的表面张力，同时也增加界面膜的机械强度，于是形成了泡沫，并使泡沫比较稳定地存在。

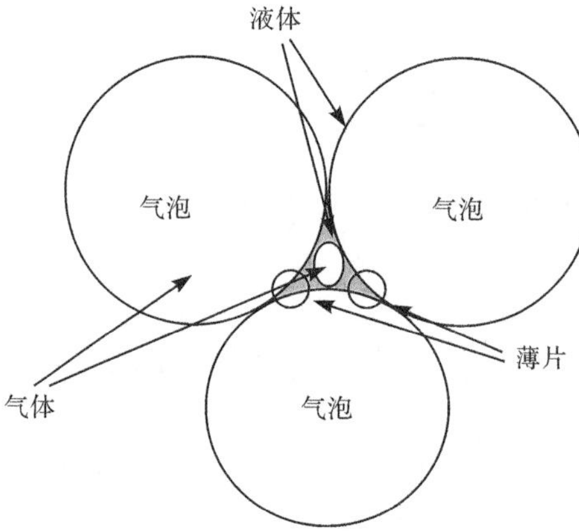

图 5.10　泡沫结构示意图

图 5.11 是泡沫剂加入至土体后形成泡沫土的结构示意图。黏性土中注入泡沫剂后除了表面活性剂分子和离子使黏土微片层叠聚体排列得更加紧密，黏土孔隙中还充满了未消散的微小气泡，阻断孔隙水的渗流通道，从根本上减小了土的渗透系数，提高了渣土的止水性。表面活性剂分子吸附在黏土颗粒表面，能够润滑土体颗粒，降低土颗粒间的摩擦系数，注入土体孔隙中的气泡产生“轴承效应”，降低了黏土的黏聚力和摩擦角，从而进一步提高了土体的流动性。颗粒间的气泡降低泥水的稠度，减少颗粒间的摩擦，混合土体的体积模量被降低，土体在很大变形范围内具有理想的塑性状态。

泡沫改良剂针对不同的土质条件，其改良机理和改良效果有所不同。首先对于颗粒级配良好的土体，其粒径分布范围较广，而泡沫本身的尺寸也不均一，这样更容易落到土粒间的孔隙中，与土颗粒接触更紧密。故在级配相对良好的土体中，因为泡沫会与土体颗粒结合得更完整和致密，能更充分地置换土体中的孔隙水进而填充原来的孔隙，所以容易形成更多封闭的泡沫；其次土体的颗粒越细，越接近于黏性，矿物的亲水性越强，它们的吸力就越大。颗粒细小的黏性土会对泡沫表面液膜内所含的自由水分产生吸附，液膜脱水后泡沫就会破灭，降低泡沫的

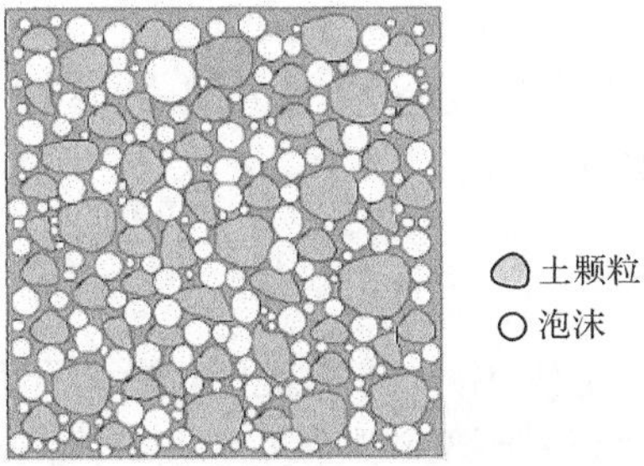

图 5.11　泡沫渗入土体的示意图

利用率，故泡沫更适合平均粒径较大的土体；最后相对干燥的土体具有较大的基质势，它与自由水接触时会将自由水吸引到干土中来，使泡沫脱水破灭，泡沫利用率降低，所以泡沫更适合含水量较高的土体。

2. 泥浆

目前，土压平衡盾构施工用的泥浆改良剂主要为膨润土基泥浆。膨润土是以蒙脱石为主要成分的非金属黏土类矿物，蒙脱石具有很强的吸附功能，使得膨润土具有很强的膨胀能力。从微观结构来看，膨润土颗粒是粒径小于 μ 的无机质，钠基膨润土单位结构层间能吸附大量的水，膨胀率高。膨润土水化后形成不透水的可塑性胶体，同时挤占与之接触的土颗粒之间的孔隙，阻止地下水的渗流。由于膨润土的高吸湿膨胀性和自封闭性，遇水时膨润土会极大地膨胀，其密度越大膨胀倍数越大，这样渗流通道就越窄，通过这个方式膨润土泥浆就极大地降低了土体的渗透系数。

图 5.12 是膨润土改良渣土，膨润土泥浆具有失水造壁特性，即在一定压差条件下泥浆中的自由水向开挖面渗透，形成具有一定强度的“泥饼”，这个“泥饼”可以演变为一个低渗透性的薄膜，将过量地下水压力中的液体压力转化为土颗粒和土颗粒之间的有效应力，达到稳定地层并防止盾构推进中地面塌陷的目的。水化后的黏土颗粒吸附于渣土颗粒表面形成具有一定厚度和黏性的泥膜，大幅度降低了渣土颗粒间的摩擦力，提高了渣土颗粒间的黏聚力。通过合理的泥浆配比和加入量控制，可以使改良后渣土具有合适的黏聚力和内摩擦角。

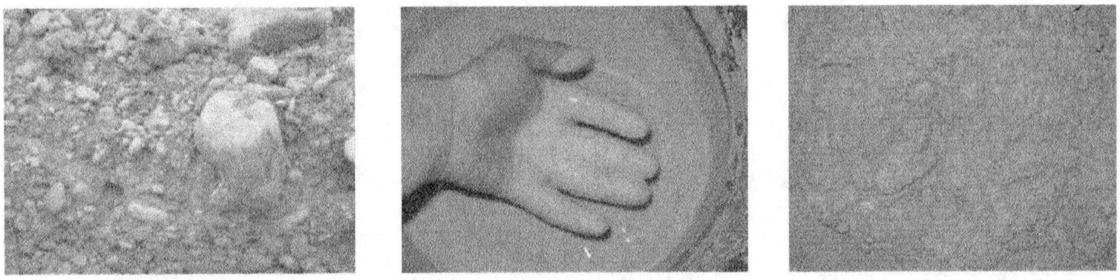

图 5.12　膨润土改良渣土

所以膨润土泥浆适用于细料含量少的中粗砂土、砂砾土、卵石漂石地层等，主要原因就在于膨润土泥浆能够补充砂砾土中相对缺乏的微细粒含量，提高和易性、级配性，从而可以提高止水性。

3. 高分子聚合物

高分子聚合物可润滑土体、阻止或减小土体与掌子面和其他金属表面之间的黏着力。当不溶性聚合物(树脂类、淀粉类)注入时，可吸收自由水，提高止水性；当可溶聚合物(纤维类、多糖类、负离子乳胶类)注入时，聚合物因吸水而膨胀，可增大土体黏性和内摩擦力，使土体变得干燥，改善稳定性，防止发生喷涌。

图 5.13 是高分子聚合物改良渣土，高分子聚合物适用于除黏性土外的各类地层，尤其适用于高富水、高渗透地层，由于高吸水性树脂可以吸收自重几百倍的地下水成为胶凝状态，可以使开挖土体的黏性增大，所以对防止高水压地基的喷涌有很好的效果，在粗土、砂层等自身流动性大的地层中特别适用。然而对于盐分浓度高的海水或大量含有铁、铜等金属离子的地基，强酸、强碱性地基和化学加固区间等地基，由于会发生一定的化学反应，其吸水能力会大大降低，因此需要根据情况慎重使用，并避免污染地下水环境。高分子聚合物改良后的渣土会成为泥糊状，因此需要作为工业废弃物来处理。

图 5.13　高分子聚合物改良渣土

5.2.2　土体和渣土改良试验

1. 改良状态评价

对土体和渣土改良的目标是应具有良好的流塑状态、低的内摩擦力和低的渗透性，因此可以采用坍落度、内摩擦角和渗透系数来评价渣土状态。坍落度的评价标准有：①坍落度为 150～250mm；②坍落后土体形状呈圆锥状，扩展状基本呈圆形；③土样中无明显泥浆或泡沫析出。对于内摩擦角和渗透系数，由于地质条件差异尚无统一的改良评价标准，应结合工程情况尽量最优。

不同地质条件下改良剂的选用和配比差异较大，工程中常根据实际情况进行土体改良试验来评价改良状态，从而确定最优的改良方案。表 5.1 为较为常见的土体改良试验项目[25]。

表 5.1　较为常见的土体改良试验项目

试验项目	目的	评价指标	试验设备
搅拌试验	反应搅拌难易程度、内摩擦角和黏聚力大小	搅拌电流/A	转速为 42r/min 的 30L 搅拌机，数字电流计
坍落度试验	反映土的和易性、塑流性状态	坍落度/mm	坍落度筒
渗水试验	改良土的止水性	渗透系数/(cm/s)	渗透系数仪
黏度试验	对泥浆性能进行评价	表观黏度和塑性黏度/(MPa·s)	ZNN-D6 型六速旋转黏度计
观察	是否离析、析浆、失水或泡沫析出	—	—

2. 改良试验装置

泡沫改良试验中的泡沫发生装置如图 5.14 所示。评价泡沫的性能主要是发泡倍率和半衰期，当其他条件一定，发泡液质量浓度较低时，发泡倍率和泡沫半衰期随着发泡液质量浓度的增大迅速增大，但当发泡质量浓度大于某一浓度时，发泡倍率和泡沫半衰期增加不明显，当发泡质量浓度为 3%～4%时，较为理想。

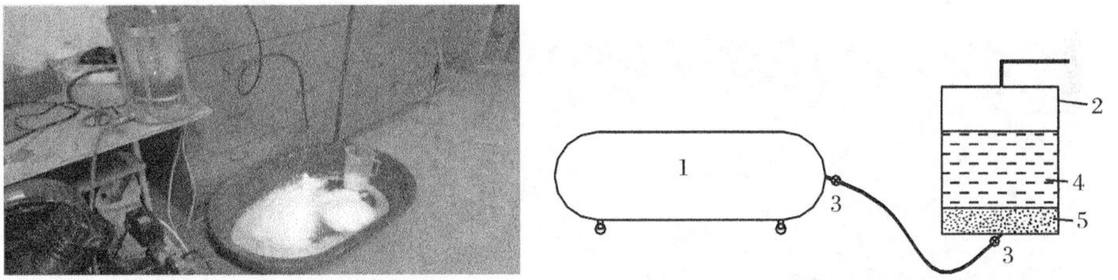

(a) 实验室泡沫发生装置实物　(b) 泡沫发生装置模型

图 5.14　泡沫发生装置

1. 空气压缩机；2. 泡沫发生器；3. 空气阀门；4. 泡沫剂；5. 多孔介质

某型号土体改良搅拌装置如图 5.15 所示。土体搅拌试验主要是模拟压力舱中土体的搅拌过程。利用搅拌机的搅拌过程模拟土压平衡盾构压力舱中的土体搅拌过程，来评价所研制的改良剂对土体的改良效果；利用搅拌机搅拌电流的变化来控制土体改良剂的加入量。试验前，用水把搅拌箱和叶片浸湿，然后依次加入试验土和水，再进行搅拌，搅拌过程中加入添加剂，待搅拌 1min 后，选取电流值较稳定时读取最大值和最小值，取平均值作为搅拌电流值。

图 5.15　某型号土体改良搅拌装置

利用坍落度试验来初步评定改良土体的塑性流动状态，即从坍落度值、坍落后土体形状和析水量来评价土体的流动性，试验步骤严格按照坍落度试验的要求，每次做三组坍落度平行试验，取平均值作为最终坍落度值。坍落度筒如图 5.16所示。

(a) 坍落度筒实物

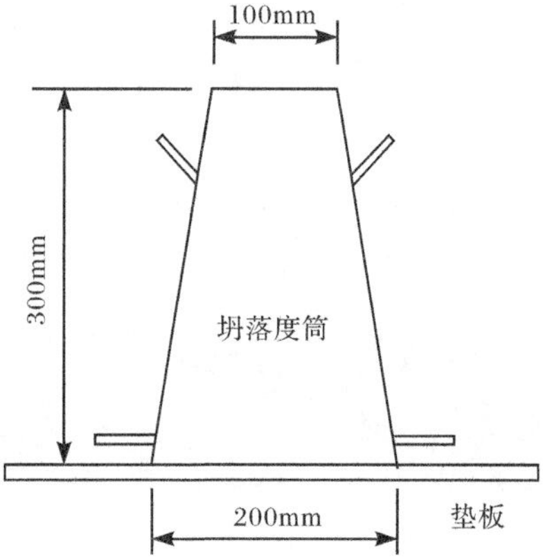

(b) 坍落度筒尺寸

图 5.16　坍落度筒

黏度试验用来评价泥浆性能。黏度是指泥浆做相对运动时的内摩擦阻力，一般分为表观黏度和塑性黏度。表观黏度又称为有效黏度(或视黏度)，是指在某一剪切速率下，剪切应力与剪切速率的比值。塑性黏度是浆液流动时固相颗粒之间、固相颗粒与周围液相间以及液相分子间内摩擦作用的总反映，它反映了液体黏滞力的大小。图 5.17 为 ZNN-D6 型六速旋转黏度计，可用来测量表观黏度和塑性黏度。

图 5.17　ZNN-D6 型六速旋转黏度计

5.3　主动预加固

在下穿工程实施之前，对被穿体进行适当的预加固，可以大大提高下穿施工的安全性，并改善结构的长期性能。预加固的主要目的有以下几个方面：①减小盾构掘进应力释放产生的变形；②减小施工变形的扩散；③提高被穿结构的整体刚度。

5.3.1　地基预加固

地基预加固常用来减少盾构下穿施工对构筑物的影响。此处采用的地基预加固主要有两类：①以改善土性为主的地基土预加固，本质是提高隧道周边土体的刚度和强度，可有效减小盾构法施工引起的地层损失，从而减小施工期变形。②在被穿体外侧施作隔离措施，通过这些刚度较大的隔离装置，减小盾构施工对构筑物产生的变形。

1. 地基土预加固

盾构下穿构筑物施工时地基土预加固的方法主要有注浆加固、冻结法加固、旋喷桩加固、搅拌桩加固等。其目的就是改善盾构下穿区域土体强度，降低盾构施工影响。图 5.18 为盾构下穿铁路路基时采用注浆对地基土进行预加固。图 5.19 为盾构下穿软弱土地层旋喷桩地基加固[26]。

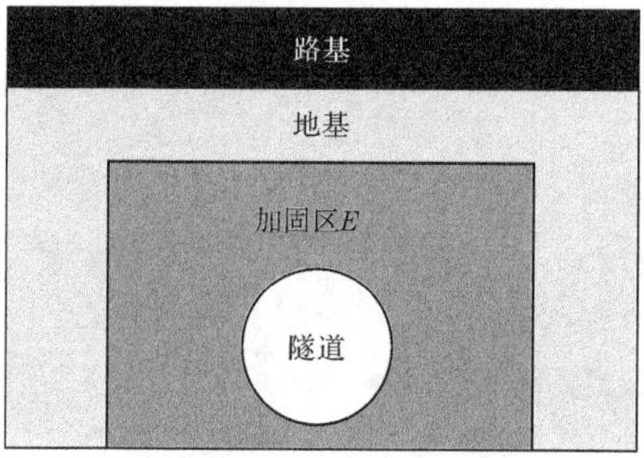

图 5.18　盾构下穿铁路路基注浆加固示意图

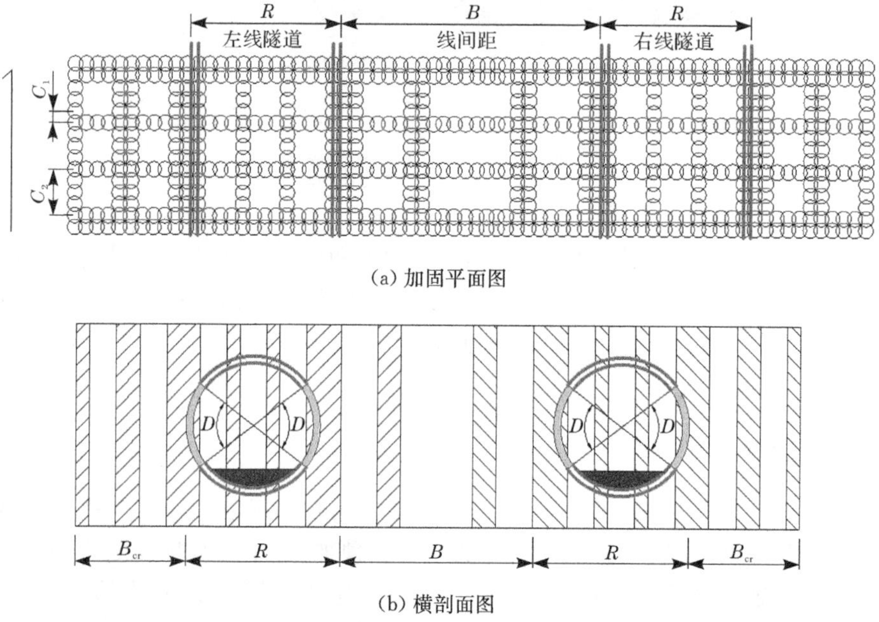

图 5.19　盾构下穿软弱土地层旋喷桩地基加固

2. 隔离措施加固

隔离措施加固是指在构筑物与盾构法隧道之间设置隔断装置，从而达到减小盾构掘进引起的土层位移和控制变形的目的。隔断装置一般采用刚度较大的隔断墙体，可用于隔断法的墙体类型有钻孔灌注桩、树根桩、地下连续墙、高压旋喷桩、注浆加固、三轴搅拌桩、咬合桩等。按照是否连为整体，可以将这些墙体分为两类，如图 5.20 所示。钻孔灌注桩、树根桩等在纵向上需要间隔一定距离，组成的墙体可以划分为间断型隔断墙。注浆加固、地下连续墙、高压旋喷桩等本身为一个连续的整体，或者通过相互咬合连为一体，可以划分为连续型隔断墙[27]。

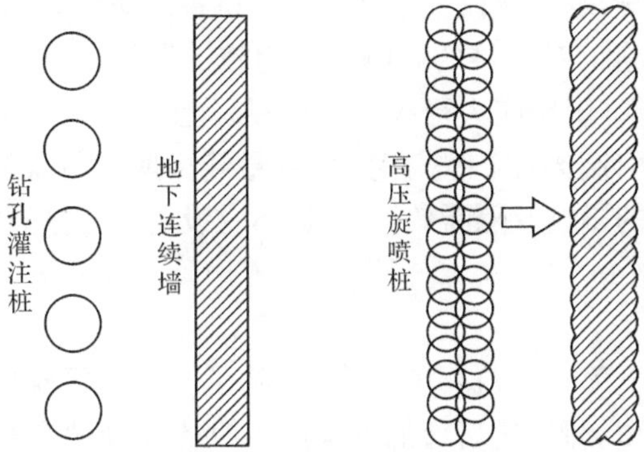

(a) 间断型隔断墙　(b) 连续型隔断墙

图 5.20　不同隔断墙类型

在盾构下穿铁路桥施工时，相关研究表明，隔断墙距离隧道越近隔断效果越好，在施工条件允许的情况下应尽量靠近隧道设置；隔断墙墙底应深入隧道底以下一定距离；当隔断墙弹性模量大于 500MPa 时，提高材料弹性模量对隔断能力的加强作用已经很小；理论上，提高隔离桩桩径虽然可以有效减小桩基变形，但较大直径隔离桩的施工本身就会对桥桩变形产生较大影响。因此，综合考虑隔离桩施工影响及其对变形的隔断效果，可以采用刚性桩和柔性桩组合的多阶隔断法(多阶隔断法是指在隧道与桩基间设置两排及两排以上的隔断墙)进行变形阻隔，如图 5.21 所示。

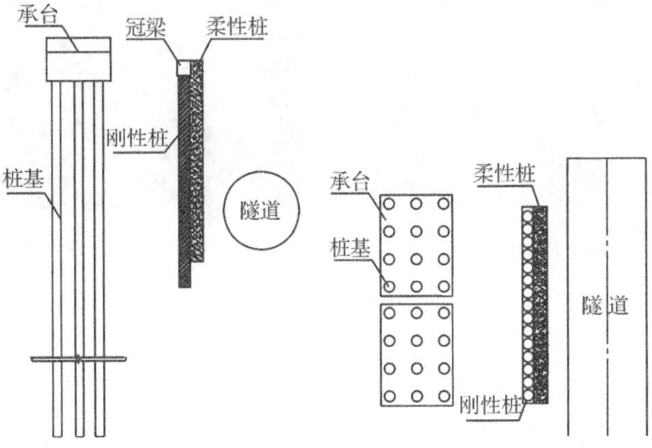

(a) 立面图　(b) 俯视图

图 5.21　刚性桩和柔性桩组合的多阶隔断法

采用刚性桩和柔性桩组合的多阶隔断法的优势在于，其刚性桩的直径相对单纯采用刚性桩可明显减小，从而减小其施工对桥桩的影响；同时，先施工刚性桩也可有效阻隔旋喷桩施工对桥桩的影响。盾构施工期间，开挖引起应力释放，柔性桩首先通过自身变形（限制应力释放）隔断一部分土体位移的传递，同时未能限制的那部分应力释放引起柔性桩整体移动，并最终由刚性桩隔断。此外，综合考虑隔离桩施工对桥桩的影响及隔断效果，一般不宜设置第三排隔断墙。

5.3.2　结构预加固

为了增加盾构下穿时构筑物的安全性，除了对盾构下穿区域地基预加固外，还可以对结构进行预加固，从而增加下穿施工时构筑物的安全性[28]。例如，盾构法隧道下穿古建筑时，对古建筑进行框架加固；待建隧道下穿已建隧道时，为了避免对已建隧道变形产生影响，在重叠处采用钢环对已建隧道进行加固。以下介绍盾构法隧道下穿施工时的桩基换托和管线原位悬吊案例。

图 5.22 为盾构法隧道下穿复杂立交桥时的桩基托换施工。当盾构法隧道开挖引起的土体位移以及在临近桩基上引起的附加变形和内力超过一定程度时，就会引起结构的倾斜和开裂等，威胁立交桥的使用安全。采用主动托换技术将既有桥梁桩基用托换桩梁体系置换，既保证上部桥梁结构的安全，也保证了隧道顺利下穿桥梁桩基。

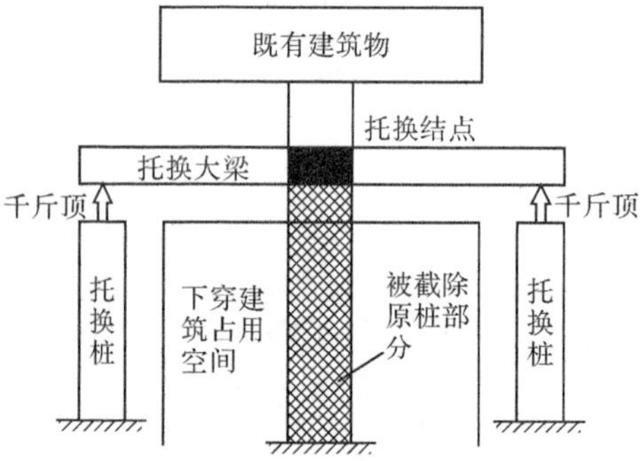

(a) 桩梁式主动托换

(b) 现场施工

图 5.22　桩基托换施工

图 5.23 和图 5.24 为盾构下穿高压燃气管线时采用的原位悬吊保护技术。高压燃气管由于迁改难、成本高、影响大，盾构下穿时若保护措施不当导致管道爆炸，会产生极其严重的后果。将高压燃气管线置于双拼槽钢做成的悬吊梁中，悬吊梁架在贝雷梁之上，在悬吊梁内用恒力弹簧吊架管线，在发生位移时，可以提供恒定的支承力，而不会给管道带来附加应力，保证管道的安全。通过该方法盾构

施工安全穿越高压燃气管线。

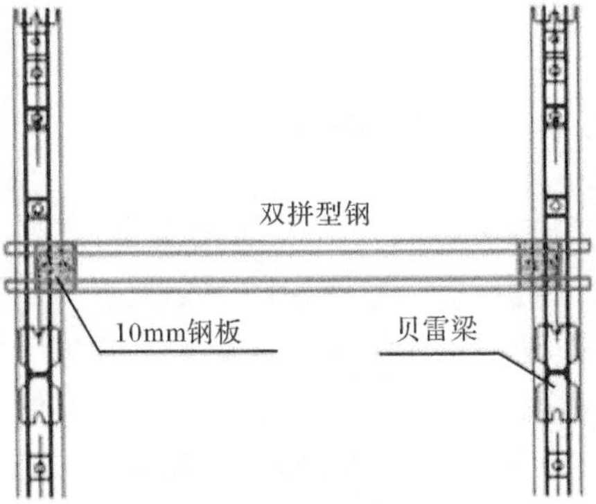

(a) 悬吊梁与贝雷梁

(b) 现场施工

图 5.23　悬吊梁与贝雷梁固定连接图

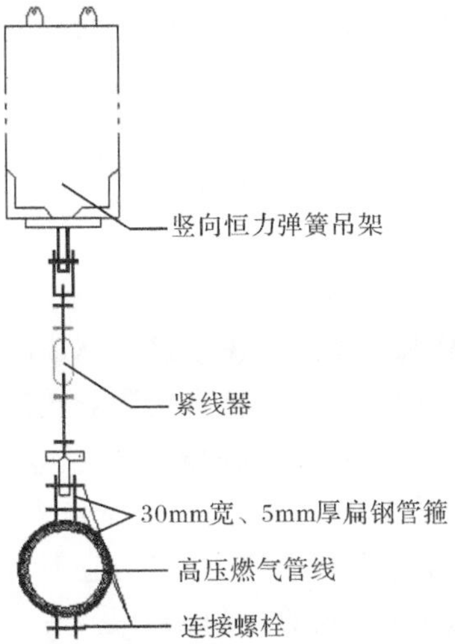

(a) 管道与恒力弹簧吊架

(b) 连接实物

图 5.24　管道与恒力弹簧吊架连接方式

第 6 章　下穿施工信息采集

下穿工程与其他工程的明显区别，就是不仅要保证下穿施工的安全，还要保障被穿体的正常使用或处于安全状态，为此就需要采取措施控制下穿施工引起被穿体的变形，如前述提出的主动控制措施和被动控制措施等。但影响下穿施工的因素众多，如环境因素、地层特性、下穿结构物特征等，下穿施工引起的被穿体变形往往很难完全按预期发展，同时也为了实时掌握被穿体的状态，需实时采集下穿施工信息，包括下穿施工参数信息、周围地层变形和内力信息以及被穿体的变形和内力信息等，及时掌握下穿施工和被穿体的安全状态，为下穿施工的决策和调整提供依据，也就是要采用信息化技术。

信息化技术就是利用施工中所获取的反馈信息来指导调整施工的技术，一方面可以保证施工安全，另一方面可使设计更加合理。信息化施工中最重要的是及时、准确地获取下穿施工中的有用信息。

6.1　下穿施工信息特征

盾构法隧道下穿施工的信息众多，如盾构机的掘进参数（掘进速度、土仓压力、注浆参数等）、地层和被穿体的变形及内力等。上述信息根据成因可以分为主动信息和被动信息，其中，盾构掘进信息为主动信息，将直接影响被动信息的形式及大小，是信息化施工调整的主题；地层和被穿体的变形及内力信息为被动信息，是信息化施工调整的依据。被动信息中的变形是最为直接，又最为可靠的；而力的获取，常常需要通过转换，例如，通过应变换算成应力，但当应力情况比较复杂时，通过应变换算应力受假定的力学状态影响，换算的解未必是唯一的。因此，最重要的被动信息是变形，不同的工程，变形体现的特征会有所不同，对变形的获取方式也会有所不同。盾构法隧道下穿施工的主动信息（盾构掘进参数）可在掘进过程中预先设置，故施工信息获取的重点是被动信息。盾构下穿施工中，最重要的被动变形信息具有以下特征。

1) 叠加性

盾构掘进施工会引起周围土层产生变形，从而导致被穿体也产生变形，被穿体的变形会使其受力状况进行重新调整，产生新的附加应力，进而加剧变形的发展，且这种叠加性往往是一个循环累积的过程。图 6.1 为下穿建筑物变形示意图，下穿施工引起一定范围的土层产生变形，由于建筑物自身具有一定的刚度，建筑物的变形范围会大于土体的沉降范围，建筑物不同位置表现出的差异沉降常常导致建筑物的某些部分产生裂缝。随着裂缝的发展，建筑物的整体刚度会有所减小，这将引起土层中附加应力的变化，进一步加剧建筑物的变形。图 6.2 为下穿铁路变形示意图，下穿施工引起一定范围的土层产生变形，从而导致隧道上部轨道结构随土层的变形而产生变形，加剧轨道的不平顺，这也会使作用于地基上的列车动荷载增加，进而诱发轨道的进一步变形。

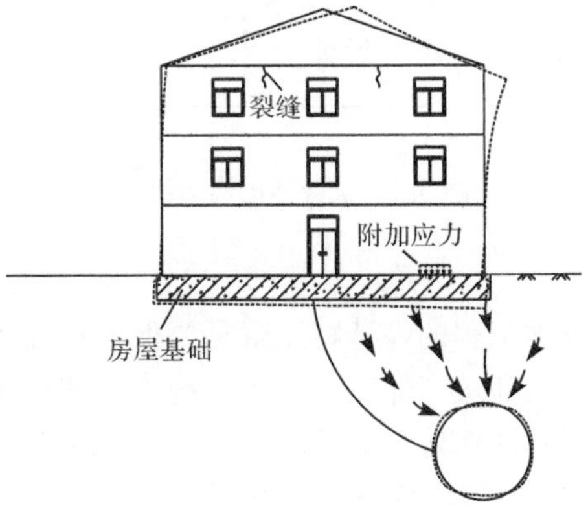

图 6.1　下穿建筑物变形示意图

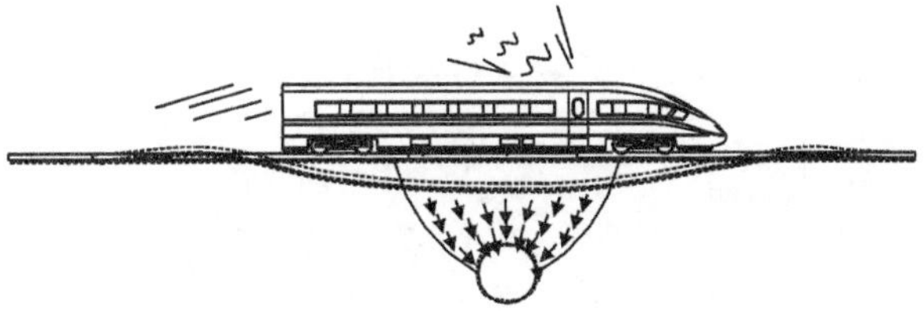

图 6.2　下穿铁路变形示意图

2) 滞后性

盾构掘进施工引起周围地层变形的过程是一个由近及远逐渐传递的过程，加之被穿的铁道、建筑物、管线等都具有一定的刚度，这就使得获取的被穿体变形信息往往具有一定的滞后性，如图 6.3 所示。为了避免被穿体变形滞后性可能带来的事故，往往需要采取一些辅助监控手段，如监控隧道周围地层的变形情况，据此推演被穿体的可能变形，并及时采取一些辅助控制措施。

3) 敏感区不确定性

下穿施工的敏感区是指被穿体变形最迅速或最大的区域，其位置受下穿隧道与被穿体的相互关系、下穿隧道的埋深、被穿体的结构类型等影响，加之下穿施工变形存在叠加性和滞后性，故敏感区需通过预研究方可确定。

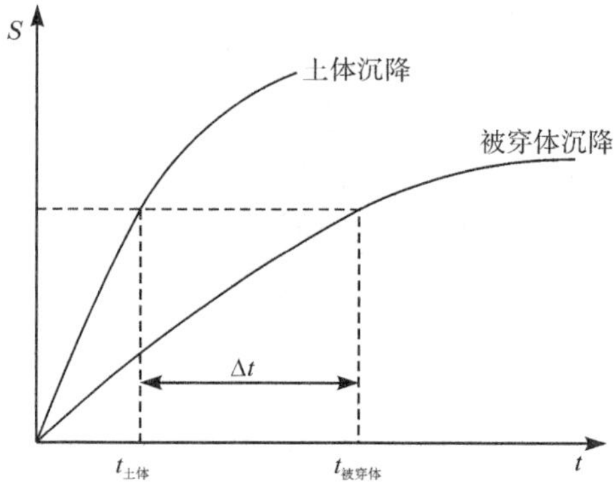

图 6.3　被穿体的滞后沉降

4）小变形特征

下穿施工区别于其他工程的显著特点就是要保证被穿体的安全，即尽可能地降低穿越施工引起的地层和被穿体变形。下穿施工的理想状况为实现零变形，但这样工程代价太大，在多数情况下是不可能的，于是将变形控制在合适的较小范围成为工程建设的最佳选择，该变形量往往需要在毫米级，也就是周围地层都处于小的应变或非常小的应变状态（见图 6.4）。此时，如要对变形进行计算分析则应采用岩土体的小应变本构模型。

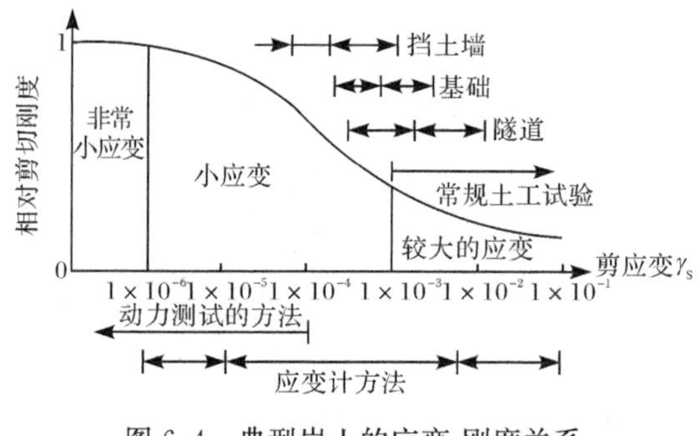

图 6.4　典型岩土的应变-刚度关系

6.2　下穿施工信息采集方法

下穿施工信息采集以地层和被穿体的变形为主，采集方法可分为传统人工采集和新型自动化采集两种，其中，传统人工采集是以水准仪、经纬仪、全站仪等设备为主的人工监测方法，新型自动化采集是基于测量机器人、倾斜传感器、静力水准仪等自动化设备的监测方法。传统人工采集具有费用低、适合各种复杂环境等优点，但也存在精度和频次有限以及一些特殊情况下无法实施（如不限速的高铁监测）等缺点，适合于下穿普通建（构）筑物的信息采集；自动化信息采集是随着计算机技术、精密制造技术和光电技术快速发展而出现的新技术，可以实现下穿施工信息采集的自动化、数字化和智能化，在需要高频次、高精度、长时间及人员无法接近等情况的信息采集时发挥了重大作用，在下穿高速铁路的施工信息采集中几乎都采用自动化采集技术。

6.2.1　人工信息采集

下穿施工的人工信息采集主要是以水准仪、经纬仪、全站仪等设备为主的变形监测方法，其中，水准仪主要用于测量垂直位移，即沉降和隆起，经纬仪主要用于水平位移监测，全站仪既可用于水平位移也可以用于垂直位移的监测。在下穿施工中，信息采集以土层和既有建（构）筑物的垂直位移为主，下面对采用水准仪监测垂直位移的方法进行介绍。

通常采用精密光学水准仪配以线条式铟瓦尺（又称铟钢尺）或精密电子水准仪配以条码水准标尺进行垂直位移测量。应用精密水准测量的理论和方法进行基准点和沉降监测点周期性水准测量观测，对数据经过平差计算分析获得监测点的沉降变化量。

沉降监测应以工作基点为起测点，待测点为中视点，按照附合或闭合水准测量方法进行测量，如图 6.5 所示。采用附合水准测量时，应首先以工作基点为后视，然后再前视转站点，采用“前—后—后—前”的测量方法，待本站所有沉降监测点完成后，再进行下一站的测量，直至附合到另外一个工作基点上。根据各监测点与工作基点的高程差 ΔH，可得到各监测点的相对高程 ΔH_i，通过与上次高程进行比较，差值 Δh 即为该测点的沉降值，即

$$\Delta h_{i,i-1} = \Delta H_i - \Delta H_{i-1} \tag{6.1}$$

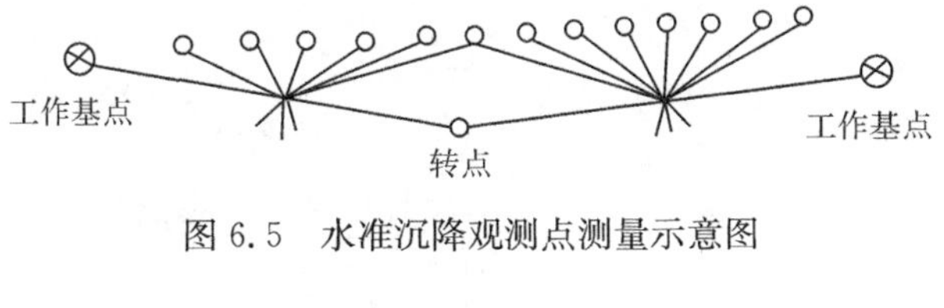

图 6.5　水准沉降观测点测量示意图

各监测点高程与初测高程的变化为累计沉降值，即

$$\Delta h_{累计} = \Delta H_i - \Delta H_{初始} \tag{6.2}$$

监测精度需根据被监测对象的保护等级、变形量值大小等来确定，表 6.1 为《公路与市政工程下穿高速铁路技术规程》（征求意见稿）中对高速铁路桥梁的变形测量等级及精度要求，其他要求可通过查阅相应规范获取。

表 6.1　变形测量等级及精度要求

变形测量等级	垂直位移测量		水平位移观测
	变形观测点的高程中误差/mm	相邻变形观测点的高差中误差/mm	变形观测点的点位中误差/mm
一等	0.3	0.1	1.5
二等	0.5	0.3	3.0
三等	1.0	0.5	6.0

6.2.2　自动化信息采集

自动化信息采集是 20 世纪 60 年代发展起来的一种全新监测方法，以计算机和网络通信技术为依托。自动化信息采集主要包括三种形式，数据采集自动化，俗称“前自动化”；数据处理自动化，俗称“后自动化”；在线自动采集数据、离线资料分析，俗称“全自动化”。从上述分类也可以看出，自动化信息采集主要包括数据采集的自动化、数据传输的自动化、数据管理的自动化和数据分析的自动化等内容。下穿工程中的自动化信息采集方法主要包括测斜传感器法、测量机器人法、静力水准仪法等，下面对这几种方法进行简要介绍。

1. 测斜传感器法

最常见的测斜传感器为电子水平尺，其构造如图 6.6 所示。电子水平尺的核心部分是一个电解质倾斜传感器，利用电解质来进行水平偏差（倾斜角）的测量，其显著特点是测角灵敏度很高，可达 1s（相当于在 1m 直尺上存在 10 μm 高差所形成的倾角），且稳定性好，具有使用灵活、监测方便、能适应恶劣环境下长期自动监测等优点[29~31]。

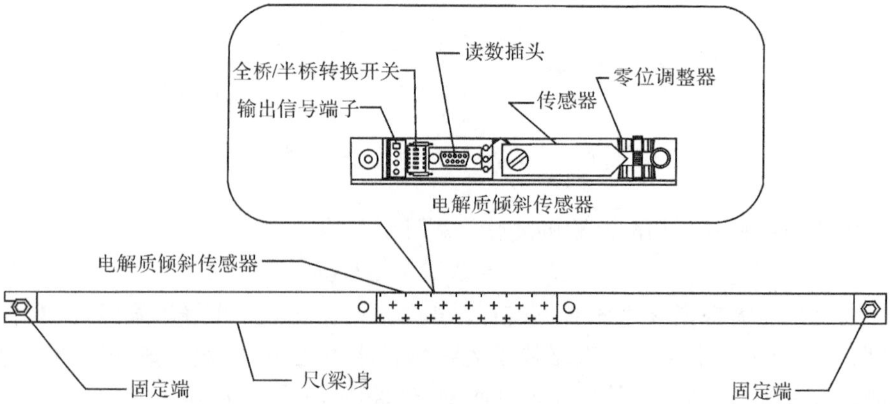

图 6.6　电子水平尺构造

基于倾斜传感器的倾角变化，电子水平尺可测出尺身两端的差异沉降，电子水平尺的长度一般为 1～2m。电子水平尺的测量原理如图 6.7 所示，假设电子水平尺的长度为 L，当水平尺 A 端沉降为 δ_1、B 端沉降为 δ_2 时，两端差异沉降引起电子水平尺的倾角为 θ，则差异沉降 $\delta=L\sin\theta$。单个电子水平尺不能测出两端的绝对沉降，但可将多支电子水平尺首尾相连，沿监测区段内展开安装，将多支电子水平尺链一端固定在施工影响区外，基于一系列的差异沉降计算不同部位轨道的沉降变化量，如图 6.8 所示。

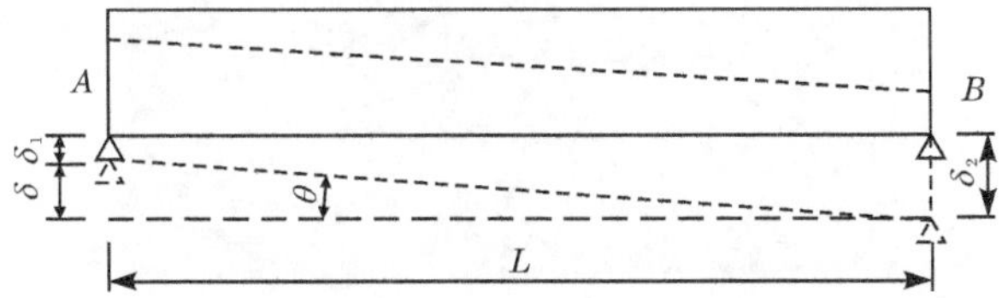

图 6.7　电子水平尺测量原理

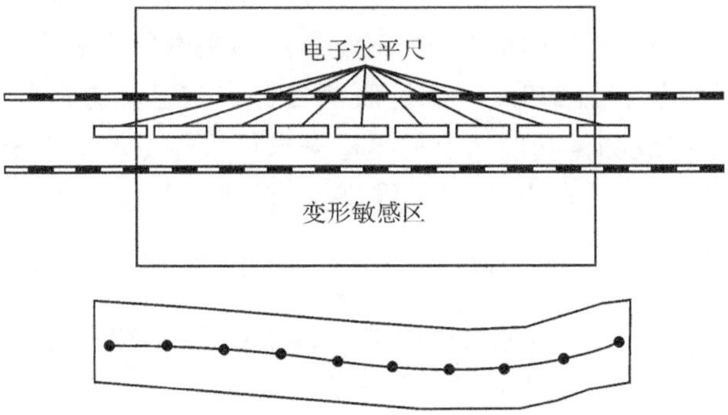

图 6.8　电子水平尺布置及差异沉降示意图

2. 测量机器人法

测量机器人又称自动全站仪，是一种集自动目标识别、自动目标跟踪、自动照准、自动测角与测距、自动记录于一体的测量平台，图 6.9 为 Leica TCA2003 型测量机器人。测量机器人的基本特征是配置了动力驱动系统、电荷耦合元件(charge coupled device，CCD)相机以及相应的目标识别软件，测量时首次粗略瞄准目标并通过软件向测量机器人下达指令，测量机器人中的 CCD 相机可自动借助目标识别软件对返回的信号进行逻辑分析，准确判断棱镜中心的位置，再进行自动测量、自动记录、数据自动传输；再次测量时，只需下达指令，全站仪即启动伺服马达驱动软件，自动完成系列测量[30]。

测量机器人具有测量精度高、能同时测距和测角等优点，能自动完成三维空

图 6.9　Leica TCA2003 型测量机器人

间绝对坐标的测算。测量机器人常采用的测量方法包括自由设站法和固定设站法(极坐标法),以固定设站法居多。固定设站法的基本原理就是将全站仪架设到已知点上,然后通过后视已知点来确定观测目标点与已知方向的水平夹角、竖直角和斜距,通过这些观测量和设站点的坐标来求得目标点的三维坐标。

如图 6.10 所示,已知点 B、C 的三维坐标为:(X_B, Y_B, H_B)、(X_C, Y_C, H_C),未知点 A 的坐标假设为 (X_A, Y_A, H_A),则 BC 的方位角为 $\alpha_{BC} = \arctan\dfrac{Y_B - Y_C}{X_B - X_C}$,而 BA 的方位角为 $\alpha_{BA} = \alpha_{BC} + \alpha$,那么可以求出 A 点的 X、Y 坐标为

$$\begin{cases} X_A = X_B + D_{BA}\cos\alpha_{BA} \\ Y_A = Y_B + D_{BA}\sin\alpha_{BA} \end{cases} \tag{6.3}$$

式中,D_{BA} 为 B、A 两点之间的平距,可以通过两点之间的斜距 L_s 和竖直角 i 来计算。

$$D_{BA} = L_s\cos i \tag{6.4}$$

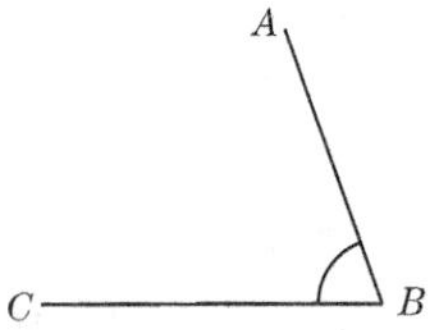

图 6.10　极坐标法

A 点的高程可以通过三角高程的方法来求解:

$$H_A = H_B + D_{AB}\tan i + i_h - a_h \tag{6.5}$$

式中，i 为竖直角；i_{h} 为仪器高；a_{h} 为棱镜高。

3. 静力水准仪法

静力水准仪的测量是基于连通管的基本原理，即流体在重力作用下总是保持同一水平[32]。静力水准仪主要由一系列含有光纤光栅式液位传感器的连通管组成，其中，基准连通管位于一个稳定的基准点上，其他连通管位于同基准连通管大致相同标高的不同测点，任何一个容器与基准容器间的高程变化都将引起相应容器内的液位变化，高程差的测量可由光纤光栅液位传感器来完成。静力水准仪法具有以下特点：①测量精度高，可以监测到最小 0.01mm 的高程变化；②快速高效，采用静力水准仪测试时间短，数据同步性佳，测量结果受人员影响小；③实时可靠，静力水准液体介质采用特殊溶液，具有防冻、防霉、不挥发等特征，受外界因素影响小；④可长时间、自动化观测，静力水准仪内置存储芯片和检测电路，具有智能记忆功能，并可直接输出数字测值，适应长时间观测和自动化测量。

如图 6.11 所示，假设共有 n 个观测点，每个观测点都用连通管与基准连通管相连。初始状态时各测点的高程分别为 $Y_{01},\cdots,Y_{0i},\cdots,Y_{0j},\cdots,Y_{0n}$，各测点的液面高度分别为 $h_{01},\cdots,h_{0i},\cdots,h_{0j},\cdots,h_{0n}$。对于初始状态，由连通管原理可知：

$$Y_{01}+h_{01}=\cdots=Y_{0i}+h_{0i}=\cdots=Y_{0j}+h_{0j}=\cdots=Y_{0n}+h_{0n} \tag{6.6}$$

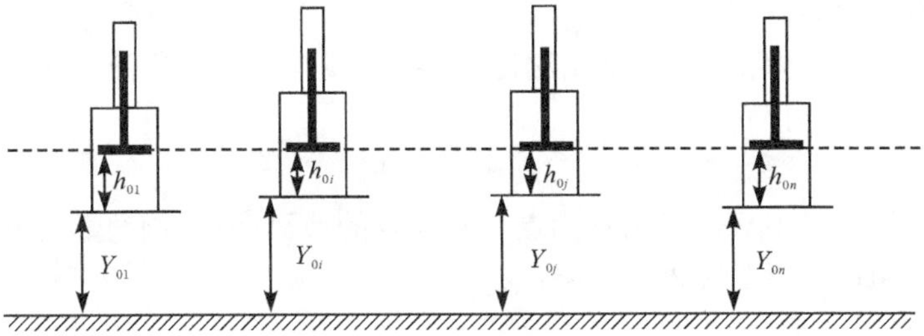

图 6.11　初始液位状态

如图 6.12 所示，当发生 k 次沉降后，各测点的沉降变化量分别为 $\Delta h_{k1},\cdots,\Delta h_{ki},\cdots,\Delta h_{kj},\cdots,\Delta h_{kn}$，各测点的液面高度变化为 $h_{k1},\cdots,h_{ki},\cdots,h_{kj},\cdots,h_{kn}$。根据连通管原理，各测点的液面高度是相同的，于是有

$$\begin{aligned}&(Y_{01}+\Delta h_{k1})+h_{k1}=\cdots=(Y_{0i}+\Delta h_{ki})+h_{ki}=\cdots\\&=(Y_{0j}+\Delta h_{kj})+h_{kj}=\cdots=(Y_{0n}+\Delta h_{kn})+h_{kn}\end{aligned} \tag{6.7}$$

第 j 个观测点相对于基准点 i 的相对沉降量为

$$H_{ji}=\Delta h_{kj}-\Delta h_{ki} \tag{6.8}$$

由式(6.7)可知

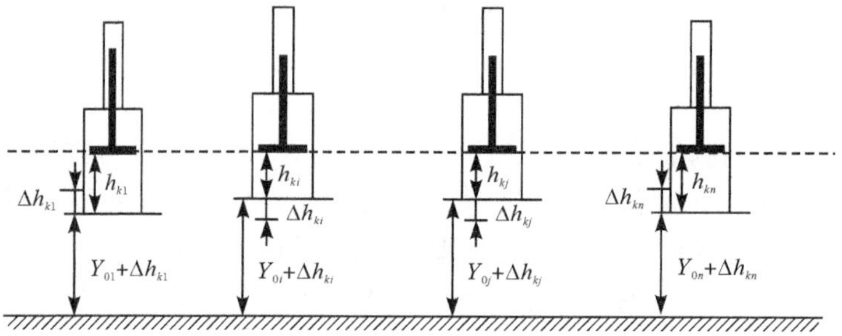

图 6.12　k 次测量时液位状态

$$\Delta h_{kj}-\Delta h_{ki}=(Y_{0i}+\Delta h_{ki})-(Y_{0j}+\Delta h_{kj})=(Y_{0i}-Y_{0j})+(h_{ki}-h_{kj}) \tag{6.9}$$

由式(6.6)可知

$$Y_{0i}-Y_{0j}=-(h_{0i}-h_{0j}) \tag{6.10}$$

将式(6.10)代入式(6.9)，即可得出第 j 个观测点相对于基准点 i 的相对沉降量为

$$H_{ji}=(h_{ki}-h_{kj})-(h_{0i}-h_{0j}) \tag{6.11}$$

由式(6.11)可知，只要能测出各点在不同时刻的液面高度，即可计算出各点在响应时刻的差异沉降。

安装完毕待液面稳定后，可先对传感器进行调零，此时各液面的初始高度差均为零，式(6.11)可简化为

$$H_{ji}=h_{ki}-h_{kj} \tag{6.12}$$

在后续的测量中只需读出各测点与基准点的液面高度变化值，然后再相减即可求出各监测点相对基准点的沉降值。

6.3　下穿铁道

下穿铁道施工需要采集最重要的信息是轨面变形，如轨道的高低、方向和水平不平顺(见图 6.13)，轨道不平顺是产生轮轨冲击并影响行车舒适度和安全性的根源之一，具体监测内容包括轨距不平顺(两条钢轨间距的变化)、水平不平顺(两条钢轨的轨面高差)、高低不平顺(轨道中心线的垂向偏移)、轨向不平顺(轨道中心线的横向偏移)、三角坑(两钢轨轨顶面相对于轨道平面的扭曲，用相隔一定距离的两个横截面水平幅值的代数差度量)和复合不平顺(轨道线形同一位置出现垂向和横向两种不平顺)，这些轨道不平顺又有静态和动态之分。对多数下穿工程而言，施工沉降引起的轨面高低不平顺是施工信息的关键，同时线路的水平变形也必须在观测内容之内。轨面变形与轨道的结构类型(有砟轨道或无砟轨道)

密切相关，还与基床及路基的结构有关。

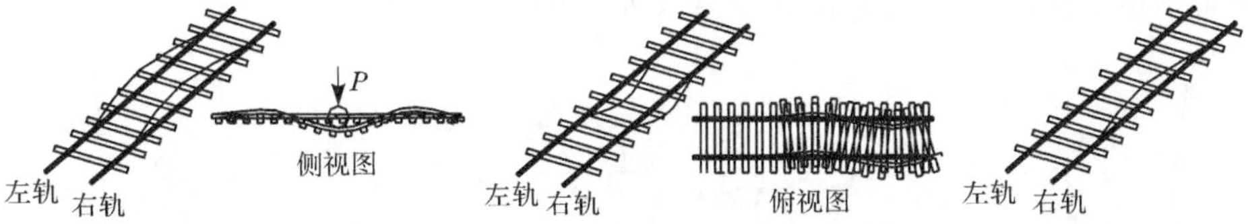

(a) 高低不平顺　(b) 方向不平顺　(c) 水平不平顺

图 6.13　轨道不平顺示意图

对于有砟轨道，轨面沉降一般是利用轨枕沉降通过换算来获得的，即通过观测轨枕的沉降间接获得轨面的沉降；对于无砟轨道，轨面的变形与轨道板的变形基本一致，但轨道板与混凝土底座、级配碎石层这三者之间的变形则存在差异，因此一般观测轨道板的沉降，若有条件也应同时观测混凝土底座和级配碎石层的沉降；对于桥梁结构上部的无砟轨道，可以近似认为轨面与轨道板及梁体的变形一致，因此可以通过观测桥墩的变形换算成相应位置处轨道的变形。

6.3.1　铁道轨面监测

铁道轨面变形的动态监测需要借助轨道检测车等专门设备，且需在铁路停运状态下进行，因此本书仅介绍轨面变形的静态监测方法。如前所述，轨面变形的静态监测方法也主要包括两种，即人工监测和自动化监测。

1. 人工监测

轨面变形的人工监测方法根据监测内容的不同而不同，其中，轨距和水平监测主要通过轨道尺来完成，轨道高低和轨向主要通过弦线来监测，三角坑用线路一定范围内(18m)相邻两点或三点水平正负偏差值代数差的绝对值来表示，也可用轨道尺来监测，轨面沉降主要借助几何水准测量法。

1) 轨道尺

轨道尺是主要用于测量铁道线路轨距、水平(超高)的铁路专用计量器具，其准确度分为 0 级、1 级、2 级三个等级，其中，0 级轨道尺用于测量允许速度不大于 350km/h 的线路；1 级轨道尺用于测量允许速度不大于 250km/h 的线路；2 级轨道尺用于测量允许速度不大于 160km/h 的线路[33]。

根据轨道尺结构形式的不同可将轨道尺分为两种，一种是传统的机械标尺式轨道尺，如图 6.14 所示，其准确度指标受轨道尺的结构、使用条件、使用人员的测量技术水平等因素影响和约束，尤其采用铝制尺身时，由于其线膨胀系数与轨枕相差较大，受使用环境温度影响显著。另一种是数显类轨道尺，其结构示意图如

图 6.15 所示。由于可以自动消除环境温度对轨距测量的附加误差，提高了轨距测量的精确度，因此优先选用数显类铁路轨道尺。

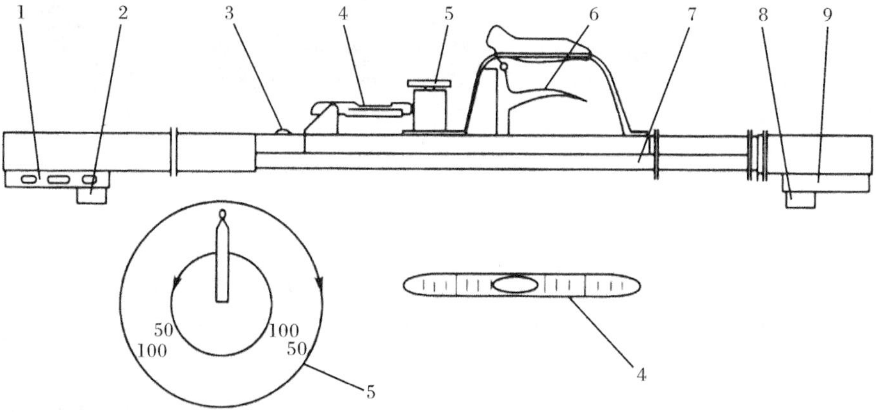

图 6.14　机械标尺式轨道尺结构示意图

1. 活动端测座；2. 活动测头；3. 标尺；4. 水准泡；5. 超高显示装置(形式供参考)；6. 拉手；7. 尺身；8. 固定测头；9. 固定端测座

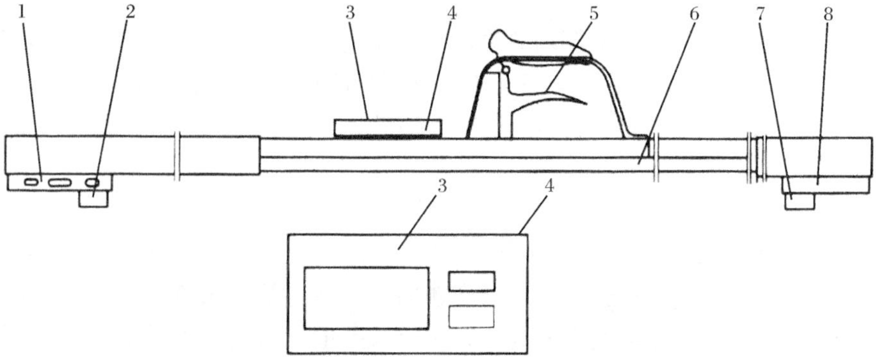

图 6.15　数显类轨道尺结构示意图

1. 活动端测座；2. 活动测头；3. 界面；4. 超高显示装置(数显)；5. 拉手；6. 尺身；7. 固定测头；8. 固定端测座

2) 弦线

轨道高低和轨向利用弦线和钢尺进行测量，一般使用 10m 弦线，每隔 10m 或 5m 布设测量点，两人拉弦线，一人使用钢尺进行读数。

2. 自动化监测

根据铁路部门的相关规定，当列车行驶速度大于 120km/h 时，所有观测人员不能上道，测点的布置只能利用“天窗时间”，获取观测信息时不能直接到线路作业，需通过无线或有线电子信息引到线路安全距离之外的区域进行信息处理。轨道沉降自动化测量方法主要包括静力水准测量法、电子水平尺法和测量机器人法。

1）静力水准测量法

静力水准测量的原理前面已介绍，这里仅介绍静力水准仪自动化监测的流程，如图 6.16 所示。各水准仪的液面高度变化由位移传感器采集，然后通过数据采集接口，由智能巡检仪获得各测点的监测数据，并采用数据传输器通过互联网传递给终端控制中心[32]。

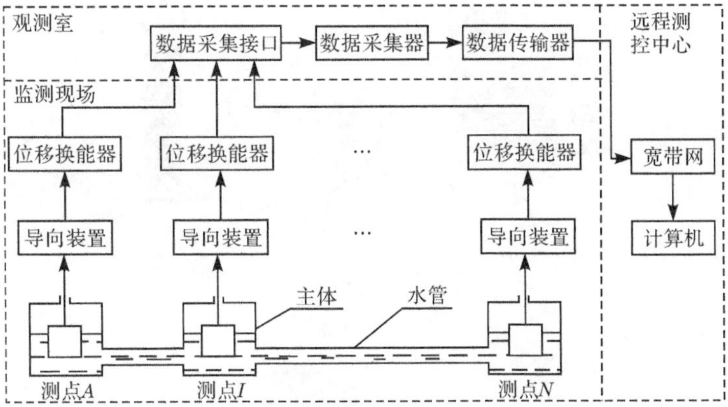

图 6.16　静力水准仪自动化监测流程

液体的密度是随温度变化而变化的，液体密度的变化改变了液体的体积，如果整个系统的温度变化是一致的，那么对测量精度没有影响，但是在系统中如果出现局部或者不均匀的温度变化，不同储液罐液面的高度产生不同量的升高或者降低，就会影响测量的精度，此时可将不同温度下测得的数据进行归一化处理来消除。另外，列车经过时产生的振动也会引起静力水准仪储液罐液面波动，列车行驶中轮轨之间的摩擦会导致局部升温，这些都会造成监测数据出现波动，该情况可以通过改进液体材料来尽量消除。

2）电子水平尺法

电子水平尺自动化监测系统如图 6.17 所示。将电子水平尺安装在轨枕上并通过引线安装数据采集器，通过主控计算机专门的控制软件，完成数据的储存、处理，并通过网络形式传输给各用户终端。

3）测量机器人法

图 6.18 是测量机器人法工作流程示意图，将自动全站仪固定在稳定的观测墩上，通过有线通信模块与计算机连接，实现对全站仪的测量控制、数据传输及处理，并通过互联网将数据报表传输给管理人员。

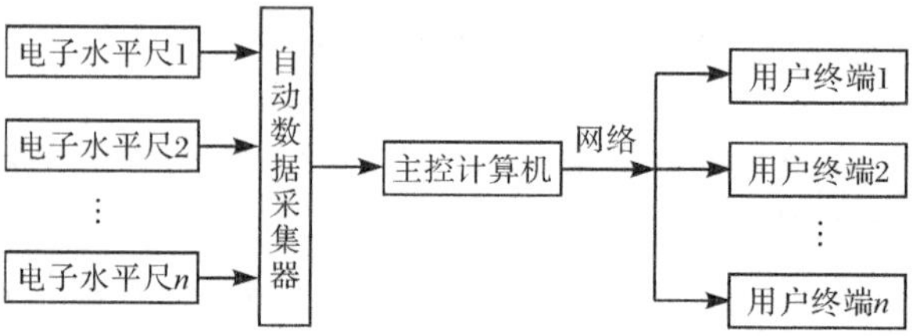

图 6.17 电子水平尺自动化监测系统

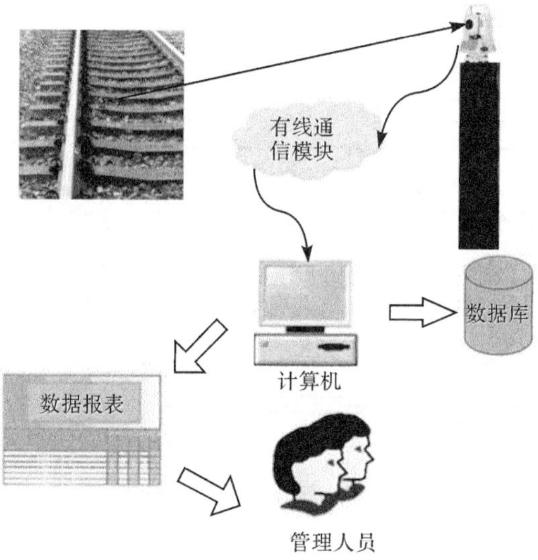

图 6.18 测量机器人法工作流程示意图

测量机器人法需要解决以下三个问题:①观测墩位置要选择通视条件好且是不变形的位置;②基准目标的选择需要稳定且不受环境的影响;③变形监测点应能反映出变形体的变形特征,并与观测墩保持良好的通视条件且距离控制在一定范围内。测量机器人的误差同样也会受到轮轨振动以及轨面温度等因素的影响,但由于该方法是采用光学视线测读,上述误差可以经过滤处理得以消除。

6.3.2 测点布置方法及原则

不同等级的铁道对测点布置的要求不同,监测方法不同测点的布置方法也有所不同。

1. 下穿干线铁道

我国的干线铁道具有行车密度高、间隔时间短、客货混运、天窗时间短且天窗安排极为困难等特点,因此施工信息的获取应尽可能利用天窗时间布置测点,在线路外侧的安全区进行数据采集工作。

下穿干线铁道监测点布置需要考虑以下因素：①下穿隧道与铁路的夹角；②隧道埋深；③隧道的跨度、数量，有多条隧道时需考虑隧道之间的间距；④路基土性质；⑤铁路下方是否加固及加固的形式。测点布置应遵循以下原则：

(1) 分区域布置。充分考虑上述因素，通过预研究确定变形影响区及变形敏感区，并在此范围内布置监测点。

(2) 合理设置监测点密度。在变形影响区和变形敏感区内设置不同密度的监测点，在确保通过监测点信息能够全面反映铁道变形状况的前提下，尽量减少监测点数量，提高监测效率[34]。

(3) 避免遗漏最大变形信息。充分预估可能发生最大变形的位置并进行布点，避免监测过程中遗漏最大变形信息(左、右线隧道轴线及两隧道中心线与铁路线路相交位置轨道沉降发生最大变形的可能性最大)。

(4) 多层次监测。除了在轨枕(有砟轨道)、轨道板(无砟轨道)上布置监测点外，在路基、路肩上设置监测点，两者之间可以相互印证，相互补充。

1) 静力水准监测点布置方法

(1) 根据上述监测点布置原则，首先确定监测点布置范围和数量，如图 6.19 所示。监测断面设置在沿线路走向一侧的路基上，盾构法隧道左、右线轴线及隧道间上方各布置一个监测点，左、右线隧道外侧监测范围内每隔 10m 布置一个监测点。

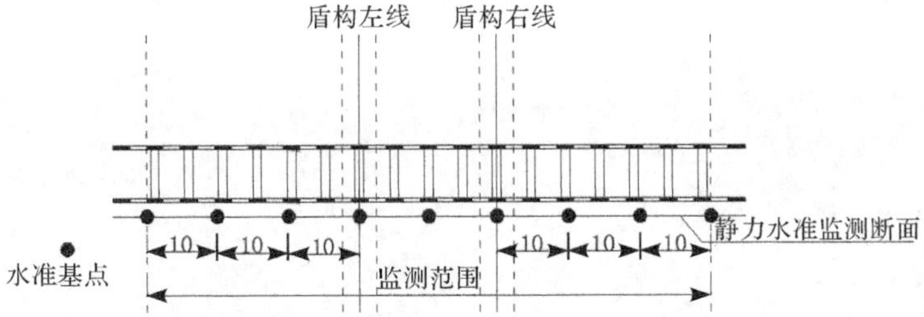

图 6.19　静力水准监测点布置平面示意图(单位：m)

(2) 在监测范围外，变形稳定区域合适的位置设置一个静力水准基点。

(3) 静力水准点在具体布设时，应首先除去预设位置的道床碎石，漏出地基土表面，然后再浇筑边长约 15cm 的混凝土墩台，形成一个稳定的基座，如图 6.20 所示，最后将静力水准仪用螺栓固定在基座上，周围回填碎石。

2) 电子水平尺法监测点布置方法

(1) 根据施工影响范围确定监测区域，将多支电子水平尺首尾相连，其中，单个电子水平尺两端固定在轨枕上，沿监测区段内展开，安装形成电子水平尺链，如图 6.21所示。

(2) 电子水平尺固定装置如图 6.22 所示，先将 U 形钢板用 L 形螺栓固定在

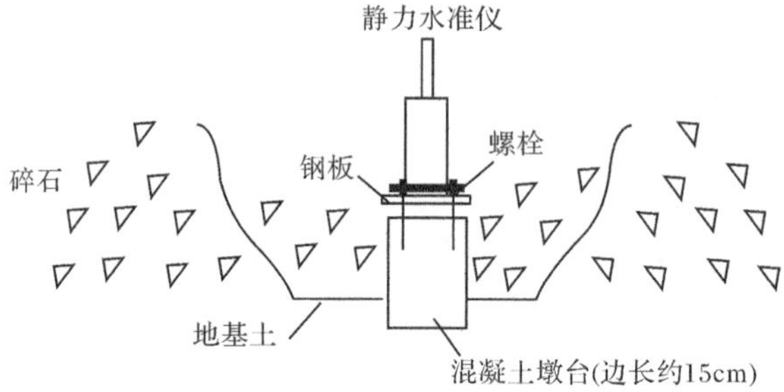

图 6.20　静力水准布点示意图

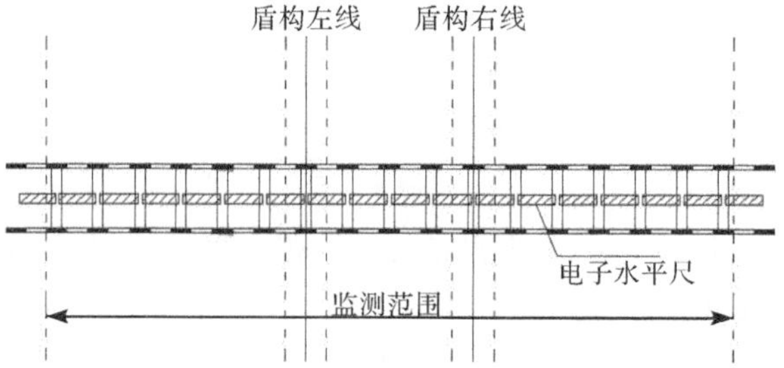

图 6.21　电子水平尺布置平面图

轨枕上，再将 U 形槽板固定在 U 形钢板上，U 形槽板位置可由预留的矩形洞调

图 6.22　电子水平尺固定装置

整，最后将电子水平尺固定在 U 形槽板上，通过这三步，可以将电子水平尺牢固地固定在轨枕上(见图 6.23)。

3) 测绘机器人法监测点布置方法

根据监测点布置原则，确定监测点布置范围和数量，如图 6.24 和图 6.25 所示。监测点设在轨枕上，盾构法隧道左、右线轴线及隧道间上方各布置一个监测

图 6.23　电子水平尺现场安装照片

点，左、右线隧道外侧监测范围内每隔 10m 布置一个监测点。

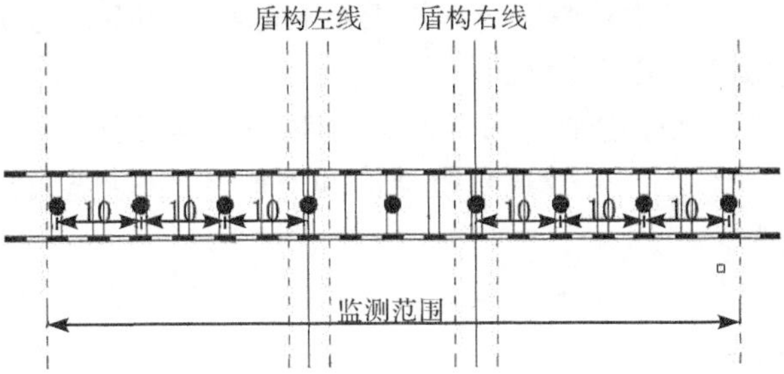

图 6.24　棱镜监测点布置平面示意图

● 基准点

具体布设时将棱镜通过连接构件固定在轨枕上，连接构件主要由三部分组成：棱镜、L 形支架和方形钢板，如图 6.26 所示。棱镜布设时，首先将方形钢板通过强力胶水黏结固定在轨枕上，然后调整棱镜面使测站处观测墩上全站仪视线能够垂直棱镜面，并拧紧螺栓将棱镜与 L 形支架固定，拧紧螺栓将 L 形支架与钢板固定。

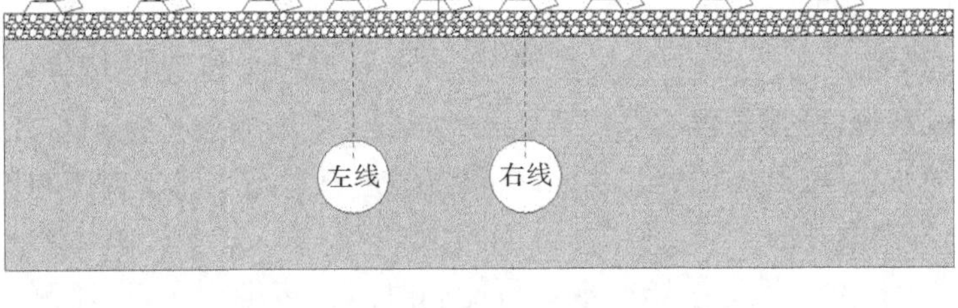

图 6.25　棱镜监测点布置纵断面示意图

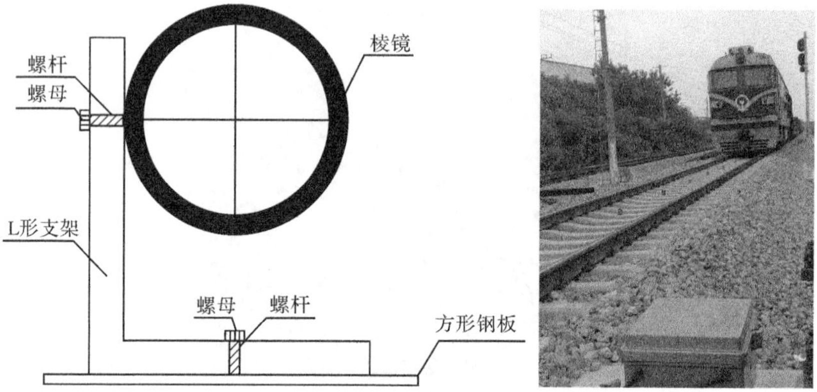

图 6.26　棱镜连接构件结构及实物图

观测墩布置时，要遵循以下原则：

(1) 稳定性原则。观测墩应选择施工影响范围外的变形稳定区域，并做扩大基础，保证观测墩自身的稳定性。

(2) 通视良好原则。选择布置观测墩的地方应尽量能够通视更多监测点。

(3) 高度适宜原则。随着观测墩高度的增加，稳定性降低，但观测墩高度太低，视线容易受阻。

(4) 间距合理原则。观测墩距监测点距离在监测要求精度需要的距离范围内，保证监测精度。

观测墩的位置和高度确定后就进行砌筑。为增加观测墩的稳定性，可采用 1.5m×1.5m×1.5m 的扩大基础，由于黏土砖热膨胀系数较混凝土小，且上部观测墩暴露在外界环境下，容易受外界气温和光照影响，因此，上部观测墩采用黏土砖砌筑，如图 6.27 所示。将强制对中盘固定在观测墩顶部，以消除全站仪水平对中误差。

2. 下穿铁道站场或枢纽

下穿铁道站场或枢纽的施工信息监测除了下穿干线铁道所需要考虑的因素，还要解决以下问题：

(1) 兼顾性。铁道站场或枢纽一般由多条铁路股道组成，如果每个股道的监测点都自成系统，则需布置的监测点将过多，不仅增加测点布置和监测的工作量，而且可能存在相互影响。因此，在测点布置时应注意兼顾性，共性的东西可以尽量合并，以提高效率。

(2) 防干扰性。铁道站场或枢纽可能同时运行多趟列车，在监测时可能存在相互干扰，因此，在测点布置以及数据处理时要注意排除这些干扰。

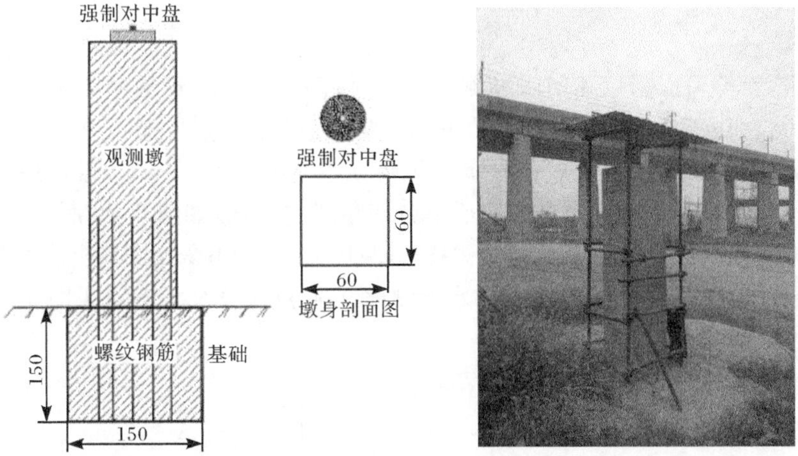

图 6.27　观测墩结构尺寸及实物图(单位:cm)

(3) 有效性。铁道站场或枢纽区测点布置较多,为了减少监测工作量,监测时的基点是相同的,当采用自动化监测技术时,部分数据可能还是相互关联的,此时就需要确保数据传递的有效性,保证监测数据的可靠性、真实性和准确性。

6.3.3　铁道桥墩变形监测

由前述分析可知,桥梁结构上的无砟轨道变形可近似用桥墩变形来换算,因此应重点加强桥墩的变形监测。桥墩变形特征在竖向上表现为沉降以及邻近桥墩差异沉降,在水平方向上表现为横桥向位移和倾斜以及顺桥向位移和倾斜,如图 6.28 所示。故桥墩监测内容应包括桥墩沉降及差异沉降,墩顶横、顺桥向水平位移,桥墩横、顺桥向倾斜。

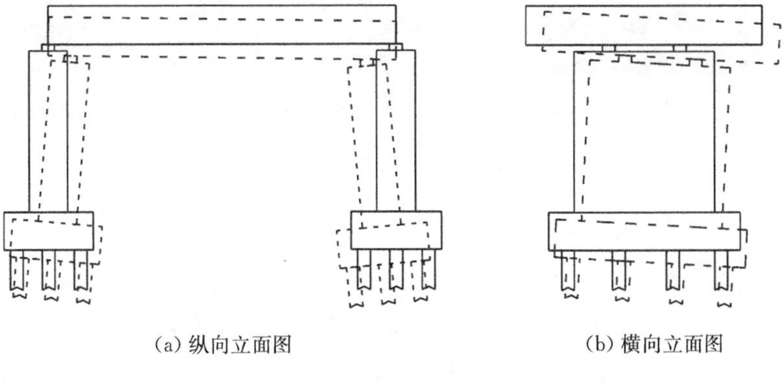

(a) 纵向立面图　　(b) 横向立面图

图 6.28　桥墩变形特征

1. 桥墩沉降监测

桥墩沉降可以采用几何水准测量法、液体静力水准测量法和测量机器人法，这三种方法用于桥墩监测与铁道监测的主要区别在于布点方式不同。

桥墩的沉降监测点一般都设置在承台或墩身处。为了能监测到桥墩的差异沉降，沉降监测点一般在桥墩墩身或承台四角对称布置，如图 6.29 所示。不同的是，当采用水准测量时，测点为不锈钢螺栓[见图 6.30(a)]；采用测量机器人时，测点为四棱镜[见图 6.30(b)]；采用静力水准测量时，测点为静力水准仪[见图 6.30(c)]。

图 6.29　桥墩沉降观测点

(a) 沉降观测点　　(b) 观测棱镜　　(c) 静力水准仪

图 6.30　测点布置图

2. 桥墩水平位移监测

桥墩的水平位移分为顺桥向位移与横桥向位移，一般采用测量机器人进行观测，测点布置可与沉降观测点相同，此时为了省去坐标转换的麻烦，通常选择顺桥向作为零方位角方向，通过棱镜监测点获取三维坐标，其中，x 坐标的变化反映了顺桥向水平位移，y 坐标的变化反映了横桥向水平位移，竖向坐标的变化即为沉降。

3. 桥墩倾斜监测

桥墩倾斜监测主要通过墩体顶部和下部的水平位移进行换算，一般采用水准测量观测墩底沉降差，结合测绘机器人测量墩顶和墩底水平位移差计算得出。

1）倾斜仪

倾斜仪主要是利用内置的倾斜仪进行倾斜测量，倾斜传感器是一种测量倾斜角度的仪器，按工作原理主要分为液体摆式和振弦式。

液体摆式倾斜仪是利用液体摆的原理对倾斜角度进行检测，其内部有个电解质气泡，液体作为电导体，两个电极 A、C 位于上方，另一电极位于下方，如图 6.31 所示。当气泡位于水平位置时，AB 和 CB 之间的电导相等，当气泡随测量物发生倾斜时，AB 的电导增大，CB 减少，测量电极之间的电导变化，将正比于倾斜角的变化[35]。

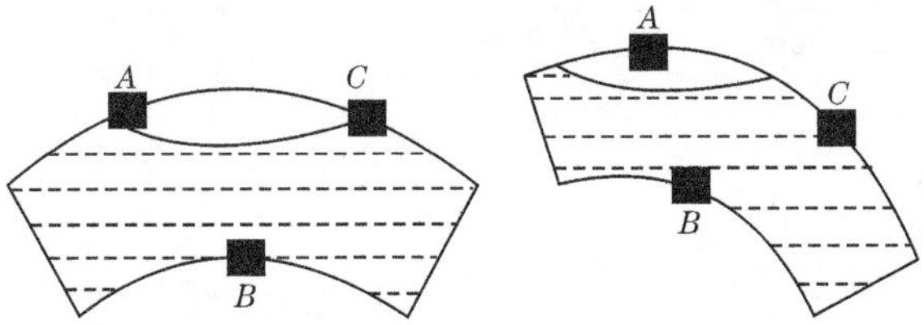

(a) 水平状态　　(b) 倾斜状态

图 6.31　液体摆式倾斜仪

振弦式倾斜仪是利用振弦技术对倾斜角度进行检测，其内部有个垂直重物，用一振弦和弹性枢纽支撑。如图 6.32 所示，当被测物倾斜角度发生变化时，会导致倾斜传感器内部重物的重心发生转动，从而使振弦的张力发生变化[35]。

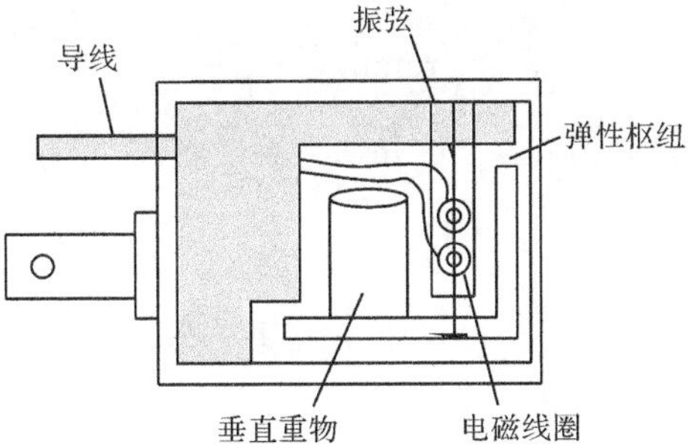

图 6.32　振弦式倾斜仪

在桥墩倾斜监测时，如图 6.33 所示，可以在桥墩顶部顺桥向和横桥向分别安装一个倾斜仪，用来监测顺桥向和横桥向桥墩倾斜。

2) 沉降差法及位移差法

假设桥墩是刚性变形，桥墩倾斜可以通过两种方法计算得出：一是通过墩顶和墩底的水平位移变化计算得出，二是通过墩底不同位置沉降差计算得出。

如图 6.34 所示，以顺桥向为例，通过墩顶和墩底水平位移差，可得桥墩倾斜计算公式为

$$\alpha = \arctan\left(\frac{S_2 - S_1}{H_1}\right) \tag{6.13}$$

式中，α 为桥墩顺桥向倾斜度；S_2 为桥墩顶部顺桥向位移；S_1 为桥墩底部顺桥向位移；H_1 为墩顶监测点与墩底监测点距离。

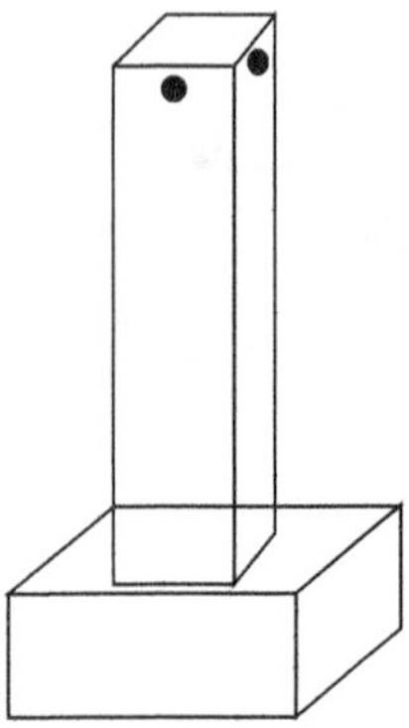

图 6.33　倾斜仪布置示意图

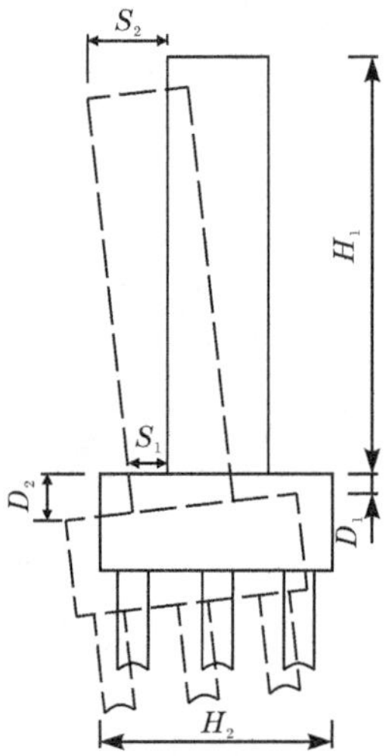

图 6.34　桥墩倾斜示意图

通过墩底顺桥向两侧沉降差计算桥墩倾斜的公式为

$$\alpha = \arctan\left(\frac{D_2 - D_1}{H_2}\right) \tag{6.14}$$

式中，α 为桥墩顺桥向倾斜度；D_1、D_2 分别为桥墩底部两侧顺桥向位移；H_2 墩底两侧监测点间的距离。

6.4　下穿建筑物

下穿建筑物所关注的施工信息应以建筑物的变形为主，通过变形可以换算出结构内附加内力的变化情况。在实际操作中，通常关注建筑物基础部分的沉降信息，对上部结构的观测辅以倾斜和裂缝信息，并结合施工参数分析。

在研究建筑物的结构特性以及下穿施工与被穿建筑物的空间位置关系之后，

确定变形的监测内容并制定变形观测点位的布置方案。监测点的布置应同时考虑基础的刚度、施工缝的布置和上部结构的整体性等情况，确保能准确、全面反映建筑物地基变形特征。

6.4.1　沉降监测

1. 沉降监测方法

建筑物的沉降监测应测定建筑物基础的沉降量以及不同部位的沉降差。采用的方法可选择几何水准测量法、静力水准测量法或测量机器人法。

2. 沉降监测点布置原则

沉降观测点的布置，应以能准确反映建筑物变形特征为原则，具体布置原则如下：

(1) 建筑物的四角、大转角处以及沿外墙每隔 10～15m 或每隔 2～3 根桩基上都应布置监测点。

(2) 砖混结构多层建筑，下穿施工易造成墙体差异沉降、墙面产生裂缝，监测点的布置应重点考虑产生差异沉降、墙面开裂的位置(窗台、门口、墙角等部位)。

(3) 框架结构多层建筑，应重点关注沿纵、横线上基础或立柱的沉降及差异沉降，布置相应的监测点。

(4) 采用条形基础、筏板基础或箱形基础的多层建筑物，基础刚度对抵抗墙体开裂具有一定作用，应选择在基础结构部分的四角处及其中部位置布置监测点。

(5) 高层建筑基础一般为深基础，上部结构为钢筋混凝土结构或钢结构，结构的整体性能好，监测点应沿周边与基础轴线相交的位置上对称布置。

(6) 厂房等大跨度结构建筑物，往往存在重型设备基础及动力设备基础，监测点的布置应重点关注下穿引起的基础差异沉降。

(7) 高耸建筑物，监测点的布置应重点关注下穿引起的整体倾斜，应沿周边与基础轴线相交的对称位置上布置监测点。

(8) 建筑物层数突变处、新旧建筑结合处、纵横墙等交界处的两侧应布置监测点。

(9) 建筑既有裂缝、施工缝和沉降缝两侧、基础埋深相差悬殊处、不同结构的分界处及地质条件突变处应布置监测点。

6.4.2　倾斜监测

建筑物主体结构的倾斜监测，应针对建筑物顶部相对于底部或各层间上层相对于下层的倾斜度、倾斜方向等内容进行监测。

1. 倾斜监测方法

建筑物的倾斜可以采用经纬仪进行监测，具体方法又分为以下几种：

(1) 投点法。在底部监测点安置量测设施(如水平读数尺等)。在每测站安置经纬仪投影时，按正倒镜法以所测每对上下观测点标志间的水平位移分量，按矢量相加法求得水平位移(倾斜量)和位移方向(倾斜方向)。

(2) 测水平角法。对塔形、圆形建筑物，每测站的观测以定向点作为零方向，以所测各观测点的方向和至底部中心的距离计算顶部中心相对底部中心的水平位移分量。对矩形建筑物，可在每测站直接观测顶部观测点与底部观测点之间的夹角或上层观测点与下层观测点之间的夹角，以所测角与距离计算整体或分层的水平位移分量及位移方向。

(3) 前方交会法。所选基线应与观测点组成最佳构形，交会角宜为 60°～120°。水平位移计算可采用直接由两周期观测方向值之差解算坐标变化量的方向差交会法，也可采用按每周期计算观测点坐标值，再以坐标差计算水平位移的方法。

按相对沉降或相对水平位移间接确定建筑物倾斜时，可选用下列方法：

(1) 倾斜仪测记法。采用的倾斜仪应具有连续读数、自动记录和数字传输功能。监测建筑物上部层面倾斜时，仪器可安置在建筑物顶层或需观测楼层的楼板上；监测基础倾斜时，仪器可安置在基础面上，以所测楼层或基础面的水平角变化值反映和分析建筑物倾斜的变化程度。

(2) 测定基础沉降差法。在基础上选设观测点，采用水准测量方法，以所测各周期的基础沉降差换算求得建筑物整体倾斜度及倾斜方向。

(3) 按相对水平位移间接确定建筑物倾斜的方法。采用全站仪，以所测各周期的顶部和底部水平位移差换算求得建筑物整体倾斜度及倾斜方向。

2. 倾斜监测点布置原则

监测点应沿对应测站点的某主体竖直线，对整体倾斜按照顶部、底部，对分层倾斜按照分层部位的顶部、底部上下对应布设监测点。

6.4.3 裂缝观测

对下穿工程影响范围内的建筑物是否存在裂缝以及裂缝的分布位置和走向进行普查，若建筑物存在裂缝，则按照以下原则和方法对裂缝的宽度变化进行观测。

1. 裂缝观测点布置原则

对于长度较短的裂缝，选择在裂缝宽度最大处布置 1 个裂缝观测点，在观测周期内，裂缝长度发展迅速，应在裂缝两端增加裂缝观测点；对于长度较长的裂缝，每条裂缝应至少布置三个裂缝观测点，观测点分别布置在裂缝最宽处以及裂缝两端处。

2. 裂缝观测方法

1)千分表法

千分表是利用齿条齿轮或杠杆齿轮转动，将测杆的直线位移变为指针角位移的计量器具。具体测量方法为：用强力胶水将角钢固定在裂纹两侧，安装千分表并将千分表指针调整到合适的位置，读取千分表初始值，后期通过再次读取千分表将获得的数据与初始值进行比较，通过两次测得数据的变化来判断裂纹宽度是否增大以及增大量，如图 6.35 所示。采用该套设备对裂缝宽度进行监测，精度可以达到 0.001mm，但也存在测量周期内需要人工读数的弊端。

图 6.35　千分表测裂缝实例

采用千分表进行建筑物裂缝监测应注意以下事项[36]：

(1) 使用前，应检查测量杆活动的灵活性，即轻轻推动测量杆时，测量杆在套筒内的移动要灵活，没有任何轧卡现象，且每次放松后，指针能回复到原来的刻度位置。

(2) 使用千分表时，必须把它固定在裂纹两侧的夹持架上，夹持架要安放平稳，以免测量结果不准确或摔坏千分表。

(3) 用夹持千分表的套筒来固定千分表时，夹紧力不要过大，以免因套筒变形而使测量杆活动不灵活。

(4) 测量时，不得使测量杆的行程超过它的测量范围；不得使测量头突然撞在零件上；不得使千分表受到剧烈的振动和撞击。

(5) 用千分表测量时，应使测量杆有一定的初始测力，大约有 0.1mm 的压缩量即可。

2) 显微镜法

显微镜法通过照相机采集裂纹图像并放大显示到屏幕上，依据屏幕上的刻度尺,通过读取裂缝宽度进行测量[37]。传统的裂缝显微镜需近距离仔细对焦,测量速度慢,电子裂缝显微镜可以自动对焦,但仍需人工读数,存在读数误差。加载了裂缝自动测量软件的自动判读电子显微镜,可自动对采集到的裂缝图像进行图像识别和处理,并通过算法程序自动识读出裂缝的宽度,提高了测量效率,消除了人工读数误差,精度可以达到 0.05mm。测量方法流程如图 6.36 所示。

图 6.36　显微镜法裂缝宽度测量流程

6.5　施工信息处理

施工信息常常给人以杂乱无章的感觉,但工程技术人员需要对这些数据进行处理,从表面上无规律的数据中找出规律,并从中挖掘出有用可靠的信息,在此基础上做出合理的判断。对施工信息的处理可以分别从空间和时间两个方面进行,并采用合适的分析和预测方法。

1. 空间分布规律

下穿施工面在空间中是逐渐推进的,由此产生的施工变形等信息也是在空间中动态变化的,要对施工信息空间分布规律进行描述,需要建立合适的坐标系,找出施工信息随着掘进面的推进变形所呈现的三维变化情况。

对于下穿铁道线路,隧道与铁道的夹角、隧道埋深、隧道尺寸及间距、路基土性质等因素都会影响铁道变形在空间分布的规律,随着隧道掘进面的推进,线路的沉降变形、隆起变形、水平变形将会在不同位置表现出来。对于下穿铁道桥梁,每个桥墩与下穿隧道的空间位置不同,随着隧道掘进面的推进,不同桥墩的竖向位移和水平位移在三维方向和大小上都可能不同,要重点分析掘进过程中不同部位三维变形的规律以及产生该变形的原因。对于下穿建筑物,建筑物的基础类型、结构特性以及下穿隧道与建筑物的位置关系均会影响建筑物变形在空间分布的规律,要重点分析掘进中建筑物以何种变形为主以及该变形在整个建筑物的分布。

2. 随时间发展的规律

在空间变化规律分析的基础上,选取变形特征点,研究其随时间的变化规律,并在时间轴上反映掘进面的推进情况。将时间和相应时间段施工控制参数结合起来,通过分析施工参数的变化以及相应阶段被穿体变形的发展规律,找出引起被穿体变形的主要原因。

6.5.1　测量误差的处理

由于测量仪器的精度和多种非确定性以及偶然影响因素的干扰，任何方法获取的数据都可能含有误差，只不过误差的种类和大小略有不同。通常将观测数据的误差分为三类：①粗差，它一般是指数值比较大的误差，常常是由测量过程中的错误造成的，如读数错误、记录错误等；②系统误差，它是指在相同观测条件下对某个量进行一系列观测，如果观测误差在符号及大小上表现出一定的规律性，那么这类误差称为系统误差；③偶然误差，是指在相同观测条件下对某个量进行一系列观测，如果误差在大小和符号上都表现出偶然性，即从单个误差看，误差大小和符号没有规律性，但就大量误差而言具有一定的统计规律，这种误差称为偶然误差。对于粗差，在监测过程中要尽量避免，不能采用有粗差的监测数据；对于系统误差和偶然误差，除了尽量避免外，需要采取一定的方法进行修正和处理[38,39]。

1. 粗差的剔除方法

1) 残差检验法

由于观测误差是服从正态分布的随机变量，即 $\Delta_i \sim N(0,\sigma^2)$，$\sigma$ 表示标准差，标准化后则有 $\frac{\Delta_i}{\sigma} \sim N(0,1)$，构造统计量 $Z=\frac{\Delta_i}{\sigma}$，在显著水平 α 下，拒绝域为 $[Z_{-\frac{\alpha}{2}}, Z_{\frac{\alpha}{2}}]$，若取 95.5%的置信度，即误差大于 2σ 认为是粗差，应予以剔除，具体做法如下所述。

对于观测数据序列 $\{x_1, x_2, \cdots, x_n\}$，描述该序列数据均值为

$$\bar{X} = \frac{\sum_i^n x_i}{n}, \quad i = 1,2,\cdots,n \tag{6.15}$$

样本有 n 个观测数据即可得到 n 个残差，由残差值再根据贝塞尔公式，就可以计算数据序列的均方差$\hat{\sigma}$：

$$\hat{\sigma} = \pm\sqrt{\sum_i^n \frac{(x_i - \bar{x})^2}{n-1}} \tag{6.16}$$

根据 x_i 与均差的绝对值和均方差的比值：

$$q_i = \frac{|x_i - \bar{x}|}{|\hat{\sigma}|} \tag{6.17}$$

当 $q_i > 2$ 时，则认为 x_i 是粗差，应予以剔除，这是因为如果一个观测值粗差较大，会影响方差的大小，从而无法一次检测出其他相对小的粗差，通过剔除最大粗差后继续使用该方法，可以检测出其他粗差。

2) 数据探测法[39]

数据探测法认为在平差对象中只存在一个粗差，并且认为该粗差与一般误差有相同的方差，只是期望有所不同，然后利用统计假设检验的方法来探测粗差，该方法一次最多只能检测出一个粗差。

对于间接平差法，其模型为

$$\boldsymbol{L} = \boldsymbol{BX} + \boldsymbol{\Delta} \tag{6.18}$$

误差方程为

$$\boldsymbol{V} = \boldsymbol{BX} - \boldsymbol{L} \tag{6.19}$$

式中，$\hat{\boldsymbol{x}} = \boldsymbol{N}_{BB}^{-1}\boldsymbol{B}^{\mathrm{T}}\boldsymbol{PL}$；$\boldsymbol{\Delta} = \boldsymbol{B}\hat{\boldsymbol{X}} - \boldsymbol{L}$；$\hat{\boldsymbol{X}}$是参数估值；$\boldsymbol{V}$ 是残差。

$$\boldsymbol{V} = (\boldsymbol{I} - \boldsymbol{BNN}_{BB}^{-1}\boldsymbol{B}^{\mathrm{T}}\boldsymbol{P})\boldsymbol{\Delta} \tag{6.20}$$

由式(6.20)可知，如果观测值含有粗差 $\boldsymbol{\varepsilon} = [\varepsilon_1, \varepsilon_1, \cdots, \varepsilon_n]^{\mathrm{T}}$，则粗差对残差的影响为

$$\boldsymbol{V} = (\boldsymbol{I} - \boldsymbol{BNN}_{BB}^{-1}\boldsymbol{B}^{\mathrm{T}}\boldsymbol{P})\,[\varepsilon_1, \varepsilon_1, \cdots, \varepsilon_n]^{\mathrm{T}} \tag{6.21}$$

从式(6.21)可以看出，所有观测残差与每一个数据粗差都有相关性，并不只是对其本身观测值有所影响，也就是说，平差后的改正数，包含了观测值自身的粗差和其他观测值粗差的联合影响。

在数据探测法中，原假设为 $H_0: E(V_i) = 0$，即假设观测值中不含粗差，$\boldsymbol{Q}_V$ 是协因数矩阵，考虑 $V_i \sim N(0, \sigma_0^2 Q_{V_iV_i})$，构造标准正态分布统计量：$u = \dfrac{V_i}{\sigma_0\sqrt{Q_{V_iV_i}}} = \dfrac{V_i}{\sigma_{V_i}}$。

作 u 检验，如果 $|u| > u_{\frac{\alpha}{2}}$，则否定$H_0$，即 $E(v_i) \neq 0$，L_i 可能存在粗差。一般情况下 α 取为 0.05 较为合适，则对应的拒绝域为 $|u| \geqslant 1.96$。如果判定为粗差的条件较为严格，可将 α 取值小一点。

3) 拟准检定法[39]

拟准检定法为了排除多粗差联合影响对粗差探测的干扰，以观测值的真误差为研究对象，利用真误差与观测值之间的秩亏关系式，通过附加“拟准观测的真误差估值范数极小”的条件，来解算出观测值的真误差估值。然后通过比较真误差估值的大小，来判断可能为粗差的观测值。

设有观测方程：

$$\boldsymbol{AX} = \boldsymbol{L} + \boldsymbol{\Delta} \tag{6.22}$$

设 $\boldsymbol{R} = \boldsymbol{I} - (\boldsymbol{A}^{\mathrm{T}}\boldsymbol{PA})^{-1}\boldsymbol{A}^{\mathrm{T}}\boldsymbol{P}$ 为平差因子矩阵，由 $\boldsymbol{RA} = \boldsymbol{0}$ 可以推算出观测值与真误差的关系式：$\boldsymbol{R\Delta} = -\boldsymbol{RL}$。由于矩阵 $\boldsymbol{R}$ 是秩亏的，要想求解真误差估值必须附加约束条件。

假设选择 $r(r>m)$（m 为矩阵$\boldsymbol{R}$ 的秩亏数）个拟准观测值，通过平差计算出其真误差差值为 Δ_r，对应的系数矩阵为 $\boldsymbol{A}_r$。令 $\boldsymbol{G}_{\mathrm{Q}} = [\boldsymbol{0} \quad \boldsymbol{A}_r^{\mathrm{T}}]$，$\boldsymbol{P}_{\mathrm{Q}} = \begin{bmatrix} \boldsymbol{0} & \boldsymbol{0} \\ \boldsymbol{0} & \boldsymbol{P}_r \end{bmatrix}$，那么就

可以组成满秩方程组：

$$\begin{cases} \boldsymbol{R\Delta} = -\boldsymbol{RL} \\ \boldsymbol{G}_{\mathrm{Q}}\boldsymbol{P}_{\mathrm{Q}}\boldsymbol{\Delta} = \boldsymbol{0} \end{cases} \tag{6.23}$$

可以证明这种附加约束条件等价于“拟准观测范数极小”的条件，即

$$\| \boldsymbol{\Delta}_r \|_{\mathrm{p}}^2 = \boldsymbol{\Delta}_r^{\mathrm{T}} \boldsymbol{P}_r \boldsymbol{\Delta}_r = \min$$

最后解得

$$\hat{\boldsymbol{\Delta}} = -(\boldsymbol{R}^{\mathrm{T}}\boldsymbol{R} + \boldsymbol{P}_{\mathrm{Q}}\boldsymbol{G}_{\mathrm{Q}}^{\mathrm{T}}\boldsymbol{G}_{\mathrm{Q}}\boldsymbol{P}_{\mathrm{Q}})^{-2}\boldsymbol{R}^{\mathrm{T}}\boldsymbol{RL} \tag{6.24}$$

2. 系统误差和偶然误差的过滤

现场实际直接获取的监测数据是带有随机误差的离散数据，根据实测数据绘制的随时间变化的散点图是上下波动的时间序列。为了获得更精准可靠的信息，需对监测数据进行去噪处理。传统的方法主要包括小波理论[40]和卡尔曼滤波法[41]等。

1）小波理论

根据小波变换理论，任意信号 $f(t)=L^2(\boldsymbol{R})$小波变换定义为

$$Wf(a,b) = [f(t),\psi_{(a,b)}(t)] = |a|^{-\frac{1}{2}} \int_{-\infty}^{\infty} f(t)\bar{\psi}\left(\frac{t-b}{a}\right)\mathrm{d}t \tag{6.25}$$

式中，$Wf(a,b)$为小波系数；$\psi(t)$为基本小波函数；$\psi_{(a,b)}(t)$为 $\psi(t)$经过尺度因子 a 伸缩、参数 b 平移生成的小波函数；$\bar{\psi}(t)$为 $\psi(t)$的共轭。

一般情况下，对监测数据进行小波分析的步骤如下：

(1) 小波分解。具体需要根据问题的性质，确定一组小波滤波系数，进行变换矩阵的构造，对安全监测资料进行小波分解。

$$\begin{aligned} f(t) &= a_1(t) + d_1(t) = a_2(t) + d_2(t) + d_1(t) \\ &= \cdots = a_n(t) + d_n(t) + \cdots + d_1(t) \end{aligned} \tag{6.26}$$

式中，a_i 表示的函数为分解出的低频率部分；d_i 表示的函数为分解出的高频部分，下标表示所对应的分解层次。

(2) 去噪处理。小波阈值去噪的目的是从高频信息中提取弱小的有价值信号，避免在去噪过程中将有用的高频特征信号同噪声信号一起去除。

(3) 小波重构。用小波分解最后一层的低频系数和经过去噪算法处理的各层高频系数进行重构，即可得到消噪后监测数据的重构信号。

2）卡尔曼滤波法

卡尔曼滤波法是一种新型的滤波方法，它使用数学方法，以前期观测的数据作为依据，通过建立线性递推模型，对数据进行不断更新并对模型进行不断修正，对下一期数据进行预测，该方法不需要存储大量数据。

卡尔曼滤波模型一般分为状态方程和观测方程，状态方程主要反映动态目标的运动规律，且考虑了动态目标的噪声；观测方程有线性和非线性之分，对于非线性的情况可以通过线性化表示，仅考虑线性观测方程时，其状态方程和观测方程可表示为

$$\boldsymbol{X}(k)=\boldsymbol{A}(k\mid k-1)\boldsymbol{X}(k-1)+\boldsymbol{B}_1(k)\boldsymbol{U}(k)+\boldsymbol{C}(k\mid k-1)\boldsymbol{W}(k) \tag{6.27}$$

$$\boldsymbol{Z}(k)=\boldsymbol{H}(k)\boldsymbol{X}(k)+\boldsymbol{B}_2(k)\boldsymbol{U}(k)+\boldsymbol{V}(k) \tag{6.28}$$

式中，k 为历元时刻；$\boldsymbol{X}(k)$为 k 时刻的状态向量；$\boldsymbol{U}(k)$是 k 时刻对系统的控制量；$\boldsymbol{A}(k|k-1)$是状态转移矩阵；$\boldsymbol{B}_1(k)$和 $\boldsymbol{B}_2(k)$是控制向量系数矩阵；$\boldsymbol{C}(k|k-1)$是干扰矩阵；$\boldsymbol{Z}(k)$是 k 时刻的观测向量；$\boldsymbol{H}(k)$是观测方程的系数阵；$\boldsymbol{W}(k)$和 $\boldsymbol{V}(k)$分别表示动态噪声向量和观测噪声向量，是互不相关的高斯白噪声序列。

当不考虑系统的确定性输入，即控制向量为零时，则有 $\boldsymbol{B}_1(k)=0$，$\boldsymbol{B}_2(k)=0$，所以

$$\boldsymbol{X}(k)=\boldsymbol{A}(k\mid k-1)\boldsymbol{X}(k-1)+\boldsymbol{C}(k\mid k-1)\boldsymbol{W}(k) \tag{6.29}$$

$$\boldsymbol{Z}(k)=\boldsymbol{H}(k)\boldsymbol{X}(k)+\boldsymbol{V}(k) \tag{6.30}$$

设 $k-1$ 时刻状态向量的估值 $\boldsymbol{X}(k-1|k-1)$及其协方差阵 $\boldsymbol{D}_X(k-1|k-1)$已知，则根据式(6.29)和式(6.30)可以得到 k 时刻状态向量的预报值 $\boldsymbol{X}(k|k-1)$及其协方差阵 $\boldsymbol{D}_X(k|k-1)$：

$$\boldsymbol{X}(k\mid k-1)=\boldsymbol{A}(k\mid k-1)\boldsymbol{X}(k-1) \tag{6.31}$$

$$\begin{aligned}\boldsymbol{D}_X(k\mid k-1)=&\boldsymbol{A}(k\mid k-1)\boldsymbol{D}_X(k-1\mid k-1)\boldsymbol{A}(k\mid k-1)^{\mathrm{T}}\\&+\boldsymbol{C}(k\mid k-1)\boldsymbol{D}_{\mathrm{w}}\boldsymbol{C}(k\mid k-1)^{\mathrm{T}}\end{aligned} \tag{6.32}$$

结合预测值和测量值，可以得到现在 k 时刻的最优化估算值 $\boldsymbol{X}(k|k)$：

$$\boldsymbol{X}(k\mid k)=\boldsymbol{X}(k\mid k-1)+\boldsymbol{K}_{\mathrm{g}}(k)[\boldsymbol{Z}(k)-\boldsymbol{H}(k)\boldsymbol{X}(k\mid k-1)] \tag{6.33}$$

$$\boldsymbol{D}_X(k\mid k)=[\boldsymbol{I}-\boldsymbol{K}_{\mathrm{g}}(k)\boldsymbol{H}(k)]\boldsymbol{D}_X(k\mid k-1) \tag{6.34}$$

式中，$\boldsymbol{K}_{\mathrm{g}}$ 为卡尔曼增益。

$$\boldsymbol{K}_{\mathrm{g}}(k)=\boldsymbol{D}_X(k\mid k-1)\boldsymbol{H}(k)^{\mathrm{T}}[\boldsymbol{H}(k)\boldsymbol{D}_X(k\mid k-1)\boldsymbol{H}(k)^{\mathrm{T}}+\boldsymbol{D}_X(x)]^{-1} \tag{6.35}$$

卡尔曼滤波的实现步骤如下：

(1) 利用所观测数据中前十组的观测值近似给出滤波的初值，初始状态向量 $\boldsymbol{X}(0)$取前十组观测值的均值，相应的协方差阵 $\boldsymbol{D}_X(0)$取前十组观测向量所对应的方差阵，动态噪声的协方差 $\boldsymbol{D}_{\mathrm{w}}(0)$取单位矩阵 $\boldsymbol{E}$，观测噪声的方差阵 $\boldsymbol{D}_{\mathrm{v}}(0)$取前十组观测向量所对应的协方差阵。

(2) 建立卡尔曼滤波模型，并确定系统状态转移矩阵 $\boldsymbol{A}(k|k-1)$、噪声矩阵向量 $\boldsymbol{W}(k)$、$\boldsymbol{V}(k)$和观测矩阵 $\boldsymbol{H}(k)$。

(3) 计算出一步预测值 $\boldsymbol{X}(k|k-1)$、预报协方差阵 $\boldsymbol{D}_X(k|k-1)$和增益矩阵 $\boldsymbol{K}_{\mathrm{g}}(k)$。

(4) 输入一组新的观测数据，就可得出观测值的最佳预测值 $\boldsymbol{X}(k|k)$，协方差 $\boldsymbol{D}_X(k|k-1)$，回到步骤(3)，进行递推计算。

这样每次递推后的输出结果就是该观测值的滤波值。

6.5.2 变形信息分析预测

1. 趋势分析法

趋势分析法[42]是种利用曲线拟合来分析变形趋势的方法，又称趋势外推和曲线回归，是最常用的变形分析及预测方法。

通常用多种光滑曲线来模拟变形的大致趋势，即

$$Y_t = f(t,\theta) + \varepsilon \tag{6.36}$$

式中，Y_t 是预测变形值；ε 是预测误差；$f(t,\theta)$是根据假设具体情况选取的表达式。Y_t 也可以用以下几种函数的组合，下面是几种常用的趋势模拟函数：

(1) 多项式函数。

$$Y_t = a_0 + a_1 t + \cdots + a_n t^n \tag{6.37}$$

(2) 对数函数。

$$Y_t = a + b\ln t \tag{6.38}$$

(3) 幂函数。

$$Y_t = at^b \tag{6.39}$$

(4) 曲线函数。

$$Y_t = a + \frac{b}{t} \tag{6.40}$$

(5) 指数函数。

$$Y_t = a\mathrm{e}^{bt} \tag{6.41}$$

2. 时间序列法

时间序列分析法[42]就是建立反应未来信息与历史信息之间关系的预测模型。按照时间序列分析法对变形进行预测，就是要建立当前时刻变形与以前某阶段变形历史之间的函数关系。通过监测获得变形随时间变化的一个时间序列$\{\boldsymbol{x}_i\}=\{x_1,x_2,\cdots,x_n\}$，对这个变形序列进行预测，就是要寻找在 $i+p$ 时刻的变形值 x_{i+p} 与前 p 个时刻的变形值 $x_i,x_{i+1},\cdots,x_{i+p-1}$ 的关系，即

$$x_{i+p} = f(x_i + x_{i+1} + \cdots + x_{i+p-1}) \tag{6.42}$$

式中，$f(\cdot)$为一函数，表示变形时间序列之间的映射关系；p 为预测当前变形需要的历史变形步数。根据多项式任意逼近的数学理论，式(6.42)可采用多项式来表示，即

$$x_{i+p+1}=\sum_{j=1}^{p}\sum_{k=1}^{q}c_{jk}x_{i+j}^{q} \tag{6.43}$$

一旦确定式(6.43)中的各参数,如 p 和 c_{jk} 等,上述模型就为一个确定模型,就可以对未来的变形信息进行预测。

3. 灰色模型法

由于影响被穿体变形的因素很多,且其中有很多因素具有不确定性,带有明显的灰色特征,因此可以认为整个被穿体变形的过程是一个灰色系统,可以借鉴灰色理论,建立 GM 预测模型,对被穿体变形进行预测[43]。GM 模型是灰色理论系统的基本模型,也是灰色控制理论的基础。它是以灰色模块为基础,以微分法拟合而建成的模型。建模时,采取一定的方式对原始数据进行生成处理,主要包括累加生成和累减生成,使生成的数据序列变为有规律的序列。

6.6 施工信息管理

下穿施工涉及多个管理方,其中隧道工程有业主和建设管理方,被穿体也有自身的业主方或者运营(使用)管理方。施工信息是所有业主和管理方评判被穿体安全与否的依据,为此必须建立合理的信息管理和共享体制,以便协调相互之间的关系。

1. 信息报送制

建立信息报送制,确保各管理方能够及时、全面地掌控下穿施工信息,以便及时做出决策。报送的信息主要包括三个部分:①日常性信息;②预警信息;③报警信息。信息报送方式采用网络信息平台结合书面形式,并通过手机应用软件(APP)使项目管理方同步查看施工信息。信息反馈流程如图 6.37 所示。

2. 联席会议制

建立联席会议制,分为定期会议和不定期会议。定期会议,各项目参与方交换信息及意见。在施工过程中,若一方发现问题需要告知其他单位或需要其他单位配合和采取措施时,邀请相关单位参会。通过联席会议制,共享信息,交换意见。

3. 应急联动制

建立应急联动机制,监测数据超过预警值时,监测单位联合施工单位、设计单位及时分析原因,根据分析结果调整施工参数及进度,同时监测单位加强监测,并

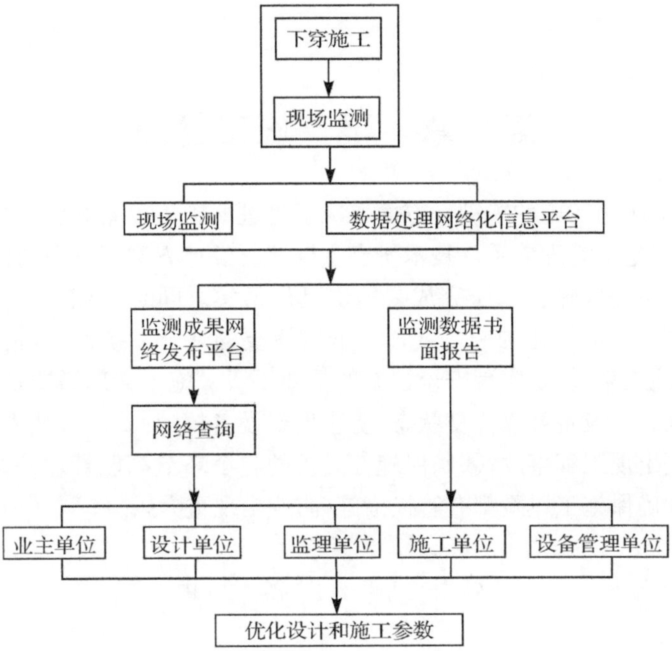

图 6.37　信息反馈流程图

将监测结果及时反馈给施工单位，根据监测数据判断调整后的施工参数效果；监测数据超过报警值时，应立即通知各管理方，由业主或建设管理方对施工单位下达停工指令，被穿体业主或运营管理方对被穿体安全性能或使用功能进行评估，采取应急处理措施(铁路列车降速)，确保被穿体安全。

第7章 下穿施工管理

下穿施工顺利实施的关键一方面取决于先进的施工设备和施工技术措施，另一方面取决于施工管理体系。技术研究主要解决设计方案、装备选择以及工艺参数，施工管理主要保障技术研究成果能够具体落实。同时，当下穿施工需要严格控制施工变形时，精细化的控制便成为非常重要的环节。换言之，精细化的施工管理对下穿施工来说，是实现安全控制的重要手段。施工管理需要从以下几方面着手：①确保施工设备处于优良状态，防止出现设备故障；②确保技术措施都能落实到位，防止出现工程事故；③确保施工过程的各个环节都能管理到位，防止出现管理盲区；④确保施工风险都有管控措施，防止出现重大风险。

7.1 施工设备管理

在下穿施工中，不同的施工方案和施工工序所需的施工设备不尽相同。另外，主体施工和辅助措施施工所采用的设备也有所不同。无论什么设备，在下穿施工之前，都必须处于优良状态，必要时可进行检修和保养。

7.1.1 盾构机

盾构机的种类繁多，按掘进面的平衡方式分为土压平衡式盾构机和泥水平衡式盾构机等。无论哪种盾构机，根据功能的不同可分为盾构机壳体、推进机构和拼装系统三部分。

1. 盾构机壳体

盾构机壳体从工作面开始可分为前体（又称为切口环）、中体（又称为支承环）和盾尾三部分，并由外壳钢板依次铰接连成整体，如图7.1所示。

1）前体

前体位于盾构机最前端，是盾构机向前掘进时最先切入土体并为开挖作业提供平衡开挖面的部分，其前端通常设有钢刃口以减少盾构机掘进时对周围土体的扰动。盾构机前体内设有切削刀盘，刀盘上的开孔为开挖土体向后转移提供通道。在前体中部垂直于轴线的平面位置焊有压力隔板，其上安装有主驱动、螺旋输送机及搅拌棒等。土仓中充满了一定压力的渣土，既能平衡开挖面，又能保证

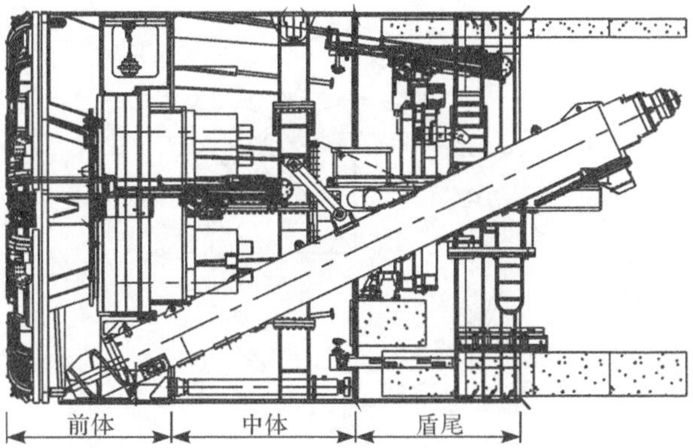

图 7.1　土压平衡式盾构机壳体结构示意图

排渣。隔板上布置了土压力传感器，用于控制土仓内渣土的压力大小。

2) 中体

中体紧连于前体，位于盾构机中部，是盾构机的主要承载结构，承受作用于盾构机上的地层压力、千斤顶的反作用力、刀盘正面阻力、盾尾铰接拉力、管片拼装时的施工荷载等全部荷载。中体外缘沿轴线方向布置千斤顶和铰接油缸，中部布置有管片拼装机及部分液压设备、动力设备、螺旋输送机支承、操纵控制台和人行加压和减压舱，盾壳上焊有用于注浆的预留孔。中体的长度与刀盘连接轴承、排土装置、固定千斤顶等所需操作空间有关。

3) 盾尾

盾尾通过铰接油缸与中体相连，并装有预紧式铰接密封。盾尾的主要作用在于掩护盾构法隧道管片拼装并实现盾构机尾部的密封。盾尾密封装置一般采用多道钢丝刷加钢片压板结构，钢丝刷内充满油脂，密封的道数根据隧道埋深、地下水位高低等地层条件确定。盾尾壳体上还布置有油脂注入管和同步注浆管，盾尾的各项密封装置都是为了防止水土和注浆材料从盾尾间隙进入盾构机内。为减小土层与管片之间的空隙进而减少对地层的扰动，盾尾一般做成圆筒形薄壳，但其厚度需能承受水土压力和纠偏、偏转等所产生的外力。盾尾的长度与管片宽度及盾尾密封结构有关。

2. 推进机构

推进机构由液压系统带动的若干个千斤顶构成，提供盾构机的掘进动力，是盾构机的重要组成部分，为盾构机的正常掘进或纠偏提供顶推力，千斤顶常采用环向均匀布置和分区控制，如图 7.2 所示。

盾构机的千斤顶布置应根据隧道直径、线型、推力、管片构造、拼装作业等条

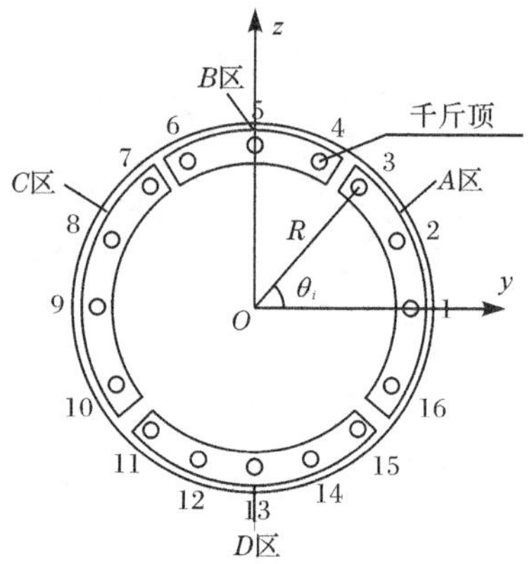

图 7.2　盾构机千斤顶分区示意图

件综合考虑,并应兼具质轻、耐用、易维修、回缩快等性能。千斤顶与盾构机轴线平行地布置在靠近盾壳内缘,为使推力均匀作用于管片环向,在千斤顶活塞前端设置球面接头顶块,同时顶块与环面设置柔性垫板以防止环面受损。千斤顶的最大行程应考虑管片拼装特点和隧道线型,并预留一定富余量。千斤顶推进速度与地质条件有较大关系,需根据实际条件并通过试推来确定。为了减少千斤顶反力对管片的作用,可通过增加千斤顶数量来解决,并在管片纵缝处布置骑缝千斤顶。

3. 拼装系统

盾构法隧道的管片拼装采用管片拼装机,由安装在盾构机中体后部的径向轴支承,并通过液压马达驱动旋转齿圈,从而带动管片拼装机旋转。拼装机的管片夹通过液压千斤顶的伸缩进行升降(隧道半径方向移动)和前后滑动(推进方向移动),通过细部的组合运动实现管片旋转(拼装机整体左右旋转)、提升(拼装机吊臂上下滑动)、前后滑动(滑动架前后滑动)、俯仰(通过支撑油缸的前后伸缩使管片前后倾斜)、横摇(通过支撑油缸的左右伸缩使管片前后倾斜)、偏转(通过滑动架内的摇摆油缸让管片平面上左右旋转)等动作,如图 7.3 所示。

随着盾构机的向前掘进,拼装成环的管片结构脱出盾尾,管片在接头间隙、自重和外部水-土压力的共同作用下将产生变形。拼装系统中的真圆保持器(见图 7.4)可有效控制管片的横向变形,其上、下为两弧形支架,之间用千斤顶连接,使弧形支架紧贴管片内壁。

4. 盾构机刀具

盾构机掘进刀具的类型主要有切刀、刮刀和滚刀等,如图 7.5 所示,刀具对硬土或软岩层中的掘进起至关重要的作用。

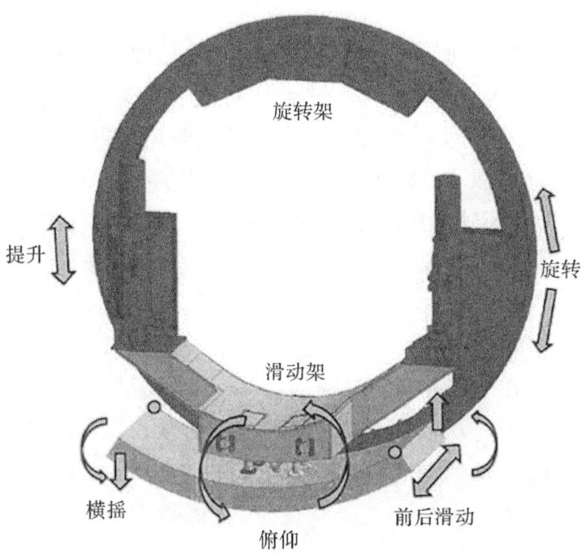

图 7.3 管片拼装机结构及调节示意图

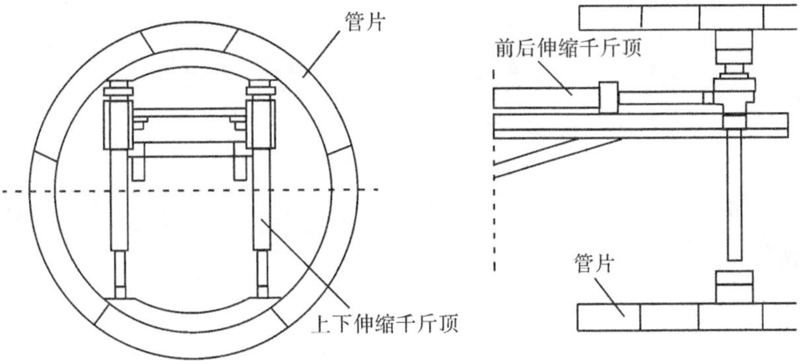

图 7.4 真圆保持器结构及调节示意图

1）切刀

切刀安装在刀盘开口槽的两侧，用来切削未固定的土体，并把切削土刮入土仓中，在同一个切削轨迹上一般有多把切刀同时开挖，且各切刀的切削轨迹间有一定的重叠。切刀一般为双层耐磨设计，在第一排刀齿磨损后，第二排刀齿可以代替第一排刀齿继续发挥作用。切刀在刀盘上的安装采用背装式，可以从开挖仓内拆卸和更换。

2）刮刀

刮刀安装在刀盘的外圈，用于清除边缘部分的开挖渣土，防止其沉积，确保刀盘的开挖直径并防止刀盘外缘的间接磨损。

3）滚刀

滚刀一般安装在面板上，用来切削硬岩，也就是说，对于软土、硬土及全风化岩，一般以切刀与刮刀为主；对于既有软土又有硬岩的复合地层，通常还需要配置滚刀。滚刀分齿形滚刀和盘形滚刀，齿形滚刀主要用于软岩，盾构机上应用较广的是盘形滚刀，有单刃、双刃、多刃三种形式。风化的砂岩及泥岩等较软岩地层中一般采用双刃滚刀，而较硬岩中多采用单刃滚刀。盘形滚刀按刀圈材质分为耐磨层表面刀圈、标准钢刀圈、重型钢刀圈和镶齿硬质合金刀圈滚刀等，适用的岩石地层硬度逐渐上升。

4）先行刀

先行刀一般安装在辐条中间的刀箱中。采用背装式，可从土仓进行更换。在切刀切削土体前先行刀先切削地层，将土体切割分块（能击碎岩石）。一方面避免切刀先接触地层进而减少切刀磨耗，以达到延长切刀寿命的目的；另一方面，也可以提高切刀的切削效率。先行刀主要有贝壳刀、撕裂刀和齿刀三种形式。

5）仿形刀

仿形刀安装在刀盘外缘，通过刀盘回转传感器来实现远程控制，其开挖的深度（超挖深度）、超挖的位置均可由盾构机驾驶员控制，便于盾构机转向。

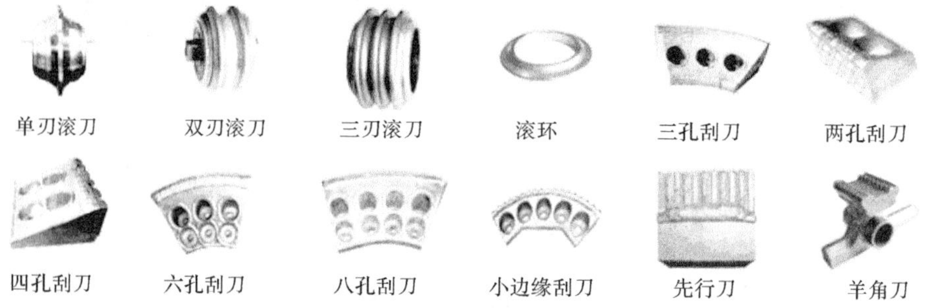

图 7.5　盾构机刀具

5. 下穿施工前的检查

在盾构机下穿施工前需要对盾构机进行全面检查，以保证其处于优良状态，具体包括以下几个方面：

1）刀具

首先应根据下穿前的地质条件和施工状况分析刀盘磨损情况，并结合下穿区域的障碍物及地质情况，综合分析判断刀具的使用状况，如果前期施工地质情况较好、刀具磨损较小，下穿区域地层无大的变化及不明障碍物，则可以不更换刀具；如果前期地质条件复杂、刀具磨损严重，且下穿区域存在不明障碍物等情况，则需要及时更换刀具，确保盾构机刀具在下穿施工阶段处于完好状态，严禁下穿过程中更换刀具。

同时下穿前对盾构机主轴承密封、泡沫口等进行检查判断，确保盾构机刀盘前部设备正常运转。

2) 土仓

针对土仓的检查主要包括两个方面，即土压力计的检查和土仓的清理。土仓压力的合理设定是保证开挖面稳定的重要举措，而土压力计则是实时监控土仓压力的设备，也是一种易损设备。在下穿施工之前，应对土压力计的测试准确度和精度进行校核，可通过对比理论土压力与实测土压力的差异性来实现。对于土仓的检查主要是检查土仓内是否存在泥饼，如果有则可使用分散剂或其他材料对其进行清理。

3) 螺旋输送机

检查螺旋输送机前后闸门是否可以完全密封，防止施工过程中无法正常关闭出现喷涌、流砂等现象，造成地面沉降影响建(构)筑物安全。

4) 盾尾

盾尾检查的内容主要包括盾尾是否完好、盾尾是否出现过漏浆情况、盾尾刷是否损坏，如果损坏则进行更换或维修。

5) 拼装机

对拼装机的检查主要是为了防止拼装机故障造成盾构机在下穿过程中长时间停机，同时还应对易损件进行更换。

6) 控制系统

控制系统主要是在施工中及时复核导线及盾构机姿态，确保盾构机姿态完好。针对控制系统的检查主要是线路和软件的核查及调试。

7) 同步注浆系统

检查注浆泵、注浆管路、设备压力表等是否完好，及时修复确保设备正常运转；对注浆管路进行检查，特别是对已堵的管路进行疏通，确保同步注浆的各个管路全部畅通(备用管路也要保证畅通)。

7.1.2　加固设备

在软弱地层中进行施工时，往往需要对地层进行预加固处理，然而通常预加固所产生的变形甚至比主体施工大，因此对加固施工设备的管理极为重要。

1. 水泥搅拌桩

水泥搅拌桩是利用搅拌机将水泥浆或水泥干粉与土充分混合并固化成桩的设备，多用于侧穿施工中淤泥、淤泥质土等高含水率、低承载力软土的预加固。水泥搅拌桩的施工除使用深层搅拌机、导向架、电气控制柜外，浆液搅拌法(湿法)工艺还会用到灰浆搅拌机、灰浆泵、冷却泵等设备，粉体搅拌法（干法）工艺还会用到粉体发送系统、空气压缩机等设备，而深层搅拌机是整套系统中的关键设备。

深层搅拌机按主电机安装位置可分为动力头式和转盘式，动力头式深层搅拌机[见图 7.6(a)]将主电机（动力头）与搅拌轴连接成整体，重心高、质量大；转盘式深层搅拌机[见图 7.6(b)]将主电机安装在底座上，重心低、易控制。

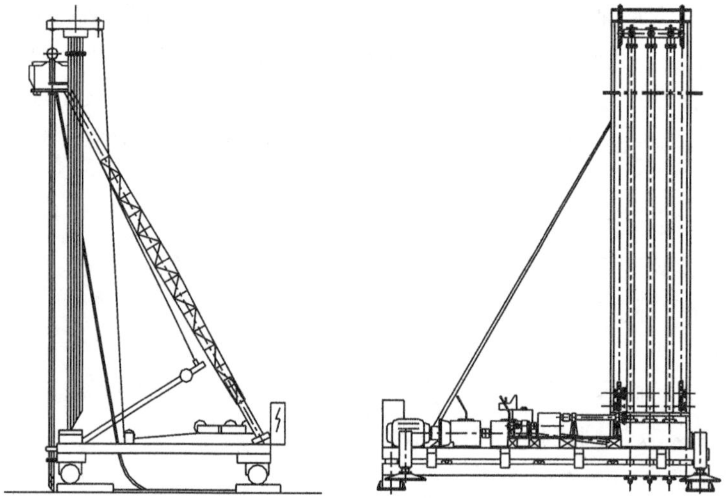

(a) 动力头式　　(b) 转盘式

图 7.6　深层搅拌机示意图

常见的动力头式深层搅拌机根据钻头数量可分为单头和双头，动力头（包含电动机和减速器）位于搅拌轴上端，用于提供动力，搅拌轴下端连接有叶片的搅拌头，转轴下探时，注浆口封闭，提管时进行注浆。双头深层搅拌机是在单头深层搅拌机基础上改进而成的，可以一次施作两根桩。类似地，转盘式深层搅拌机根据钻头数量可分为单头和多头，多头深层搅拌机多用于水泥防渗墙的施工。

水泥搅拌桩施工前除应收集水文地质、设计等资料，进行水泥土配合比室内试验外，在施工现场还需平整场地、备料及取样测试，并完成设备进场、安装和调试，主要检测内容包括：①工作电压是否稳定；②转轴转速是否合理；③浆液输送管路是否通畅；④各种仪表和监测数据是否反映准确。

在大面积施工开始前，还应进行工艺试验以验证施工技术参数的合理性，具体包括：①搅拌轴钻进深度，水泥浆停浆面标高；②水泥浆液的水灰比、外渗剂的配置；③搅拌机转速、提升速度和注浆压力；④注浆量随深度的变化规律；⑤复搅复喷的部位。

常见的动力头式和转盘式深层搅拌机型号及主要技术参数如表 7.1 和表 7.2 所示。

表 7.1　常见的动力头式深层搅拌机型号及主要技术参数

机型		单头		双头		
		GZB-600	DJB-14D	SJB-30	SJB-40	SJB-1
搅拌装置	搅拌轴数量/根	1	1	2	2	2
	搅拌叶片外径/mm	600	500	700	700	700～800
	搅拌轴转数/(r/min)	50	60	43	43	46
	电机功率/kW	2×30	1×22	2×30	2×40	2×30
起吊设备	提升能力/kN	150	50	>100	>100	>100
	提升高度/m	14	19.5	>14	>14	>14
	提升速度/(m/min)	0.6～1.0	0.95～1.2	0.2～1.0	0.2～1.0	0.2～1.0
	接地压力/kPa	60	40	60	60	60
制浆系统	灰浆拌制台数×容量/L	2×500	2×200	2×200	2×200	2×200
	灰浆泵量/(L/min)	281	33	50	50	50
	灰浆泵工作压力/kPa	1400	1500	1500	1500	1500
生产能力	一次加固桩面积/m^2	0.283	0.196	0.71	0.71	0.71～0.88
	最大加固深度/m	15	19	12	18	15
	效率/(m/台班)	60	100	40～50	40～50	40～50
总重量/t		12	4	4.5	4.7	4.5

表 7.2　常见的转盘式深层搅拌机型号及主要技术参数

机型			单头			多头		
			GPP-5	PH-5A	PH-5B	BJS-12.5B	BJS-15B	BJS-18B
搅拌装置	搅拌轴规格/mm		108×108	108×108	114×114	108×108	114×114	120×120
	搅拌轴数量/个		1	1	1	3	3	3
	搅拌叶片外径/mm		500	500	500	200～300	200～400	200～450
	轴转速/(r/min)	正	28/50/92	7/12/21/35/40		20/34/59/95		
		反		8.5/14/25/40/60				
	最大扭矩/kN·m		8.6	18	22	18	21	25
	电机功率/kW		30	37	45	45	55	60
起吊设备	提升能力/kN		78.4	78.4	78.4	105	115	155
	提升高度/m		14	15.5	20	14	17	20
	速度/(m/min)	降	0.48/0.8/1.47	0.2/0.4/0.6/1/1.5		0.32～1.55		
		升		0.2/0.3/0.5/1/1.2				
	接地压力/kPa		34	31	30	40	40	40

续表

机型		单头			多头		
		GPP-5	PH-5A	PH-5B	BJS-12.5B	BJS-15B	BJS-18B
制浆	灰浆泵量/(L/min)	50	50	50	11～50	11～50	11～50
	灰浆泵工作压力/kPa	1500	1500	1500	1000～2000	1000～2000	1000～2000
产能	一次加固桩面积/m^2	0.196	0.196	0.196	1.35	1.35	1.35
	最大加固深度/m	12.5	14.5	18	12.5	15	18
	效率/(m/台班)	100～150	100～150	100～150	100～150	100～150	100～150
重量/t		9.2	9.5	12.5	14.8	16.5	19.5

设备使用寿命的长短很大程度上取决于能否正确及时地进行维护和保养，日常的机械保养不仅能够延长设备使用寿命，还能防止机械故障，提高施工效率。针对水泥搅拌站的维护和保养包括以下几条：

(1) 对于暴露在外的台面、传动装置应保持清洁。

(2) 立架提升后，应避免油缸活塞损伤和脏污。

(3) 随时注意各滚动轴承、齿轮的温度和运转及仪表实时情况，发现异常及时停机检查。

(4) 各固件确保紧固以防掉落或垮塌。

(5) 应对设备不同部位按不同周期采用不同润滑剂进行日常保养。

(6) 全面了解相关机械设备的结构和工作原理，施工开始前认真检查以保证设备安全和可靠。

(7) 施工结束应立即拔出注浆管并彻底清洗，避免水泥浆残留。

2. 高压旋喷桩

高压旋喷桩是把水泥浆液和水(或空气)通过高压设备切割和破坏土体，强制将水泥浆液与土搅拌混合并固化成桩的设备，适用于淤泥、黏土、粉土、砂土甚至碎石土等多种地层。根据注浆管数量和喷射体的不同可以分为单管旋喷桩机、二重管旋喷桩机和三重管旋喷桩机。单管旋喷桩机采用单一喷射管且仅喷射水泥浆；二重管旋喷桩机同时将高压水泥浆和空气两种介质喷射流横向喷射出；三重管旋喷桩机则将水、气、浆液三种介质喷出，水流与气流同时切割土体形成较大空隙，同时水泥浆液以相对较低的压力注入。三种高压旋喷桩机的成桩直径随着注浆管数的增加而依次增大。高压旋喷桩的施工设备有钻机、注浆管、喷头、高压注浆泵、水泥浆系统(水箱、搅拌机、水泥仓、浆桶)、空压机(二、三重管旋喷桩机)、高压清水泵(三重旋喷桩机)等。这些机械的日常维护和保养要求与水泥搅拌桩相似。

3. 注浆机

劈裂注浆是地基加固中常用的注浆方法，袖阀管注浆是其中常用的注浆工艺。袖阀管劈裂注浆时采用注浆外管和注浆内管，注浆外管管壁按一定间距预留出浆口并设置定向膨胀圈，注浆内管上开孔并设置上下两道止浆圈，可以实现一定范围内灌浆并达到分层注浆的效果，也可以在某一地层反复注浆或沿深度采用不同材料和参数进行注浆。袖阀管劈裂注浆前应使用钻机成孔，注入一定配合比的封壳料并将袖阀管插至孔底，达到一定强度后开始注浆，前后共进行三次注浆，间隔约 12h，每次注浆完成后应将袖阀管内的残留浆液清洗干净。注浆机的日常养护与水泥搅拌桩施工部分机械的日常维护与保养要求类似，即除保持日常清洁、润滑外，还需检查压力表和其他连接设备的工作状况，确保施工能顺利开展。

7.1.3　监测设备

为衡量施工对周边环境的影响，并提前消除潜在风险，监测工作贯穿施工全过程。下穿施工常用的监测设备有全站仪、水准仪、测斜仪等人工监测设备以及测量机器人、测斜传感器、静力水准仪等自动化监测设备，施工过程中应保持与第三方监测或其他设备进行对比和校准，确保监测数据准确无误。

1. 光学仪器

全站仪、经纬仪、水准仪等光学仪器设备的日常管理应涵盖以下几个方面：

(1) 避免手直接接触光学零件，沾染灰尘时，应先吹净颗粒再用柔软光洁的布擦拭，必要时可浸取纯酒精擦拭。

(2) 受潮仪器的干燥温度不能超过 40℃，干燥完成后应进行必要的清洁处理。

(3) 仪器和支架连接处应经常清洁，防止由灰尘堆积过多导致的螺栓卡顿或卡死。

(4) 使用时应将仪器置于稳定支架上，并做好校准工作，确保监测数据的可靠性。

2. 静力水准仪

静力水准仪是基于连通管原理进行沉降观测的一种设备，具有测量精度高、快速高效、实时可靠以及自动化测量等优点，在下穿铁道、敏感建筑物等监测中常被采用，对静力水准仪的管理应注意以下几点：

(1) 静力水准仪安装后开始监测期间要有指定人员维护(在调动人员过程中要做好交接工作)。

(2) 监测期间要定期分析数据是否有异常变化,如气泡、漏液、电源不稳定、人为破坏等,如有则应及时进行维修,也可以提前采取预防措施,如安排人员定期巡查。

(3) 对于监测时间比较长,特别是运营铁路的监测时,行车产生的灰尘可能会对仪器的正常使用产生影响,为此可以做好防灰尘处理,如套上保护袋或保护罩。

(4) 在监测过程中,要保证电路和网络的通畅,确保数据能及时采集和传输。

3. 测斜传感器

测斜传感器是基于电子水平尺的原理,主要用于测量物体的倾角变化,通过计算也可以用于差异沉降和倾斜度的监测。对测斜传感器的管理应注意以下几点:

(1) 倾斜传感器安装时应保证"两面"和"两线"的正确安装。"两面"是指传感器安装面与被测物体的安装面完全紧靠,不能有夹角产生,"两线"是指传感器轴线与被测面轴线平行,也不能有夹角产生。

(2) 倾斜传感器的使用寿命一般比较短,因此在恶劣环境中使用时,应做好传感器的保护工作。

(3) 将多个倾斜传感器首尾相连进行物体绝对沉降监测时,要保证倾斜传感器间有效连接,并确保一端固定在施工影响区外。

(4) 对于采用液体倾斜传感器时,还应进行温度补偿,以消除或减少温度对测量结果的影响。

7.2 施工技术措施管理

不同的下穿条件通常对应不同的施工技术措施,下穿施工中技术措施是否落实到位,直接影响施工的效果,因此下穿施工中需严格管控施工技术措施的落实情况。下穿施工的施工技术措施管理主要包括流程管理、工序管理和工艺管理三个方面,三者之间是相互联系的。

近年来,随着盾构法隧道下穿工程数量的增多,下穿的条件也日趋复杂,其中不乏出现在复杂地层中下穿、侧穿密集建(构)筑物群等情况。为保证下穿工程的顺利完成,也出现了许多新的技术措施,如加强管片、新的盾尾密封结构和注浆材料、土体改良等,但同时也给施工管理提出了更高的挑战和要求。

7.2.1 流程管理

不同的下穿条件通常对应不同的施工方案,流程管理是围绕施工方案开展的,为了达成项目建设任务而进行的管理工作贯穿项目始末,协调并实现人员、材料、设备的合理配置，是一项庞杂的系统工程。

人员按分工的不同大体可分为管理人员、技术人员和施工人员，为保证工程进度、工程质量和施工安全，应做到以下三点：

（1）对技术方案理解透彻。明确相关人员的分工和责任划分，所有问题责任到人，同时建立上下级制度，建立责任负责制，便于问题汇总和施工管控，同时增加施工人员的责任心。

（2）对技术风险充分预判。定期对工程施工展开检查，及时发现和整改安全隐患，并根据检查情况进行分析调整和部署后续施工计划。

（3）做好技术方案管理。施工过程中保证指令明确，严格按照施工方案组织和进行施工。

盾构法隧道下穿施工所需工程材料包括：①隧道主体施工的管片、管片连接螺栓；②施工轨道、轨枕、道砟、水管等材料；③同步注浆所需水泥、粉煤灰、砂、膨润土；④二次注浆所需的水泥、水玻璃等；⑤盾构施工所需的油料，如盾尾油脂、HBW、液压油等。

针对不同材料，应从质量和数量给予保证：①施工中所使用的各种材料验收入库时均应向供应商提供质量合格和生产许可证明，材料进场前均应检验合格并符合设计及相关行业标准要求；②能够保证每天及时进场并储备不少于一天的使用量，以预留紧急条件下的处理时间，合理安排材料验收和进场，减少损失和浪费。与此同时，作为企业，在材料的采购上还应根据市场调研做出合理选择，建立并完善相关管理条例，施行合理的成本管理，在保证质量前提下有针对性地控制施工成本。

施工设备的良好状态是施工顺利进行的重要保证，施工设备通常涉及七个方面：配置、选购、使用、养护、检修、改造、报废，都需要进行全过程的综合管理，需要配合相应的管理制度。

7.2.2　工序管理

施工工序是实际施工中某一具体环节需要遵循的顺序，不同阶段、不同分工对应不同工序。

1）盾构机始发

盾构机始发直接影响盾构法隧道施工效果，施工重点主要位于洞门、始发托架和反力架。首先检测洞门端头土体，酌情进行端头加固，洞门第一次凿除后安装洞门密封、始发托架，组装盾构机并安装反力架，洞门第二次凿除后安装负环管片，进行始发段试掘进后转入正式掘进。

2）盾构机接收

盾构机接收是盾构法施工的重点和难点，当端头井位于不良或富水地层时，容易出现涌水、涌砂进而形成地面塌陷的险情，施工重点主要在于洞门。首先检测洞门端头土体，酌情进行端头加固，盾构机进入到达掘进控制状态，主要是将刀盘抵至围护结构并完成管片壁后的二次注浆，再检查止水效果，酌情进行超前注浆，随后进行洞门凿除、洞门密封和接收装置的安装，之后再进行洞门注浆，待盾构机主体出动后，再进行后配套与盾构主体的分离。

3) 盾构掘进

盾构掘进过程大体可以分为四步：开挖掘进、管片拼装和同步注浆、螺旋输送机出渣、各类监测。穿越期间，通过对推进区域油压的调节、注浆位置的调节等措施对推进轴线进行控制，在推进时对轴线进行及时调整，采用“少量多次”的原则保证采用小的偏航角慢慢纠偏，保持盾构机运动轨迹位于设计轴线容许偏差范围内。盾构施工引起周围土层变形，变形量与盾构施工参数如盾构机掘进速度、顶推力、出渣量、同步注浆等因素直接相关，并受浆液配比、特殊管片设置等环节影响，因此做好施工参数管理，有利于减小施工对地层的扰动。

7.2.3 工艺管理

盾构施工是一种高度机械自动化施工方法，其施工工艺复杂多样且相互影响，按施工阶段可将工艺分为以下三类：

(1) 穿越前。针对穿越建(构)筑物的特点及特殊要求，制定详细可行的施工方案，按照施工方案落实施工技术措施。制定详细的技术交底，对所有参与施工的人员进行教育，确保每个工作人员知道自己的职责所在和技术要求，准确掌握施工过程中的控制要求和详细的参数。穿越前确保人员、设备、材料均到位，人员数量满足施工要求，人员的技术水平满足施工要求，设备的运行状态完好，维修人员和备件满足现场施工要求，现场施工材料的质量、数量及供给速度满足施工要求。

(2) 穿越过程中。严格按照施工方案及技术交底进行施工，制定管理小组，合理组织施工调配资源，确保施工不间断连续施工，确保井下施工、地面施工、地面监测等施工信息共享。确保每个施工环节均时刻保持联系。针对盾构机参数，应根据工程情况分区，在单区域内保持均匀的掘进速度，将盾构总推力、刀盘扭矩与螺旋机压力等参数控制在正常范围内；土压设定应根据施工参数及地面监测数据，根据前述的土压力设定控制方法进行土仓压力控制，保持平稳；穿越前选取试验段，比较每环掘进出土量的实际值与理论值，综合地面隆沉数据，控制盾构机掌子面顶推力；视实际情况对掌子面土体注入改良剂以增加土体稳定性、利于排渣；盾构机姿态纠偏遵循“少量多次”原则，减小对盾周土体扰动；选取合理的注浆压力和注浆量，减小由管片脱出盾尾造成的地表沉降，同时做好盾尾密封防水；浆液配比及时调整优化，保证浆液性能(稠度、初凝值、泌水率、抗压强度等)和注浆效果；对高风险下穿区域管片特殊设计，预留注浆孔以进行二次注浆。

(3) 下穿后。控制好穿越施工过程中只是完成了一半下穿作业,后期的沉降及施工措施才是控制建(构)筑物变形的重中之重。下穿后及时进行二次注浆或多次注浆,确保地层稳定,同时加强地面监测,实时调整监测频率。

应采用全过程信息化施工,利用实时监测数据及时调整和优化施工参数,指导施工,做到现场与指挥中心数据实时同步和及时反馈的动态管理。

7.3　施工风险管理

施工风险是施工企业组织从事生产经营活动中存在的各种可能风险,具有客观性、随机性、相对性、可变性以及可测性等特点。施工风险的要素主要分为三方面,即风险因素、风险事故和风险结果。其中,风险因素也称为风险条件,它是诱使风险事故发生或影响损失严重程度的因素;风险事故也称为风险事件,它是导致损失发生的偶发事件,有可能产生经济损失或人身伤亡;风险结果也称为损失结果,它是在非计划、非预期以及非故意情况下经济价值的减少。

施工风险管理就是通过对工程风险的识别和评估,了解和掌握风险的种类、重要程度以及影响后果,进而采取有效的预防措施,并制定恰当的应急预案,把施工风险控制在摇篮中,保证下穿施工的安全[44]。下面将分别从施工风险的识别、评估及管控等方面对下穿施工的风险管理进行阐述。

7.3.1　风险识别

风险识别是指在风险事故发生之前,运用各种方法系统地、连续地认识所面临的各种风险以及分析风险事故发生的潜在原因。风险识别对风险管理的决策具有直接影响,并关系到风险管理结果的最终形式。因此,对项目风险的全面和正确识别是进行风险衡量,以及选择应对风险所需方法的前提条件,具有十分重要的现实意义。

众所周知,客观世界的因与果是相互关联的,而且可以被人们所认知。基于此,风险识别可以从两方面入手,即从事情的原因得到事情结果和由事情的结果找出产生的原因。风险识别的具体方法主要有专家调查法、分解分析法、情景分析法、核对表法、项目工作分解结构法、敏感性分析法、流程图法、财务报表分析法以及故障树分析法等。下面对前6种方法进行简单介绍。

1) 专家调查法

专家调查法是通过各领域具有丰富理论和实践经验的专家对风险及其结果进行分析和预估。邀请被穿设施管理单位的技术人员,如下穿铁路需邀请相关铁路局的工务、机务、电务、运输等方面的专业技术人员,就具体下穿点的技术风险进行讨论分析,制定安全管理方案。

2）分解分析法

分解分析法是通过图解的形式，将一些大的风险项目逐个分解成各种小的风险项目，通过对项目风险的层层分解，可使项目管理人员对各种风险因素有全面的了解。图 7.7 为关于工程风险因素的一种分解图。

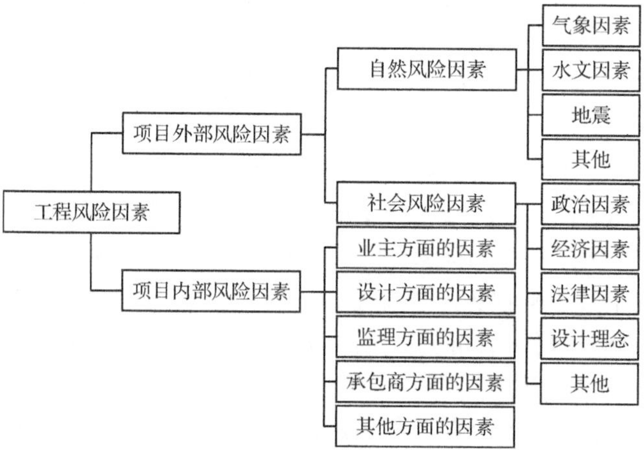

图 7.7　工程风险因素分解示意图

采用分解分析法对盾构下穿施工进行风险因素识别时，应始终围绕被穿体的安全这一主线，将影响被穿体安全的因素进行逐一细化分解，参照图 7.7，对于盾构下穿工程，自然风险因素可分解为地质情况、水文条件、被穿体的等级、被穿体的结构类型和基础形式等；设计方面的因素可分解为盾构法隧道和被穿体的相对位置关系、隧道的线型、辅助加固方案等；承包商方面的因素可分解为盾构机的选型和配置、盾构机掘进参数、机械设备的安全状态、人员的配备及管理等。

3）情景分析法

情景分析法是通过图表或曲线的形式描述项目中某个风险因素的变化，分析其对整个项目的影响情况，由此来为项目管理者提供相互比较研究的思路。

4）核对表法

核对表法是利用以往的项目经验，将诱发项目风险的来源进行列表分析，并用本项目的情况与以往项目进行直接对照，由此可以从中得到相应的启发。

5）项目工作分解结构法

项目工作分解结构（work breakdown structure，WBS）法是把一个项目按一定的原则进行分解，即项目分解成任务，任务再分解成一项项工作，再把一项项工作进行分解，到分解不下去为止。工作分解结构以可交付成果为导向，对项目风险进行的分组，归纳和定义了项目的整个风险范围，每下降一层代表对项目风险更详细的定义。

6）敏感性分析法

敏感性分析多用于项目风险的估计，测定项目变数的变化引起项目风险后果的大小。敏感性分析属于单变量分析，即保持其他因素不变，只研究一个因素对项目性能的影响。由此便可以识别出哪些因素是风险因素，需要项目管理者做进一步的风险分析。

根据杭州地铁 1 号线盾构越江隧道工程的具体情况，将盾构越江隧道施工中的风险分为 12 类，并对每类风险所造成的后果进行简要分析，如表 7.3 所示。

表 7.3　盾构下穿施工风险

序号	重大风险项目	易造成的后果
1	灾害性地质风险	施工机械适应性不好，隧道坍塌，地表塌陷，被穿体受损
2	开挖面土体失稳风险	破坏被穿体，地层坍塌，隧道被埋
3	盾构掘进轴线偏离设计轴线	影响隧道的使用、盾构机偏离目标井、纠偏措施不当导致管片破裂及地层变形过大
4	地表沉降过大风险	地面塌陷，被穿体变形过大、破裂，人员伤亡
5	密封装置失效风险	隧道涌水、涌泥
6	机械故障风险	涌水、涌泥、涌砂，影响工期，开挖面坍塌等
7	下穿段气压换刀风险	工作面塌方，被穿体变形过大、破裂，隧道被埋，人员伤亡
8	盾构穿越施工风险	被穿体结构开裂，地表沉陷，开挖面坍塌
9	隧道衬砌破坏风险	隧道变形，影响运营，隧道漏水
10	防水风险	隧道漏水，影响运营
11	盾构施工人员失误风险	盾构机损坏，隧道破坏，地表塌陷等
12	刀具失效风险	刀具磨损严重，卡刀、换刀次数增加

下穿施工不仅要保证盾构法隧道本身的安全，还应保证被穿体的安全或正常使用不受影响，因此存在的施工风险也较多，表 7.3 为盾构下穿施工的风险项目及可能造成的后果。可以看出，盾构下穿施工的风险主要集中在稳定和变形控制，影响因素涵盖地质条件、水文情况、机械设备、人员管理、被穿体的结构及基础形式等。

7.3.2　风险评估

风险评估是指在风险事件发生之前或之后（但还没有结束），针对该事件对人们的生活、生命、财产等各个方面造成的影响和损失的可能性进行量化评估，即风险评估就是量化测评某一事件或事物带来的影响或损失的可能程度。风险评估的方法主要可以分为定性评估和定量评估两种。其中，定性评估又可细分为调查和专家打分法、层次分析法、模糊数学法、统计和概率法、感性分析法、蒙特卡罗模拟、CIM 模型以及影响图等八种;定量评估主要是利用概率论的方法对各种风险因素发生的概率进行评估。下面主要针对定性评价中的层次分析法以及施工风险定量评估进行简要阐述。

1. 层次分析法

层次分析法根据专家经验设置指标体系,用一致性检验判断专家意见的一致性,将定性和定量科学有效地结合,在施工风险管理中应用广泛。层次分析法[45]大体可分为以下四个步骤。

(1) 建立问题的递阶层次结构。

层次分析法中最重要的一步是把复杂问题分解成元素的各组成部分,把这些元素按属性不同分成若干组以形成不同层次,处于最上面的层次通常只有一个元素,一般是分析问题的预定目标或理想结果,中间层次一般是准则、子准则,一个典型的层次结构可用图 7.8 表示。

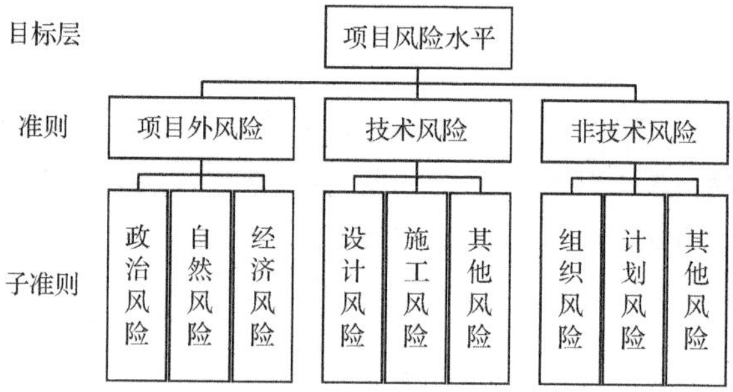

图 7.8　递阶层次结构示意图

(2) 构造两两比较判断矩阵。

递阶层次结构建立后,上下层次之间元素的隶属关系就确定了,假设以上一层次的元素 C_k 作为基准,对下一层的元素 $A_1, A_2, \cdots, A_n$ 有支配关系,需要在准则 C_k 之下按其相对重要性赋予 $A_1, A_2, \cdots, A_n$ 相应权重,越重要权重越大。

(3) 由判断矩阵计算被比较元素的相对权重。

(4) 计算各层元素的组合权重。

通过层次分析法,建立盾构下穿施工的风险评价指标体系,并得到同一层次的指标因素相对上一层次的权重。在统计评价中,选择合适的评价标准是十分关键的,评价标准选择得合适,才能客观做出评价;选择不合适,不但不能正确反映研究对象的真实性和客观性,反而还有可能得出错误的结论。

当盾构法隧道施工产生的地表变形引起被穿体变形时,被穿体结构本身在不同条件下有不同的响应,包括基础和上部结构的刚度、所处沉降槽的位置、基础和上部结构的尺寸等。同时，被穿体的结构和基础刚度对地表变形也具有约束作用，这使得下穿施工变得复杂。被穿体结构形式不同，抵抗变形的能力也不同，例如，建筑物的箱形和筏板基础整体刚度比独立基础和条形基础要好，因此抵抗沉降、差异沉降、水平位移和拉压应变等能力就更强。另外，不同的被穿体形式，其影响因素不同，对于砖石结构的建筑物，沉降、水平位移及拉伸应变是主要的破坏因素；对于钢筋混凝土结构，差异沉降有时是最大的破坏因素。所以对于实际工程，应结合被穿体的具体形式具体分析。

下面以盾构法隧道下穿建筑物施工的风险评估为例，介绍采用层次分析法进行风险评估的方法和步骤。此处选取建筑物等级、水平距离、基础底面与隧道顶面垂直距离、基础形式、施工环境、水文地质条件这六个指标来针对盾构法隧道对建筑物的风险进行评估。

建立的建筑物控制标准层次结构如图 7.9 所示，建筑物控制标准 C_k 作为目标层，建筑物等级 $A_1 \sim A_6$ 为准则层。在构造两两比较判断矩阵之前，需确定两个元素 A_i 和 A_j 对建筑物控制标准 C_k 的重要性，并对重要程度赋予一定的数值。本次分析中采用表 7.4 的比例标度。

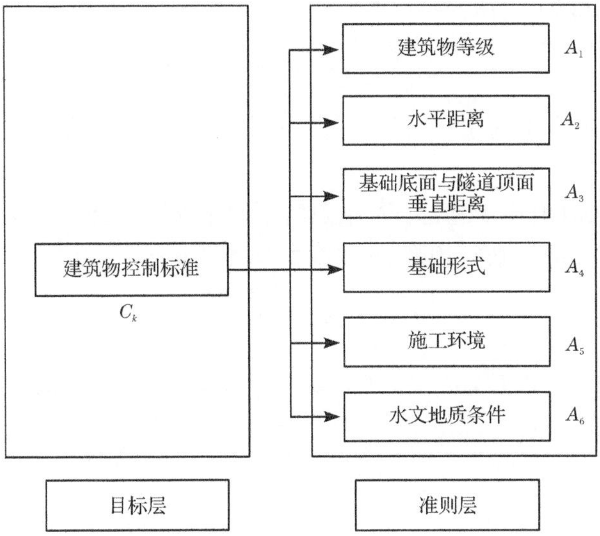

图 7.9　建筑物控制标准层次结构示意图

表 7.4　项目风险评价分值表

分值 a_{ij}	定义
1	i 因素与 j 因素同样重要
3	i 因素比 j 因素略重要
5	i 因素比 j 因素稍重要

续表

分值 a_{ij}	定义
7	i 因素比 j 因素重要得多
9	i 因素比 j 因素重要很多
2、4、6、8	i 因素与 j 因素比较结果处于以上结果的中间
倒数	j 因素与 i 因素比较结果是 i 因素与 j 因素比较结果重要性比较结果的倒数

对于影响建筑物控制标准的 7 个因素来说，按照表 7.4 给出的分值进行两两比较，得到矩阵 $\boldsymbol{A}$，即

$$\boldsymbol{A}=\begin{bmatrix} 1 & 1/3 & 1/2 & 1 & 2 & 2 \\ 3 & 1 & 2 & 3 & 5 & 5 \\ 2 & 1/2 & 1 & 2 & 3 & 3 \\ 1 & 1/3 & 1/2 & 1 & 2 & 2 \\ 1/2 & 1/5 & 1/3 & 1/2 & 1 & 1 \\ 1/2 & 1/5 & 1/3 & 1/2 & 1 & 1 \end{bmatrix}$$

矩阵 $\boldsymbol{A}$ 具有以下性质：

$$a_{ij}>0, \quad a_{ij}=\frac{1}{a_{ji}}, \quad a_{ii}=1$$

由 $\boldsymbol{A}$ 的性质可知，对于该矩阵只需要对其上（下）三角共 15 个元素进行判断即可。

利用方根法对矩阵 $\boldsymbol{A}$ 进行特征值及特征向量求解，过程如下：

(1) 比较判断矩阵按行相乘，并将乘积分别开 6 次方。

$$w'_1=\sqrt[6]{1\times\frac{1}{3}\times\frac{1}{2}\times 1\times 2\times 2}\approx 0.93$$

同理可计算出 $w'_2=2.77$，$w'_3=1.62$，$w'_4=0.93$，$w'_5=0.51$，$w'_6=0.51$。

(2) 方根归一化。

$$w_i=\frac{w'_i}{\sum\limits_{i=1}^{n} w'}, \quad i=1,2,\cdots,n \tag{7.1}$$

计算得到：$w_1=0.13$，$w_2=0.38$，$w_3=0.22$，$w_4=0.13$，$w_5=0.07$，$w_6=0.07$。

(3) 计算判断矩阵的最大特征根 $\lambda_{\max}$。

$$\lambda_{\max}=\sum_{i=1}^{n}\frac{(\boldsymbol{Aw})_i}{nw_i} \tag{7.2}$$

式中，$\boldsymbol{Aw}=[0.77 \quad 2.29 \quad 1.34 \quad 0.77 \quad 0.42 \quad 0.42]^{\mathrm{T}}$。

则

$$\lambda_{\max} = \sum_{i=1}^{n} \frac{(\boldsymbol{Aw})_i}{nw_i} = 6.02$$

(4) 一致性检验。

$$CI = \frac{\lambda_{\max} - n}{n - 1} = 0.004$$

如表 7.5 所示，一般来说，达到 6 阶矩阵平均随机一致性指标，RI=1.26，则

$$CR = \frac{CI}{RI} = \frac{0.044}{1.26} = 0.003 < 0.1$$

即一致性检验通过。

表 7.5　平均随机一致性指标

阶数	1	2	3	4	5	6	7	8	9
RI	0	0	0.52	0.89	1.12	1.26	1.36	1.41	1.46

同理，对于水平距离等准则也可进行层次分析法，经验算两两对比矩阵一致性均满足要求。

矩阵一致性验算完成后，即可利用层次总排序法求出低层次所有元素对于高层的相对重要性权重向量。采用逐层叠加的方法，从最高层开始，由高向低逐层进行计算，则可得层次总排序权值，见表 7.6。

表 7.6　层次总排序权重

层次 A / 其他层次	A_1	A_2	A_3	A_4	A_5	A_6	层次总排序权值 W
	a_1	a_2	a_3	a_4	a_5	a_6	
	0.07	0.44	0.21	0.1	0.11	0.07	
B_1	0.57	0	0	0	0	0	0.13
B_2	0.26	0	0	0	0	0	0.06
B_3	0.11	0	0	0	0	0	0.03
B_4	0.06	0	0	0	0	0	0.01
C_1	0	0.58	0	0	0	0	0.21
C_2	0	0.28	0	0	0	0	0.10
C_3	0	0.14	0	0	0	0	0.05
D_1	0	0	0.50	0	0	0	0.06
D_2	0	0	0.31	0	0	0	0.04
D_3	0	0	0.12	0	0	0	0.01
D_4	0	0	0.07	0	0	0	0.01
E_1	0	0	0	0.47	0	0	0.05
E_2	0	0	0	0.28	0	0	0.03

续表

层次 A / 其他层次	A_1	A_2	A_3	A_4	A_5	A_6	层次总排序权值 W
	a_1	a_2	a_3	a_4	a_5	a_6	
	0.07	0.44	0.21	0.1	0.11	0.07	
E_3	0	0	0	0.16	0	0	0.02
E_4	0	0	0	0.10	0	0	0.01
F_1	0	0	0	0	0.69	0	0.06
F_2	0	0	0	0	0.22	0	0.02
F_3	0	0	0	0	0.09	0	0.01
G_1	0	0	0	0	0	0.69	0.06
G_2	0	0	0	0	0	0.22	0.02
G_3	0	0	0	0	0	0.09	0.01

为了更好地对建筑物进行分类，且不改变其相对权重，即让建筑物的风险评价水平值最大为 1，各因素之间的相对权值不改变。故在此将每个指标中权重最大等级的分数总和定为 1，假设扩大因子为 K，其他的等级同时乘以扩大因子 K 得到新的权重：

$$K=\frac{1}{W_{B_1}+W_{C_1}+W_{D_1}+W_{E_1}+W_{F_1}+W_{G_1}}=1.75$$

例如，对于施工环境这一指标，其元素 G_1、G_2、G_3 的新分数分别为 0.23、0.11、0.05。

按照这种计算模式，可以得到建筑物风险控制评价标准，见表 7.7。

表 7.7 建筑物风险控制评价标准

影响因素	权重	等级划分	分数
建筑物等级	0.07	一级	0.23
		二级	0.11
		三级	0.05
		四级	0.02
水平距离	0.44	下穿	0.37
		区域Ⅱ	0.18
		区域Ⅲ	0.09
基础底面与隧道顶面垂直距离	0.21	0.5D内	0.10
		0.5D外	0.06
		1D外	0.03
		2D外	0.01

续表

影响因素	权重	等级划分	分数
基础形式	0.1	独立基础	0.10
		条形基础	0.06
		桩基础	0.03
		筏板基础	0.02
水文地质情况	0.11	复杂	0.10
		一般	0.03
		较好	0.01
施工环境	0.07	复杂	0.10
		一般	0.03
		简单	0.01

注：D 为隧道直径。

据此可对盾构法隧道影响范围内的建筑物风险等级进行划分，本次将建筑物的风险等级划分为 3 级，见表 7.8。

表 7.8　建筑风险控制标准

建(构)筑物风险控制标准	高	较高	一般
得分	0.6～1	0.4～0.6	<0.4
危险程度	危险	较危险	普通
危险等级	Ⅰ	Ⅱ	Ⅲ

实际上，层次分析法具有较大的灵活性，可以根据不同的控制要求得出不同的控制标准。例如，如果建筑物等级是控制标准的首要影响因素，则在准则层的两两矩阵中可提高建筑物等级的权重比例，从而得到新的评价标准。层次分析法的这种灵活性对于不同类型建(构)筑物区段的施工控制具有很强的适应性和实用性。

2. 施工风险的定量评估

施工风险的定量评估就是估计风险事件发生的概率，风险评估的基础是风险事件发生的概率与概率分布[46]。风险事件的概率分布是风险评估的重要方面，它是显示各种风险事件发生概率的函数。一般来说，历史资料是确定风险事件概率分布的基础，但是对于多数风险管理者，由于各种原因而没有足够的历史资料，此时可以考虑采用理论概率分布的方式进行风险评估。目前，施工风险评估常用的概率分布有很多，如均匀分布、三角形分布、正态分布、β 分布、二项式分布以及泊松分布等[47]，其中，均匀分布、三角形分布以及正态分布在工程风险管理上最为常用。

在上述风险概率分布模型的应用上，通常需要先考虑不确定性的强弱程度，然后再做概率分布模型的选择。一般来说，对于不确定性较强的风险因素可选用均匀概率分布或均方差值较大的正态分布进行风险描述；对于不确定性较弱的风险因素可采用离散型分布、三角形分布或方差较小的正态分布来描述。同时，项目决策者还应根据具体项目的类型、风险因素以及工程经验来最后确定所采用概率分布模型的形式。目前，对风险事件的概率分布进行确定的方法有以下几种[48]：历史资料法、理论分布法、主观概率法和贝叶斯后验概率法等。

7.3.3 风险管控

风险识别和风险评估完成之后，就需要根据各个风险因素的风险级别，制定有效的风险管控措施，最大限度地减少、降低由风险造成的可能损失。风险管控的方法主要包括施工巡检、实时监测和评判、定期风险沟通与咨询等[49]。

1）施工巡检

施工前风险识别和评估都是以细部设计或施工计划作为基准的，但在实际施工过程中，由于受到环境不确定性的影响，细节的发展与设计规划的考虑不可能完全相同。为了能及时查清施工风险的变化，风险管控就把定期施工巡检纳入其中，巡检的内容根据工程类别进行调整。巡检的结果列入风险查核记录，作为后续风险评估或风险沟通的参考。

2）实时监测和评判

监测是工程施工的“眼睛”，可通过实时监测地层、结构等的应力和位移变化过程，掌握工程施工各个阶段所处的安全状态，评判各风险事件发生的可能性，并及时采取应急措施保证工程安全。

3）定期风险沟通与咨询

在工程施工过程中，为了能切实做到风险管控，还应定期举行风险会议，共享施工巡检情况及实时监控数据，并将风险辨识、记录、追踪及查核的结果经评估整理后提交风险会议进行讨论，重要风险事项还应根据会议结论列入管制，重要决策则由工程主管或监造单位拟定后予以执行，执行成果则将在后续会议中追踪讨论。

4）应急方案

盾构法隧道下穿施工是一项存在多种不确定因素共同作用的综合工程，被穿体的安全对下穿施工变形控制提出了很高要求。为了预防风险事件发生对被穿体产生的严重影响，还应制定有效的应急方案，一般应涵盖应急准备、应急响应、应急处置和应急恢复全过程，最大限度地减少人员伤亡和财产损失。

第 8 章　下穿建筑物

近年来，盾构法隧道从建筑物下穿越的工程实例越来越多，施工对建筑物产生不良影响的案例时有发生，其原因涉及多个方面。但是，如果能够在施工前厘清若干不利因素，则可以提出有利于施工控制的相应措施。尽管实际的影响因素众多且复杂，也可通过物理关系或力学关系找到控制的途径。

8.1　下穿建筑物的分类

在下穿建筑物施工之前，需要对建筑物有足够和充分的认识，这是选择合理有效技术措施的前提。通常，建筑物因功能不同，所采用的结构形式也会有所不同，甚至差异很大。当建筑物所选用的材料不同时，对应的结构形式也将有所不同。例如，木结构可形成相对较柔、整体性较好的特殊结构，但受制于天然木料的强度和长度，木结构建筑的高度和跨度有限；钢筋混凝土结构的强度较木结构有显著的提高，在结构高度和跨度方面有了很大的突破，这是传统木结构所无法比拟的，但钢筋混凝土结构的自重也远较木结构大，对基础的要求也远较木结构高。为了合理实现下穿施工时对建筑物的保护，有必要对建筑物进行分类，并在分类基础上进一步提出下穿工程的分级和变形控制措施。

当盾构法隧道从建筑物下方穿越时，首先需要考虑的是上部结构的形式，不同的结构所对应的变形或沉降标准不一样；其次要考虑基础的形式，不同的基础对变形的适应性也不一样[50]；此外，穿越隧道与建筑物之间的几何关系对变形的影响甚大，在分类时也必须考虑。

8.1.1　按照建筑结构特点分类

按照建筑物的结构特点分类主要依据以下两个方面：结构物抵抗变形的能力和结构物对不均匀变形的适应能力。无论是抗变形能力还是适应变形的能力，与上部结构的类型以及材料选取有很大的关系，同时还与地基条件与基础形式密切相关。于是对下穿体的结构特征进行分类，需要从结构的抗变形能力和对不均匀变形的适应能力出发，结合结构的材料和基础类型进行区分。

1. 按照建筑物主要承重结构所使用的材料分类

建筑物按照所使用的材料可分为木结构、砖混结构、钢筋混凝土结构、钢结构以及钢与混凝土组合结构(见图 8.1)。其中,木结构使用的主要材料为木材,多为单层建筑,古建筑多采用木结构;砖混结构承重材料为砖石,老建筑多为砖混结构;钢筋混凝土结构适用于修建多层、高层建筑;钢结构的主要材料为型钢,超高层建筑或高耸建筑、受动力作用的厂房、重型厂房等多采用钢结构。

(a) 木结构

(b) 砖混结构

(c) 钢筋混凝土结构

(d) 钢结构

图 8.1　不同结构类型的建筑物

2. 建筑物基础结构分类

建筑物按照基础类型可分为浅基础与深基础两大类,两者的差别主要体现在设计原则及施工方法上。浅基础竖向尺寸与平面尺寸相当,通常验算地基承载力和地基沉降时,不考虑基础底面以上的土体抗减强度对地基承载力的作用,也不考虑基础侧面与土之间的摩擦阻力,浅基础的施工条件和工艺都比较简单;深基础包括桩、墩和沉井等,设计方法与浅基础完全不同,需要考虑侧壁的摩擦阻力对基础稳定性的有利作用,确定深基础地基的承载力方法也和浅基础不同,深基础的施工通常都要采用特殊的手段,施工条件比较复杂。

浅基础的种类很多，如图 8.2 所示，一般地，根据所使用的材料可将浅基础分为刚性基础和柔性基础。

(a) 条形基础

(b) 筏形基础

(c) 独立基础

(d) 箱形基础

图 8.2　几种常见的浅基础形式

刚性基础通常指由砖、石、素混凝土、三合土和灰土等材料建造的基础。由于这些材料的抗拉强度比抗压强度低得多，设计时不考虑它们的抗拉强度，控制基础的外伸宽度和基础高度的比值（称为刚性基础台阶宽高比）小于一定的数值即可。如果基础的外伸宽度超出规定的范围，基础会产生拉裂破坏，由于基础的相对高度比较大，几乎不会产生弯曲变形，因此称为刚性基础。当建筑物荷载比较大而地基又比较软弱时，刚性基础所需要的基础宽度很宽，相应的埋置深度非常深，这种情况不适用于开展下穿施工，否则非常容易造成建筑物基础破坏。

柔性基础是由钢筋混凝土建造的，具有比较好的抗剪能力和抗弯能力，可以用扩大基础底面积的方法来满足地基承载力的要求，而非加深基础的埋置深度。柔性基础通常分为以下几种类型：

(1) 钢筋混凝土独立基础。该类基础主要作用于柱下,也用于一般地高耸建筑物,如水塔、烟囱等。其构造形式通常有现浇台阶形基础、现浇锥形基础和预制柱的杯口基础,见图 8.3。

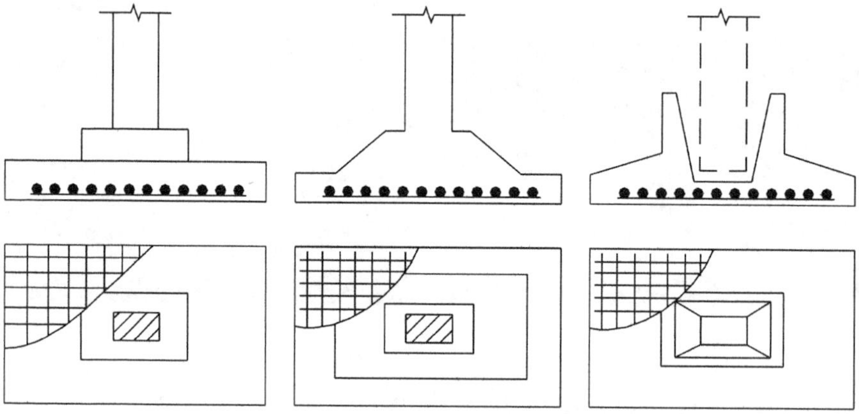

(a) 台阶形基础　(b) 锥形基础　(c) 杯口基础

图 8.3　几种常见的独立基础示意图

(2) 钢筋混凝土条形基础。当建筑物采用砖墙承重时,墙下基础常连续设置,形成条形基础;条形基础的长度一般远大于宽度,按上部结构分为柱下条形基础和墙下条形基础(见图 8.4),其作用是把墙或柱的荷载分散传递到土层中,使之满足地基承载力和变形要求。

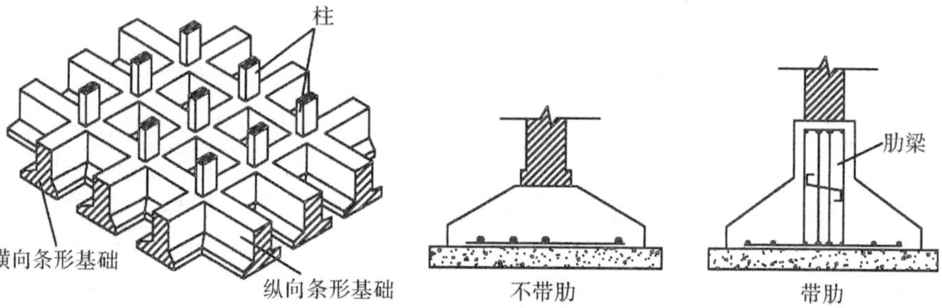

(a) 柱下条形基础　(b) 墙下条形基础

图 8.4　条形基础示意图

(3) 筏板基础。当建筑物上部荷载较大而地基承载能力又比较弱时,简单的独立基础或条形基础已不能适应地基变形的需要,这时常将墙或柱下基础连成一片,形成筏板基础(见图 8.5)。筏板基础对上部荷载的分散能力更强,可有效地增强基础的整体性,调整不均匀沉降。

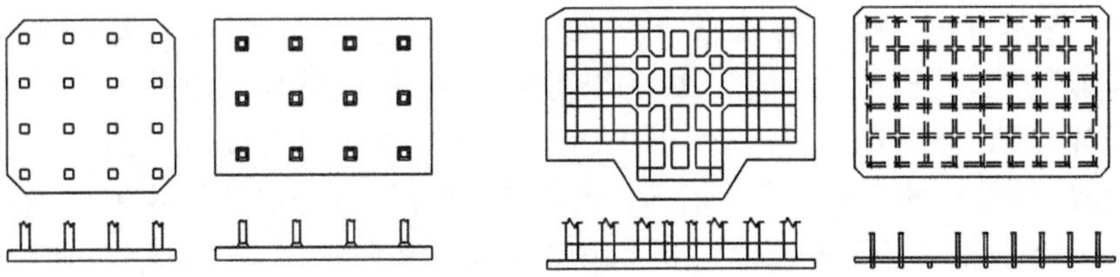

(a) 平板式　　(b) 梁板式

图 8.5　筏板基础示意图

(4) 箱形基础。箱形基础是由钢筋混凝土底板、顶板、侧墙及一定数量的内隔墙构成封闭的箱体(见图 8.6)。箱形基础整体性和刚度都较好，不均匀沉降的适应能力强，可很大程度上避免建筑物发生开裂，但箱形基础造价更高，通常用于高层重型建筑物的基础及对沉降有严格要求的设备基础或特殊构筑物。

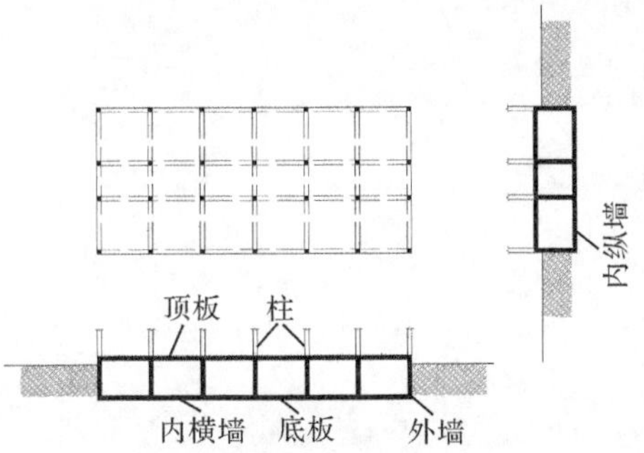

图 8.6　箱形基础示意图

(5) 壳体基础。为了发挥混凝土抗压性能好的特性，可以将基础的形式做成壳体(见图 8.7)。常见的壳体基础有三种，正圆锥壳、M 形组合壳和内球外锥组合壳。壳体基础可用作柱基础和筒形构筑物(如烟囱、水塔、料仓、中小型高炉等)的基础。

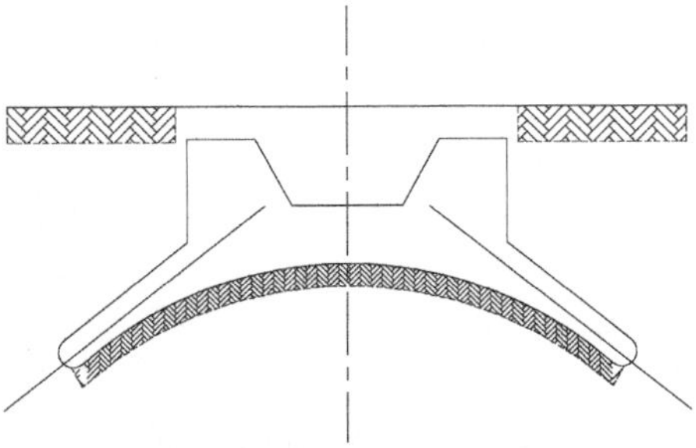

图 8.7　壳体基础示意图

(6) 深基础主要指桩基，如图 8.8 所示。桩基是设置于土中的竖直或倾斜的柱形基础构建，其横截面尺寸比长度小得多，并与连接桩顶和承接上部结构的承台组成深基础。桩利用本身远大于土的刚度将上部结构荷载传递到桩周及桩端较坚硬、压缩性小的土或岩石中，减小沉降，使建筑物满足正常的使用功能及抗震要求。一般工业与民用建筑中主要采用桩基承受竖向抗压荷载，此外，在桥梁、公路、高耸及高重建筑物中还可以用于承受侧向力、地震力、行车荷载以及抗拔荷载等。盾构在城市中施工会经常遇到从桩基中穿越的情况，此时附加应力计算较困难，施工参数难以确定。另一类下穿问题还需要从建筑物的桩基础中穿越或者需要直接从桩体上穿越。如图 8.9 所示，从桩体上穿越需要截桩，这还常常与桩基础的托换有关联。

图 8.8　桩基础

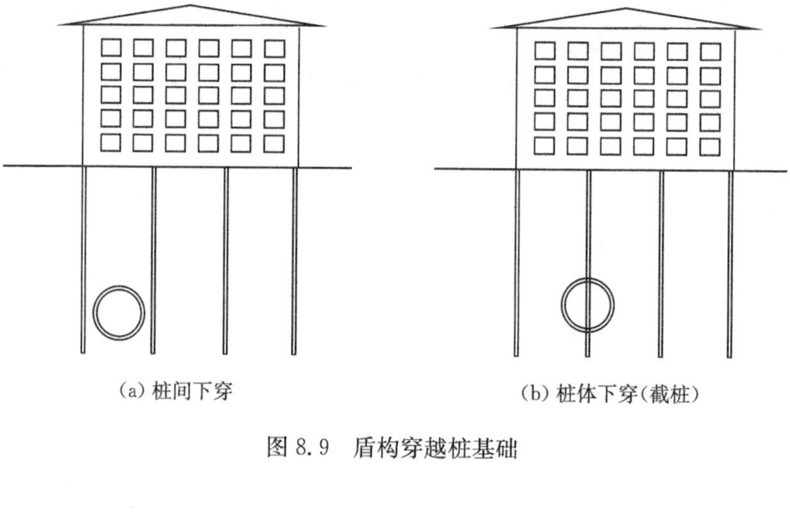

(a) 桩间下穿　　(b) 桩体下穿(截桩)

图 8.9　盾构穿越桩基础

桩可以按不同的方法进行分类，不同类型的桩基具有不同的承载性能，下穿施工时的侧重点也不相同。桩的综合分类见表 8.1。钢筋混凝土预制桩在施工现场或构件场预制，用打桩机打入土中，再在桩顶浇注钢筋混凝土承台，其承载力大，预应力管桩桩身材料强度可达到 C80，且不受地下水位变化的影响，耐久性好。预制桩的缺点是自重大，运输和吊装比较困难，打桩时振动较大，对周围房屋有一定影响。灌注桩适用于多种地层，可灵活调整桩长、桩径，且施工时无振动、无挤土、噪声小，宜在城市建筑物密集的地区使用，是目前主要使用的桩型。

表 8.1　桩的综合分类

桩基础分类	桩的类型				
按桩的制作工艺	预制桩		灌注桩		
按成桩或成孔工艺	打入桩	静压桩	沉管桩	钻孔桩	人工挖孔桩
按挤土效应	挤土	挤土	挤土	非挤土	非挤土
按桩身材料	钢、钢筋混凝土		钢筋混凝土、素混凝土		

常用的预制桩有混凝土实心方桩与预应力混凝土管桩两种，一般通过沉桩设备打入、压入或振入土中。预制桩的接头为薄弱环节，盾构穿越桩基施工工况复杂，需要对接头处桩基的性态变化做充分调研与计算，以免发生破坏。灌注桩通常分为含钢筋段与素混凝土段，其中，含钢筋段可抗弯，而素混凝土段不抗弯，应尽量保证盾构在钢筋段下穿，避免素混凝土段受弯破坏。

8.1.2　按建筑物与隧道的空间关系分类

隧道与建筑物的相对位置不同会导致地层变形影响区域与建筑物组合方式不同，从而对建筑物产生不同的附加应力和沉降。一般地，下穿隧道与建筑物的距离越近，下穿施工对建筑物产生的影响越大。距离的远近在三维空间中可以通过立面和平面位置关系来表征(通常忽略隧道的坡度引起的距离变化)，具体包含两层含义：一是两者立面上位置关系，主要指建筑物与下部隧道之间的距离，如 $0.5D$、$1.0D$、$1.5D$、$2.0D$ 等，需要分析不同埋深对建筑物的影响；二是两者平面上位置关系，指隧道与建筑物水平距离及交叉方位，主要关注建筑物与沉降槽之间的关系，尤其与沉降梯度之间的关系。立面位置关系主要是隧道在建筑正下方或者隧道在建筑侧下方；平面位置关系主要是隧道走向与建筑平行、隧道走向与建筑垂直、隧道走向与建筑斜交。

盾构法隧道下穿建筑物可划分为下穿、侧穿、斜穿，如图 8.10 所示。图 8.10(a)为盾构从建筑物的正下方正交穿越，此时可分为两种情况：沿建筑物长边穿越和沿建筑物短边穿越；图 8.10(b)为从建筑物的侧面穿越，且隧道轴线与建筑物某侧边平行，可分为与长边平行和与短边平行两种情况；图 8.10(c)为与建筑物斜交的下穿情形，可分为在建筑物下方的斜穿与在建筑物一侧斜穿。

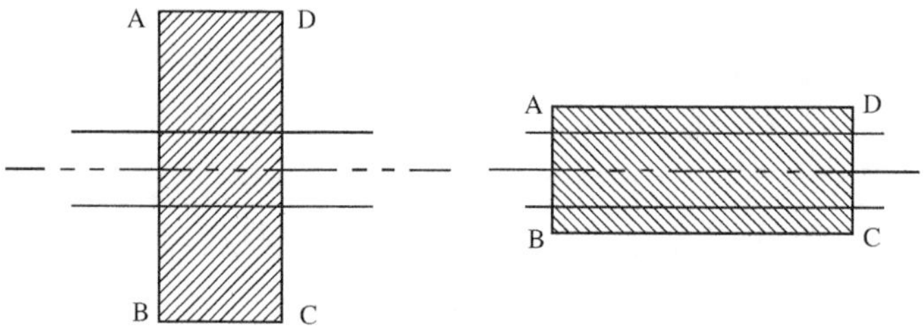

(a) 下穿

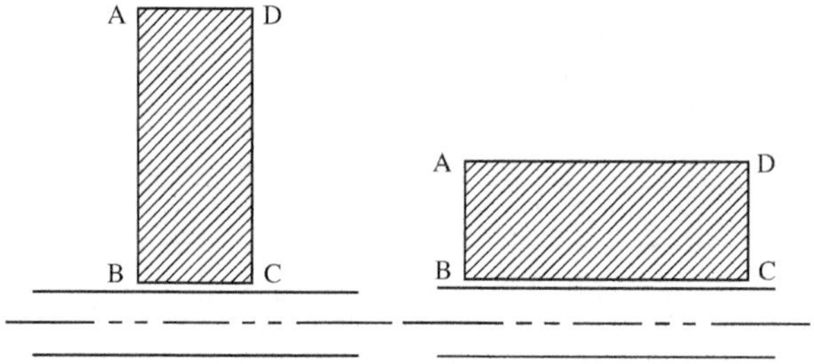

(b) 侧穿

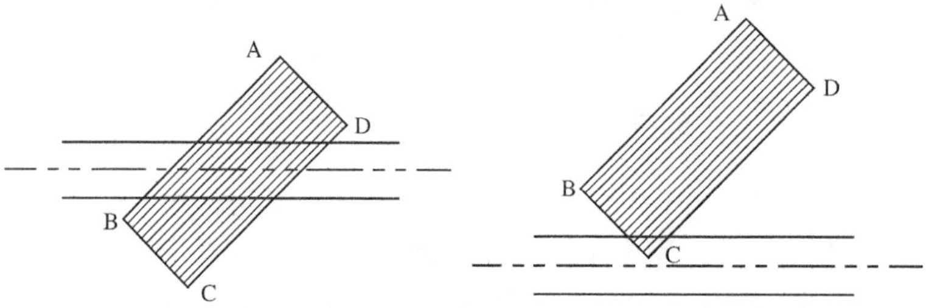

(c) 斜穿

图 8.10　下穿、侧穿和斜穿建筑物

对建筑物的下穿类型进行分类可以明确建筑物与沉降槽的关系，从而确定下穿施工对建筑物产生的差异沉降，并根据沉降和类型提出针对性的辅助控制措施。

8.2　下穿建筑物的工程分级

在下穿建筑物分类的基础上，还需要对建筑物的重要性进行分级以便于施工控制和现场管理。下穿分级不同，下穿工程的危险程度也不相同，技术人员需根据下穿工程分级结果制定施工、监测方案和辅助管理措施，并配套相应的应急预案，保障下穿施工质量和被穿体的安全。

8.2.1　下穿工程分级的影响因素

理论分析和大量的工程实践经验表明，盾构施工引起地表及邻近建筑物沉降变形的主要原因是施工过程中的地层损失、地层原始应力状态的改变、衬砌结构的变形、土体的固结和次固结作用，其影响因素包括地质条件、覆土厚度、施工参数、地下水作用等。

1）地质条件

对盾构法隧道下穿建筑物而言，地层条件差与好的判定取决于两个方面：①土层的结构特征，黏粒含量、组分、地下水等，需区分黏土、粉土、细砂、中粗砂、卵石、软岩或硬岩等；②盾构机的机型与配置，不同机型与不同配置所适应的地层不同，所以在下穿施工之前须研究盾构机的适应性。但总体上说，稳定性好的土层施工控制相对容易，易于液化或发生流砂的地层施工控制比较困难。

2）覆土厚度

覆土厚度总体上取决于隧道的线型，一般覆土厚度较薄，下穿施工对建筑物的影响越大；当覆土厚度小到一定程度后，需考虑盾构推进时盾壳摩擦对上部土体的影响，而且还须考虑运营期隧道的变形形态与建筑物之间的关系。

3）施工参数

盾构法隧道下穿施工需要考虑的另一重要因素是施工参数。盾构机土仓压力的设定很大程度上决定地层损失的大小。同时，刀盘扭矩、开口率、螺旋输送机转速又会影响地层的应力释放特性，进而对地层损失产生影响。此外，盾构机总推力、同步注浆参数的选取，也会对沉降槽的形式产生影响。

4）地下水作用

地下水对下穿工程的影响要从两方面来考虑：①施工期是否会发生喷涌；②服役期结构的渗漏水是否会对建筑物及隧道产生不利影响。当地铁盾构施工产生的地表变形引起建筑物变形时，建筑物结构本身在不同条件下有不同的响应，需要结合上述影响因素并采用合适的数学方法对下穿工程进行分级。

8.2.2　下穿工程分级方法

盾构法隧道穿越建筑物工程受诸多因素的影响，可采用层次分析法对下穿工程进行分级和评价。首先，建立隧道临近施工的下穿工程分级评价指标体系，可选取建筑物等级、水平距离、基础底面与隧道顶面垂直距离、基础形式、水文地质情况、施工环境等六项指标来对盾构法隧道穿越施工进行分级和评价。

其次，绘制如图 8.11 所示的建筑物控制标准层次结构示意图。建筑物控制标准为目标层并对建筑物等级(A_1)、水平距离(A_2)、基底底面与隧顶距离(A_3)、基础形式(A_4)、水文地质情况(A_5)和施工环境(A_6)具有支配作用。再对指标体系进行等级划分。

(1) 建筑物等级:一级(B_1)、二级(B_2)、三级(B_3)、四级(B_4)。

(2) 水平位置:下穿(C_1)、斜穿(C_2)、侧穿(C_3)。

(3) 基础地面与隧道顶面垂直距离:小于 0.5D(D_1)、0.5D～1D(D_2)、1D～2D(D_3)、大于 2D(D_4)。

(4) 基础形式:独立基础(E_1)、条形基础(E_2)、桩基础(E_3)、筏板基础(E_4)。

(5) 水文地质情况:复杂(G_1)、一般(G_2)、较好(G_3)。

(6) 施工环境:复杂(F_1)、一般(F_2)、简单(F_3)。

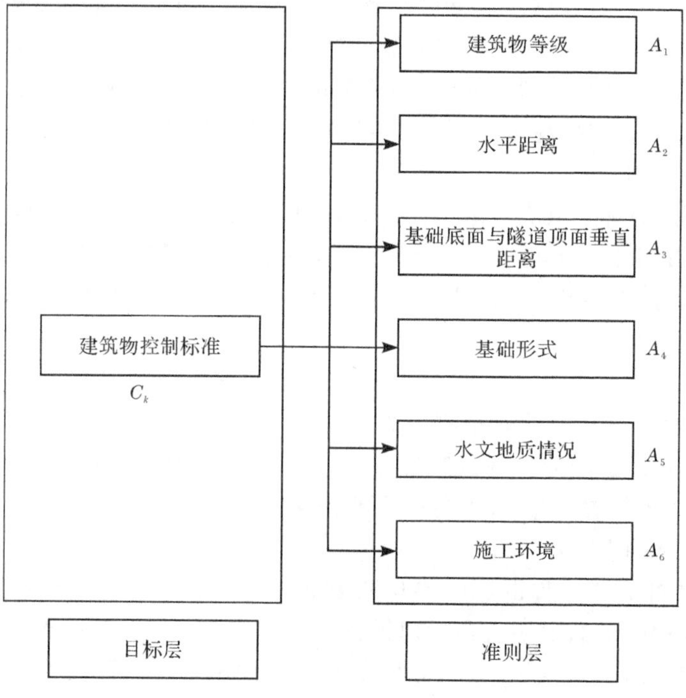

图 8.11　建筑物控制标准层次结构示意图

在已建立层次关系的基础上,通过层次分析法构造两两比较矩阵并由矩阵计算元素的相对权重和各层元素的组合权重,可得到下穿建筑物分级影响因素评分标准,见表 8.2。

表 8.2　下穿工程分级影响因素评分标准

影响因素	权重	风险分级	分数
建筑物等级	0.07	一级	0.23
		二级	0.11
		三级	0.05
		四级	0.02
水平距离	0.44	下穿	0.18
		斜穿	0.37
		侧穿	0.09
基础底面与隧道顶面垂直距离	0.21	小于 0.5D	0.10
		0.5D～1D	0.06
		1D～2D	0.03
		大于 2D	0.01
基础形式	0.1	独立基础	0.10
		条形基础	0.06
		桩基础	0.03
		筏板基础	0.02
水文地质情况	0.11	复杂	0.10
		一般	0.03
		较好	0.01
施工环境	0.07	复杂	0.10
		一般	0.03
		简单	0.01

因此，针对某个确定的下穿建筑物，其具体得分为

$$W = \sum_{i=1}^{n} W_i \tag{8.1}$$

式中，W 为评价对象总分；W_i 为指标 i 的得分。

到此，可以对下穿建(构)筑工程进行分级，见表 8.3。

表 8.3　盾构下穿建(构)筑工程分级

下穿建(构)筑物分级控制标准	高	较高	一般
W	1～0.6	0.4～0.6	<0.4
危险程度	危险	较危险	普通
危险等级	Ⅰ	Ⅱ	Ⅲ

Ⅰ级：若下穿工程分级评价水平处于这个范围内，说明建筑物在盾构法隧道掘进过程中会受到大的影响。施工前应对其进行充分的调查研究，制定相应加固措施，对建筑物进行大的修理保护，还需在穿越期对其进行严密的监测，发现问题需及时反馈解决，必要时可以进行拆除。

Ⅱ级：若下穿工程分级评价水平处于这个范围内，说明建筑物在盾构法隧道掘进过程中会受到较大的影响。施工前需要对建筑进行仔细保护，对建筑物进行中等的修理保护，视具体情况决定是否对其进行加固措施。

Ⅲ级：若下穿工程分级评价水平处于这个范围内，说明建筑物在盾构法隧道掘进过程中会受到一定的影响，不过影响不大，但是还在隧道穿越前进行简单保护，穿越期间需要对其加强监控。

8.3　下穿区段建筑物附加应力计算方法

盾构法隧道穿越建筑物(群)时，建筑物荷载在周围一定深度和宽度范围内产生的附加应力使盾构受力状态发生变化，要保证被穿体的安全，就需要根据实际情况及时调整盾构掘进参数来将施工扰动或地层损失降至最低。不同的建筑物形态、分布形式、基础埋深和路线穿越形式都会对下穿区地层的附加应力产生影响，一般将基底附加压力视为作用在弹性半无限体表面上的局部荷载，用弹性理论的方法计算求解。

8.3.1　竖向集中力作用下土的附加应力

在均匀的、各向同性的半无限弹性体表面作用一竖向集中力 Q 时，半无限体内任意点 M 的应力(不考虑弹性体的体积力)可由布西内斯克公式计算，如图 8.12 所示。工程中常用的竖向正应力 σ_z 及地表上距集中力 r 处的竖向位移 w(沉降)可表示成式(8.2)和式(8.3)：

$$\sigma_z = \frac{3Q}{2\pi}\frac{z^3}{R^5} = \frac{3Q}{2\pi z^2\left[1+\left(\frac{r}{z}\right)^2\right]^{\frac{5}{2}}} = \alpha\frac{Q}{z^2} \tag{8.2}$$

$$w = \frac{Q(1+\mu^2)}{\pi E r} \tag{8.3}$$

式中，$R=\sqrt{x^2+y^2+z^2}$；α 是 $\frac{r}{z}$ 的函数，可查表获得；E 和 μ 分别为土的弹性模量和泊松比。

8.3.2　集中力作用下土中其余应力分量计算

x 和 y 方向的正应力：

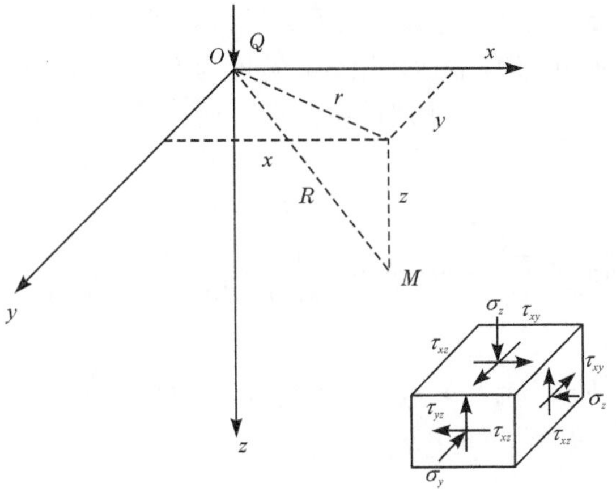

图 8.12　集中力作用下土中应力计算

$$\sigma_x = \frac{3Q}{2\pi}\left\{\frac{zx^2}{R^5} + \frac{1-2\mu}{3}\left[\frac{R^2 - Rz - z^2}{R^3(R+z)} - \frac{x^2(2R+z)}{R^3(R+z)^2}\right]\right\} \tag{8.4}$$

$$\sigma_y = \frac{3Q}{2\pi}\left\{\frac{zy^2}{R^5} + \frac{1-2\mu}{3}\left[\frac{R^2 - Rz - z^2}{R^3(R+z)} - \frac{y^2(2R+z)}{R^3(R+z)^2}\right]\right\} \tag{8.5}$$

x、y 和 z 方向的切应力：

$$\tau_{xy} = \tau_{yx} = \frac{3Q}{2\pi}\left[\frac{xyz}{R^5} - \frac{1-2\mu}{3}\frac{xy(2R+z)}{R^3(R+z)^2}\right] \tag{8.6}$$

$$\tau_{yz} = \tau_{zy} = -\frac{3Q}{2\pi}\frac{yz^2}{R^5} \tag{8.7}$$

$$\tau_{zx} = \tau_{xz} = -\frac{3Q}{2\pi}\frac{xz^2}{R^5} \tag{8.8}$$

x、y 和 z 方向的位移：

$$u = \frac{Q(1+\mu)}{2\pi E}\left[\frac{xz}{R^3} - (1-2\mu)\frac{x}{R(R+z)}\right] \tag{8.9}$$

$$v = \frac{Q(1+\mu)}{2\pi E}\left[\frac{yz}{R^3} - (1-2\mu)\frac{y}{R(R+z)}\right] \tag{8.10}$$

$$w = \frac{Q(1+\mu)}{2\pi E}\left[\frac{z^2}{R^3} + (1-2\mu)\frac{1}{R}\right] \tag{8.11}$$

对实际工程中普遍存在的分布荷载作用时的土中应力计算，通常可采用如下方法处理：当基础底面的形状或基底下的荷载分布不规则时，可以把分布荷载分割为许多集中力，然后用布西内斯克公式和叠加原理计算土中应力。当基础底面的形状及分布荷载都是规律的时，则可以通过积分求解出相应的土中应力。

8.3.3　均布条形分布荷载下土中应力计算

条形分布荷载下土中应力计算属于平面应变问题，对路堤、堤坝以及长宽比

$l/b \geqslant 10$ 的条形基础均可视作平面应变问题进行处理。

如图 8.13 所示，在土体表面作用分布宽度为 b 的均布条形荷载 p 时，土中任一点的竖向应力 σ_z 可采用弹性理论中的弗拉曼公式在荷载分布宽度范围内积分得

$$\sigma_z = P\alpha_u \tag{8.12}$$

$$\alpha_u = \frac{P}{\pi}\left[\left(\arctan\frac{1-2n'}{2m} + \arctan\frac{1+2n'}{2m}\right) - \frac{4m(4n'^2-4m^2-1)}{(4n'^2+4m^2-1)^2+16m^2}\right] \tag{8.13}$$

式中，应力系数 α_u 是 $n=x/b$ 及 $m=z/b$ 的函数，也可由相应的应力系数表查得；坐标轴的原点是在均布荷载的中点。

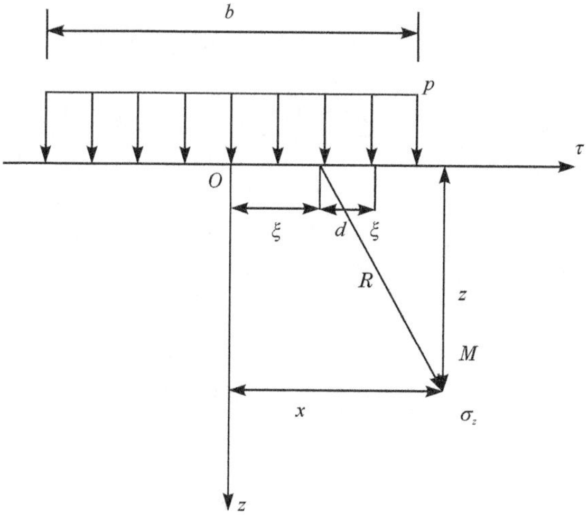

图 8.13　均布条形荷载作用下的土中应力计算

8.3.4　成层地基中附加应力的分布规律

在柔性荷载作用下，将土体视为均质各向同性弹性土体时，土中附加应力的计算与土的性质无关。但是，地基土往往是由软硬不一的多种土层所组成的，其变形特性在竖直方向差异较大，应属于双层地基的应力分布问题。对于双层地基的应力分布问题，有两种情况值得研究：一种是坚硬土层上覆盖着不厚的可压缩土层，即薄压缩层情况；另一种是软弱土层上有一层压缩性较低的土层，即硬壳层情况。

当上层土的压缩性比下层土的压缩性高（薄压缩层情况），即 $E_1 < E_2$ 时（E_1、E_2 分别为上层土和下层土的变形模量），土中附加应力分布将发生应力集中的现象；当上层土的压缩性比下层土的压缩性低（硬壳层情况），即 $E_1 > E_2$ 时，土中附加应力将发生扩散现象，如图 8.14 所示。在实际地基中，下卧刚性岩层将引起应

力集中的现象，岩层埋藏越浅，应力集中越显著。在坚硬土层下存在软弱下卧层时，土中应力扩散的现象将随上层坚硬土层厚度的增大而更加显著。因土的泊松比变化不大，其对应力集中和应力扩散现象的影响可忽略。

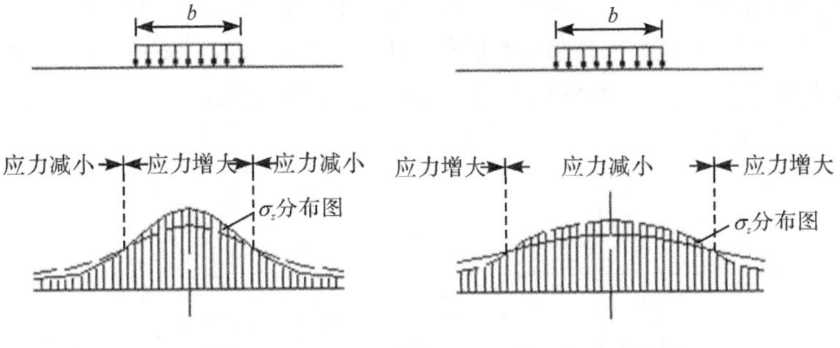

(a) 应力集中　　(b) 应力扩散

图 8.14　双层地基中界面上附加应力的分布规律

双层地基中应力集中和扩散的概念有着重要的工程意义，特别是在软土地区，若表面有一层硬壳层，根据应力扩散作用原理，可以减少地基的沉降，故在设计中基础应尽量浅埋，并在施工中采取保护措施，以免浅层土的结构遭受破坏。

盾构法隧道在双层地基(上硬下软)中施工位置的 3 种情况分别对应不同的附加荷载影响范围，如图 8.15 所示。

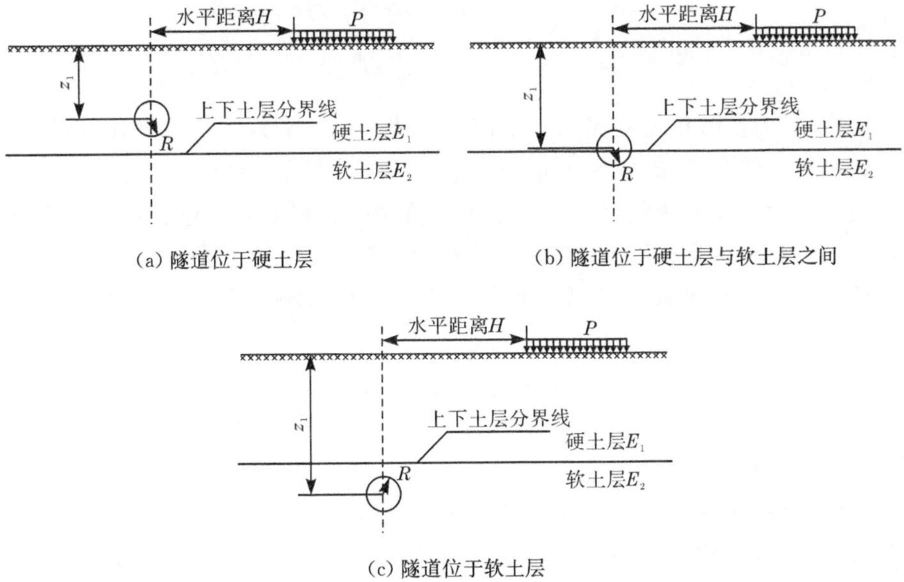

(a) 隧道位于硬土层　　(b) 隧道位于硬土层与软土层之间

(c) 隧道位于软土层

图 8.15　盾构法隧道在双层地基中施工位置

建筑物荷载将在土中引起新的应力，根据土的位置主要分为基底处的附加应力和土中的附加应力，若隧道处于应力扩散范围内，则会在局部产生较大的不均匀沉降。

根据中国建筑科学研究院地基基础研究所先期研究，若地基由上下两层区别较大的土层组成，且为上层坚硬、下层软弱的双层地基时，基底处的压力将按一定的扩散角 θ 向下传递至软弱下卧层表层，如图 8.16 所示。

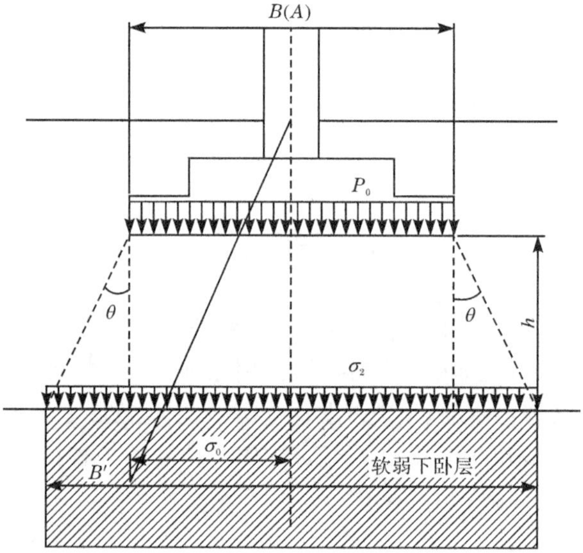

图 8.16　基底附加应力压力扩散示意图

其中，压力扩散角是从实用角度出发而提出的。假设基底处的附加应力 P_0 向下传播时，将按一定的角度 θ 向外扩散，并均匀分布在扩散后的面积上。

对于盾构法隧道在双层地基中施工位置第一种形式——隧道位于硬土层中时，参考《建筑基坑支护技术规程》(JGJ 120—2012)中 3.4.2 条图示中 45°扩散角考虑建筑物基底附加荷载，即作与地面成 45°角的塑形圆的切线，以此作为控制范围的边界线，如图 8.17 所示。

对于盾构法隧道在双层地基中施工位置的第二种形式——隧道位于硬土层与软土层之间时，考虑不利情况，建议采用第一种形式下的计算方法得到建筑物控制范围，如图 8.18 所示。

对于盾构法隧道在双层地基中施工位置的第三种形式——隧道位于软土层中时，作用在软土层上的附加应力可以采用相应应力扩散角进行计算，得到土层分界面上软土层的附加应力作用范围，再利用《建筑基坑支护技术规程》(JGJ 120—2012)中 3.4.2 条图示中 45°扩散角考虑建筑物基底附加荷载，即作与地面

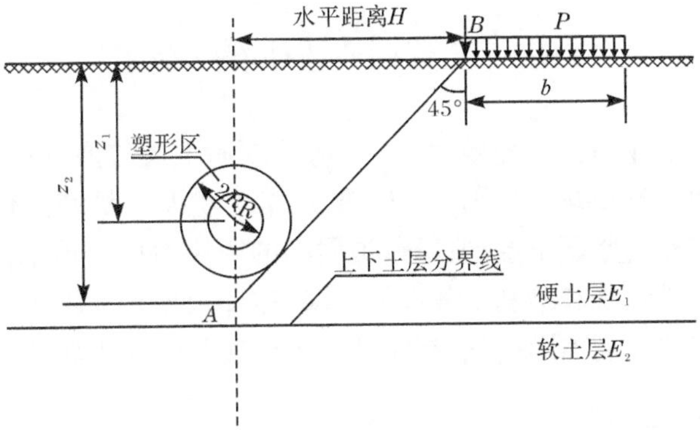

图 8.17　第一种形式下邻近建筑物保护与控制范围

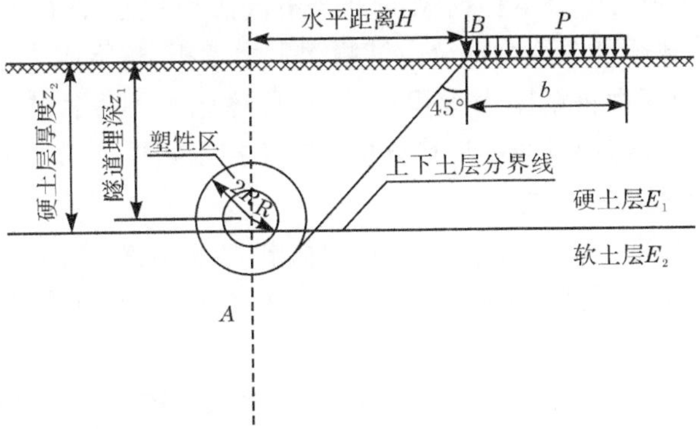

图 8.18　第二种形式下邻近建筑物保护与控制范围

成 45°角的塑性区圆的切线，得到软土层上边界应力位置，再作与地面成 $90°-\theta$ 的直线，即可得到地面建筑物的基底应力分布边界，见图 8.19。

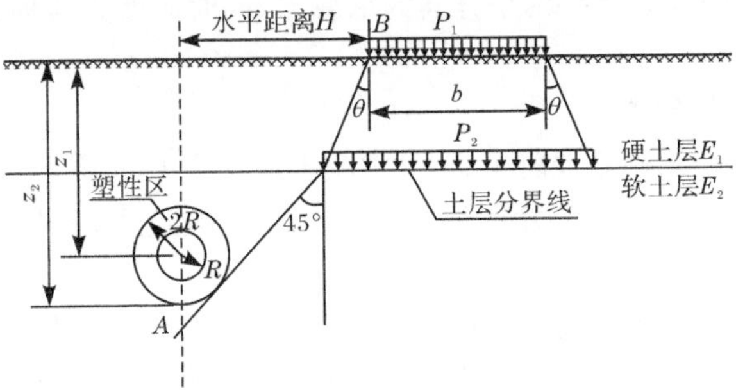

图 8.19　第三种形式下邻近建筑物保护与控制范围

8.4 下穿深基础建筑物

当建造大型工业与民用建筑时，若地基的软弱土层较厚，采用浅埋基础不能满足地基强度和变形要求，常采用深基础，通常为桩基。桩基的作用是将荷载通过桩传给埋藏较深的坚硬土层，或通过桩周围的摩擦力传给地基。盾构穿越桩基时的施工扰动会导致既有桩基承载性能下降，需要根据实际情况进行相应的计算分析并采取一定的辅助加固措施，有时甚至还会涉及桩基切割、托换等过程。

8.4.1 桩基的分类

1) 按承载状况分类

建筑物的深基础按照承担荷载的方式不同主要包括摩擦桩和端承桩两种。摩擦桩的桩顶荷载全部或绝大部分由桩侧摩阻力承担，桩端阻力小到可以忽略的程度；端承桩则全部由桩端阻力承担荷载，桩侧摩阻力不发挥作用。针对不同类型的桩基，盾构法隧道穿越时的计算分析与施工控制侧重点均不相同。

2) 按桩的使用功能分类

(1) 竖向抗压桩：建筑物的荷载以竖向荷载为主，桩在轴向受压，由桩端阻力和桩侧摩阻力共同承受竖向荷载，工作时的桩身强度验算主要验算轴心抗压强度。

(2) 竖向抗拔桩：当地下室深度较深，地面建筑层数不多时，需要设置承受上拔力的桩。此时桩侧阻力与竖向抗压桩相反。

(3) 水平受荷桩：用于承受水平荷载为主的建筑物桩基础，或用于防止土体或岩体滑动的抗滑桩，桩的作用主要是抵抗水平力。

(4) 复合受荷桩：当建筑物传给桩基础的竖向荷载和水平荷载都较大时，桩的设计应同时验算竖向和水平两个方向的承载力，同时应考虑竖向荷载和水平荷载之间的相互影响。

3) 按桩身材料分类

(1) 混凝土桩：指由素混凝土、钢筋混凝土或预应力混凝土制成的桩。这种类型的桩长度过长时不能充分发挥地基土对桩的支撑能力，盾构穿越时承载力损失大。

(2) 钢桩：指采用钢材制成的管桩和型钢桩。由于钢材强度高，可用于超长桩，可进入比较密实或坚硬的持力层，获得很高的承载力。盾构穿越钢桩时，若需要进行切削，则施工较困难。

4) 按桩径大小分类

桩径大小不同的桩，其承载性能不同，穿越施工时所对应的辅助措施也不相同。通常桩基按照桩径大小可分为小桩($d \leqslant 250$mm)、中等直径桩($250\text{mm} < d < 800$mm)和大直径桩($d \geqslant 800$mm)。

5) 我国现有的桩基体系

我国地域辽阔,各地自然地质条件差别很大,施工技术水平也有较大差异,因此在桩基的使用方面也极为多元化。我国各类工程中主要应用的桩基类型见表 8.4,各桩型的使用范围见表 8.5。

表 8.4　我国已采用的主要桩基类型

<table>
<tr><th>成桩方法</th><th>制桩材料或工艺</th><th colspan="2">桩身与桩尖形状</th><th colspan="2">施工工艺</th></tr>
<tr><td rowspan="6">预制桩</td><td rowspan="4">钢筋混凝土</td><td>方桩</td><td>传统桩尖
桩端型钢加强</td><td rowspan="6">三角形桩
传统桩尖
平底</td><td rowspan="10">锤击沉桩
振动沉桩
静力压桩</td></tr>
<tr><td colspan="2">三角形桩</td></tr>
<tr><td>空心方桩</td><td rowspan="2">传统桩尖
平底</td></tr>
<tr><td>管桩</td></tr>
<tr><td rowspan="2">钢材</td><td>钢管桩</td><td>开口
闭口</td></tr>
<tr><td colspan="2">H 型钢</td></tr>
<tr><td rowspan="5">灌注桩</td><td rowspan="4">沉管灌注桩</td><td colspan="3">直桩身-预制锥形桩尖</td></tr>
<tr><td rowspan="3">扩底</td><td colspan="2">内击式扩底</td></tr>
<tr><td colspan="2">无桩靴夯扩</td></tr>
<tr><td colspan="2">预制平底大头扩底</td></tr>
<tr><td>钻(冲、挖)孔
灌注桩</td><td>直身桩
扩底桩
多分枝承力盘桩
嵌岩桩</td><td colspan="2">钻孔
冲孔
人工挖孔</td><td>压浆
不压浆</td></tr>
</table>

表 8.5　各桩型的使用范围

桩型	适用建筑物层数	桥梁	码头	塔架	基坑围护/m	最大桩深/m	最大桩径/mm
钢管桩	23～90	—	—	—	—	83	1300
预制混凝土桩	8～40	—	—	—	6～9	75	600
预应力管桩	8～40	—	—	—	—	40	1300
钻孔桩	18～45	—	—	—	6～18	104	4000
人工挖孔桩	18～52	—	—	—	3～14	53	4000
沉管灌注桩	5～15	—	—	—	4～7	35	700

8.4.2 承载力损失估算与附加沉降计算

盾构法隧道穿越时的开挖卸载势必造成周边地层内应力释放，从而导致桩侧土压力减小，不利于摩擦型桩基桩——土摩擦效应的发挥。因此，确定盾构穿越时桩侧摩阻力的减少量及其对应的桩基承载力损失是盾构穿越摩擦桩施工安全的关键。

盾构掘进穿越摩擦桩时的承载力损失估算需要首先根据开挖卸载位移场确定穿越施工对桩基的影响范围，进而确定影响范围内的桩基数量，然后计算每根桩基的摩阻力损失。

一般地，摩擦型桩基础(纯摩擦型或复合桩基)平衡状态有如式(8.14)所示的关系：

$$\gamma A(l+h)+N+G+W \leqslant Q_{\mathrm{f}}+f_{l+h}A \tag{8.14}$$

式中，l 和 h 分别为桩长和承台的埋置深度，m；N 为桩基承受的总荷载(标高±0.00以上部分)，kN；G 为桩承台的超重(指超过原来土重的部分)，kN；W 为桩体的超重(指超过被其取代土重的部分)，kN；A 为桩的截面积，m^2；Q_{f} 为桩的侧摩阻力，kN；f_{l+h} 为桩端持力层土的承载力，kPa，纯摩擦型桩 $f_{l+h}=0$。

桩侧摩阻力的变化受到地层内应力的影响，当下穿桩基施工时，地应力的释放量与盾构机刀盘外径、掘进参数、注浆参数等因素有关，可通过数值方法计算得到。在明确桩侧摩阻力的变化量(ΔQ_{f})后，首先需要验算桩基承载力是否能够满足要求，在桩基承载力满足要求的前提下，便可进一步根据桩侧摩阻力的减少量计算建(构)筑物的附加沉降，群桩沉降计算示意如图 8.20 所示，计算式为

$$s_{\mathrm{s}}=\psi_{\mathrm{s}}\sum_{i=1}^{n}\frac{\sigma_{zi}H_i}{E_{si}} \tag{8.15}$$

式中，σ_{zi} 为地基第 i 分层的平均附加应力，kPa；E_{si} 为地基第 i 层压缩模量，kPa；n 为地基压缩层范围内的计算分层数；H_i 为地基第 i 分层的厚度，m；ψ_{s} 为桩基沉降计算的经验修正系数，以当地规范或经验取值，可参考表 8.6。

表 8.6 桩基沉降计算经验修正系数

桩端入土深度/m	<20	30	40	50
修正系数	1.10	0.90	0.60	0.50

8.4.3 桩基切割

盾构掘进下穿桩基的另一类常见工况是直接对桩基进行切割。盾构机切桩前需要配置针对性的切削刀具，盾构刀具类型可以分为切刀、先行刀、贝壳刀、中心刀、仿形刀和滚刀。其中，切刀是软土地区切削土体的主要刀具，贝壳刀则布置

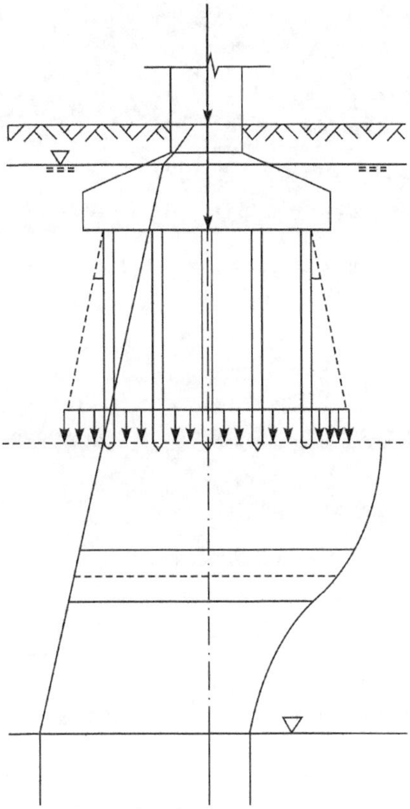

图 8.20　群桩沉降计算示意图

在刀盘盘圈前端面,用于切削强度较高的桩基。

以上海为例,14 号线豫园站—陆家嘴站区间(上、下行线)、浦东南路站—浦东大道站区间(上行线)、浦东大道站—源深路站区间(上、下行线),以及 15 号线百色路站—上海南站区间(下行线)、天山路站—长风公园站区间(上、下行线)均涉及盾构切桩工况,以下以浦东南路站—浦东大道站区间为例介绍盾构切桩的主要技术措施。

浦东南路站—浦东大道站区间上行线长 453.68m,下行线长 454.52m,该区间为单坡隧道,最大坡度 4.3‰,最小平曲线半径 1000m。本区间采用 1 台盾构机进行施工。自浦东南路站东端头井沿下行线推进至浦东大道站接收,后在浦东大道站调头后,沿上行线推回至浦东南路站接收。区间平面示意图如图 8.21 所示。

本区间上行线需穿越 5 根全断面侵入隧道范围内的玻璃纤维钻孔灌注桩,如图 8.22 所示。穿越段隧道覆土厚度约 13m,开挖范围内涉及地层为④层淤泥质黏土和$⑤_1$ 灰色黏土,隧道下卧土层为灰色黏土。

图 8.21　浦东南路站—浦东大道站区间平面示意图

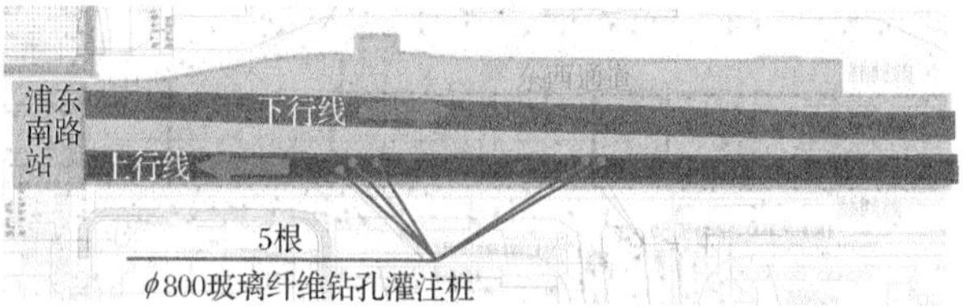

(a) 切桩段平面图

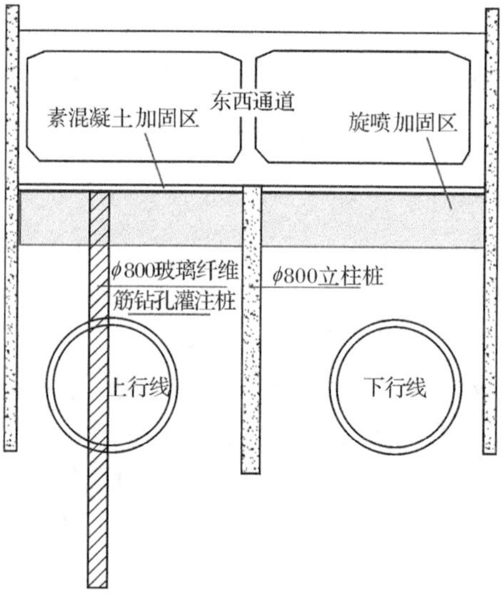

(b) 切桩段纵剖面

图 8.22　浦东南路站—浦东大道站区间盾构切桩区段示意图

浦东南路站—浦东大道站区间需穿越 φ800 钻孔灌注桩，主筋为 φ25 钢筋，钢筋直径较大、根数较多，掘进过程中对刀具磨损较大，盾构机采用复合式刀盘。

盾构机能顺利切桩的关键点在于盾构刀盘刀具的配置，刀具必须具备切削性和耐磨耐崩性。切削性就是具有破碎、切割桩体及钢筋的功能。耐磨耐崩性就是连续破碎、切割最少 4 根以上桩体后，刀具磨损较小，不易崩裂。

根据以上要求，浦东南路站—浦东大道站区间刀具采用超硬的硬质合金材料制作，刀盘开口率 40%，刀具配置为中心刀、贝壳刀、切刀、仿形刀以及注水口保护刀来对隧道进行全断面开挖，并可实现正反双向旋转出渣。所有可拆式刀具均可从刀盘背部进行更换，并配备磨损检测刀，刀盘前方结泥饼时可通过高压水枪冲洗刀具以提高切削效率。另外，胸板上预留不少于 6 个超前钻注入口(可调节角度)，可配置超前钻机设备进行超前注浆加固施工。目前盾构公司已着手落实该区间盾构机的设计工作，复合式刀盘如图 8.23 所示，刀具配置情况如表 8.7所示，刀具冲洗装置如图 8.24 所示。

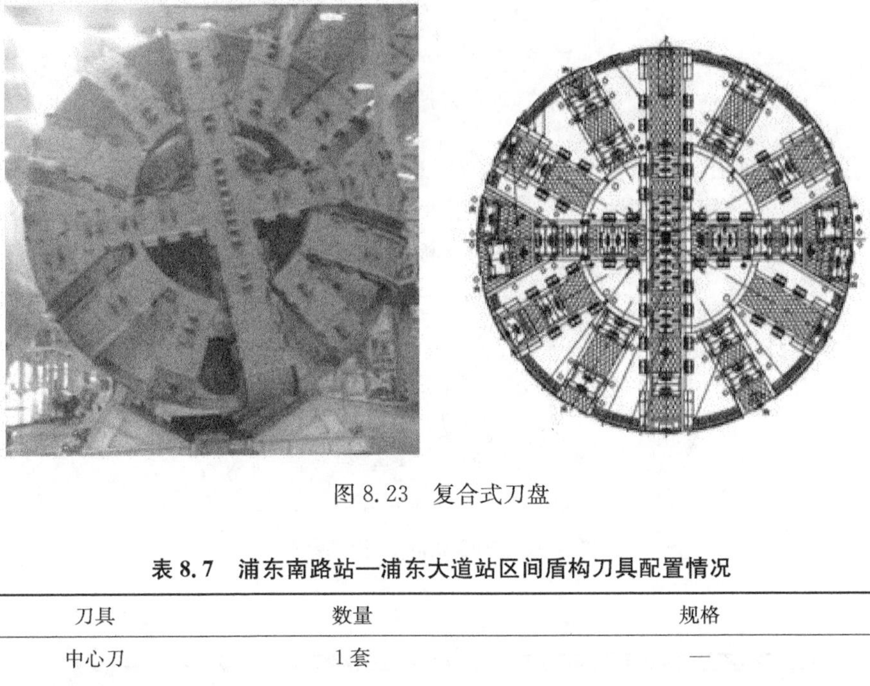

图 8.23　复合式刀盘

表 8.7　浦东南路站—浦东大道站区间盾构刀具配置情况

刀具	数量	规格
中心刀	1套	—
高贝壳刀	24 把	高 140mm、刀间距 300mm
低贝壳刀	38 把	高 120mm、刀间距 150mm
切刀	76 把	宽 160mm、刀间距 150mm、高 90mm
横向保径刀	6 把	—
超挖刀	2 把	—

对同步注浆系统的形式进行比选发现：浦东南路站—浦东大道站区间隧道穿越的钻孔灌注桩为外滩通道立柱桩基，若切桩过程中盾构机姿态轴线控制出现偏差，则可能造成外挂式同步注浆系统与既有桩基碰撞，影响掘进效率和施工安全，

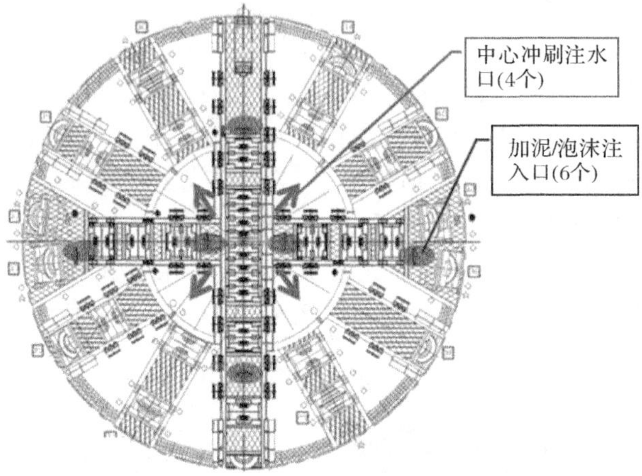

图 8.24　刀盘冲洗装置

且由于外滩通道已运营，发生事故时处理难度也较大。因此，为确保盾构切桩过程万无一失，采用内置式注浆系统，如图 8.25 所示。盾尾密封采用四道盾尾刷，其中前三道为加强型钢丝刷，第四道为钢板刷，如图 8.26 所示。

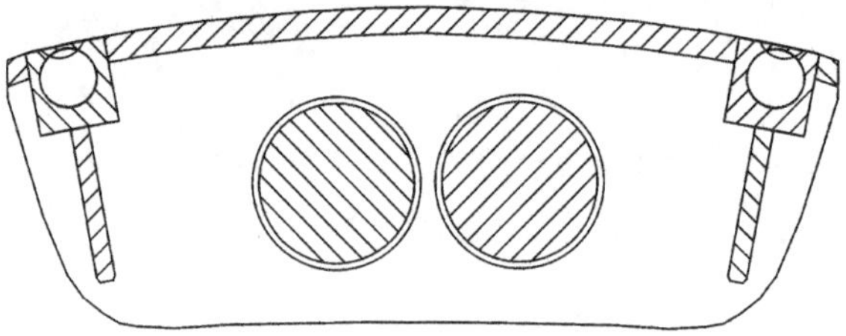

图 8.25　内置式同步注浆系统

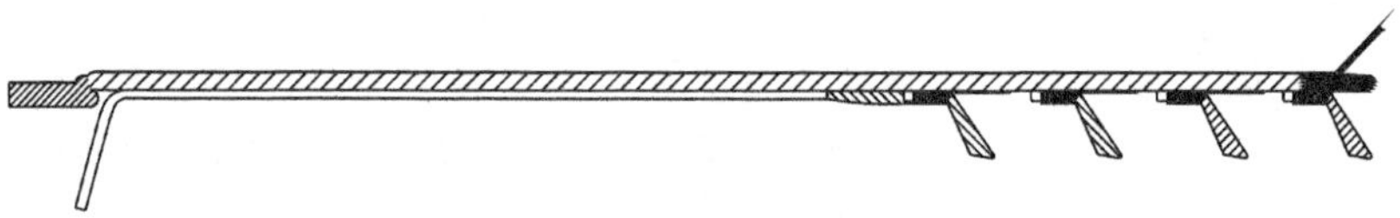

图 8.26　四道盾尾密封刷

浦东南路站—浦东大道站穿越地层地质条件复杂，为保证刀盘正常工作状态，该区间盾构机拟具备局部气压施工能力，主要技术要求如下：①配备平行式双室人闸；②配备空气自动平衡调节系统；③操作压力不小于 5bar；④人舱内配备视频传输、通信、压力表、温度计、气体检测等装置；⑤压缩空气系统配备两条独立气路，一用一备，安装独立的管道、阀和传感器；⑥盾构机土仓胸板顶部预留初期人工加气阀及压力表；⑦盾构机土仓胸板顶部预留可视化观察窗口，以便观察气压下开挖面状况。

施工控制方面，盾构穿越桩基通常还需要考虑以下几个方面：

(1) 出土量控制。通常出土量需控制在理论值的95%左右(隧道开挖断面6760mm时约40.89m^3/环)，以保证盾构机切口上方土体能微量隆起，减小土体的后期沉降量。每一环推进过程中须安排专人观察土箱出土情况，发现有超挖现象，立即停止推进，通知值班人员。

(2) 推进速度控制。根据以往施工经验，为防止刀盘扭矩及推力过大，在穿桩过程中需采用≤3mm超低速推进。穿越期间，必须尽量减小盾构推进对周围土体的扰动，防止发生桩基位移、变形、不均匀沉降等不利现象。因此必须合理控制推进速度，使盾构机匀速施工，减少盾构对土体的扰动，达到控制地面变形的目的。

(3) 土体改良。在穿越抗浮桩过程中，通过在盾构机上配备的土体改良系统(可使用泡沫或膨润土浆液)来改良刀盘前方土体，增加土体的和易性，减少刀盘扭矩和降低螺旋机油压，也可起到润滑减摩的作用，防止混凝土碎块或钢筋堵塞或缠绕在刀盘和螺旋机内。

(4) 盾构纠偏控制。盾构进行平面或高程纠偏的过程中，盾构姿态应当尽可能地保持良好，并且保持良好的姿态穿越抗浮桩。在穿越过程中，尽可能地保证盾构匀速通过，减少盾构纠偏量和纠偏次数。

(5) 管片拼装控制。在盾构进行拼装的状态下，由于千斤顶的收缩，必然会引起盾构机的后退，因此在盾构推进结束之后不要立即拼装，等待2～3min，周围土体与盾构机固结在一起后再进行千斤顶的回缩，回缩的千斤顶应尽可能少，满足管片拼装即可。在管片拼装过程中，应当安排最熟练的拼装工进行拼装，减少拼装的时间，缩短盾构机停顿的时间，减少土体沉降。

(6) 同步注浆控制。推进工程严格控制同步注浆方量及质量，通过同步注浆及时充填建筑空隙，减少施工过程中为减小土体变形。施工过程中为减少土体变形，同步注浆量要增加到建筑空隙的150%～180%。

(7) 穿越后期控制。盾构穿越后至竣工验收前，应利用衬砌管片上部注浆孔进行壁后注浆。结合后期的跟踪监测，当监测报表显示有较明显的下沉趋势时，即对该区域管片进行二次补压浆作业，单次、单孔压注量为0.5～0.6m^3，依据不同周围环境要求、不同工程及水文地质情况进行跟踪注浆。

8.4.4 桩基托换

在不影响桩基承载力和稳定性以及不影响地面建筑物的前提下，盾构机顺利穿越建筑物桩基时也可采用桩基托换的工法。

按照托换的阶段进行分类，可将托换体系分为临时支撑体系(近期支撑体系)和永久支撑体系(远期支撑体系，保证既有结构物施工时和使用时的安全稳定)。

桩基托换工法可大致可分为如下三类：

(1) 采取施工期间临时托换以及施工后永久托换相结合的办法，两者均采用地基处理和地基加固的方法。通过地基加固使地基的承载力达到一定值，从而增加桥梁的稳定性，并使桥梁基础在桩基去除后仍然能够达到安全稳定的要求。远期支撑体系中，如果从盾构机内部进行除桩，则增加了盾构机推进时所需要进行的地基加固范围，如图 8.27 所示。

图 8.27(a)通过临时托换加固，即通过对桥梁承台下地基加固形成倒“山”形的地基梁、柱，从而对桥梁结构形成支托作用，在此地基梁、柱的保护作用下，进行桥下导坑开挖并作为拔桩的操作空间。图 8.27(b)给出了桩基拔出后在拟拔出桩基的隧道位置进行补充地基加固的范围，加固后的地基可以作为永久结构来考虑，从而加强对桥梁结构的支承作用。

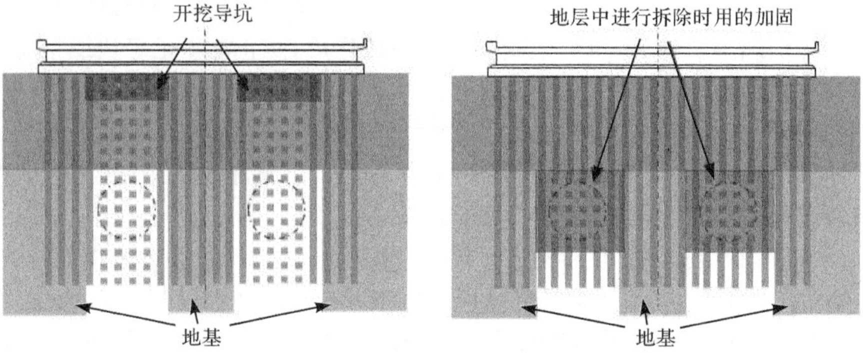

(a) 从导坑内拔桩　　(b) 从盾构机内部除桩

图 8.27　盾构推进时的地基加固范围

(2) 采用地基加固的办法作为施工期间的临时托换，除桩后的受力体系中考虑利用隧道管片的支撑作用，隧道管片也加入到整个支撑桥梁的体系中。在施工期间的临时托换也可采用钢梁补强或增加桩基的方法。在桩基托换后的使用期间，由于管片要起到部分支撑桥梁荷载的作用，此时管片的设计需要满足一定要求。

如图 8.28(a)所示，与前一种托换方法相比，在进行临时托换时，两者均采用地基加固的方法，但是此处加固后的地基梁厚度可略小，这是由于该方法中的隧道衬砌是作为永久支撑体系的一部分；图 8.28(b)表示桩基切除后在隧道位置进行永久性地基加固；与此同时，采用专门设计的高强度管片与地中加固的土体一道作为永久加固支护措施。

(3) 施工期间的临时支撑(近期支撑)体系采用地基加固钢桁架和增加桩的方法，而除桩后的永久支撑体系(远期支撑)中也采用钢梁补强或增加桩基来支撑该体系，即拆除桩基部分承受的荷载由增加的桩承担，如图 8.29 所示。增设桩基时，需要有打桩的空间，故施工规模较大。

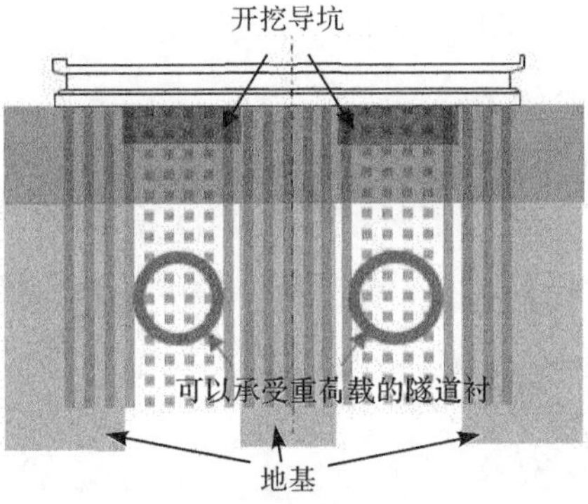

(a) 从导坑内拔桩　(b) 从盾构机内部除桩

图 8.28　隧道衬砌作为永久支撑体系进行桩基托换

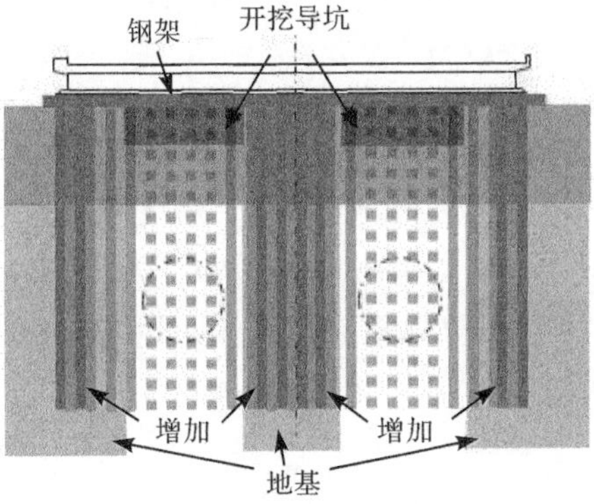

(a) 从导坑内拔桩　(b) 从盾构机内部除桩

图 8.29　施工期间的临时支撑体系及拆除示意图

8.5　下穿建筑物区段的施工参数控制

盾构掘进施工参数控制是盾构施工顺利开展的关键性因素，其中，土仓压力的合理设定是确保开挖面稳定的决定性因素，对隧道沿线的地层损失和地表变形有很大影响；同步注浆量及同步注浆压力的大小对控制地层损失、地表变形、隧道管片变形及隧道结构的后期沉降有着重要意义，土层特性、隧道线型及周边的施工环境对同步注浆量及注浆压力有很大的影响。以下介绍盾构下穿建筑物区段的关键施工参数（土仓压力、同步注浆量、同步注浆压力等）设定方法。

8.5.1 土仓压力计算

1. 土压力

基于土力学原理，正面水-土压力的理论值为

$$P_0 = P_e + P_w = K_0(\gamma' H + \sigma_z) + \gamma_w H \tag{8.16}$$

式中，P_e 为土压力；P_w 为水压力；$K_0 = 1 - \sin\varphi'$，φ' 为土的有效内摩擦角；H 为盾构工作面中心处深度；γ' 为土的有效重度；σ_z 为地面荷载产生的附加应力；γ_w 为水的重度。

当土质渗透系数较小，掘进面土压力可采用水土合算：

$$P_0 = K_0 \gamma H \tag{8.17}$$

式中，γ 为土的饱和重度。

2. 附加应力

将地面建筑物对地基附加应力按矩形均布荷载进行计算，则有

$$\begin{aligned}\sigma_z &= \int_0^b\int_0^l \frac{3z^3 P_n \mathrm{d}x\mathrm{d}y}{2\pi(\sqrt{x^2+y^2+z^2})^5} \\ &= \frac{P}{2\pi}\left[\frac{mn}{\sqrt{1+m^2+n^2}}\left(\frac{1}{m^2+n^2}+\frac{1}{1+n^2}\right)+\arctan\left(\frac{m}{n\sqrt{1+m^2+n^2}}\right)\right] \\ &= K_s P_n \end{aligned} \tag{8.18}$$

式中，K_s 为竖直均布压力矩形基底角点下的附加应力系数；$m = l/b$；$n = z/b$；z 为盾构工作面中心处深度；P_n 为建筑基底净压力。

3. 基底净压力

基底压力的计算公式为

$$P_n = P - \gamma h \tag{8.19}$$

式中，P 为建筑荷载，根据房屋结构和层数取值；h 为基础埋深。

因此，盾构穿越单个建筑物时，土仓压力为

$$P_e = P_0 + K_0 K_s P_n \tag{8.20}$$

式中，P_e 为考虑附加荷载作用的土仓压力。

8.5.2 不同方式穿越单个建筑物时的土仓压力变化

盾构法隧道在穿越建筑群时，由于建筑物的布局和线路的走向，线路与建筑物在平面上出现了多种相交形式。为全面考虑在建和拟建线路中盾构穿越建筑物可能出现的相交形式，针对以下五种情况进行分析：①线路穿越建筑物中心且

平行于建筑物长边；②线路沿建筑物长边侧穿；③线路穿越建筑物中心且平行于建筑物短边；④线路沿建筑物短边侧穿；⑤线路斜穿建筑物。具体见图 8.30。

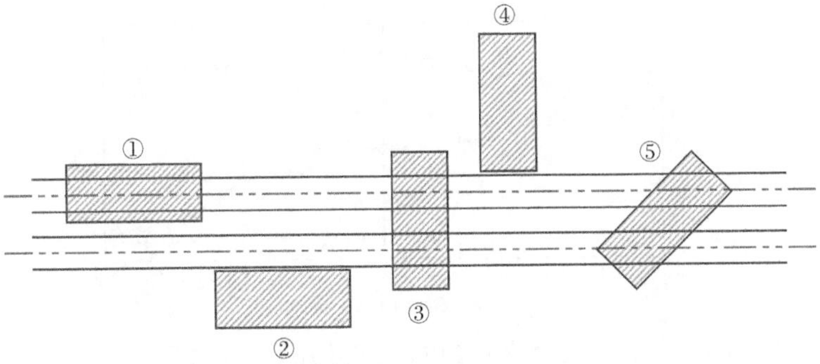

图 8.30　盾构穿越建筑物相交形式

根据前述的计算方法，对五种类型穿越时盾构掘进面的土压力变化情况进行计算。建筑物参数为：长 18m，宽 12m，条形基础，埋深 1.0m，建筑物荷载以 4 层结构算，即 100kPa。计算结果见图 8.31～图 8.35，其中附加应力按式(8.18)进行计算。

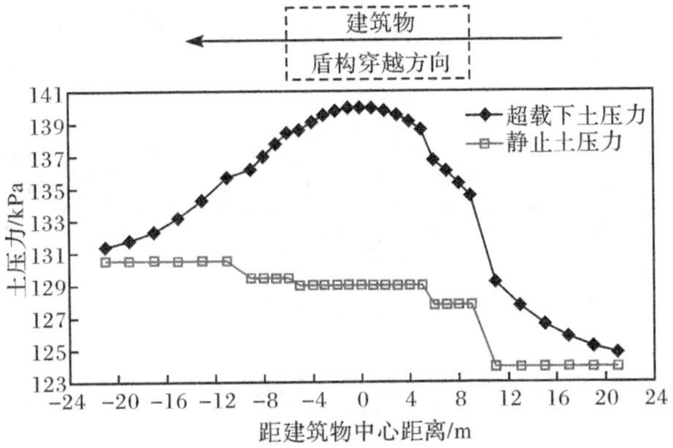

图 8.31　沿建筑物中心且平行于长边穿越隧道中心静止土压力与超载下土压力变化

从不同穿越方式下土压力的分布可以看出，建筑荷载产生的附加应力从建筑物中心点沿线路方向衰减，穿越时掘进面土压力值先增后减，具体分如下几种情况：

当线路经过建筑物中心点(类型①、③、⑤)时，在中心点处土压力最大，为 140kPa，比没有建筑荷载作用时增加 11kPa，增幅 8%。

当线路沿建筑物长边侧穿时(类型②)，在长边中点处土压力最大，为 134kPa，比没有建筑荷载作用时增加 5kPa，增幅 4%。当线路沿建筑物短边侧穿时(类型

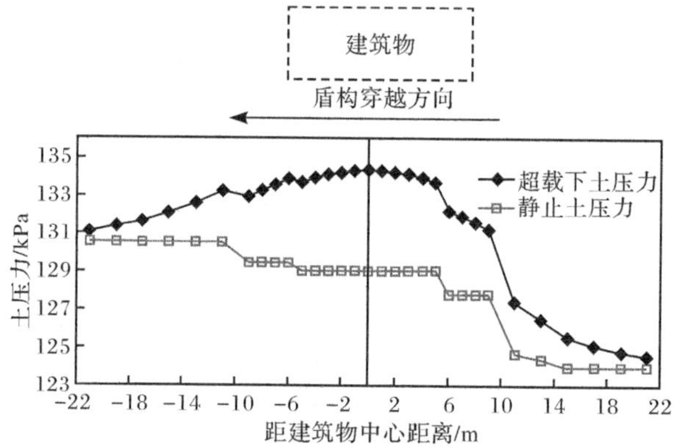

图 8.32　平行于长边侧穿隧道中心静止土压力与超载下土压力变化

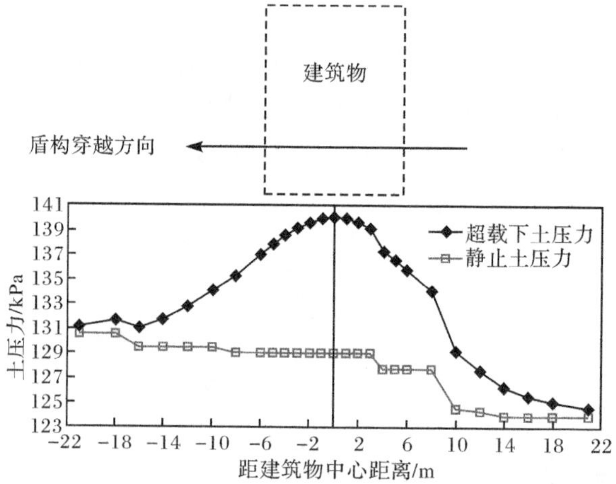

图 8.33　沿建筑物中心且平行于短边穿越隧道中心静止土压力与超载下土压力变化

④),在短边中点处土压力最大为 133kPa,比没有建筑荷载作用时增加 4kPa,增幅 3%。

实际上在基础埋深相同时,土仓压力的增长率随着超载的增大是不断增大的,如式(8.21)所示:

$$\eta=\frac{K_0K_sP_n}{P_0+K_0K_sP_n}=\frac{K_0K_sP_n}{P_e} \tag{8.21}$$

式中,η 为土仓压力的附加比率。

因此,在盾构穿越单个建筑物时,附加应力的影响范围内土应力均有较大的跳跃,应根据实际附加应力的变化情况及时调整土仓压力,以确保穿越时的土压平衡。

接下来分析附加应力的影响范围。当附加应力小于初始土压力 10%时,可认

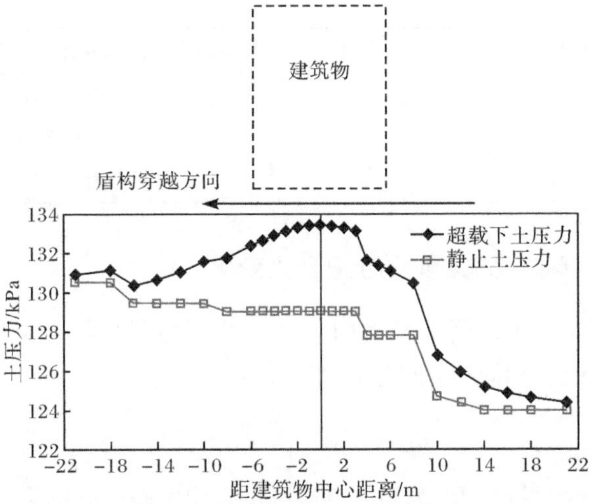

图 8.34　平行于短边侧穿隧道中心静止土压力与超载下土压力变化

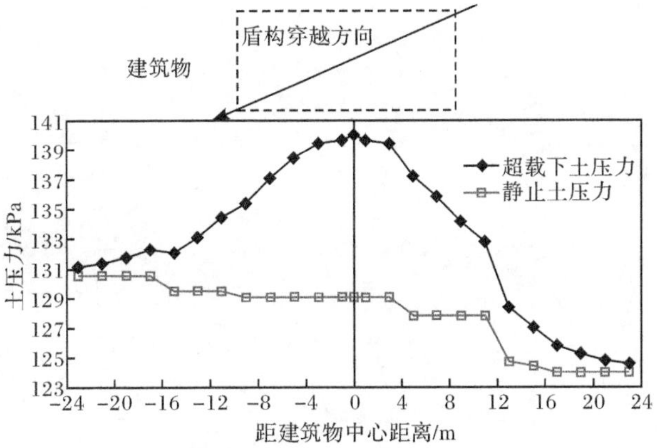

图 8.35　与建筑物斜穿隧道中心静止土压力与超载下土压力变化

为盾构掘进面的土压力不受附加应力的影响。据此标准可以得出建筑荷载产生的附加应力在隧道埋深处的影响范围,具体见表 8.8。需要特别注意的是,附加应力的影响范围同土仓压力的增长率一样,对于超载的变化比较敏感,而且如何去界定附加应力有无影响也要结合实际的工程特性去确定。

表 8.8　附加应力影响范围

穿越类型	影响范围(从基础中点沿盾构法隧道方向)
①	前后 18 环
②	前后 18 环

续表

穿越类型	影响范围(从基础中点沿盾构法隧道方向)
③	前后 15 环
④	前后 13 环
⑤	前后 19 环

8.5.3 不同方式穿越建筑群时的土仓压力变化

穿越建筑群时建筑群附加荷载引起的土仓压力附加值通过单个建筑物引起的土仓压力附加值叠加而得,如式(8.22)所示:

$$P_e = P_0 + \sum_{i=1}^{m} K_0 K_s^i P_n^i \tag{8.22}$$

式中,m 为建筑物数目;$K_s^i P_n^i$ 为第 i 个建筑在盾构中心引起的附加应力值。

根据线路穿越的实际情况,穿越建筑群的方式可归结为如下两类(见图 8.36):①线路连续从建筑物中心点穿过且平行于建筑物长边;②线路从建筑群中斜穿。

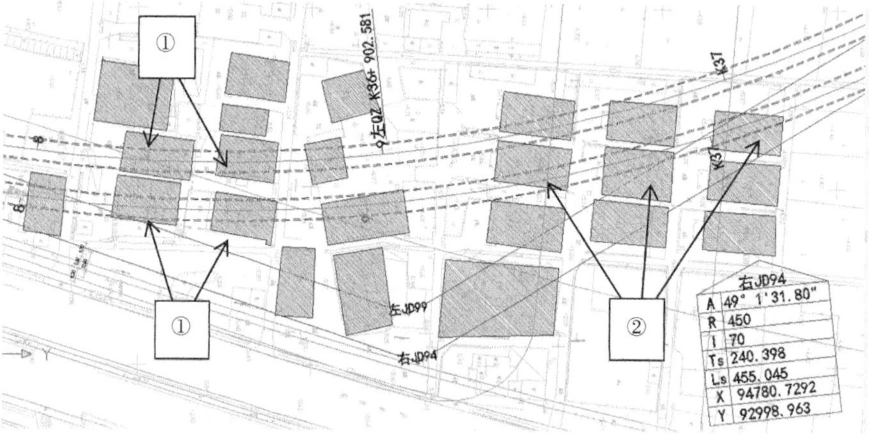

图 8.36 盾构穿越建筑群示意

考虑附加应力的影响范围,对不同方式连续穿越两栋建筑物的情况进行分析。建筑物长 18m,宽 12m,基础埋深 1.0m,P 取 100kPa,建筑间隔 12m。

1)线路连续从建筑物中心点穿过且平行于建筑物长边

从图 8.37 可以看出,在盾构法隧道连续穿越建筑物时,掘进面土压力出现起伏,压力最高点在中间建筑物的中心处,为 141kPa,比附加应力影响范围以外掘进面土压力增加约 6%。盾构进入建筑间隔时,土压力先降低后增加,在建筑间隔中点处达到最小值,比最大值降低 5kPa,减幅约为 3.5%,而由于相邻建筑物的应力叠加作用，其值仍然比影响区段以外土压力大。

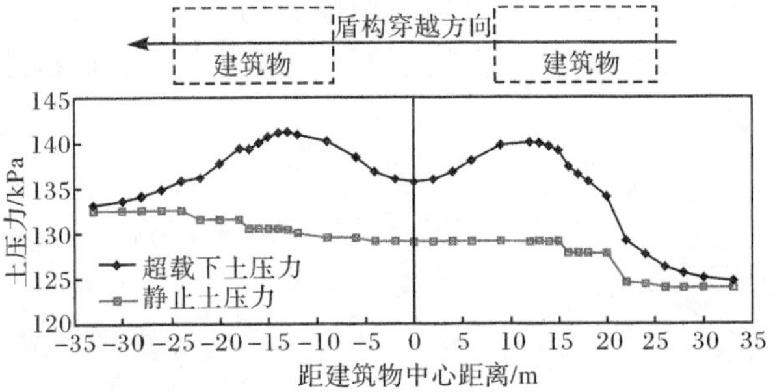

图 8.37　线路连续从建筑物中心点穿过且平行于建筑物长边时土仓压力的变化

2) 线路从建筑群中斜穿

从图 8.38 可以看出，线路从建筑群中斜穿时，土压力整体变化趋势与前一种穿越方式一致。压力最高点在中间建筑物的中心处，为 143kPa，比附加应力影响范围以外时土压力约增加 7%。穿过建筑间隔中间点时降低 7kPa，减幅约为 5%。

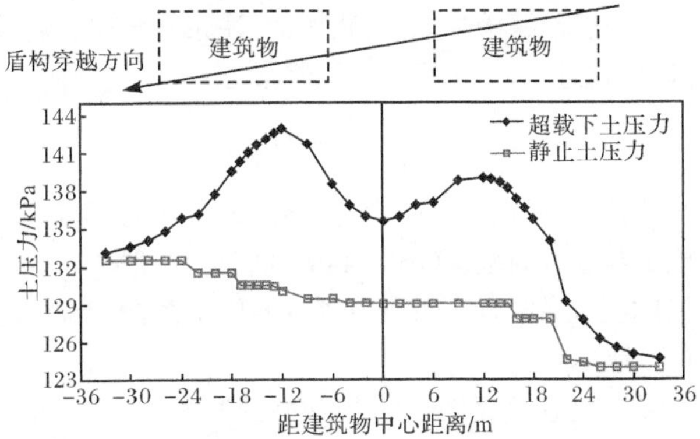

图 8.38　线路从建筑群中斜穿时土压力的变化

在上述穿越方式下，土压力在建筑物中心点下最大，在建筑间隔中点处最小，跳跃幅度与附加荷载水平、穿越方式和隧道埋深有关。

在盾构推进时连续穿越建筑物较多的情况，可按穿越单个建筑物的几种情况进行组合叠加，具体数值可能有一定变化，但总体的变化趋势应是一致的，因而必须在盾构穿越建筑物群时，根据土压力变化幅度对相关施工参数进行实时调整。

8.5.4　同步注浆量计算

软土地层因为自身的强度指标低，一般很难自承。当盾尾脱出拼装好的管片时，因为存在建筑空隙(见图 8.39)，土体瞬时失去支撑，将坍塌于管片之上，形成地层松动、超孔隙水压力降低和近管片区域土体强度下降等现象。若不及时回填该空隙，势必造成地层变形，进而对邻近的地中构造物产生破坏性影响。同步注浆是盾构一边向前推进，一边不停地向盾尾空隙注入注浆材料的一种注浆方法，如图 8.39(b)所示。

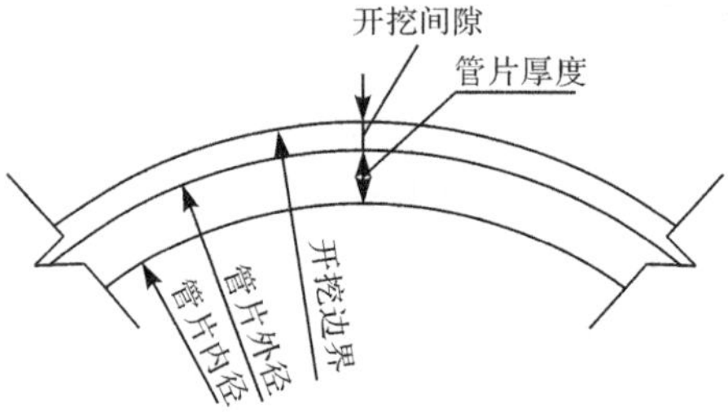

(a) 盾尾间隙

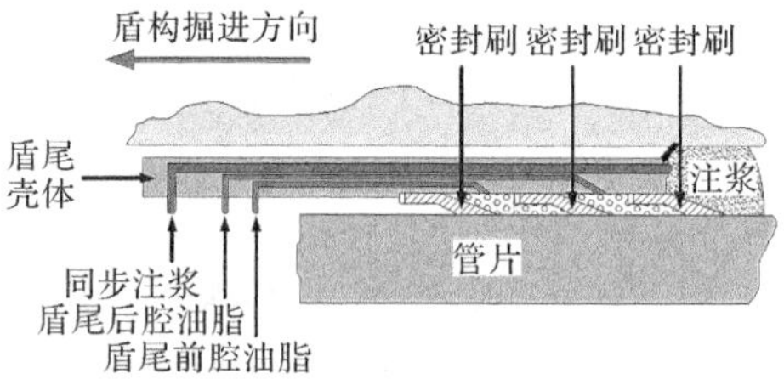

(b) 同步注浆

图 8.39　盾尾同步注浆

同步注浆量的大小在理论上等于每一环管片形成盾尾空隙的体积，而实际上注浆量的大小与土层情况、浆液性能、注浆压力、注浆管管路损耗及盾构曲线超挖等因素有关。在盾构掘进中，一个行程的注浆量为

$$Q=\left[\frac{\pi}{4}(D_1^2-D_2^2)\right]ma \tag{8.23}$$

式中，D_1 为刀盘的理论掘削直径；D_2 为管片外径；m 为行程长度；a 为注入率，根据《盾构法隧道施工与验收规范》(GB 50446—2008)，一般取 1.3～1.8。注入率 a 的影响因素众多且复杂，通常以注浆压力决定的压密系数、土质系数、施工损耗系数和超挖系数进行计算：

(1) 注入压力决定的压密系数 a_1。拌和好的浆液在压送和注入过程中，由于注入压力的作用，产生密度变大、体积减小的现象，这种现象因浆液种类的不同而存在较大的差异。就单液浆而言，为了使其流动性好需要保持一定的离析水，如果加压则，压密程度重新变大；如果加气，则因气体被压缩等原因，压密现象将明显增大。

(2) 土质系数 a_2。注入率与土质有密切的关系，作为同步注浆的土质对象，有硬土和软土之分，无论哪种土质均对注入率有一定的影响。

(3) 施工损耗系数 a_3。通常在盾构工法中，注浆管大多从盾构始发井附近的注浆泵开始(直接压送方式)，随着隧道的逐渐延伸，一直持续到达竖井。特别是近年来长距离压送及同步注浆施工的情形逐年增加，在浆液从泵房被压送到注浆孔的途中，出现浆液损耗是不可避免的事。这意味着残留在注浆管道内的浆液增多。

(4) 超挖系数 a_4。这个系数是理论空隙量的修正值，对注入率的影响极大。

超挖系数因工法、土质、有无曲线段以及施工条件的不同而存在很大的差异。超挖引起的注浆附加量因盾构机直径大小及盾尾空隙多少有所差异，但总体说来，如果盾构全周超挖 1cm，将增加设计量的 10%～13%。

施工过程中的实际注浆量需要根据施工效果不断地试验、调整，做到注浆量优化控制。每环注浆量应按满足地面沉降控制要求而定，同步注浆流量应与盾构推进速度相匹配。下面将分别对不同土层条件下直线段和曲线段的实际注浆量与理论计算注浆量进行分析，研究土层条件与线型等对注浆量的影响。

1）直线段同步注浆量计算

通常在直线段，盾构施工不会产生超挖现象，因此开挖形成的间隙是盾构机壳体与管片之间的间隙，即理论同步注浆量为

$$Q_{直线} = \frac{\pi}{4}(D_1^2 - D_2^2)m = \frac{\pi}{4}(6.34^2 - 6.2^2) \times 1.2 \approx 1.655(\mathrm{m}^3) \tag{8.24}$$

2）曲线段同步注浆量计算

曲线段盾构施工会引起超挖，导致盾尾空隙增大，如图 8.40 所示，因此同步注浆量应相应地增大以减小地层损失，达到填充盾尾空隙的目的。

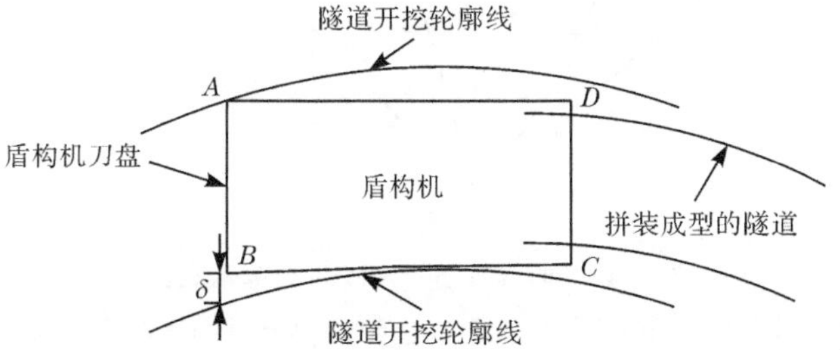

图 8.40　曲线段盾构超挖模式

曲线段盾构掘进时，为了给盾构机提供偏转的空间，在盾构机偏转前预先超挖出一定空间。常用的超挖装置有两种，一种是超挖刀，超挖刀就是将切削刀头突出于盾构外围，使之在刀盘全周方位上进行一定量超挖的装置，如图 8.41 所示。另一种是仿形刀，仿形刀可在刀盘全周进行超挖，如图 8.41(a)所示，也可以在局部范围内进行超挖，如图 8.41(b)所示。通常情况下，盾构机左转弯曲线时一般在 $\pi/2$～$3\pi/2$ 内超挖；盾构机右转弯曲线时，在 $\pi/2$～0 和 $3\pi/2$～2π 内超挖。

针对盾构机的构造形式和隧道线型，从几何形态方面计算超挖量，以适当的模式对超挖量进行计算，如图 8.42 所示。

由图 8.42 的几何关系计算得到超挖量[51]为

$$\delta = \frac{\sqrt{(2R_0 + D)^2 + L^2} - (2R_0 + D)}{2} \tag{8.25}$$

由表 8.9 可以看出，当盾构机在小曲线半径施工时会产生较大的超挖量，增

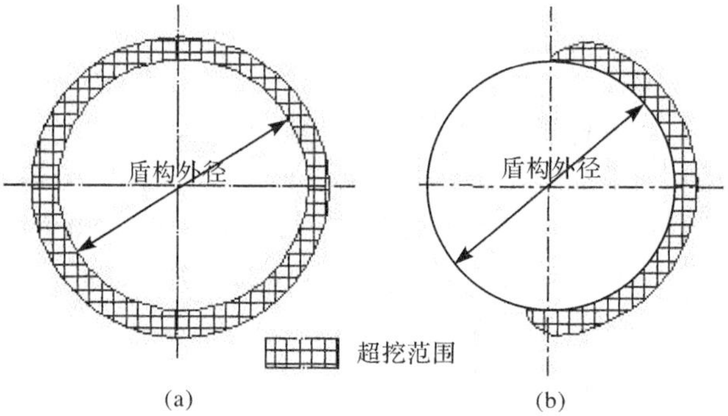

图 8.41 曲线段盾构对土体的超挖

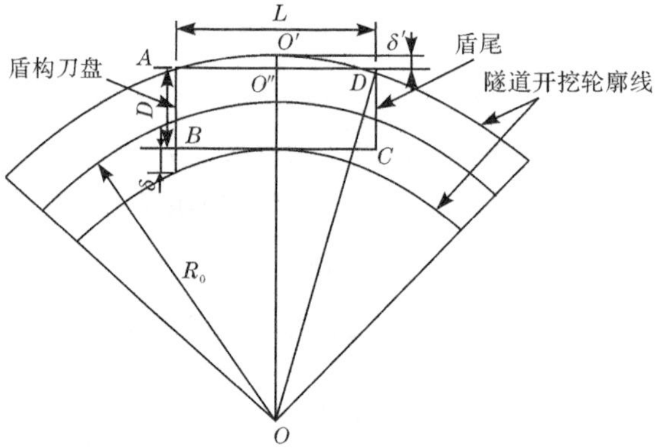

图 8.42 曲线段盾构超挖量计算示意图

R_0. 隧道曲率半径；D. 盾构机直径；L. 盾构机长度；δ. 盾构机内侧超挖量

大盾尾脱出后的空隙，即为了减小地层损失应增加相应的浆液填充超挖引起的间隙。因此，在曲线段施工时，同步注浆量应为盾构机壳体、管片的间隙、超挖间隙三者之和。即通过式(8.26)和式(8.27)进行计算：

$$Q_{超挖} = [\pi (R_1 + \delta)^2 - R_1^2]m/2 \tag{8.26}$$

$$Q = Q_{直线} + Q_{超挖} \tag{8.27}$$

进一步可得不同盾构机型在曲线段超挖情况下的理论注浆量大小，如表 8.10 所示。

表 8.9 曲线段超挖量及超挖系数计算结果

盾构机型	盾构机长度/m	盾构机直径/m	曲线半径/m	超挖形式	超挖量/mm	超挖系数
川崎	7.8	6.34	450	半周超挖	16.8	0.005
	7.8	6.34	650	半周超挖	11.6	0.004

续表

盾构机型	盾构机长度/m	盾构机直径/m	曲线半径/m	超挖形式	超挖量/mm	超挖系数
石川岛	8.545	6.34	450	半周超挖	20.1	0.006
	8.545	6.34	650	半周超挖	14	0.004

表 8.10　不同曲线半径下不同盾构机型理论同步注浆量计算结果

盾构机型	盾构机直径/m	管片外径/m	曲线半径/m	行程长度/m	超挖量/mm	$Q_{超挖}$/m^3	$Q_{直线}$/m^3	注浆量/m^3
川崎	6.34	6.2	450	1.2	16.8	0.20	1.66	1.86
	6.34	6.2	650	1.2	11.6	0.14	1.66	1.80
石川岛	6.34	6.2	450	1.2	20.1	0.24	1.66	1.90
	6.34	6.2	650	1.2	14	0.17	1.66	1.83

8.5.5　同步注浆压力计算

同步注浆压力计算通常是在注浆点位处静止土压力和水压力的基础上考虑管路损失确定注浆压力，一般可取 1.1～1.2 倍的静止水、土压力。然而，已有的研究和工程实践表明，当满足一定条件时，隧道上覆土层的土压力计算应考虑土拱效应，因此，采用太沙基土压力理论进行计算较为合理。

国内外对同步注浆压力与地表沉降量之间关系进行的研究表明，当注浆压力相当于隧道埋深处的地层应力时，对减小地层损失和地表沉降量效果最为显著。已有的研究和工程实践表明，当 $H>2D$ 且 $h>D$ 时，上覆土层对隧道的土压力计算应考虑土拱效应，可采用太沙基土压力理论计算。太沙基理论认为，埋深较大的隧道开挖时，隧道上部土体的位移主要发生在隧道上部 1～2 倍隧道直径的范围内，在计算时主要考虑这部分土体的荷载作用。考虑土拱效应时上覆土压力计算如图 8.43所示，土拱高度和有效上覆荷载按照式(8.28)和式(8.29)计算，在计算时忽略阴影部分的重量。

$$P_{es}=\frac{B(\gamma-c/B)}{K_0\tan\varphi}\left(1-e^{-K_0\tan\varphi\frac{H}{B}}\right)+W_0e^{-K_0\tan\varphi\frac{H}{B}} \tag{8.28}$$

$$B=\frac{D}{2}\cot\left(\frac{45°+\frac{\varphi}{2}}{2}\right) \tag{8.29}$$

式中，D 为隧道外径，m；P_{es}为松动土压，kN/m^2；B 为隧道顶部松动圈幅，m；K_0 为水平土压和垂直土压之比，通常取 1.0；γ 为土的容重，kN/m^3；c 为土的黏聚力，

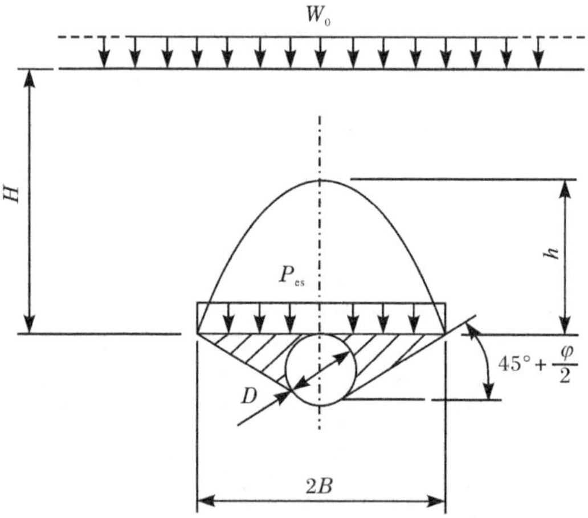

图 8.43　考虑土拱效应时上覆土压力计算示意图

kPa；φ 为土的内摩擦角，(°)；H 为覆土深度，m；W_0 为地面荷载，kPa。

此外，同步注浆压力应该在考虑同步注浆管阻的基础上，略大于同步注浆管外部的土层压力，管路损失取经验值 0.2MPa。

第9章　下 穿 铁 道

下穿铁道与下穿其他建筑物施工的根本区别在于：一方面，在铁道上行驶的列车给轨下土层的施工区产生动荷载的作用；另一方面，由施工引起的轨面变形将直接危及行车安全并加大行车产生的动荷载。显然，在下穿铁道施工中所需要面对的是系统动力响应和行车安全问题。行车安全是基本目标，系统动力响应既是行车产生的，又反过来影响行车。于是，铁道的等级、行车的类型、工程地质条件和施工方法等将直接影响下穿铁道的施工。

9.1　铁道的技术条件

在下穿工程实施之前，首先要了解下穿处铁道的等级和行车密度；其次要了解下穿处铁道线路的状况；最后要了解下穿处铁道沿线的周边环境情况。

9.1.1　铁道等级

不同时期由于受客货运量和铁道整体技术水平的限制，铁道等级的划分方法是不相同的。例如，20世纪70年代，我国的铁道划分为三级：Ⅰ级铁道在全国铁路网中起骨干作用；Ⅱ级铁道在全国铁路网中起联络和辅助作用；Ⅲ级铁道为地方性铁道。20世纪末将运量作为铁道等级的划分要素之一，在路网中起骨干作用且年运量≥20Mt为Ⅰ级铁道；10Mt≤年运量≤20Mt为Ⅱ级铁道；年运量≤10Mt为Ⅲ级铁道。2006年，我国铁道划分为四个等级，Ⅰ级铁道的年运量≥20Mt；Ⅱ级铁道为10Mt≤年运量<20Mt；Ⅲ级铁道为5Mt≤年运量<10Mt；Ⅲ级以下为地方铁道。

进入高铁时代，我国的铁道等级按速度划分：高铁、快铁和普快三挡；快铁和重要普快为国铁Ⅰ级，其中双线型快铁成为顶挡国铁Ⅰ级。通常的高速铁路是客运专线，随着这一类型的出现，我国铁道等级又可以从运输类型方面进行划分：客运专线、客货共线、货运专线。其中，客运专线属于高铁级，货运专线的级别较低，客货共线在我国的数量最大，其重要程度与运量成正比。

对下穿铁道工程而言，铁道的等级越高，行车速度越快，运量越大，工程风险程度越高，对变形的要求也越严格。

9.1.2 线路状况

在铁道等级明确的情况下，下穿区铁道线路状况直接影响下穿工程的实施策略。线路状况包含以下信息：轨下基础的结构形式、轨道状态、线路的病害状况及其整治方法、当前的行车密度以及重要的车辆编组等。

轨下基础结构形式需要区分路基、桥梁、涵洞等，特殊情况也可以是隧道结构。

下穿区是路基时，需要了解路基结构形式、路基的高度、填土的类型和基床结构。在路基结构形式中重点需要了解路基结构与地基情况，尤其是穿越处的工程地质条件对下穿工程方案起重要的制约作用，其直接影响下穿施工变形及传递。路基本体的填料种类、历史上的变形、边坡是否出现过病害等将直接影响路基后续的变形能力，这也是下穿施工变形控制所要考虑的。基床是承载轨道的结构层，基床的状况对轨道影响最为直接，需要评价基床的病害史及其处理方法。

在路基结构中还有一种特殊情况——路桥过渡段或路涵过渡段。路基和桥梁或者路基和涵洞之间由于结构形式的差异，在过渡区常常会因为施工或结构设计方面的原因，人为造成过渡区路基刚度的差异性。在结构差异的过渡段进行下穿施工需考虑过渡段刚度变化的影响。

对轨道状况的了解需要区分轨道的结构类型，并从工务部门获取相关信息。就有砟轨道而言，道床的养护比较便捷，轨面的变形完全取决于道床的变形量，因此，下穿有砟轨道的施工需要了解碎石道床的质量状况。如果是无砟轨道，需要区分无砟轨道的结构形式、混凝土支撑层的状况。通常情况下，混凝土支撑层是最为薄弱的，一方面是由于素混凝土的强度低，其抗裂性能比较弱；另一方面还需要扩散和传递上部轨道的列车动荷载；此外，基床面的任何变形都会影响混凝土支撑层。

由于我国高等级铁路都是无缝线路，钢轨的实际状况对下穿施工来说是至关重要的，若预估施工变形比较大，则在施工之前需要与工务部门联系，对钢轨实行应力放散，待施工变形稳定之后再行恢复为无缝线路。

9.1.3 线路类型

线路类型依据牵引方式可以分为电力和内燃两种；根据线路的数量可以分为单线、双线和多线；根据与车站之间的位置关系可以分为站场区、道岔区（或咽喉区）和一般正线地段；根据线路的功能可以分为正线、引线等。由于线路的类型不同，变形控制的重要性也不相同，因此针对下穿区施工的位置，对线路进行分类。

电力机车和内燃机车的牵引方式不同，保障其正常运行的基础设施也存在明显差别。电力机车需要供给电能的接触网，如果支撑供电网的电线杆发生沉降或倾斜，将会影响受电弓和接触网之间的弓网关系，尤其是在高速行车条件下，弓网关系直接影响行车的安全性。而内燃机车不受此限制。

线路数量对下穿的影响主要体现在两个方面：第一是相邻线路上的行车动荷载对线下施工影响的叠加问题；第二是持续穿越施工的问题。

在道岔区（或咽喉区）下穿铁道是最为困难的，下穿变形会影响道岔结构的变形，从而诱发岔区行车安全问题。

9.2　行车平稳性与安全性指标

下穿铁道产生的施工变形会影响列车的平稳性，严重时会影响列车安全，所以需要对行车的平稳性和安全性进行评估。

9.2.1　行车安全性评价指标

列车行车安全性指标主要包括脱轨系数、轮重减载率和轮轴横向力的评价。行车安全性能评定主要依据《铁道车辆动力学性能评定和试验鉴定规范》(GB 5599—85)[51]、《铁道机车动力学性能试验鉴定方法及评定标准》(TB/T 2360—93)[52]和《高速铁路工程动态验收技术规范》(TB 10716—2013)[53]。

1. 脱轨系数

评定列车车轮脱轨稳定性的指标为脱轨系数。脱轨系数定义为轮对一侧车轮的横向力 Q_1(或 Q_2)与动轮重 P_1(或 P_2)之比，记作 Q_1/P_1，这是左侧轮轨脱轨系数，而右侧脱轨系数记作 Q_2/P_2，左右轮轨脱轨系数统称为 Q/P。

如图 9.1 所示的轮轨之间的作用力，不难导出车轮脱轨的临界状态为

$$\frac{Q}{P}=\frac{\tan\alpha-\mu}{1+\mu\tan\alpha} \tag{9.1}$$

式中，α 为车轮的轮缘角(α_1 和 α_2 分别为车轮左侧和右侧轮缘角)；μ 为轮缘与钢轨之间的摩擦系数。

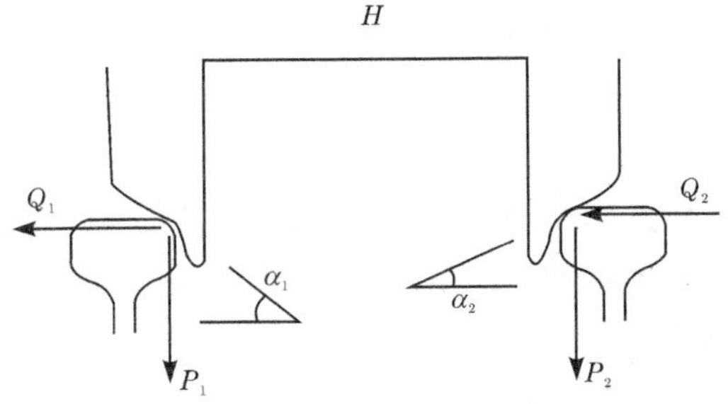

图 9.1　列车轮对与钢轨相互作用力示意图

从式(9.1)可见，脱轨系数的极限值与车轮的轮缘角和轮缘与钢轨之间的摩擦系数有关。

对于普通铁路，车辆脱轨系数指标采用《铁道车辆动力学性能评定和试验鉴定规范》(GB 5599—85)的规定：

$$\begin{cases} Q/P = 1.2 & \text{(危险限度)} \\ Q/P = 1.0 & \text{(容许限度)} \end{cases} \tag{9.2}$$

脱轨系数不超过危险限度是安全的，不超过容许限度是希望达到的。

对于机车，《铁道机车动力学性能试验鉴定方法及评定标准》(TB/T 2360—93)规定的机车脱轨系数安全指标为

$$\begin{cases} Q/P = 0.6 & \text{(优)} \\ Q/P = 0.8 & \text{(良)} \\ Q/P = 0.9 & \text{(合格)} \end{cases} \tag{9.3}$$

我国客运专线高速线路动力分析中，车辆的脱轨系数采用《高速铁路工程动态验收技术规范》(TB 10716—2013)的规定：

$$Q/P \leqslant 0.8 \tag{9.4}$$

2. 轮重减载率

另一个判定脱轨的重要指标为轮重减载率。轮重减载率定义为轮对的垂向压力与动轮重之比，记作 $\Delta P/P$。对于普通铁路，《铁道车辆动力学性能评定和试验鉴定规范》(GB 5599—85)规定的车辆轮重减载率安全指标为

$$\begin{cases} \Delta P/P = 0.65 & \text{(危险限度)} \\ \Delta P/P = 0.60 & \text{(容许限度)} \end{cases} \tag{9.5}$$

机车车辆在高速运行过程中，当车轮在振动过程向上运动时，轮重减小，此时即使横向力很小，也有可能与车轮产生横向相对位移而发生脱轨。

对于高速铁路，采用《高速铁路工程动态验收技术规范》(TB 10716—2013)规定的轮重减载率限值：

$$\begin{cases} \Delta P/P = 0.80 & \text{(测力轮对间断式)} \\ \Delta P/P = 0.65 & \text{(测力轮对连续式)} \end{cases} \tag{9.6}$$

3. 轮轴横向力

为避免轮轴横向力过大导致无缝线路动态失稳、轨排横移产生胀轨跑道现象，《高速铁路工程动态验收技术规范》(TB 10716—2013)中规定动力车及车辆轮轴横向力允许限度应满足：

$$H \leqslant 10 + \frac{P_{\mathrm{al}}}{3} \tag{9.7}$$

对于普通铁路,《铁道车辆动力学性能评定和试验鉴定规范》(GB 5599—85)规定的车轮轴横向力安全指标为

$$H \leqslant 0.85\left(15 + \frac{P_{al}}{2}\right) \tag{9.8}$$

式中,P_{al}为静轴重,kN。

9.2.2　行车平稳性评价指标

车体运行平稳性主要反映在车辆的振动程度上,机车车辆平稳性是评定旅客乘坐舒适程度的指标,评价旅客舒适度最直接的指标就是车体振动加速度。行车舒适度指标可用车体振动加速度来评价。对于客车,按照《铁道车辆动力学性能评定和试验鉴定规范》(GB 5599—85)规定的客车车体竖向与横向振动加速度最大值指标分别为 $0.13g$ 与 $0.10g$;对于机车,按照《铁道机车动力学性能试验鉴定方法及评定标准》(TB/T 2360—93)规定的机车车体竖向与横向振动加速度最大值指标分别为 $0.29g$ 与 $0.19g$。

9.3　下穿施工变形与轨面变形的对应关系

在下穿施工期确保铁道上行车安全最关键的是确定合理的行车速度。行车速度过高,安全风险大,甚至会引发事故,行车速度过低则对铁道的运输能力产生过大的影响。施工期列车行驶的速度目标值取决于施工变形的大小,所以在制定列车速度目标值之前,必须先对施工的变形进行计算分析,结合轨道的既有不平顺,针对线路上行驶的不同车型进行计算分析,获得不同车型的行车速度目标控制值,可以根据行车的速度目标值来确定施工的变形控制值。

9.3.1　既有的轨道不平顺

国内外的实测资料表明,轨道不平顺本质上是一个随机过程。一般用功率谱密度(power spectral density,PSD)来表述通过现场实测获取的轨道随机不平顺特征。目前,美、德、英、日等和我国均相继测定了不同状态下的轨道随机不平顺功率密度谱,其中,有代表性的有美国 1～6 级谱、德国高速谱和中国干线谱。

下面给出我国较典型的干线轨道谱和德国高速轨道谱,便于动力学分析中选取合适的轨道随机不平顺激扰模型。

1. 中国干线轨道谱——原长沙铁道学院建议的轨道谱[54]

高低不平顺:

$$S_v(f) = 2.755 \times 10^{-3}\,\frac{f^2 + 8.879 \times 10^{-1}}{f^4 + 2.524 \times 10^{-2} f^2 + 9.61 \times 10^{-7}} \tag{9.9}$$

方向不平顺：

$$S_a(f)=9.404\times10^{-3}\frac{f^2+9.701\times10^{-2}}{f^4+3.768\times10^{-2}f^2+2.666\times10^{-5}} \tag{9.10}$$

水平不平顺：

$$S_c(f)=5.100\times10^{-8}\frac{f^2+6.346\times10^{-3}}{f^4+3.157\times10^{-2}f^2+7.791\times10^{-6}} \tag{9.11}$$

轨距不平顺：

$$S_g(f)=7.001\times10^{-3}\frac{f^2-3.863\times10^{-2}}{f^4-3.355\times10^{-2}f^2-1.464\times10^{-5}} \tag{9.12}$$

式中，$S(f)$为轨道不平顺功率谱密度，$mm^2/(1/m)$；f 为空间频率，1/m。

2. 中国干线轨道谱——铁道科学研究院建议的轨道谱[55]

轨道高低、水平、方向不平顺功率谱密度采用系数不同的同一解析式表达：

$$S(f)=\frac{A(f^2+Bf+C)}{f^4+Df^3+Ef^2+Ff+G} \tag{9.13}$$

式中，$S(f)$为轨道不平顺功率谱密度，$mm^2/(1/m)$；f 为空间频率，1/m；A、B、C、D、E、F、G 为轨道不平顺功率谱密度的特征参数，对不同线路和不同类型的轨道不平顺，有不同的数值。

表 9.1 给出了我国京沪、京广、京哈三大提速干线轨道谱的特征参数。

表 9.1　我国京沪、京广、京哈三大提速干线轨道谱的特征参数

参数	A	B	C	D	E	F	G
左轨高低	1.1029	−1.4709	0.5941	0.8480	3.8016	−0.2500	0.0112
右轨高低	0.8581	−1.4607	0.5848	0.0407	2.8428	−0.1989	0.0094
左轨轨向	0.2244	−1.5746	0.6683	−2.1466	1.7665	−0.1506	0.0052
右轨轨向	0.3743	−1.5894	0.7265	0.4353	0.9101	−0.0270	0.0031
水平	0.1214	−2.1603	2.0214	4.5089	2.2227	−0.0396	0.0073

注：测量时三大干线提速目标为 160km/h。

3. 高速铁路轨道谱——德国高速轨道谱[56]

高低不平顺：

$$S_v(\Omega)=\frac{A_v\Omega_c^2}{(\Omega^2+\Omega_r^2)(\Omega^2+\Omega_c^2)} \tag{9.14}$$

方向不平顺：

$$S_a(\Omega)=\frac{A_a\Omega_c^2}{(\Omega^2+\Omega_r^2)(\Omega^2+\Omega_c^2)} \tag{9.15}$$

水平不平顺：

$$S_c(\Omega)=\frac{A_v b^{-2}\Omega_c^2\Omega^2}{(\Omega^2+\Omega_r^2)(\Omega^2+\Omega_c^2)(\Omega^2+\Omega_s^2)} \tag{9.16}$$

式中，$S_v(\Omega)$为高低不平顺功率谱密度，$m^2/(rad/m)$；$S_a(\Omega)$为方向不平顺功率谱密度，$m^2/(rad/m)$；$S_c(\Omega)$为水平不平顺功率谱密度，1/(rad/m)；Ω为轨道不平顺的空间频率，rad/m；Ω_c、Ω_r、Ω_s为截断频率，rad/m；A_v、A_a为粗糙度常数，$m^2\cdot rad/m$；b为左、右滚动圆距离之半，m，一般可取0.75m。

轨距不平顺：

一般轨距不平顺功率谱密度与水平不平顺具有相同的表达式，但规定轨距不平顺在−3～3mm变化。

$$S_g(\Omega)=\frac{A_g\Omega_c^2\Omega^2}{(\Omega^2+\Omega_r^2)(\Omega^2+\Omega_c^2)(\Omega^2+\Omega_s^2)} \tag{9.17}$$

粗糙度系数和截断频率见表9.2，其中A_g是基于轨距不平顺在−3～3mm内变化经试算得出的参考值。

表9.2　德国轨道谱粗糙度系数及截断频率

轨道级别	Ω_c /(rad/m)	Ω_r /(rad/m)	Ω_s /(rad/m)	A_a /($m^2\cdot$rad/m)	A_v /($m^2\cdot$rad/m)	A_g /($m^2\cdot$rad/m)
低干扰	0.8246	0.0206	0.4380	2.119×10^{-7}	4.032×10^{-7}	0.532×10^{-7}
高干扰	0.8246	0.0206	0.4380	6.125×10^{-7}	1.08×10^{-6}	1.032×10^{-7}

注：低干扰可适用于德国时速250km以上的高速铁路，高干扰适用于德国普通铁路。

根据功率密度谱函数及相应参数，通过快速傅里叶逆变换(inverse fast Fourier transform，IFFT)技术得到高速铁路轨道随机不平顺[57]。图9.2和图9.3分别为左右轨的高低与水平随机不平顺。

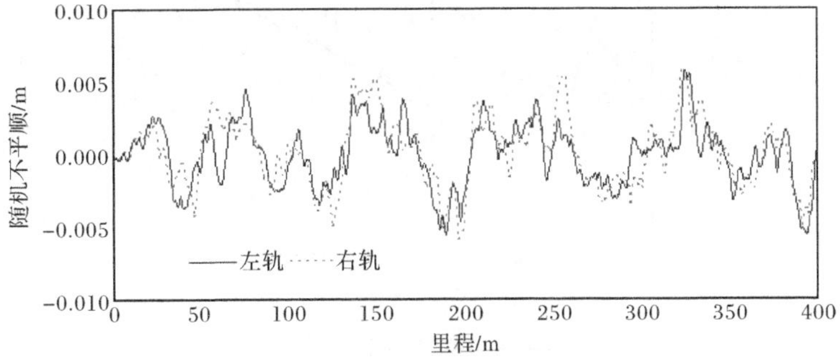

图9.2　左右轨高低随机不平顺

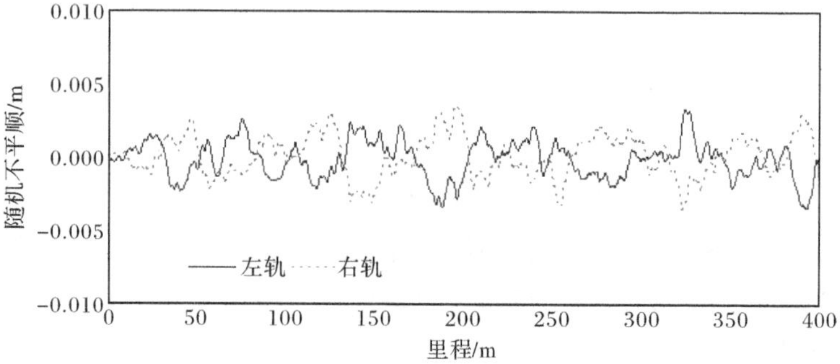

图 9.3　左右轨水平随机不平顺

9.3.2　下穿施工引起的轨面变形计算

1. Peck 公式计算法

施工引起地表沉降的计算方法有很多种，其中最为便捷的是 Peck 公式法[2]，该方法近似认为隧道开挖在不排水情况下所形成的地表沉降槽的体积应等于地层损失的体积，假定地层损失在隧道上方的横向近似呈正态高斯分布的形式，即所谓的 Peck 曲线，如式(9.18)所示。

$$S(x)=\frac{V_{s}}{\sqrt{2\pi}i}e^{-\frac{x^{2}}{2i^{2}}} \tag{9.18}$$

式中，$S(x)$为测点距隧道轴线距离为 x 的地表沉降，如图 9.4 所示；V_s 为单位长度沉降槽体积；x 为距离隧道轴线的距离，m；i 为沉降槽宽度系数，也称为曲线反

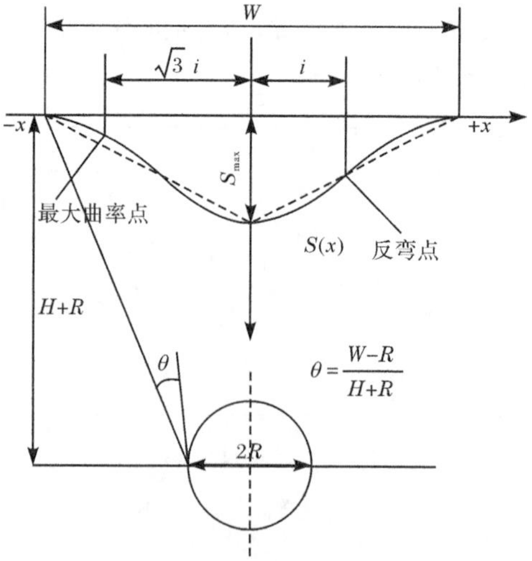

图 9.4　正交条件下盾构下穿引起地表横向沉降的 Peck 曲线

弯点距隧道中心的距离；$V_s=\pi R^2 s$，R 为盾构机的外径，s 为地层体积损失率。

而在盾构下穿方向与上部线路斜交时，盾构横断面并不与上部线路沿线方向平行，Peck 公式无法直接应用于不同斜交角度下上部线路沿线铁路轨下沉降的计算，故必须对 Peck 公式进行修正[58]。另外，由于两条铁轨间在 y 方向上存在轨距 H_R，如图 9.5 所示，因此利用式(9.18)在沿盾构中心线的每个横断面上所求得的地面沉降也将不同。

修正后的 Peck 公式为

$$S(x,y)=\frac{V_s}{\sqrt{2\pi i^*}}e^{-\frac{(ax-by)^2}{2i^{*2}}} \tag{9.19}$$

$$i^*=i^*(x,y)=\frac{H\pm|bx+ay|c+R}{2.5\tan\left(45°-\frac{\varphi}{2}\right)} \tag{9.20}$$

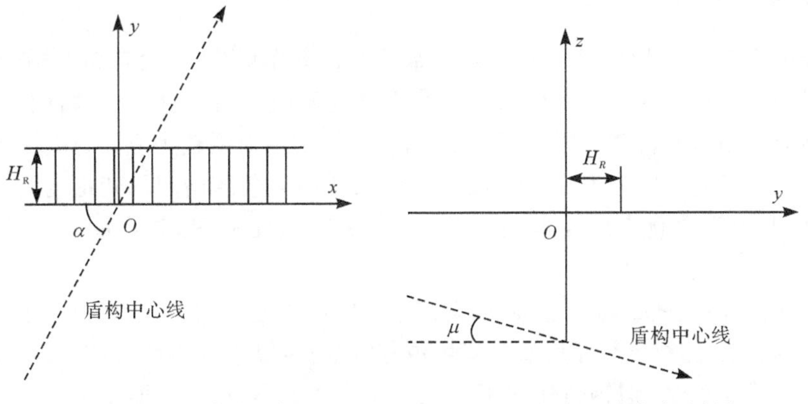

(a) xOy 平面下穿角度示意图　　(b) yOz 平面下穿角度示意图

图 9.5　盾构下穿角度示意图

设地表处的 $z=0$，地层损失量统一取为 V_s，以表示 xOy 平面上任一点的沉降量；在考虑盾构坡角及最大隆起效应的条件下，$H\pm|bx+ay|c$ 表示覆土厚度，其中 H 为原点 O 处的覆土厚度；"±"在坡度不同时取不同符号；φ 为地层内摩擦角；a、b、c 分别为与角度相关的角度系数，表示为

$$\begin{cases} a=\sin\alpha \\ b=\cos\alpha \\ c=\tan\beta=\tan(\gamma+\mu) \end{cases} \tag{9.21}$$

式中，α 为平面夹角，表示斜穿时对盾构横断面上沉降槽的宽度及其正态曲线分布形状产生的影响；β 为纵向夹角，表示斜穿时对盾构横断面沉降槽上的最大地面沉降量及其对曲线形状产生的影响，如图 9.6 所示。

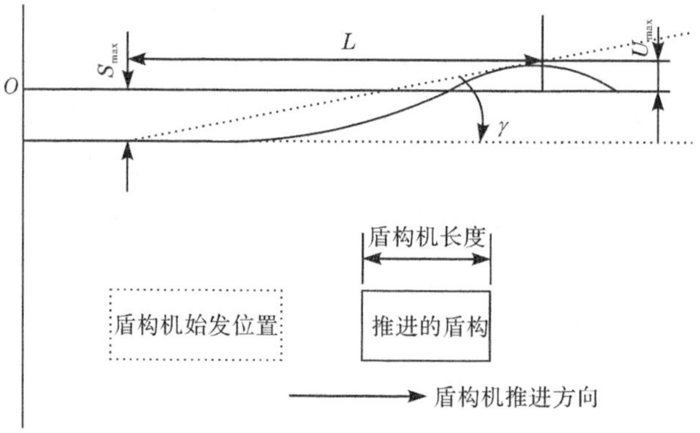

图 9.6　地表隆起等效为垂向位移示意图

2. 有限单元法

在下穿铁道施工中，由于铁道轨下基础形式多样复杂，一般有高架桥梁、隧道和路基等。当穿越铁路施工变形从下往上传递至轨面时，其路径中将引起土层、桥梁、隧道、路基和轨道结构等发生变形，涉及的结构因素较为复杂，用 Peck 公式简单计算势必造成较大误差。有限单元法来处理复杂结构间的变形与力传递方面有独具特色的优势[59]，也可用于穿越铁路施工过程中轨面变形的传递计算[60,61]。

例如，在高速铁路高架桥梁下部穿越施工中，穿越施工将造成周围土体的扰动，引起高速铁路高架梁桥墩底部发生位移，此时桥梁端部将会形成折角，桥上线路也相应发生变形，但钢轨轨面不会在墩体位移处形成折角，而是形成一个比较缓和的弯曲变形。另外，高速铁路桥梁上还存在底座板、轨道板、钢轨等截面形式各异的结构。对于这样一个包含土体、桥墩、梁体、轨道板和钢轨等结构的复杂系统，利用有限单元法计算穿越施工变形对铁路轨面变形的影响较为精确。

利用有限单元法计算分析，首先要进行建模，对于较为复杂的结构，需先在 CAD 软件创建模型，然后导入有限元分析软件进行计算。例如，在研究既有穿越施工引起的高铁桥梁基础变位导致的桥上线路附加变形时，首先利用有限元分析软件建立桥墩、梁体、桥梁支座、轨道板、钢轨和扣件一体化分析模型。将桥墩、梁体和轨道板视为实体单元，钢轨视为 Euler 梁单元，桥梁支座和扣件视为弹簧单元，系统有限元模型如图 9.7 所示。建模时选取 32m 无砟板式轨道双线整孔预制简支箱梁，该梁型为我国高铁桥梁工程中的主导梁型，桥梁墩型采用 14m 墩高的 A 型桥墩。另外，钢轨、轨道板、梁体和桥墩均用空间梁单元模拟，并定义各自的截面形状。为了更好地模拟同一个桥墩对左右两侧梁不同的支承方式，在保证桥墩墩帽尺寸不变的情况下，将墩帽分成刚度相等的两部分，然后将两部分的节点分别与下部桥墩进行刚接。不同的支座与桥墩间采用刚性连接,桥梁、轨道板和轨道之间采用弹性连接。由于桥梁基础为刚度较大的承台与桩基础,可将墩台与基础的连接视为刚性连接,因此在模型中将墩底与地面进行固接。

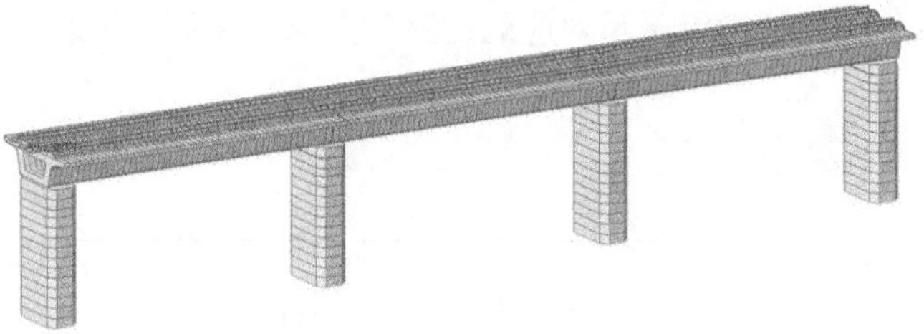

图 9.7　桥梁-轨道系统有限元模型

3. 理论近似计算法

尽管有限单元法在计算分析下穿施工变形对轨面变形的影响时精度较高,但过程较为复杂。理论计算方法具有快捷高效的特点,在确定施工变形与轨面变形映射关系时也是一种常见的近似方法。下面以地铁盾构法隧道施工下穿高速铁路高架线路为例进行说明。由于桥面刚度比轨道截面抗弯刚度大得多,因此假定整桥线路上除发生沉降的桥墩所在截面位置外,其余各截面处钢轨变形皆与桥面一致,则可利用数学几何方法对轨面与桥面的变形差 δ 进行求解。

1) 单桥墩发生沉降

单个桥墩发生沉降后,桥面与轨面的变形情况如图 9.8 所示。O 为支座(桥墩)位置,α 为坡角,$\alpha=\Delta/L$,式中,Δ 为支座沉降,L 为简支梁桥面跨度。A 点为钢轨最后一个扣件的位置,l 是最后一个扣件到支座中心的距离。由于钢轨上无荷载作用,假定其处于纯弯曲状态,变形后的轨底线是圆弧线。考虑到钢轨高度保持不变,δ 即为轨面沉降与支座沉降之差。那么由图 9.8 可知:

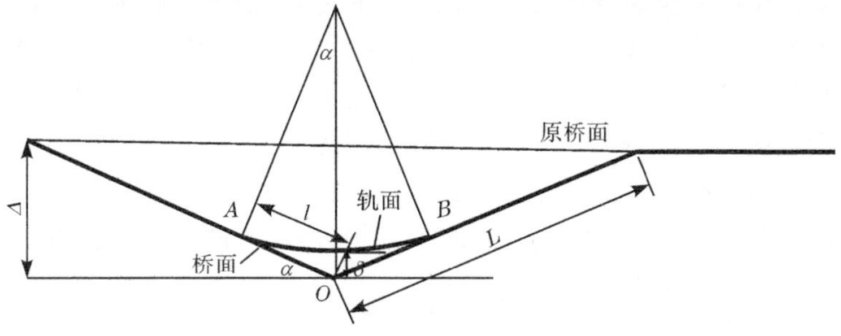

图 9.8　单墩沉降时桥面与轨面变形图

$$\delta=\frac{l}{\sin\alpha}-\frac{l}{\tan\alpha}=\frac{1-\cos\alpha}{\sin\alpha}l=\frac{\frac{\alpha^2}{2}}{\alpha}l=\frac{1}{2}\alpha l \tag{9.22}$$

假定在1#桥墩发生附加竖向沉降 δ_{Dz} 的作用下，线路产生的竖向附加变形如图 9.9 所示。不同的桥墩沉降量对应的线路竖向附加变形列于表 9.3。

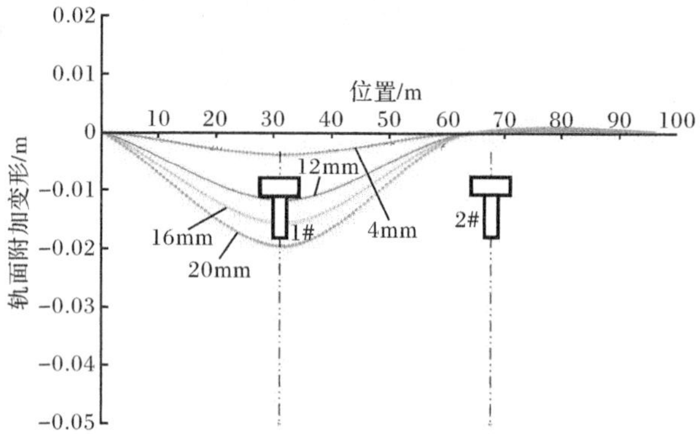

图 9.9　单墩沉降引起的轨面竖向附加变形

表 9.3　桥墩所在位置线路附加变形量

桥墩沉降量/mm	桥墩所在位置线路变形量/mm	三维有限元计算所得差值/mm	理论计算所得差值/mm
4	3.957	0.043	0.041
6	5.935	0.065	0.061
8	7.914	0.086	0.081
12	11.871	0.129	0.122
16	15.828	0.172	0.163
20	19.783	0.217	0.203

由桥梁各截面处竖向变形沿线变化图 9.9 可知，桥上线路最大竖向变形随沉降量的增大逐渐增大。在单墩发生竖向沉降时，该墩所在位置线路变形最大，线路变形量始终小于桥墩沉降量，且桥墩沉降量越大，反映为钢轨的沉降量与设定的桥墩沉降量绝对差值越大。单墩发生竖向沉降时，远离此桥墩的边跨产生量值很小的反向变形。沉降量越大，此反向变形值也呈增大趋势。理论计算方法所得桥面轨面沉降差与三维有限元的计算结果很接近，说明此简化计算方法可以很好地反映两者之间的变形差异。

2）双桥墩发生沉降

双桥墩发生沉降后，桥面与轨面的变形情况如图 9.10 所示。假定中间两桥墩发生的沉降分别为 Δ_1、Δ_2，发生沉降的桥墩两侧最后一个扣件到支座中心距离

相等，均为 l，其余假定与 1）相同，与单墩情况类似，有

$$\begin{cases}\alpha = \dfrac{\Delta_1}{L} \\ \beta = \dfrac{\Delta_1 - \Delta_2}{L}\end{cases} \tag{9.23}$$

$$\frac{\delta}{\sin\left(\frac{\pi}{2} - \gamma + \beta\right)} = \frac{l}{\sin\gamma} - \frac{l}{\tan\gamma} = \frac{1-\cos\gamma}{\sin\gamma}l \tag{9.24}$$

而 γ 满足关系式：

$$2\gamma = \alpha + \beta \tag{9.25}$$

则

$$\delta = l\frac{1-\cos\gamma}{\sin\gamma}\cos\frac{\beta-\alpha}{2} = \frac{1}{2}\gamma l \tag{9.26}$$

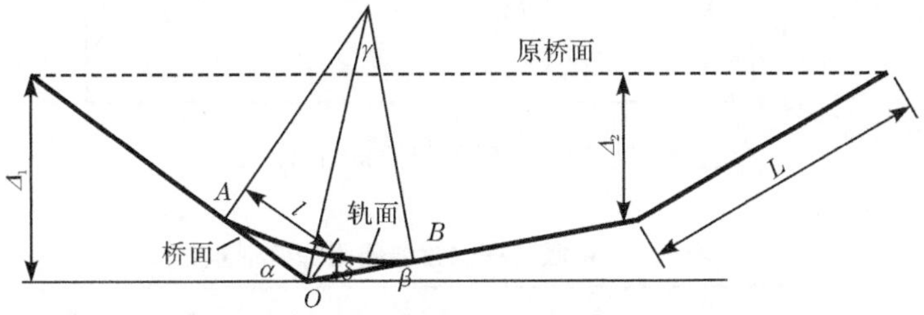

图 9.10　双墩沉降时桥面与轨面变形图

由此，对于特定情况，双桥墩发生等量不均匀沉降时，桥面与轨面的变形情况如图 9.11 所示。代入 $\Delta_1 = \Delta_2$，则

$$\frac{\delta}{\cos(\alpha/2)} = \frac{l}{\sin(\alpha/2)} - \frac{l}{\tan(\alpha/2)} = \frac{1-\cos(\alpha/2)}{\sin(\alpha/2)}l \tag{9.27}$$

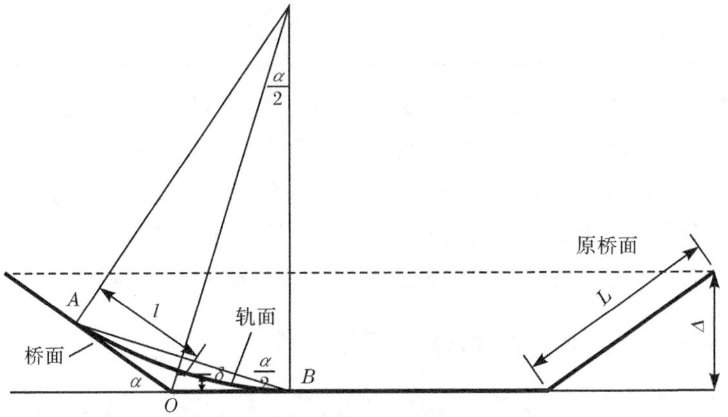

图 9.11　双墩沉降时桥面与轨面变形图

推导可知

$$\delta=\frac{1}{4}\alpha l \tag{9.28}$$

在分析双桥墩基础沉降对桥上线路的影响时，1＃、2＃桥墩均沿 z 轴发生向下的等量位移 δ_{Dz}。在 δ_{Dz} 的作用下，线路产生的附加变形如图 9.12 所示，不同的桥墩沉降量对应的线路竖向附加变形列于表 9.4。

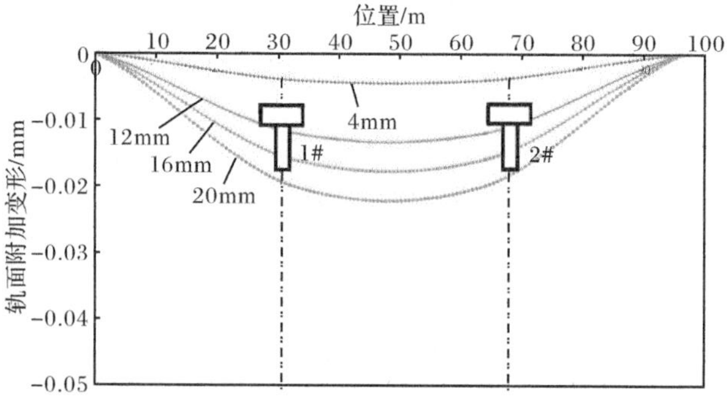

图 9.12　双墩沉降引起的轨面附加变形

表 9.4　桥墩所在位置线路附加变形量

桥墩沉降量 /mm	桥墩所在位置线路变形量 /mm	三维有限元计算所得差值 /mm	理论计算所得差值 /mm
4	3.983	0.017	0.020
6	5.974	0.026	0.030
8	7.966	0.034	0.041
12	11.949	0.051	0.061
16	15.931	0.069	0.081
20	19.914	0.086	0.102

在双墩发生均匀沉降的情况下，轨面附加变形呈对称的形式。从双墩沉降引起的桥上线路变形图(见图 9.12)可知，在沉降量不断增加的过程中，桥梁结构的竖向变形逐渐增大，中跨跨中处始终为全线最大变形截面，该位置处线路变形略大于桥墩沉降量。桥墩所在位置处线路变形量始终小于桥墩沉降量，且桥墩沉降量越大，反映为钢轨的沉降量与设定的桥墩沉降量绝对差值越大。

9.3.3　叠加施工引起的轨面变形的轨道不平顺

下穿铁道施工之所以影响列车运行的脱轨系数和轮重减载率，是因为施工引起轨面的附加变形。为了探明下穿施工变形对列车运行安全与平稳性，将桥梁基础发生单墩沉降、双墩均匀沉降变形时的轨面不平顺与德国低干扰随机不平顺叠加后轨道的高低不平顺输入车辆-轨道耦合动力学模型,系统地研究了列车运行的安全性和平稳性。为得到列车进入稳定行驶状态的数据,在桥梁段的前后分别加设200mm轨道,将总行驶长度设为500m,简支梁桥位于200～296m处,叠加后的轨道不平顺如图9.13和图9.14所示。

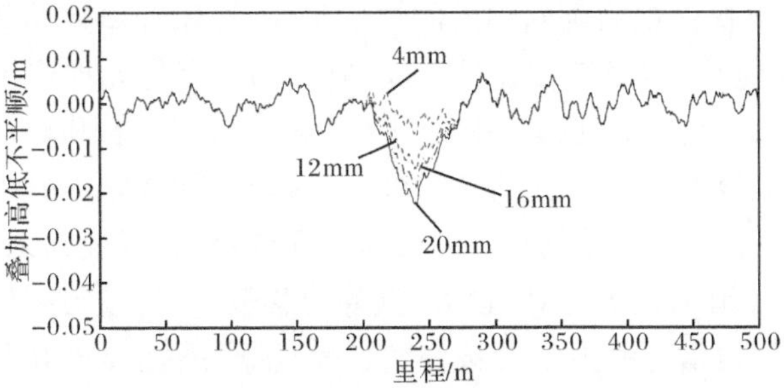

图9.13 单墩不均匀沉降轨面叠加高低不平顺

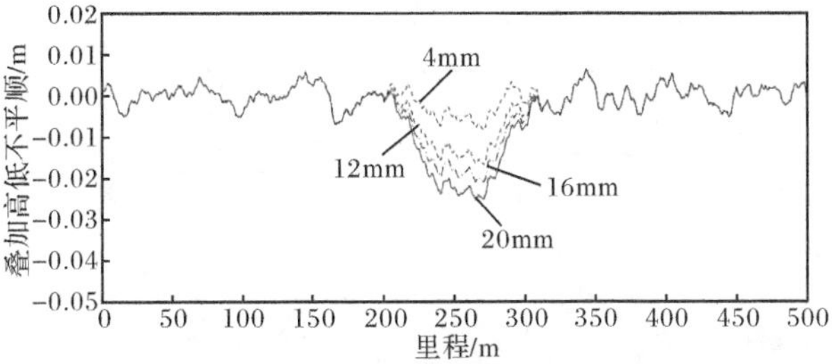

图9.14 双墩不均匀沉降轨面叠加高低不平顺

9.4 施工期铁道行车速度目标值控制

9.4.1 车辆-轨道耦合动力学模型

当列车在桥上运行时,尤其是高速行驶时,高架桥梁桥墩发生竖向不均匀沉降很容易引起列车脱轨和舒适性恶化等问题。为了分析下穿施工造成的桥墩沉降对行车安全或舒适的影响,需要采用车辆-轨道耦合动力分析方法[62]计算轮轨垂向力、轮轨横向力和车体加速度值,获得列车脱轨系数、轮重减载率等安全性指标和平稳性指标,用于评价下穿施工变形与上方列车安全平稳运行的协调关系。

利用车辆-轨道耦合动力分析方法时,最关键的是建立高速车辆-轨道耦合动力学模型[61],如图9.15所示。耦合系统能充分反映车辆和轨道系统之间的耦合效应,尤其能反映基础沉降变形映射到轨面的变形对列车安全和平稳运行的影响。在车辆-轨道耦合模型中,车辆子系统由四个轮对、两个转向架、车体、一系悬挂系统和二系悬挂系统等构成,可看成两层悬挂系统的多刚体模型。对于高速铁路通常采用有砟轨道、板式无砟轨道和双块式无砟轨道结构,故轨道子系统根据不同的轨道结构采取相应的仿真模型,但无论哪种轨道模型,钢轨都被视为两根连续弹性离散点支承无限长 Euler 梁,轨下结构按不同的轨道结构形式分别处理。对于有砟轨道,轨枕被视为等间隔的刚性质量块,道床经离散处理后同样被视为等间隔的刚性质量块,轨道结构元件之间均由弹簧、阻尼元件连接。为了反映相邻道床块之间的耦合作用,在模型中还引入了道床剪切弹簧和剪切阻尼元件。对于板式轨道,轨道板和底座(支撑层)均可视为弹性薄板模型,钢轨与轨道板间扣件、轨道板与底座间 CA 砂浆均视为弹簧阻尼元件;对于双块式无砟轨道,由于轨下结构(轨道板和道床板等)刚度较大,振动位移较小,故按约束处理。轮轨耦合子系统是车辆-轨道耦合动力学的核心,它是车辆子系统和轨道子系统之间的连接纽带,两子系统之间的耦合与反馈作用均通过轮轨关系来实现。

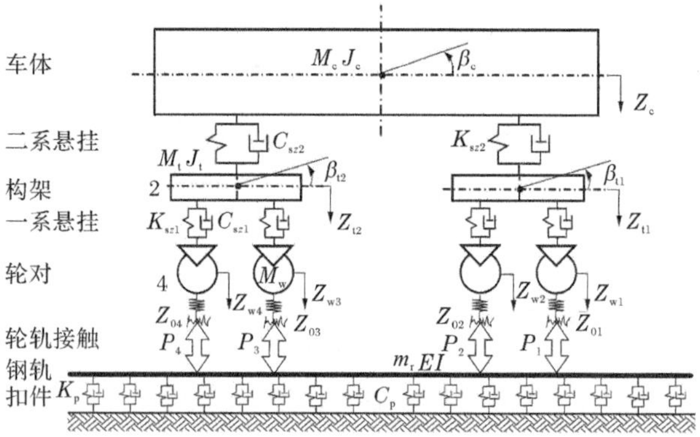

(a) 正视图

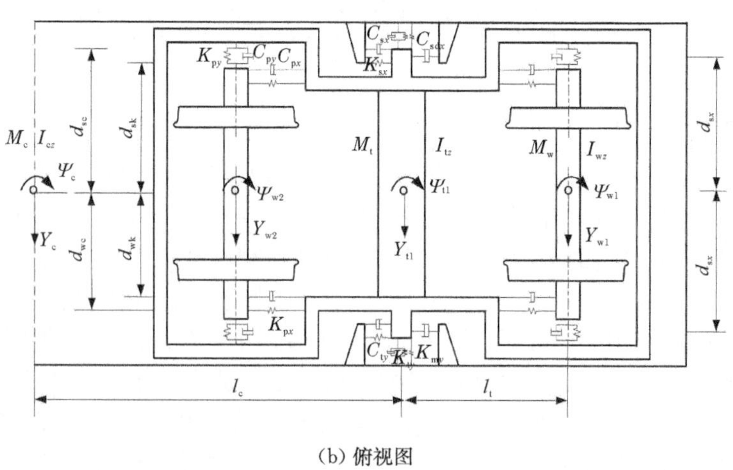

(b) 俯视图

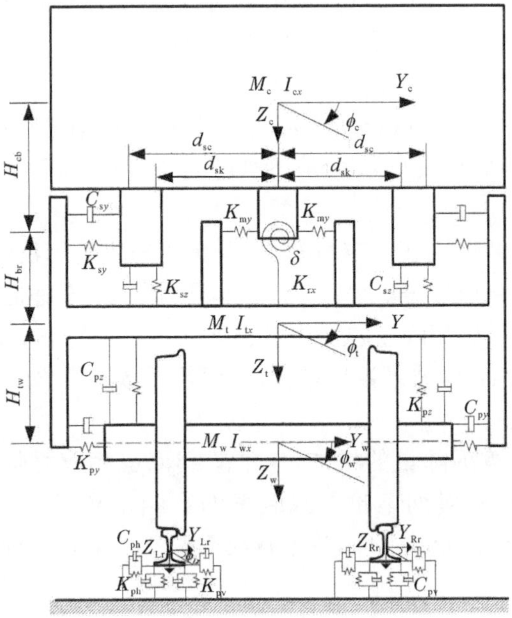

(c) 后视图

图 9.15　典型四轴机车车辆-轨道动力学模型示意图

9.4.2　施工变形对车辆运行安全性和舒适性的影响

穿越施工引起的桥梁或路基变形对轨道产生了一种附加的不利影响，体现在以下三方面：①结构强度评价，即施工变形对桥梁、路基和轨道结构的内力影响及其强度评价；②轨面变形评价，即施工变形通过桥梁和路基传递到轨道结构引起轨面的附加变形，此变形通过与轨道的养护维修标准对比进行评价；③行车的安全性与舒适性评价，即施工变形传递到轨面，引起的列车运行安全性与舒适性问题。铁路下穿工程是一个系统工程，穿越施工过程的变形对上方的列车运行安全性与舒适性产生影响；反过来，上方的列车荷载对穿越施工也会造成影响，故只有把列车-轨道-路基/桥梁-下穿工程四要素视为一个耦合系统，才能从系统中解决下穿工程遇到的变形控制问题。鉴于此，本节采用第三种评价方法，以盾构施工下穿高速铁路高架桥引起的桥墩变形为例，分析施工变形对列车运行安全性和舒适性的影响。

1. 单桥墩发生沉降

当穿越工程临近某一桥墩时，施工会引起单个桥墩发生沉降变形，这种沉降传递到钢轨形成轨面高低不平顺。利用车辆-轨道耦合动力分析方法计算桥墩单墩沉降对列车运行安全性和平稳性的影响。通常在德国低干扰轨道不平顺基础上叠加施工变形引起的轨面高低不平顺,以此作为系统动力响应的激扰源仿真得到列车以不同速度(200～300km/h)通过高架桥梁时,动车和拖车的脱轨系数、轮重减载率、轮轴横向力以及车体振动加速度等指标最大值随桥墩沉降量的变化规律,列于表 9.5～表 9.14。

由表 9.5～表 9.14 可见,当桥墩发生单墩垂向不均匀沉降时,脱轨系数较桥梁无初始变形时的量值显著增大。无论动车还是拖车,车速越高,脱轨系数越大,但脱轨系数指标对桥墩沉降量的变化不敏感;当列车以 300km/h 速度行驶时,随着桥墩沉降量的增加,脱轨系数也增大,但脱轨系数在 0.21～0.34 变化,其最大值远小于限值 0.8。

随着车速和桥墩沉降量的增加,轮重减载率也相应增加。当车速为 200～260km/h 时,桥墩沉降对列车轮重减载率的影响均超过 0.6;当桥墩沉降量为 20mm,车速为 280～300km/h 时,轮重减载率达到 0.6,接近列车安全行驶的轮重减载率限值 0.6。

轮轴横向力随着桥墩沉降显著增大,并随车速增加而增大,但对基础沉降量的增加不敏感。例如,列车以 300km/h 速度行驶,单墩沉降量由 4mm 发展至 20mm 的过程中,动车轮轴横向力为 18.43～20.34kN,而拖车轮轴横向力为 17.76～19.35kN,变化幅值很小,且均远小于列车平稳运行的要求上限值 38.1kN。

当列车以 300km/h 速度行驶时,桥墩单墩沉降量由 4mm 发展至 20mm 的过程中,动车车体垂向加速度为 $0.042g$～$0.087g$,而横向加速度为 $0.0032g$～$0.0047g$,两者的变化幅值很小。拖车车体垂向加速度和横向加速度变化幅值也很小,且均远小于列车平稳运行的垂向振动加速度上限值 $0.13g$ 和横向振动加速度上限值 $0.1g$ 的要求。可见,无论车体的垂向加速度还是横向加速度,其量值对桥墩沉降量的增加都不敏感。

表 9.5　单桥墩发生沉降时动车脱轨系数最大值

车速/(km/h)	基础沉降量/mm						
	0	4	6	8	12	16	20
200	0.02	0.10	0.12	0.15	0.18	0.23	0.26
220	0.03	0.12	0.15	0.17	0.21	0.26	0.29
240	0.05	0.15	0.18	0.19	0.22	0.26	0.28
260	0.09	0.17	0.19	0.22	0.23	0.27	0.29
280	0.10	0.20	0.22	0.24	0.25	0.28	0.30
300	0.12	0.22	0.24	0.25	0.28	0.29	0.34

表 9.6 单桥墩发生沉降时拖车脱轨系数最大值

车速/(km/h)	基础沉降量/mm						
	0	4	6	8	12	16	20
200	0.01	0.08	0.11	0.14	0.16	0.22	0.24
220	0.02	0.10	0.14	0.16	0.20	0.24	0.28
240	0.04	0.13	0.15	0.19	0.21	0.26	0.28
260	0.07	0.15	0.17	0.21	0.24	0.26	0.28
280	0.08	0.18	0.20	0.23	0.25	0.25	0.29
300	0.09	0.21	0.23	0.25	0.27	0.27	0.32

表 9.7 单桥墩发生沉降时动车轮重减载率最大值

车速/(km/h)	基础沉降量/mm						
	0	4	6	8	12	16	20
200	0.05	0.18	0.19	0.23	0.25	0.26	0.29
220	0.08	0.22	0.25	0.27	0.31	0.32	0.36
240	0.11	0.35	0.38	0.39	0.40	0.43	0.48
260	0.14	0.37	0.39	0.42	0.43	0.47	0.55
280	0.16	0.40	0.42	0.44	0.45	0.48	0.60
300	0.25	0.42	0.44	0.48	0.52	0.59	0.64

表 9.8 单桥墩发生沉降时拖车轮重减载率最大值

车速/(km/h)	基础沉降量/mm						
	0	4	6	8	12	16	20
200	0.03	0.15	0.17	0.21	0.24	0.25	0.26
220	0.07	0.20	0.23	0.25	0.30	0.30	0.37
240	0.09	0.32	0.36	0.37	0.38	0.41	0.45
260	0.11	0.34	0.37	0.41	0.42	0.44	0.50
280	0.13	0.38	0.40	0.43	0.45	0.46	0.58
300	0.21	0.40	0.43	0.45	0.50	0.57	0.62

表 9.9 单桥墩发生沉降时动车轮对轮轴横向力最大值 (单位:kN)

车速/(km/h)	基础沉降量/mm						
	0	4	6	8	12	16	20
200	7.34	8.32	9.02	9.18	9.32	10.23	10.26
220	7.87	9.34	10.15	10.27	11.21	11.36	10.29

续表

车速/(km/h)	基础沉降量/mm						
	0	4	6	8	12	16	20
240	8.22	12.55	13.28	13.79	13.91	12.26	12.28
260	12.34	14.34	15.18	14.28	15.32	15.57	14.29
280	15.22	15.24	16.27	17.34	17.20	17.28	18.30
300	18.43	18.62	18.24	19.20	19.28	19.29	20.34

表 9.10　单桥墩发生沉降时拖车轮对轮轴横向力最大值　(单位:kN)

车速/(km/h)	基础沉降量/mm						
	0	4	6	8	12	16	20
200	7.30	7.92	8.72	9.12	9.45	9.93	10.16
220	7.67	8.43	9.85	10.22	11.01	11.26	11.22
240	8.00	11.59	12.88	12.97	13.31	12.16	12.20
260	11.32	13.39	14.68	14.92	15.02	15.47	15.29
280	14.29	14.64	16.17	17.14	17.25	17.23	17.35
300	17.76	17.66	18.02	19.02	19.12	19.09	19.35

表 9.11　单桥墩发生沉降时动车车体垂向加速度最大值　(单位:g)

车速/(km/h)	基础沉降量/mm						
	0	4	6	8	12	16	20
200	0.01	0.031	0.034	0.036	0.037	0.039	0.045
220	0.016	0.036	0.039	0.038	0.046	0.047	0.056
240	0.018	0.043	0.044	0.038	0.047	0.053	0.063
260	0.023	0.049	0.051	0.049	0.051	0.059	0.069
280	0.033	0.054	0.055	0.056	0.064	0.068	0.074
300	0.042	0.057	0.058	0.059	0.067	0.077	0.087

表 9.12　单桥墩发生沉降时拖车车体垂向加速度最大值　(单位:g)

车速/(km/h)	基础沉降量/mm						
	0	4	6	8	12	16	20
200	0.008	0.030	0.032	0.034	0.035	0.038	0.040
220	0.010	0.032	0.033	0.038	0.040	0.042	0.052
240	0.013	0.041	0.043	0.039	0.044	0.052	0.053
260	0.020	0.045	0.051	0.046	0.049	0.050	0.061

续表

车速/(km/h)	基础沉降量/mm						
	0	4	6	8	12	16	20
280	0.023	0.053	0.054	0.055	0.060	0.062	0.064
300	0.032	0.054	0.057	0.059	0.063	0.070	0.077

表 9.13　单桥墩发生沉降时动车车体横向加速度最大值　(单位:g)

车速/(km/h)	基础沉降量/mm						
	0	4	6	8	12	16	20
200	0.001	0.0012	0.0014	0.0016	0.0017	0.0019	0.0021
220	0.0012	0.0016	0.0017	0.0018	0.0023	0.0027	0.0026
240	0.0015	0.0017	0.0020	0.0025	0.0027	0.0026	0.0027
260	0.0024	0.0029	0.0021	0.0028	0.0031	0.0029	0.0039
280	0.0029	0.0033	0.0035	0.0037	0.0033	0.0034	0.0044
300	0.0032	0.0037	0.0038	0.0039	0.0038	0.0037	0.0047

表 9.14　单桥墩发生沉降时拖车车体横向加速度最大值　(单位:g)

车速/(km/h)	基础沉降量/mm						
	0	4	6	8	12	16	20
200	0.0009	0.0011	0.0013	0.0014	0.0015	0.0017	0.0020
220	0.0010	0.0012	0.0015	0.0015	0.0021	0.0029	0.0029
240	0.0012	0.0014	0.0020	0.0024	0.0026	0.0029	0.0029
260	0.0020	0.0024	0.0023	0.0026	0.0030	0.0032	0.0038
280	0.0025	0.0030	0.0032	0.0035	0.0035	0.0037	0.0040
300	0.0030	0.0034	0.0033	0.0036	0.0037	0.0038	0.0045

由以上分析可知,高速列车以较低的速度(260km/h 及以下)行驶时,车体轮重减载率随桥墩沉降量增加而增大的趋势不明显,当车速超过 260km/h 时,减载率随桥墩沉降量增大显著变化,脱轨系数、轮轴横向力与车体竖向、横向加速度则对桥墩沉降量不敏感。同时,由表中数据可知,车速为 280～300km/h 时,动车和拖车脱轨系数、轮轴横向力、车体加速度的最大值尚满足规范中的要求,轮重减载率指标最大值已经接近上限。因此,桥墩发生单墩不均匀沉降时,表征列车行驶安全性的轮重减载率指标是主要的控制标准。高铁桥梁设计规范中对于无砟轨道简支梁桥中限定的 5mm 工后不均匀沉降量限值可以满足列车安全平稳运行的要求,并且有一定的预留量。考虑列车运行时预留 5mm 的轨面动变形余量,结合高速铁路轨道不平顺动态管理值标准,当列车以 300km/h 速度行驶时,单桥墩沉

降量应小于 11mm；当列车以 280km/h 速度行驶时，单桥墩沉降量不得超过 15mm。

2. 连续双桥墩发生等量沉降

为了探明下穿施工使连续双桥墩发生的等量不均匀沉降对列车运营安全性和平稳性的影响，通过把连续桥墩不均匀沉降引起的轨面高低不平顺叠加德国低干扰轨道不平顺作为系统激扰输入，利用列车-轨道耦合动力学模型计算分析列车以 200～300km/h 速度通过高架梁桥时，动车和拖车的脱轨系数、轮重减载率、轮轴横向力及车体振动加速度等变化情况，其指标最大值随基础双墩沉降量的变化见表 9.15～表 9.24。

由表 9.15 和表 9.16 可知，当高速铁路桥梁两桥墩连续发生等量竖向不均匀沉降时，列车脱轨系数较桥梁无初始变形时的量值显著增大，并随着车速增大，脱轨系数也增大，但增幅较小。进一步分析可知，各速度级下，列车脱轨系数指标对桥墩沉降量的增加不敏感。例如，当列车以 300km/h 速度行驶，动车的脱轨系数为 0.24～0.37，拖车的脱轨系数为 0.21～0.35，均小于限值 0.8。

由表 9.17 和表 9.18 可知，轮重减载率随桥墩沉降量的变化规律则与车速有关：当车速为 200～260km/h 时，轮重减载率随沉降量增加而略微变化；当车速超过 260km/h 时，轮重减载率始终随沉降量增加显著增大；当列车以 300km/h 速度行驶时，基础沉降量由 4mm 增至 20mm 的过程中，动车轮重减载率从 0.47 增至 0.66，拖车轮重减载率从 0.46 增至 0.62，当桥墩沉降量为 20mm，车速为 280km/h 以上时，轮重减载率已经超过列车安全行驶的限值 0.6。

由表 9.19 和表 9.20 可见，轮轴横向力量值较桥墩不发生沉降时显著增大，并随车速增加而增大，但随着桥墩沉降量增加而增幅较小。例如，列车以 300km/h 速度行驶，桥墩沉降量由 4mm 发展至 20mm 的过程中，动车轮轴横向力在 18.66～19.94kN 变化，而拖车轮轴横向力在 17.86～19.34kN 变化，变化幅值很小，且均远小于列车平稳运行的要求上限值 38.1kN。

对于车体加速度，无论车体竖向加速度还是横向加速度，其量值较基础不发生沉降时显著增大，并随车速增加而增大，但两者对基础沉降量的增加不敏感，如表 9.21～表 9.24 所示。列车以 300km/h 速度行驶，单墩沉降量由 4mm 发展至 20mm 的过程中，动车车体垂向加速度、横向加速度分别在 0.065g～0.092g、0.0035g～0.0049g 变化，变化幅值很小。拖车车体垂向加速度、横向加速度分别在 0.064g～0.09g、0.0033g～0.0046g 变化，变化幅值很小，且均远小于列车平稳运行的要求上限值垂向加速度 0.13g 和横向加速度 0.1g。

总之，列车在 260km/h 以下速度运行时，列车轮重减载率随桥墩沉降量增加，其增大的趋势不明显；当车速超过 260km/h 时，随沉降量增大显著变化，脱轨系数、轮轴横向力与车体垂向、横向加速度则对桥墩沉降量不敏感，而轮重减载率指标已经接近或超过上限。因此桥墩连续双墩发生不均匀沉降时，表征列车行驶安全性的轮重减载率指标仍然是主要的控制标准，结合高速铁路轨道不平顺动态管理值标准，当列车以 300km/h 速度行驶时，连续双桥墩不均匀沉降不得超过 15mm。

表 9.15　连续双桥墩发生等量沉降时动车脱轨系数最大值

车速/(km/h)	基础沉降量/mm						
	0	4	6	8	12	16	20
200	0.02	0.11	0.11	0.16	0.16	0.20	0.23
220	0.03	0.13	0.14	0.17	0.20	0.27	0.29
240	0.05	0.15	0.18	0.20	0.22	0.28	0.28
260	0.09	0.18	0.18	0.23	0.23	0.30	0.29
280	0.10	0.21	0.22	0.24	0.26	0.31	0.34
300	0.12	0.24	0.25	0.26	0.28	0.32	0.37

表 9.16　连续双桥墩发生等量沉降时拖车脱轨系数最大值

车速/(km/h)	基础沉降量/mm						
	0	4	6	8	12	16	20
200	0.01	0.09	0.10	0.14	0.16	0.20	0.21
220	0.02	0.10	0.12	0.16	0.20	0.25	0.27
240	0.04	0.12	0.14	0.18	0.20	0.26	0.27
260	0.07	0.15	0.16	0.21	0.22	0.27	0.29
280	0.08	0.19	0.20	0.22	0.25	0.30	0.30
300	0.09	0.21	0.24	0.23	0.25	0.32	0.35

表 9.17　连续双桥墩发生等量沉降时动车轮重减载率最大值

车速/(km/h)	基础沉降量/mm						
	0	4	6	8	12	16	20
200	0.05	0.11	0.15	0.23	0.28	0.30	0.32
220	0.08	0.25	0.27	0.27	0.36	0.39	0.41
240	0.11	0.38	0.39	0.40	0.43	0.45	0.48
260	0.14	0.40	0.42	0.43	0.45	0.47	0.53
280	0.16	0.45	0.48	0.49	0.51	0.56	0.63
300	0.25	0.47	0.49	0.51	0.57	0.60	0.66

表 9.18　连续双桥墩发生等量沉降时拖车轮重减载率最大值

车速/(km/h)	基础沉降量/mm						
	0	4	6	8	12	16	20
200	0.03	0.10	0.12	0.20	0.24	0.28	0.30
220	0.07	0.22	0.25	0.25	0.34	0.35	0.40
240	0.09	0.34	0.37	0.39	0.44	0.45	0.45
260	0.11	0.41	0.41	0.41	0.42	0.46	0.51
280	0.13	0.42	0.45	0.45	0.50	0.54	0.60
300	0.21	0.46	0.48	0.50	0.55	0.58	0.62

表 9.19　连续双桥墩发生等量沉降时动车轮对轮轴横向力最大值　　(单位:kN)

车速/(km/h)	基础沉降量/mm						
	0	4	6	8	12	16	20
200	7.34	8.52	9.22	9.88	9.92	11.22	12.24
220	7.87	9.57	11.14	11.46	11.71	11.33	12.29
240	8.22	11.55	13.48	13.76	13.96	12.56	12.98
260	12.34	13.33	14.48	15.25	15.72	15.74	16.25
280	15.22	15.26	16.25	17.37	17.66	17.75	18.50
300	18.43	18.66	18.84	19.26	19.65	19.78	19.94

表 9.20　连续双桥墩发生等量沉降时拖车轮对轮轴横向力最大值　　(单位:kN)

车速/(km/h)	基础沉降量/mm						
	0	4	6	8	12	16	20
200	7.30	8.42	9.00	9.84	9.96	10.28	11.24
220	7.67	9.45	10.17	11.00	11.51	11.83	12.09
240	8.00	10.52	12.43	12.76	13.45	12.36	12.58
260	11.32	12.34	13.44	13.65	14.74	15.04	16.24
280	14.29	14.20	15.24	16.35	17.46	17.45	18.40
300	17.76	17.86	18.44	18.86	19.23	19.18	19.34

表 9.21　连续双桥墩发生等量沉降时动车车体垂向加速度最大值　　(单位:g)

车速/(km/h)	基础沉降量/mm						
	0	4	6	8	12	16	20
200	0.010	0.034	0.044	0.047	0.048	0.054	0.055
220	0.016	0.037	0.049	0.044	0.056	0.057	0.058

续表

车速/(km/h)	基础沉降量/mm						
	0	4	6	8	12	16	20
240	0.018	0.053	0.047	0.048	0.057	0.063	0.068
260	0.023	0.059	0.050	0.059	0.057	0.069	0.075
280	0.033	0.057	0.058	0.066	0.066	0.069	0.087
300	0.042	0.065	0.068	0.069	0.076	0.078	0.092

表 9.22　连续双桥墩发生等量沉降时拖车车体垂向加速度最大值　(单位:g)

车速/(km/h)	基础沉降量/mm						
	0	4	6	8	12	16	20
200	0.008	0.024	0.034	0.042	0.045	0.050	0.054
220	0.010	0.025	0.044	0.046	0.050	0.052	0.058
240	0.013	0.045	0.049	0.045	0.054	0.061	0.062
260	0.020	0.057	0.052	0.057	0.057	0.063	0.070
280	0.023	0.058	0.057	0.060	0.060	0.065	0.082
300	0.032	0.064	0.064	0.065	0.072	0.073	0.090

表 9.23　连续双桥墩发生等量沉降时动车车体横向加速度最大值　(单位:g)

车速/(km/h)	基础沉降量/mm						
	0	4	6	8	12	16	20
200	0.0010	0.0015	0.0016	0.0017	0.0018	0.0019	0.0021
220	0.0012	0.0017	0.0018	0.0018	0.0020	0.0024	0.0025
240	0.0015	0.0027	0.0029	0.0024	0.0025	0.0028	0.0027
260	0.0024	0.0029	0.0033	0.0025	0.0031	0.0039	0.0040
280	0.0029	0.0030	0.0037	0.0039	0.0043	0.0044	0.0046
300	0.0032	0.0035	0.0039	0.004	0.0047	0.0048	0.0049

表 9.24　连续双桥墩发生等量沉降时拖车车体横向加速度最大值　(单位:g)

车速/(km/h)	基础沉降量/mm						
	0	4	6	8	12	16	20
200	0.0009	0.0012	0.0015	0.0016	0.0015	0.0015	0.0020
220	0.0010	0.0014	0.0017	0.0018	0.0024	0.0024	0.0025
240	0.0012	0.0020	0.0022	0.0025	0.0024	0.0026	0.0032
260	0.0020	0.0027	0.0030	0.0035	0.0030	0.0033	0.0034

续表

车速/(km/h)	基础沉降量/mm						
	0	4	6	8	12	16	20
280	0.0025	0.0030	0.0036	0.0036	0.0042	0.0043	0.0044
300	0.0030	0.0033	0.0038	0.0042	0.0044	0.0045	0.0046

9.5 下穿施工的安全保障

下穿施工的安全控制是一项系统工程，必须由设计、施工和铁路运营管理等联合协调才能在工程实施中保证行车的安全。一般可以通过行车安全性分析，提出下穿施工变形控制目标值，并结合轨道综合监测车得到的数据，建立一套多方联动的保障体系。具体体现于以下几个方面。

1. 施工方案落实到位

在下穿铁路的工程施工中，必须制定详细周密的施工方案，工程设计和施工方必须严格遵守下穿铁路的相关技术规范与标准，严格控制施工变形满足强度控制标准、轨面变形控制标准和行车安全性舒适性控制标准，必须综合考虑下穿施工变形控制与上方铁路运营安全性的协调，并通过必要的专家论证。在具体的工程实践中一定要落实到位，全面掌控每一个细节。

2. 监测可行可靠

为了实时掌握下穿铁路工程施工变形以及对行车安全性的影响，必须要有一套行之有效、安全可靠的监控系统。该监控系统能实时获得施工变形值以及轨面变形值，并通过轨道综合检测列车和添乘对施工线路轨道状态和列车运行状态进行重点检查。

3. 信息渠道畅通

为保证下穿施工安全顺利地进行，在下穿铁路施工期间，一定要保证设计、施工、安检和铁路运营等部门信息畅通。例如，施工方及时把施工信息反馈给铁路运营部门，铁路运营部门针对施工区段实时调整列车的运营情况，如限速运行。另外，铁路运营部门可以把轨道综合检测和添乘的信息及既有铁路线在施工期间的变形情况反馈到施工单位，使之能够及时调整施工参数，确保穿越工程和铁路行车安全。

4. 应急措施到位

在下穿铁路正常施工的情况下，还要制定一套应急预案，以防突发情况发生。对于高速铁路，大多采用无砟轨道结构，如果下穿施工对轨面变形影响较大，一般通过扣件调整来恢复轨道高低、轨距和轨向不平顺，使其符合列车运行要求的标准限值。另外，在下穿施工引起的变形严重影响轨道的变形和行车安全时，必须采取停工起道的措施对轨道结构的变形加以控制。下穿施工期间，严格依照《铁路工务安全规则》设置相应防护设施，如减速信号牌、响墩等。

第 10 章　土压平衡盾构下穿大型江河湖泊

我国水系众多，大型江河湖泊遍布各地，知名的水域，如长江、黄河、珠江等汇聚形成了我国主要的经济发达都市圈。随着我国城市轨道交通建设的快速发展，地铁越江工程也越来越多。以上海为例，目前规划的轨道交通有 24 条隧道穿越黄浦江，杭州市的轨道交通网也有 20 条隧道下穿钱塘江。如此众多的越江工程，不断遭遇各种技术挑战，当人们习惯于采用泥水平衡盾构穿越大型江河时，由于泥浆处理占地大，并对城市环境带来不良影响，于是开发土压平衡盾构越江的技术需求就更加迫切。

10.1　盾构法隧道下穿江河湖泊面临的问题

大型水系的河床在形成过程中常常伴随着复杂的水文、地质变化，形成诸如沼气、卵石、高水压等，这使得穿越施工变得更加困难。

10.1.1　盾构法隧道下穿含沼气层

海陆历史变迁过程中，大量动植物死亡后残留的有机质经过长期的沉淀堆积，随后被水和泥沙覆盖并与空气隔绝，在厌氧菌的作用下分解发酵，在一定的温度和压力作用下，这些生物的残骸变成泥炭，同时产生气态产物，其形成过程如式 10.1 所示。

$$\text{有机物}+\text{厌氧细菌}\xrightarrow{\text{一定的温度和压力}}CH_4+CO_2+H_2O \qquad (10.1)$$

当生成的气体不可能向大气中扩散时，便向周围地层空隙中迁移和积聚。最终在地层的空隙中不断积聚成扁豆体状和透镜体状、大小不等的气囊，与水和土形成一种混合结构，如图 10.1 所示，气相在土中赋存状态分类如表 10.1 所示。

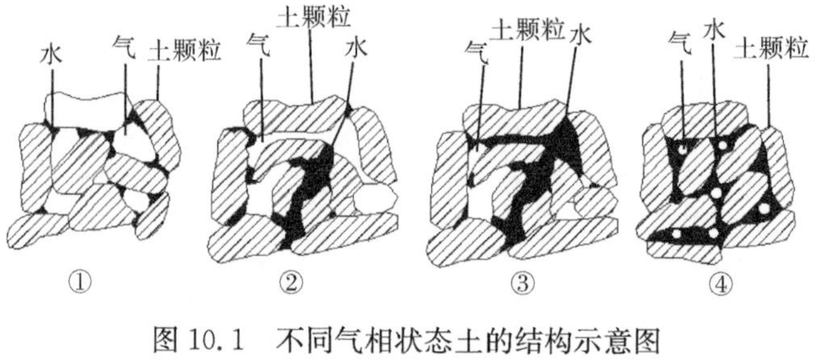

图 10.1　不同气相状态土的结构示意图

表 10.1　气相在土中赋存状态分类

序号	气相形态	气相在土体空隙中位置	液相在土体空隙中位置	气相在土体中的连通性	液相在土体中的连通性	气相与液相的压差	饱和度
①	完全连通	占据全部大、小孔隙	占据微孔隙或以湾液面形态存在于土粒接触点周围	在大、小空隙中完全连通	不连通	大	低
②	部分连通	占据大孔隙	占据微孔及小孔	在大孔隙中连通	在小孔隙中连通	较大	较低
③	局部连通	仅占据大空隙中的部分位置	占据微孔、小孔、大孔的部分位置	在大孔隙中部分连通	在大、小孔隙中基本连通	居中	居中
④	完全封闭	以气泡形态密封于空隙水中	占据全部微孔、小孔、大孔	不连通	在大、小空隙中基本连通	小或无	高

经地质勘探，中国大量水域富含沼气，且大多含气的区域位于埋深为 20～40m 的浅海相内，如图 10.2 所示。该深度正好与隧道基本线位一致，这给盾构法隧道的施工造成困难。

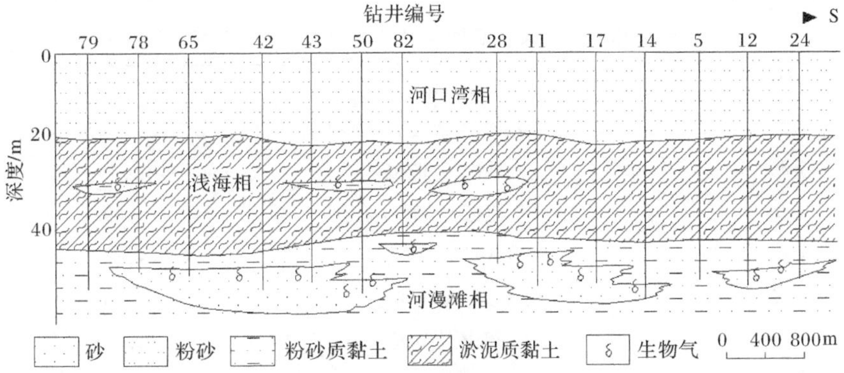

图 10.2　某浅气藏静力触探井剖面

当盾构机在含沼气的土层中掘进施工时，一方面盾构机的机电设备运转产生静电，容易引发爆炸，而在江下发生爆炸所产生的危害远比陆域段大；另一方面，隧道建成区域周边地层残留的沼气通过渗水通道等路径进入隧道，使运行列车在与轨道、受电弓接触时容易引发爆炸，隧道外界含气层气体渗漏流失也容易引发隧道局部大变形，增加结构破坏的风险[63]。国内外均有盾构机在含沼气地层中掘进施工引发事故的案例，部分案例如表 10.2 所示。

表 10.2 盾构法隧道沼气层安全事故不完全统计

地点	工程名称	事故描述
东京	东京都水道输水管道盾构工程	沼气爆炸，死亡 4 人，伤 1 人
上海	上海浦东某工程	成型隧道外侧沼气释放引起隧道过大横向、纵向变形，导致局部渗水、冒气和冒砂
上海	合流污水治理工程	沼气多次渗入隧道、且浓度较高
上海	长江口某圆形排水隧道	沼气带砂从隧道下部涌入，导致隧道变形断裂，无法修复
广州	6 号线东湖站-黄花岗站盾构区间	开仓检查时沼气爆炸，死亡 2 人，伤 6 人
武汉	武汉地铁隧道某区间	盾构始发洞门沼气泄漏
广州	3 号线北延段九标	开仓检查时遭遇沼气，死亡 3 人

10.1.2 盾构法隧道下穿高水压地层

盾构下穿大型江河湖泊易遭遇潮汐涨落、承压水层等，前述因素会导致水下隧道施工多面临高水头压力环境，部分水下盾构法隧道工程遭遇的水头压力如表 10.3所示，最高接近 0.6MPa。

表 10.3 部分水下盾构法隧道工程遭遇的水头压力

地点	工程名称	水头压力/MPa
东京	日本东京湾横断道路隧道	0.5
上海	上海地铁区间隧道	0.1～0.2
埃及	埃及艾哈迈德·哈姆迪隧道	0.4
上海	上海延安东路隧道	0.35～0.4
上海	上海大连路隧道	0.35～0.4
上海	上海翔殷路隧道	0.35～0.4
上海	上海青草沙输水隧道	0.3
杭州	杭州地铁 1 号线穿钱塘江隧道	0.36
南京	南京地铁 3 号线穿长江隧道	0.57

高水头压力对盾构机的掘进施工和建成之后的隧道均存在影响。在施工期面临盾构机主轴承密封、螺旋输送机防喷涌和盾尾刷防水等技术难题。隧道建成后，管片接头在高水压作用下的防水是保障隧道正常使用的关键。高水头击穿盾构机薄弱区域示意如图 10.3 所示，高水压隧道运营期大幅度渗漏水和冒泥如图 10.4所示。

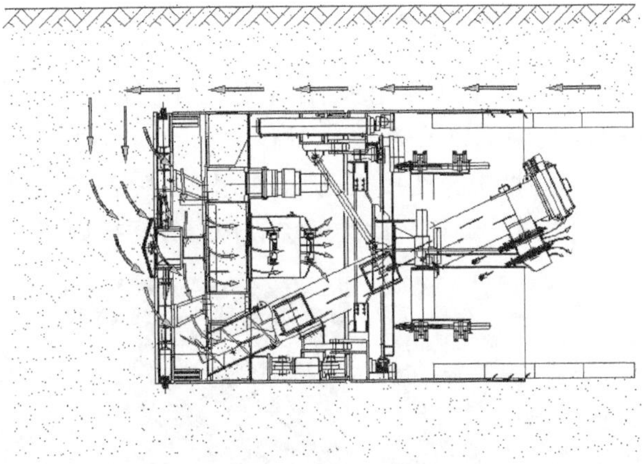

(a) 盾构机主轴承、螺旋输送机漏水

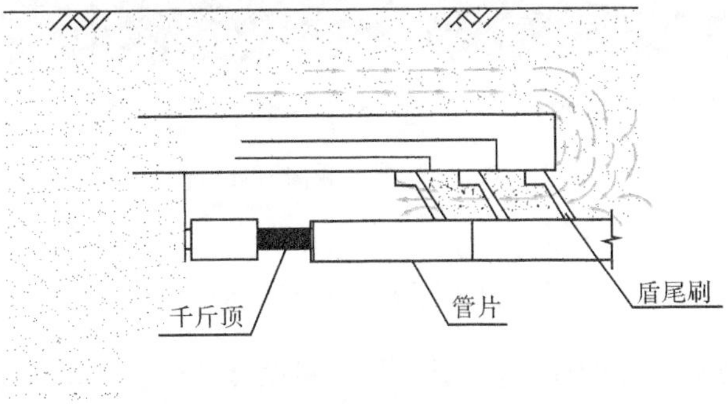

(b) 盾构尾部密封刷失效

图 10.3　高水头击穿盾构机薄弱区域

(a) 大幅度渗漏水

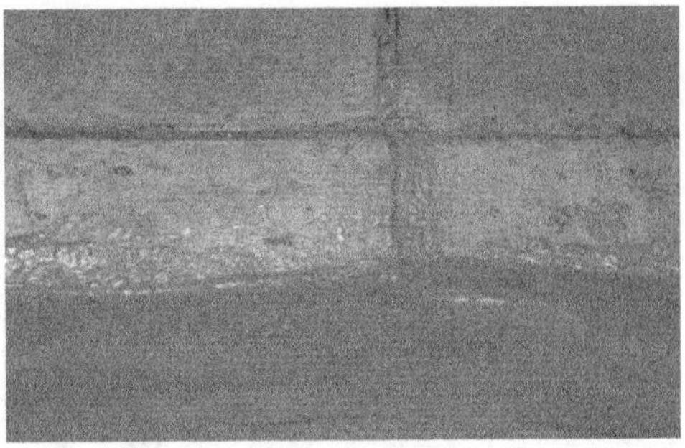

(b) 大幅度冒泥

图 10.4　高水压隧道运营期大幅度渗漏水和冒泥

10.1.3　盾构法隧道长距离下穿砂层

受历史沉积影响，大型江河湖泊的河床下部往往沉积较深厚的砂层。水下盾构法隧道施工往往需长距离下穿砂层。而砂性土的内摩擦角大，在盾构机的面板、刀盘以及出土区与砂性土长期接触、挤压作用下，刀盘、刀具、螺旋输送机等盾构掘进系统部件易发生过度磨耗。此类地层盾构刀具磨损如图 10.5 所示。

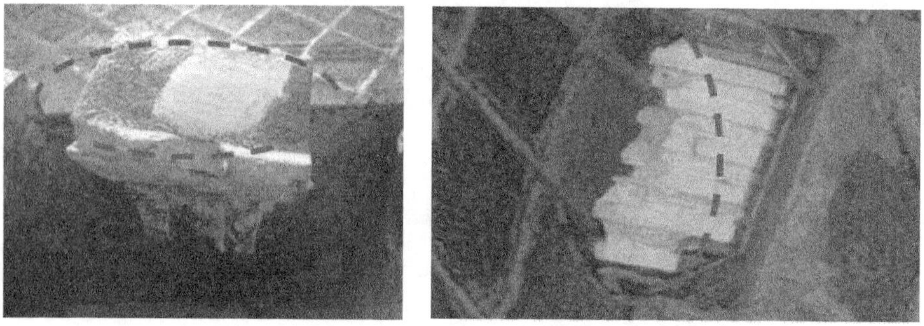

(a) 盾构切削刀刀头崩断　　(b) 盾构贝壳形先行刀刀头崩断

图 10.5　砂层内盾构刀具磨损

10.1.4　盾构法隧道下穿高强度砂卵石、圆砾地层

卵石和圆砾在自然的迁移形成过程中，强度低和硬度小的部分被分化成细颗粒，剩下的部分强度高、硬度大。盾构在此类地层中掘进时，刀盘即使配置滚刀和撕裂刀等重型刀具，由于地层强度较高、盾构刀具又长期处于地层的冲压、磨挤状态，刀盘刀具也极易磨损，且最直接和地层作用的刀刃部分磨损风险最大[64,65]。此类地层盾构刀具磨耗如图 10.6 所示。

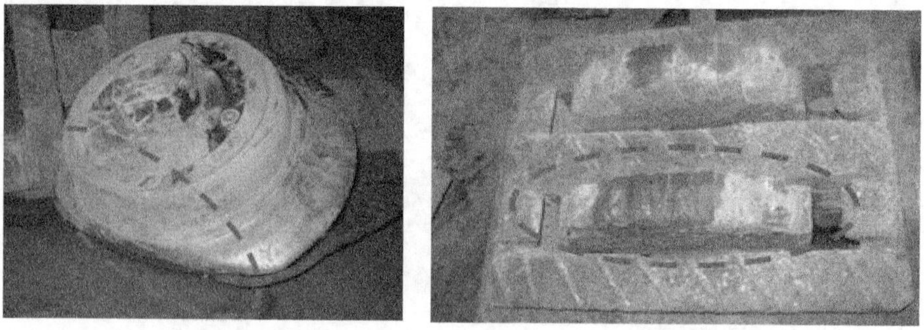

(a) 盾构滚刀磨耗　　(b) 盾构撕裂刀磨耗

图 10.6　砂卵石、圆砾地层内盾构刀具磨损

磨耗超限后因盾构机械无法再对掘进线路地层开展有效的掘削，勉强继续掘削会进一步加剧盾构机械的磨损甚至造成机械报废。为确保盾构掘进施工安全，水下盾构刀盘刀具磨损超限后，不得不采取更换刀具的方式。河床下部换刀前难以提前对地层进行加固，换刀工作面面临易坍塌、高气压等巨大风险，若江河湖泊跨度增加，潜在换刀次数进一步增加，风险更大。

10.1.5　盾构法隧道浅覆土下穿河床

河床受河流水动力作用，局部位置会受冲刷形成深切槽，水底盾构隧道线路若仅为避开深切槽而进行压线设计，一方面增加线路的坡度，另一方面会遇到深层更复杂的地层，增加施工难度。故不刻意压线下穿深切槽时，盾构面临江下浅覆土穿越。

浅覆土下穿河床时，盾构及成型隧道轴线易偏位，具体体现在：盾构机易冒顶、开挖面稳定性难控、隧道易浮起而造成局部变形、管片接头张开、渗漏水。

综合前述盾构下穿大型江河湖泊施工所遇到的具体困难，盾构施工亟待攻克的关键技术如表 10.4 所示。

表 10.4　土压平衡盾构穿越大型江河湖泊施工亟待攻克的技术

困难	具体问题	亟待攻克技术
沼气层	毒害、爆炸	水工盾构法隧道下穿沼气层控制技术
深切槽	土压力剧变	水工盾构掘进系统长距离保压和盾尾防水控制技术
浅覆土	开挖面失稳	
高水头	螺旋输送机喷涌、盾尾密封失效、轴承漏水	
长距离砂层	渣土流塑性差且渗漏系数大	
砂卵石、圆砾层	渣土流塑性差且渗漏系数大	
高水头	管片接头渗漏水	水工盾构法隧道施工期隧道成型质量综合控制技术
浅覆土	隧道上浮	
长距离砂层	刀盘刀具磨损	水工盾构法隧道掘进减摩控制技术
砂卵石、圆砾层	刀盘刀具磨损	

10.2　盾构法隧道穿越含沼气地层的处理措施

针对沼气层，土压平衡盾构机可分为防爆型和非防爆型，防爆型盾构机装备费用代价较为高昂，且即使采用该类机型成功穿越沼气层，运营期隧道外界长期存在对结构安全有影响的沼气物质。故盾构穿越沼气层的核心思路在于穿越前尽可能排净掘进线路影响区域的沼气，穿越时严格管控，并建立应急快速排气技术,确保穿越施工的安全。

10.2.1 盾构掘进施工前对线路影响范围沼气进行预释放处理

沼气层分布包含浓度、压力、连通性等多项关键指标,预释放沼气的前提是要明确沼气层的浓度、压力分布大致范围,囊状非连通沼气能否通过高压劈裂试验进行连通排气,并根据前述分布特征建立合理的放气孔布置方案,在盾构穿越前将沼气的含量和压力降低到安全范围之内[1,64]。

1. 确定沿线沼气层分布特征

沼气浓度和压力测试可以采用钻孔放气和静探孔放气两种方式。

钻孔法利用清水循环成孔,先采用无岩芯钻进,接近沼气含气层采用 2m/回次取芯钻进,以便确定含气层顶板埋深和滤水管放置位置,孔的深度根据含气层位置及厚度进行确定。

静探法将探头改装为活塞式探头,活塞的中间为进气孔口,下压时进气口封闭,上拔时进气口敞开,气体便能从探管中冒出,静探孔成孔时直接静压至原设计孔深,然后上拔探管至含气层的中部,监测探管内是否有气体溢出。静探设备采用空压机进行吹气,一直吹到探管内与下部含气层连通。吹气结束后监测是否有沼气冒出,如未测出气体冒出,上拔探管 1m,再吹气检测是否有沼气。

钻孔放气和静探孔放气各有优缺点,如表 10.5 所示。

表 10.5 不同放气施工措施优缺点比较

施工措施	优点	缺点
钻孔放气施工	含气层位置容易控制,出气口大,排放速度快	成孔的直径较大,小气量的沼气不容易检测出
静探孔放气施工	易控制气体的排出量,也容易检测出气量较小的气囊体块的压力	口径小,气体的排放速度慢,当气压小时容易被气体带出的泥沙淤积探管的通口

高压水劈裂试验一般选择和水域段沼气特征类似的陆域段开展现场试验,高压水从下端花管处喷出,从而使周围土层产生横向裂缝,提供沼气连通的通道,进而使周围的沼气放出,若高压水劈裂能适应工点地下囊状沼气结构的分布形式,试验能取得效果,就可以减小沼气孔的布置。若工点地下沼气连通性强,则无需开展高压水劈裂试验。

2. 确定合理的放气方案

沼气释放的效果与地层中气相的连通性、压力以及土层的特性等因素有关,一般释放孔的数量足够时就能够达到预期的效果,但释放孔越多,成本越高,周期也越长，因此可以通过放气孔的插值布置试验获取影响沼气释放效果的相关参数。不同孔间距排放施工顺序如图 10.7 所示。

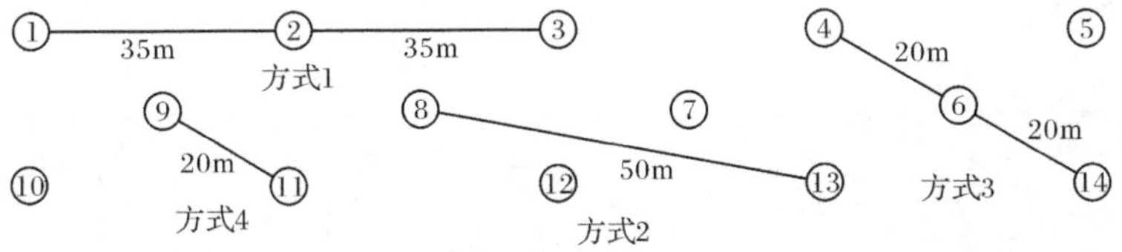

图 10.7　不同孔间距排放施工顺序

根据图 10.7 所示的 4 种不同孔间距的施工方法，逐步确定放气间距：

(1) 采用方式 1 进行施工，同时施工 1 号孔和 3 号孔，两孔间距 70m，充分释放两孔中的气体后再施工位于两孔中间的 2 号孔，查看是否还有气体存在，若仍有气体存在则说明 70m 的孔间距太大。

(2) 若采用方式 1 放气施工间距过大，则采用方式 2，同时施工 8 号孔和 13 号孔，两孔间距 50m，充分释放两孔中的气体后在两孔中间增加施工一个孔，查看是否还有气体存在，若仍有气体存在则说明 50m 的孔间距仍然太大。

(3) 若采用方式 2 放气施工间距过大，则采用方式 3，即同时施工 4 号孔和 14 号孔，两孔间距 40m，充分释放两孔中的气体后再施工位于两孔中间的 6 号孔，查看是否还有气体存在，若仍有气体存在则说明 40m 的孔间距还是过大。

(4) 若采用方式 3 放气施工间距过大，则采用方式 4，即同时施工 9 号孔和 11 号孔，两孔间距 20m，当充分释放两孔中的气体后在两孔中间增加施工一个孔，查看是否还有气体存在，若仍有气体存在说明 20m 的孔间距依旧过大。

若出现孔间距依旧过大问题，则采用类似的试验方式进一步缩小孔间距。

3. 现场放气施工

水域段放气施工通过配置放气设备的船只来操作完成，记录员间隔一定时间观测放气孔的压力、流量和浓度值，通过分析压力、流量和浓度值的变化趋势及最终的量值确定预排放是否满足要求。

10.2.2　施工期的安全措施

通过预排放之后，大量的沼气已从土层中排出，但在局部区段仍有一定比例的沼气存在，若不采取措施，仍会对施工造成危害[1]。

1. 检测措施

盾构机附近是沼气泄漏最危险的区域，这是对隧道内沼气进行检测的重点区域，沼气检测装置分为固定式和手持式，固定式检测装置布置主要考虑电器设备较多的前三节车架和螺旋输送机出土口，并配合使用手持式检测装置，具体布置如图 10.8 所示。

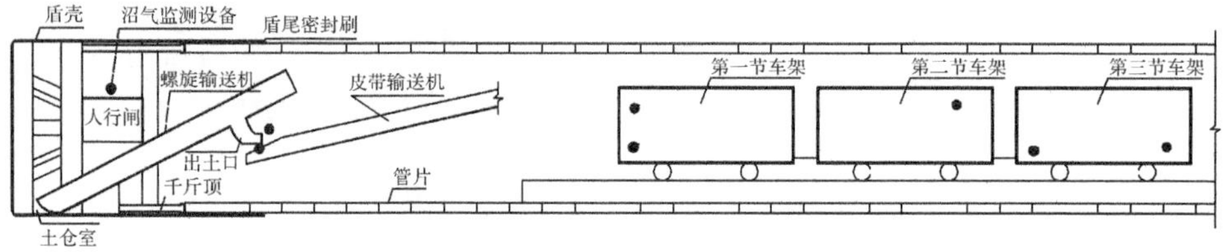

图 10.8 沼气检测装置布置

将沼气检测装置与沼气报警装置进行联动，确保一旦检测装置测试到沼气泄漏，报警装置就能发出警示。沼气报警装置如图 10.9 所示。

图 10.9 盾构机驾驶舱内的沼气报警装置

2. 通风措施

日本在含沼气地层中进行盾构掘进施工时，常采用通风压入式、局部压入式＋抽出式、压入式＋抽出式三种方式，对于抽出式一般不单独使用，因为工作面风量得不到保证。三种常用换气方式如图 10.10～图 10.12 所示。

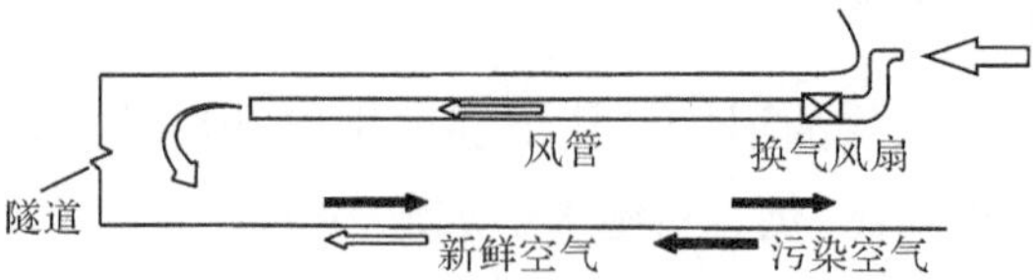

图 10.10 压入式通风方式

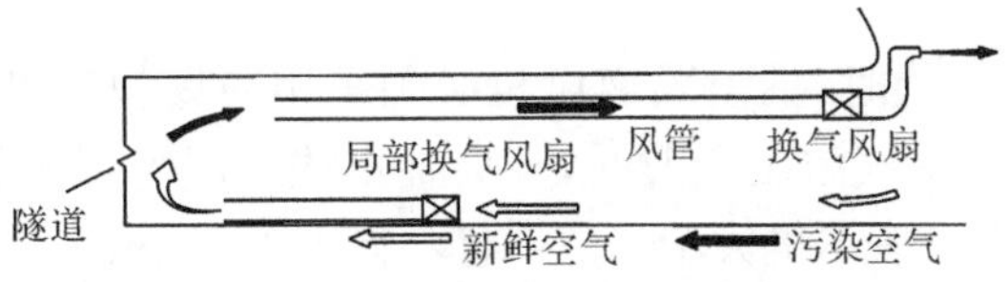

图 10.11　局部压入式+抽出式

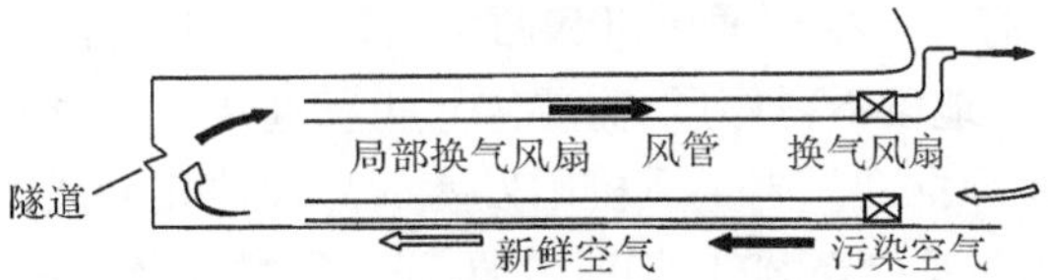

图 10.12　压入式+抽出式

沼气进入盾构法隧道内部有以下四种途径：

(1) 含气层中的沼气能通过盾构头部沿螺旋输送机随土一起进入隧道内。

(2) 从刀盘与盾壳的接缝处渗入。

(3) 从盾尾间隙进入。

(4) 从管片衬砌接缝处、管片裂缝处进入隧道内，其中，从螺旋输送机随土一起进入隧道内为主要途径。

根据沼气的渗漏途径，一般应采用排气式通风，同时采用压入式向隧道内输送新鲜空气。保证工作面有充足的新鲜空气，盾构穿越沼气层常采用混合式通风方式(压入式+抽出式)。由于抽出式通风回风流经过风机和输风管道，如果叶轮与外壳碰撞或其他原因产生火花，会引起沼气爆炸，所以应采用防爆型风机。

压入式通风的通风量计算一般采用按施工隧道内的最大人数设计风量或按最低允许风速计算风量，分别如式(10.2)和式(10.3)所示。

$$Q = 4KN \tag{10.2}$$

式中，4 的取值是根据铁路、矿山等部门颁发的隧道施工技术规范规定，每人每分钟供风量不得少于 $4\mathrm{m}^3$；N 为隧道内最大人数；K 为风量备用系数，取 1～1.5。

$$Q = VA \tag{10.3}$$

式中，V 为允许最低风速，m/s，风速在全断面开挖时不得小于 0.15m/s，坑道内不应小于 0.25m/s，但均应不大于 6m/s；A 为隧道开挖面积。

3. 管控措施

盾构穿越期除了技术上要控制泄漏沼气的检测和排放，为保障快速安全穿越沼气层，需形成成套的穿越期沼气风险管理办法，具体如下。

1）通风管控

采用混合通风方式时，抽出式通风机必须采用防爆型风机，正常情况下采用压入式风机通风，当沼气浓度上升时，开启抽出式按洞内每人每分钟供给风量不得少于 $4m^3$，隧道内风速不得大于 6m/s，且不得小于 0.5m/s。

通风设备有专人负责，并建立严格的管理制度，以加强维护，防止漏风，保证风机的正常运转，每 4h 检查一次隧道内风速。

通风主机必须有一台备用通风机和两条通往变电所或电厂的电力线路。

临时停止施工的地段不得停风，需要停止机械通风时，必须经洞口技术主管的同意，并报处总工程师批准。当主风机因发生故障而停止通风时，应立即通知全隧道停工，所有洞内人员均撤至洞外，切断电源，设置栅栏与警告牌，严禁人员进洞。

因停风、停电而造成工作中断时，在恢复工作之前，应首先恢复通风，排除沼气，并有送电的安全措施。恢复通风后，所有受到停风影响的地段，必须进行沼气查测，确认沼气浓度下降到各项规定的限额以下，待稳定后，方能恢复施工。

采用洞外压入式通风恢复通风后，必须待开挖工作面的沼气和二氧化碳浓度分别下降到 1%和 1.5%以下，且在电工进行检查、证实电器设备完好后，方可人工恢复施工。此外，局扇停风后，在恢复通风前，还必须检查扇风机及其开关点附近 10m 范围内风流中的沼气浓度，只有其浓度低于 0.5%时，方可开动局扇恢复通风。

局扇压入式通风管靠近开挖面吹风口的距离不宜大于 15m。局扇停风时，其通风范围内的人员必须全部撤至主扇供风范围以内。局扇应有适当的备用量，并经常保持其良好状态。局扇和开挖面中的电气设备，必须有风电闭锁装置，当局扇停止运转时，该闭锁装置能自动切断局扇中的一切电源。

为防止隧道局部空间内聚集沼气，结合隧道施工的特殊情况，备用一定数量的高压风管，以备冲散空洞中的部分沼气。当沼气浓度达到 1.5%以上时，应立即停工断电，撤出人员后再进行处理。

工程处通风防爆管理科每旬应进行一次通风系统的全面测风，每次的测风结果都应写在测风点的记录本上或牌上，并按旬报报处总工程师和局总工程师，月报报局总工程师。每月还应提出通风评价和改进意见。

盾构法隧道内必须配备足够数量的风表、干湿温度计、空盒气压计、U 形倾斜压差计、皮托管及通风多参数检测仪等通风检测仪器仪表。其数量应能满足隧道通风日常管理、沼气（含二氧化碳）等级鉴定、反风演习工作的需要，并按隧道测风或通风阻力测定同时工作的组数配备。

2）火源管控

必须在隧道洞门外设置消防水池和消防用砂，水池中应经常保持不小于 $200m^3$ 的储水量，保持一定的水压。

盾构法隧道内必须设置消防管路系统，并每隔 100m 设置一个阀门（消火栓）。

同时应设置灭火器及消防设施，并经常保持良好状态。禁止在盾构工作面使用明火。严禁携带烟草、点火物和穿化纤衣服进入盾构工作区；作业人员进洞前必须经洞口检查人员检查确认无火源带入洞内；严禁携带易燃物品进入工作区，必须带入的易燃品要经过总工程师批准。

盾构法隧道内不应进行电焊、气焊、喷灯焊接、切割等工作。如非进行不可，必须制定安全措施，报经项目经理批准，并遵守有关规定；焊接施工时，工作地点前后 20m 范围内，风流中沼气浓度不得大于 0.5%，并不得有可燃物，两端应各设一个供水阀门和灭火器，并在作业完成前有专人检查，确认无残火后方可结束作业。

盾构法隧道内电气设备必须有防短路保护装置；采取有效措施防治隧道内杂乱电流。加强机电设备及供电线路的管理，完善机电设备的各类保护措施，定期进行检查维修。

在沼气段施工时，沼气监测人员落实到班组，进行专人专项工作，每班配置监测人员。

正常情况下，监测人员应每小时进行监测数据记录，每班推进结束后进行书面沼气监测报告。

特殊情况下，监测人员应每小时进行监测数据记录，同时汇报给项目部，并根据项目部下发指令调整监测频率和汇报次数。

沼气浓度达到 0.25%时，应立即通知作业班长，并做好相关记录。沼气浓度达到 0.4%警戒值时，应立即通知作业班长，同时汇报项目部，并做好相关记录。沼气浓度达到 0.5%警戒值时，应立即汇报项目部，同时，每上升 0.1%向项目部汇报一次，并做好相关记录。沼气浓度达到 0.95%警戒值时，应立即通知作业班长，做好中止施工准备，并汇报项目部，做好相关记录。沼气浓度达到 1%警戒值时，应立即通知相关技术人员。沼气浓度达到 1.4%警戒值时，除防爆照明和防爆风开启外，其他所有设备全部关闭，施工人员（包括沼气监测人员）全部撤离隧道。待通风一段时间后，监测人员佩戴防毒面具，由隧道外部逐步向内监测，若隧道内沼气浓度达到或超过 1.4%，监测人员不得继续深入。待确定隧道内沼气浓度小于 0.25%含量时，方可确认其他施工人员进入隧道，恢复施工。

综合穿越前掘进线路影响范围内沼气预排放技术、穿越期盾构及隧道内沼气排放控制技术和穿越期沼气风险管控技术，形成成套的水工土压平衡盾构法隧道穿越沼气层综合控制技术。

10.3　盾构法隧道水下长距离掘进的防突水措施

盾构机在水下长距离掘进时，受高水压作用，加上水域下方土层的不均匀性，会导致渣土性状不良和盾构机的姿态偏差，容易发生螺旋输送机喷涌和盾尾被击穿等突水事故，为此需采取相应的防范措施。

10.3.1 长距离掘进的螺旋输送机保压

盾构掘进施工中，从土仓中刀盘面板处的土压力到螺旋输送机出土口的土压力，最为理想的状态是从平衡土压力逐渐衰减到零。要保持动态的稳压状态，需要土仓中运动的渣土具有良好的流动性，并将渗透性控制在一定范围内。为此需要对渣土性能进行预设计，其中最为关键的是对螺旋输送机进行保压计算。

1. 盾构螺旋输送机保压作用和影响因素

1) 螺旋输送机保压作用

土压平衡盾构掘进系统在整个作业过程中，刀盘切削下的渣土随在掘进系统内所处位置的改变起着两方面的作用：一是由刀盘切削后进入土仓中时，渣土充满土仓，充当支撑介质，将掘进面的压力均匀传递至土仓隔板，确保掘进面的压力平衡；二是当渣土从土仓进入螺旋输送机后，依靠自身重力及渣土与螺杆、叶片与筒壁界面间的摩擦作用，抵抗土仓内的水-土压力，使压力值从螺旋输送机入口到其出口的沿程区域逐步下降，在出口处降低到零或较小的量值，使出渣和输送过程能够稳定可控，确保掘进面的压力平衡。螺旋输送机作用对抵抗外界水压力发挥着至关重要的作用，盾构掘进系统沿程压力变化如图10.13所示。

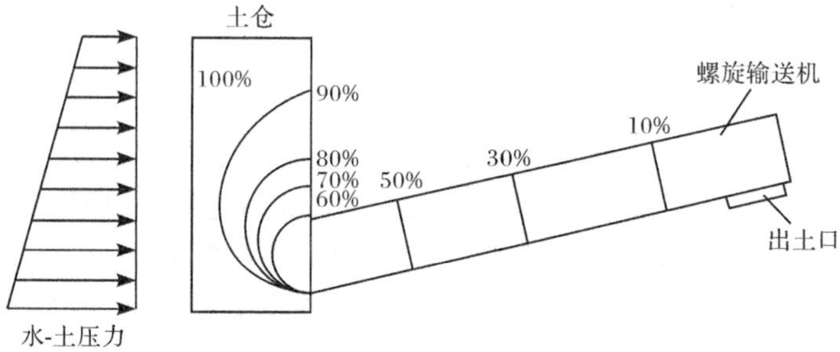

图10.13 盾构掘进系统沿程压力变化

2) 影响喷涌的因素

对于影响喷涌因素的研究，工程界长期注重于渣土特性，实际上影响喷涌发生有三方面因素：水压、机械和渣土。

盾构外界压力主要依靠渣土在螺旋输送过程中逐渐抵消，就螺旋输送机自身结构而言，增加渣土在输送过程中的压降主要有三种方式[66]：

(1) 减小螺旋输送机螺旋片螺距，增大螺旋输送槽的长度，以加长渣土在螺旋输送机内的输送长度，增加螺旋输送过程中的压降。但根据螺旋输送机的结构设计要求，螺距与螺旋输送机和螺杆的直径相关，且直接关乎出土的效率，在实践中使用较少。

(2) 把螺旋输送机的螺旋片分为前后不连续的两段，使渣土运动至两段螺旋叶片之间时，叶片不再提供向前的动力，仅能依靠后方的渣土向前推动，此段的渣土由于挤压形成效果明显的“土塞”，以抵抗前方的水-土压力，如图 10.14 所示。此类螺旋输送机从构造上看比较容易在中间段形成压密的“土塞”，在国内有所使用，但保压抗水效果尚缺少明确的说明。

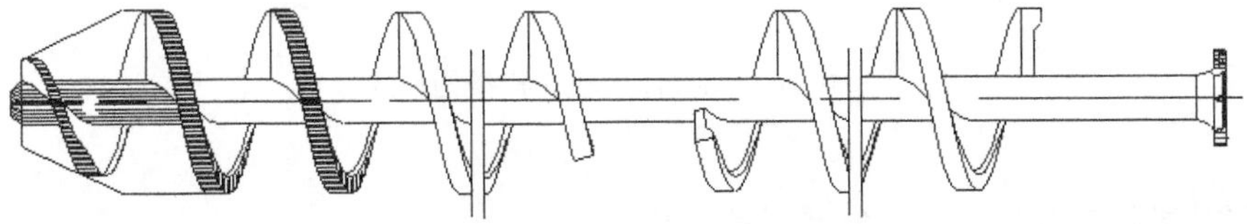

图 10.14　间断式螺杆

(3) 采用双螺旋输送机。即在单级螺旋输送机的基础上再增加一级螺旋输送机，每级螺旋输送机具备独立的驱动系统，既可联动控制也可每级独立操作。利用两段螺旋之间的空腔和不同的螺旋转速来形成土塞效应，从而有效增大前方抵抗压力的能力。在双螺旋输送机结构中，两段螺旋输送机的螺距相同，并且均可单独控制。正常情况下两段螺旋输送机的转速相同，在两段螺旋间不积聚渣土，可以正常出渣。当土仓压力过大或土偏稀而可能发生喷涌时，可以调节两段螺旋输送机的转速，使后端的螺旋输送机转速小于前端，由于前端螺旋输送机输出的渣土多于后端螺旋输送机输出的渣土，渣土很快在两段螺旋输送机间积聚而形成土塞，从而可以有效防止喷涌的发生。国内外土压平衡盾构机采用双螺旋输送机的连接形式主要有三种：对接式、搭接式和间断式，其中对接式和搭接式如图 10.15 所示。对接式在两级螺旋间预留一定长度空间，有利于形成土塞效应，但也缩减了渣土通过的有效空间，不利于渣土的快速排出。搭接式在两级螺旋间采用球形连接，第 2 级可水平转动，并设有分隔闸门。间断式两级螺旋处在同一轴线上，中间空档部位形成土塞效应，驱动形式类似于对接式。

3) 盾构螺旋输送机保压特性的影响因素

砂性土、圆砾、砂卵石地层内摩擦角大、流动性差、渗透系数大，仅靠土仓和螺旋输送机内的压缩效应不可能完全止水，在开挖面水压较高时，螺旋输送机排土口闸门处易出现地下水喷涌现象。黏性土地层内摩擦角小、易流动、渗透系数小，刀具切削下来进入土仓以后的土体一般比原地基强度低，具有一定的塑性流动性，有利于掘进系统保压。

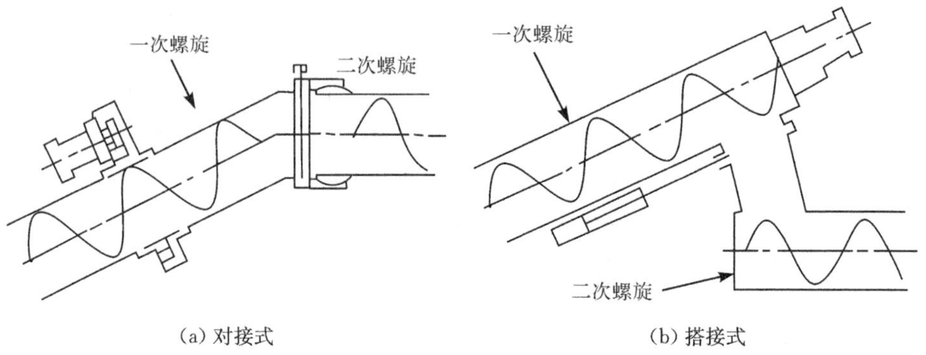

图 10.15　二次螺旋输送机结构形式

2. 螺旋输送机保压性能研究的新成果

对土压平衡盾构螺旋输送机进行研究，因其系统复杂性，理论解析和数值模拟手段均较难实现，最直接的手段是在施工现场开展原型试验，但原型试验涉及对盾构机压力测量系统的改进和现场条件的制约，为此，笔者开发了能够模拟水压的螺旋输送机保压模型试验平台[66]。

1) 螺旋输送机保压试验平台

试验平台包括四部分：储土装置、加载装置、模型螺旋输送机及数据的量测记录装置和螺旋输送机。加载装置以水为介质向储土装置内的土体加压，水泵加载过程中利用变频器、单向阀及气罐组合进行试验系统的压力控制，以模拟盾构机在穿越江河湖泊掘进时螺旋输送机底部承受的水-土压力。对地铁工程而言，绝大部分土压平衡盾构机直径在 6.1～6.4m。螺旋输送机以直径为 6.34m 的土压平衡盾构螺旋输送机为原型，按照 1：10 的几何比例缩小，采用可控式电机驱动。本试验的主要目的是测定渣土在螺旋输送过程中槽向的压力衰减规律，但因难以直接量测，在试验中对螺旋输送机筒壁的压力进行测量记录，通过管壁的压力来反映槽向的压力衰减规律，故作者在螺旋输送机管壁不同位置安装压力传感器，测定不同性质土体在螺旋输送过程中沿管壁的压力衰减趋势，通过其变化趋势反映螺旋输送机在出渣过程中的稳定性。试验装置如图 10.16 所示。

2) 配套试验方法

试验时主要按照以下步骤进行：

(1) 打开桶盖，将渣土分层放入并压实。考虑到螺旋输送机的输送效率和数据采集的时间因素，每组试验取土样 50kg，在桶中一般装填至 60～80cm 高度。

(2) 为防止水泵加压时水流的冲击力直接作用在桶内渣土上，破坏渣土的整体结构，填筑完成后在渣土上部加水充满至顶面。

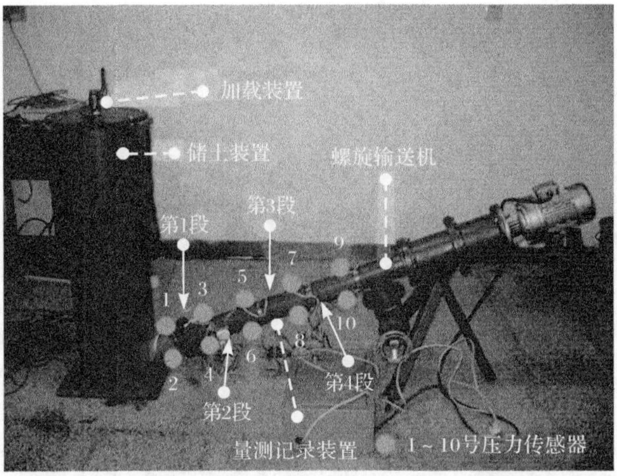

图 10.16　自制的土压平衡盾构螺旋输送机模型试验平台

(3) 用螺栓将桶盖与桶体对接，两者之间用 5mm 厚橡胶垫做密圈，打开顶盖进水口，将稳压泵出水管路与之对接。

(4) 打开螺旋输送机出土闸门，调整电机变频器将螺旋输送机转速设定至预定转速。

(5) 打开动态应变测试仪，启动螺旋输送机及稳压泵，加压至设定压力。

(6) 在桶内渣土逐渐输出的过程中，稳压泵通过自控系统不断向压力桶内补充水体，保持上部的压力在设定值附近浮动。

(7) 输送过程中，通过安装于螺旋输送机筒体的压力传感器记录土体在输送过程中的筒壁压力，直至最后高压水击穿螺旋输送机中的土体发生喷涌。

(8) 通过压力桶内土体参数、水压值、螺旋输送机转速及量测得到的螺旋输送机管壁的压力组合分析，可初步得到渣土在螺旋输送机过程中的压力递减趋势，为理论分析提供依据。

3) 试验过程和数据汇总

细砂土土样试验在水压预设值恒定的基础上，螺旋输送机转速分别为 5r/min、10r/min、15r/min、20r/min 和 25r/min。试验中螺旋输送机正常出渣及被高压水体击穿时发生喷涌的状态如图 10.17 所示。螺旋输送机某转速下各应变片位置处管壁压力时程曲线如图 10.18 所示。

黏土土样的试验中，水压预设值分别为 100kPa、140kPa 和 190kPa，螺旋输送机转速分别为 5r/min、10r/min 和 15r/min。试验所用的黏土及从螺旋输送机出土口排出的黏土如图 10.19 所示。不同水压下管壁压力沿螺旋输送机轴向分布平均值如图 10.20 所示。

(a) 细砂从螺旋输送机出口排出

(b) 水将螺旋输送机内细砂击穿发生喷涌

图 10.17　细砂螺旋输送试验照片

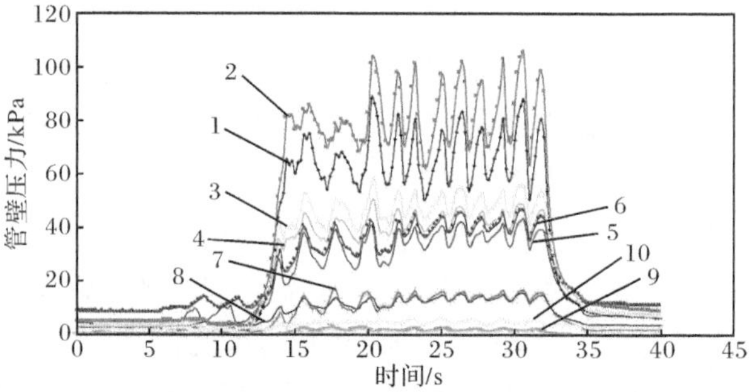

图 10.18　螺旋输送机某转速下各应变片位置处管壁压力时程曲线

细砂和黏土的试验结果均证实，螺旋输送机在转速小于 25r/min 时，管壁压力沿轴向的分布与转速无关，因此对粉砂的试验无需做转速调整。仅调整压力，预设水压力分别考虑 70kPa、110kPa 和 140kPa。试验中螺旋输送机被击穿时，桶内水排出后剩余的粉砂呈某一角度分布，如图 10.21 所示。

4) 试验结果分析

对不同土体螺旋输送时各段的压力梯降进行比较，选取黏土和粉砂初始压力为 100kPa，细砂初始压力为 70kPa 时，不同区段的压力梯降进行比较分析，如表 10.6和图 10.22 所示。

(a) 试验所用黏土土样

(b) 黏土从出土口输出

图 10.19　黏土螺旋输送试验照片

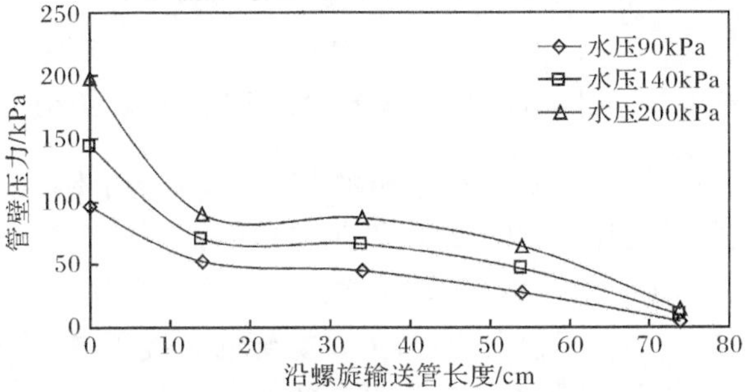

图 10.20　不同水压下管壁压力沿螺旋输送机轴向分布平均值

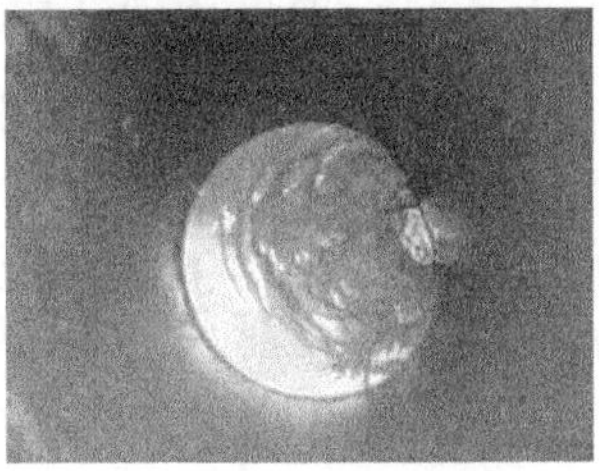

(a) 水击穿后桶内剩余粉砂

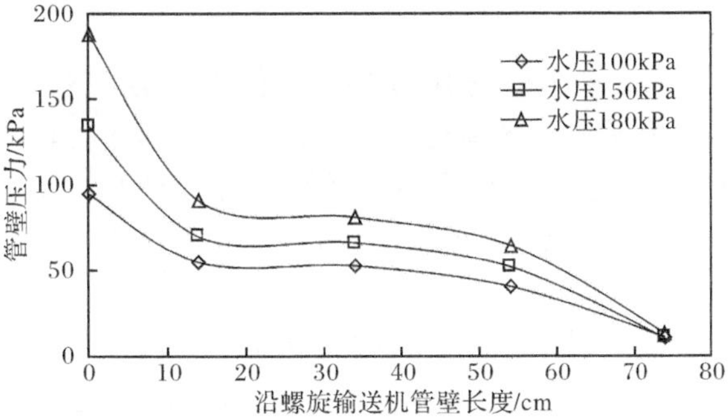

(b) 不同水压下管壁压力平均值

图 10.21　粉砂螺旋输送试验照片和不同水压下管壁压力沿螺旋输送机轴向分布平均值

表 10.6　不同特性渣土通过螺旋输送机不同区段的压力梯降　（单位：kPa/cm）

渣土	第一段	第二段	第三段	第四段
细砂	2.05	0.63	1.04	0.44
黏土	3.04	0.25	0.73	1.26
粉砂	2.86	0.10	0.61	1.48

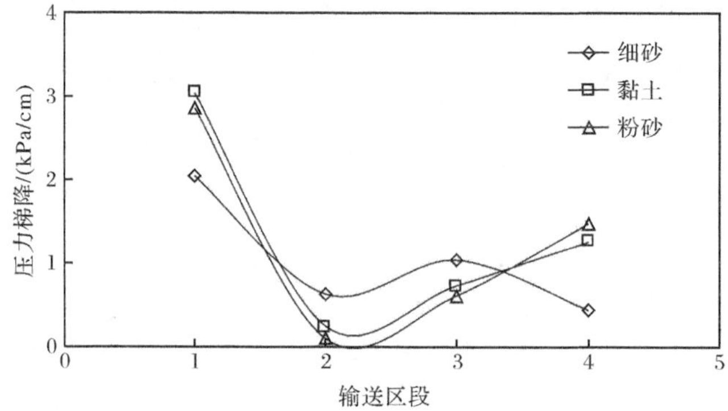

图 10.22　不同特性渣土通过螺旋输送机不同区段的压力梯降

由压力测量数据可知，在螺旋输送机的前三段，不同土体输送时管壁压力梯降变化趋势一致：初始段压力梯降最大，在第二段降低到一个较小的量值，之后逐渐攀升；到第三段后，细砂的压力梯降再次减小，而粉砂和黏土的压力梯降则继续增加，直至出口位置。由此可以看出，渣土在螺旋输送过程中，随着槽向压力的降低，螺槽中的渣土结构可能发生了较为复杂的变化，使各段的压力梯降呈现出不同的变化趋势。

3. 螺旋输送机保压计算方法

1）土压平衡盾构螺旋输送过程的物理模型

土压盾构螺旋输送机的工作状态为将运移渣土作为挤压和螺杆旋转共同作用的输送模式，螺槽内各界面的法向力与切向力均分解为轴向和周向进行考虑，且规定螺杆的旋转为顺时针方向。螺杆与渣土的界面剪切力沿顺时针方向带动渣土做圆周运动。

推力叶片上作用有法向力和切向力，其中，法向力沿轴向的分量使渣土沿轴向运动，沿周向的分量则使渣土沿顺时针方向做圆周运动。推力叶片上的切向力与渣土相对于螺槽的运动方向相反，其轴向的分量与法向力轴向分量相反，而周向的分量则与法向力切向分量相同。

受力叶片上同样提供给渣土法向力与切向力，其中，法向力沿轴向的分量使渣土向下做轴向运动，沿轴向的分量则使渣土沿逆时针方向做圆周运动。受力叶片的切向力各作用方向与推力叶片相同。

机筒在输送过程中相对于其他体系保持静态，渣土和机筒界面间的剪切力与其绝对运动方向相反，且轴向分量使渣土向下运动，而周向分量则使渣土沿逆时针方向做圆周运动。同时，在推力叶片与受力叶片之间存在压力梯度，两者的差值由渣土与筒壁间的剪切力及重力垂直于推力叶片上的分量补充，以使整个输送体系处于一种平衡状态。

螺槽中的渣土在运动时有两个不同角度的输送模型。图 10.23(a)表示垂直于叶片的剖面，螺杆带动叶片推动渣土向前运动，渣土与筒壁界面间的剪切力为阻力。图 10.23(b)表示输送过程中渣土相对于螺槽是一直向前运动，因此，两者界面间的剪切力均为阻力。

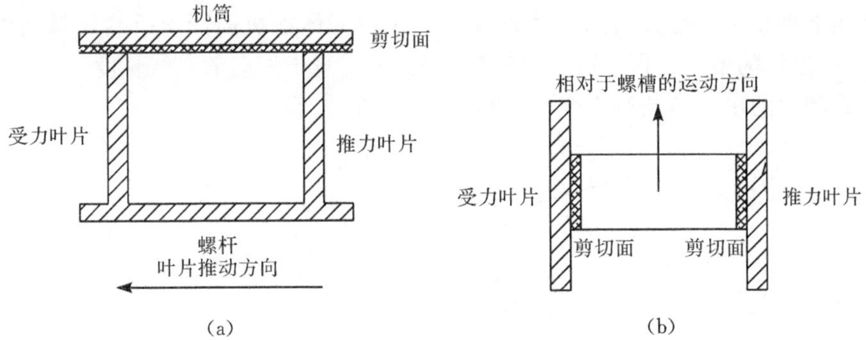

图 10.23　螺旋输送过程的物理模型

2) 模型基本假定和单元体几何特征

基于土压平衡盾构螺旋输送机输送渣土的物理模型，对渣土在螺旋输送机中的运动和受力状况进行分析时，引入如下假定：

土仓内的渣土被叶片刮入螺槽后，在槽向压力作用下，被压实成无内部变形和剪切的“土块”。渣土在螺旋输送机中具有连续介质的特性，与螺槽内所有面，即机筒内表面、螺槽底面以及两叶片侧面都完全接触。在分析应力场时，将渣土简化为线弹性系统，其应力-应变关系满足弹性方程，不考虑渣土在围压变化过程中的体积及密度变化。螺旋输送机转速很慢且保持匀速转动，不考虑渣土在运动过程中产生的加速度。渣土在螺槽中运动的速度不随时间变化且在螺槽空间内是均匀的。螺槽深度沿整个输送机不变。在螺槽中垂直于叶片方向取一渣土单元体，考虑筒壁与螺杆曲率的影响，如图 10.24 所示。

由图 10.24 可知，Z_c 为单元体在机筒面上沿槽向的螺旋线长度，Z_s 为单元体在螺杆面上沿槽向的螺旋线长度，两者均为半径的函数。h 为螺槽深度，也可表示为 R_c-R_s。C_c 为单元体在机筒面上垂直于叶片方向的弧线长度；C_s 为单元体在

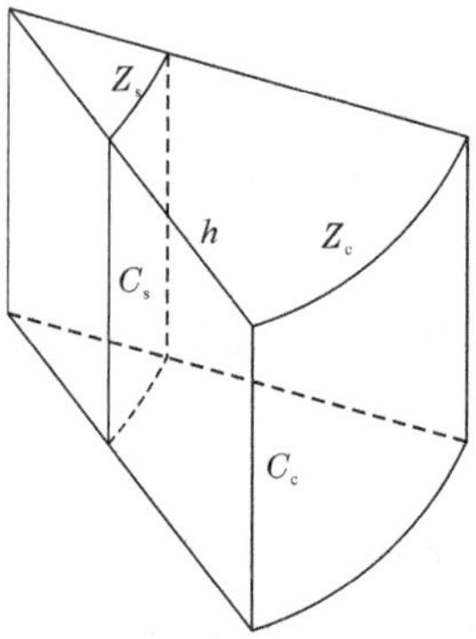

图 10.24　螺槽中渣土单元体

螺杆面上垂直于叶片方向的弧线长度；W_c 为单元体在机筒面上垂直于槽向的直线长度(也称为槽宽)；W_s 为单元体在螺杆面上垂直于槽向的直线长度。

螺槽中的单元体共有六个面，如图 10.25 所示。

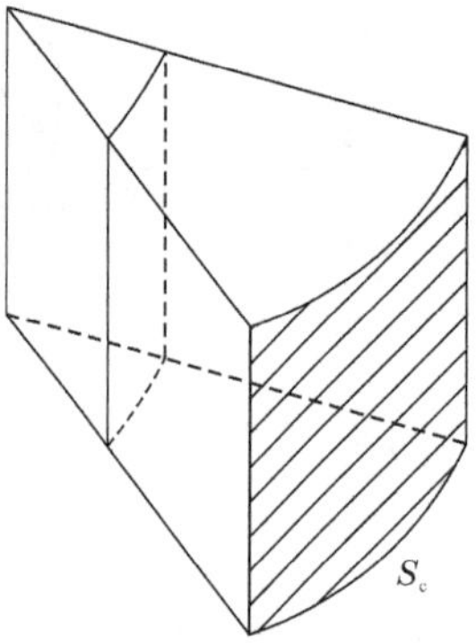

(a) 渣土单元与机筒的接触面 S_c

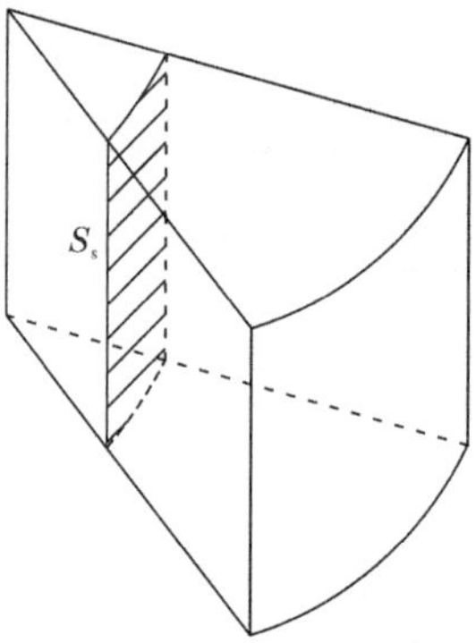

(b) 渣土单元与螺杆的接触面 S_s

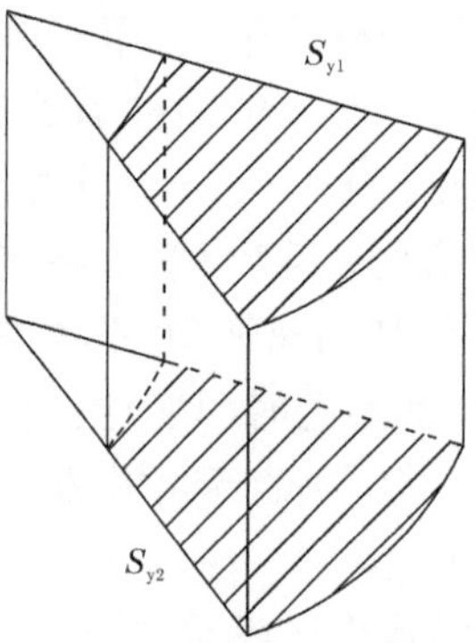

(c) 渣土单元与螺旋叶片的接触面 S_y

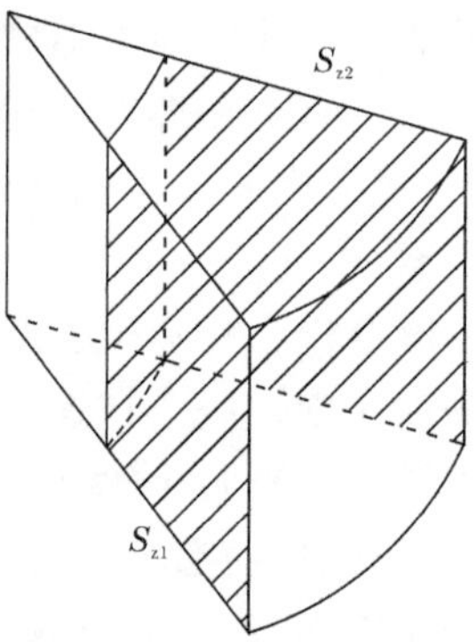

(d) 渣土单元在槽向的断面 S_z

图 10.25　螺槽中单元体与各结构接触面示意图

在螺旋输送机机械参数确定的情况下，螺槽中单元体各接触面的面积及体积如式(10.4)～式(10.7)所示。

$$\mathrm{d}S_{\mathrm{y}}=k_{\mathrm{y}}\mathrm{d}\omega,\quad k_{\mathrm{y}}=\frac{Lh\cos\left[\dfrac{\theta(R_{\mathrm{s}})-\theta(R_{\mathrm{c}})}{2}\right]}{4\pi}\left[\frac{1}{\sin\theta(R_{\mathrm{c}})}+\frac{1}{\sin\theta(R_{\mathrm{s}})}\right] \tag{10.4}$$

$$\mathrm{d}S_{\mathrm{c}}=k_{\mathrm{c}}\mathrm{d}\omega,\quad k_{\mathrm{c}}=\frac{L\cos^2\dfrac{\theta(R_{\mathrm{c}}-R_{\mathrm{s}})}{2}}{2\pi\sin\theta(R_{\mathrm{c}})}C(R_{\mathrm{c}}) \tag{10.5}$$

$$\mathrm{d}S_{\mathrm{s}}=k_{\mathrm{s}}\mathrm{d}\omega,\quad k_{\mathrm{s}}=\frac{L\cos^2\left[\dfrac{\theta(R_{\mathrm{s}})-\theta(R_{\mathrm{c}})}{2}\right]}{2\pi\sin\theta(R_{\mathrm{s}})}C(R_{\mathrm{s}}) \tag{10.6}$$

$$\mathrm{d}V=k_{\mathrm{v}}\mathrm{d}\omega,\quad k_{\mathrm{v}}=k_{\mathrm{y}}\cos\frac{\theta(R_{\mathrm{c}}-R_{\mathrm{s}})}{2}\left[\frac{C(R_{\mathrm{s}})+C(R_{\mathrm{c}})}{2}\right] \tag{10.7}$$

式中，R_{s} 为螺杆半径；R_{c} 为机筒半径；L 为螺距；h 为螺槽深度；$C(R_{\mathrm{c}})$为单元体在筒壁上垂直于螺槽方向的弧线长；$C(R_{\mathrm{s}})$为单元体在筒壁上垂直于螺杆方向的弧线长；$\theta()$为螺槽升角函数。

3) 螺旋输送机输送渣土的力学模型

盾构螺旋输送机渣土运输的基本方程表示为

$$\cos\gamma=\frac{\rho g k_{\mathrm{v}}\cos\alpha(R_{\mathrm{s}}+R_{\mathrm{c}})(k_{\mathrm{c}}+k_{\mathrm{s}})-\left[c(k_{\mathrm{c}}+k_{\mathrm{s}})+\left(\dfrac{2\upsilon}{1-\upsilon}k_{\mathrm{c}}-S_{\mathrm{z}}k_{\varphi}\right)P_{\mathrm{t}}\tan\varphi\right]k_{\mathrm{s}}\cos\theta_{\mathrm{s}}h}{\left[c(k_{\mathrm{c}}+k_{\mathrm{s}})+\left(\dfrac{2\upsilon}{1-\upsilon}k_{\mathrm{s}}+S_{\mathrm{z}}k_{\varphi}\right)P_{\mathrm{t}}\tan\varphi\right]k_{\mathrm{c}}h} \tag{10.8}$$

$$\begin{aligned}S_{\mathrm{z}}\frac{\mathrm{d}P_{\mathrm{t}}}{\mathrm{d}\omega}=&[k_{\mathrm{c}}\cos(\gamma+\theta)-2k_{\mathrm{y}}-k_{\mathrm{s}}\cos(\theta_{\mathrm{s}}-\theta)]c-\rho g k_{\mathrm{v}}\sin\theta\sin\alpha\\&+\left[\frac{\dfrac{2\upsilon}{1-\upsilon}k_{\mathrm{s}}+S_{\mathrm{z}}k_{\varphi}}{k_{\mathrm{c}}+k_{\mathrm{s}}}k_{\mathrm{c}}\cos(\gamma+\theta)-\frac{2\upsilon}{1-\upsilon}k_{\mathrm{y}}\right.\\&\left.-\frac{\dfrac{2\upsilon}{1-\upsilon}k_{\mathrm{c}}-S_{\mathrm{z}}k_{\varphi}}{k_{\mathrm{c}}+k_{\mathrm{s}}}k_{\mathrm{s}}\cos(\theta_{\mathrm{s}}-\theta)\right]\tan\varphi P_{\mathrm{t}}\end{aligned} \tag{10.9}$$

式中，P_{t} 为槽向压力；ω 为螺旋输送机垂直于轴向的圆弧角度；S_{z} 为与机械参数相关的常量；θ 为螺槽平均升角；θ_{s} 螺杆与叶片接触面上的螺旋升角；γ 为渣土单元的运动方向与切向的夹角；c 为土的黏聚力；φ 为土的内摩擦角；υ 为泊松比；ρ 为土体密度；g 为重力加速度。

式(10.8)和式(10.9)由提升角和压力分布两组方程构成，综合考虑了螺旋输送机初始压力、渣土参数(黏聚力、内摩擦角、容重)以及螺旋输送机参数对渣土运动和压力分布的影响，其中槽向压力方程式(10.9)为 n 阶自治一阶微分方程。其中，当 $c=0$ 时，可用于求解干砂出渣过程的运动和压力分布；$\varphi=0$ 时，可用于求解饱和黏性土出渣过程的运动和压力分布。

在求解时，首先确定螺旋输送机的结构参数和渣土的物理力学指标，代入方程组。由于此时得到的方程组包括一个 n 阶自治一阶微分方程，而此微分方程无法直接解出槽向压力关于螺旋输送机轴向长度的函数，需要采用嵌套函数进行迭代求解，为保证计算精度，采用修正欧拉算法进行求解。首先采用欧拉法求出预报值，再利用梯形公式求出校正值，依次迭代求解得出一系列散点，将其连接即为槽向压力沿轴向的分布，此时局部截断误差比欧拉法提高了一阶，能较大程度提高计算精度。

通过前述盾构螺旋输送机保压力学计算模型计算相应外界水压、土体特性和螺旋输送机参数下，盾构螺旋输送机能否抵抗住外界水压，若保压能力富裕，则不需要再辅助开展减小渣土渗透系数的土体或渣土改良，若保压能力不足或在临界状态，则需进行以减小渣土渗透系数为目的的土体或渣土改良。

10.3.2 盾构机尾部密封刷长距离防水控制

盾构机尾部密封刷长距离防水的理想状态在于盾构掘进过程中，密封刷各个区域与隧道管片外弧面间距相近，以此保障盾尾密封的钢丝刷受压状态在相对合理的量值。钢丝刷之间空腔内填充的密封油脂也时刻保持充盈状态，故盾构尾部防水的核心在于盾构机姿态控制。

1. 盾构机姿态对盾构机尾部密封刷防水性能的影响

盾构机姿态对盾构机尾部密封刷防水的影响如图 10.26 所示。由图 10.26 可知，一旦盾构机姿态控制不佳，原防水安全系数非常富足的密封刷的一侧会因为与管片外弧面压密不足而夹砂夹土，另一侧会因为压密过度而拉裂管片，且两侧的密封性能均会不可逆地受损，从而急剧增大盾尾被外界高水压击穿的风险。

2. 以盾构机姿态控制为核心的盾尾防水

目前，盾构机姿态控制主要有两种方法，即人工经验法和纠偏排版辅助法。

人工经验法调节盾构机姿态是通过盾构机导向系统感知姿态偏差，并通过盾构机司机凭经验调节各分区千斤顶行程差纠正盾构机姿态。人工经验法的缺陷是纠偏响应时有滞后性，而且纠偏效果与盾构机司机的经验有很大关系。故盾构穿越机械易漂移地层人工经验法效果往往不佳。

纠偏排版辅助法调节盾构机姿态是以能动态智能调节盾构掘进姿态的纠偏几何算法为核心，即建立管片拼装点位和千斤顶油缸行程的动态匹配计算方法，当下

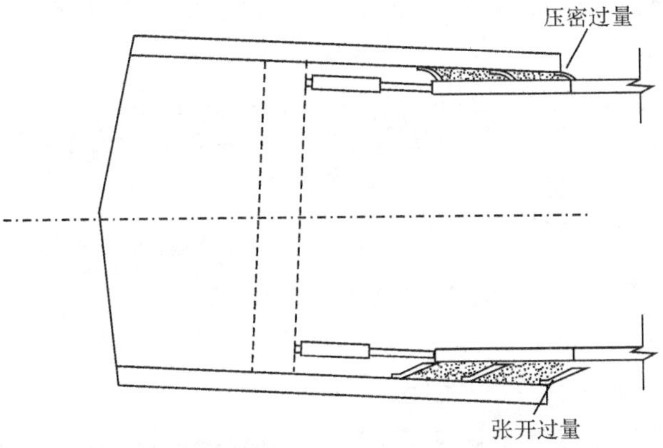

图 10.26　盾构机姿态对盾构机尾部密封刷防水性能的影响

盾构纠偏计算方法如式(10.10)所示，该计算方法中特定参数含义如图 10.27 所示。

$$\begin{cases} L_{\Delta} = \dfrac{H(D_2 - D_1)}{D} \\ d_{\Delta上下} = \dfrac{\delta D}{2S}\cos\left(\dfrac{N-1\pi}{8}\right) \\ d_{\Delta左右} = \dfrac{\delta D}{2S}\sin\left(\dfrac{N-1\pi}{8}\right) \end{cases} \tag{10.10}$$

式中，L_{Δ} 为左右、上下油缸行程差；H 为千斤顶组直径；D_2 为管片 B 脱出盾尾时的盾尾间隙值；D_1 为已拼装管片 A 的盾尾间隙值；$d_{\Delta上下}$ 为盾构机上下侧盾尾间隙改变量；$d_{\Delta左右}$ 为盾构机左右侧盾尾间隙改变量；N 为管片点位；S 为管片直径；D 为管片宽度。

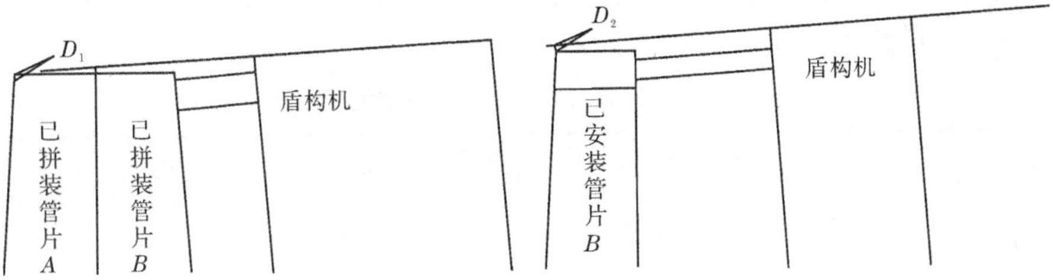

(a) 下环管片未推进时盾尾间隙　(b) 下环管片推进完成时盾尾间隙

图 10.27　不同阶段盾尾间隙

3. 以盾尾密封刷保守设计联合盾尾油脂及时填充为辅的盾尾防水措施

穿越大型江河湖泊时，考虑外界水压力环境，盾构采用 3 层或 4 层密封刷，在外界水压力大于 0.6MPa 的水压下施工时采用 4 层钢丝刷密封。为应对盾构密封可能出现的大量漏水险情，有时也在盾尾刷之间安装紧急止水装置。盾尾密封刷如图 10.28 所示。

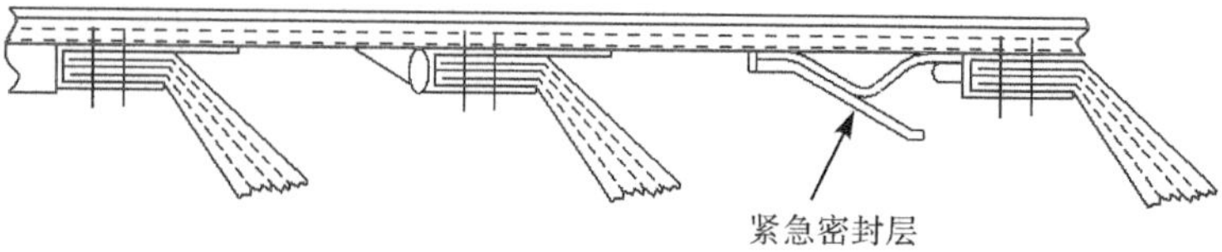

(a) 带紧急密封层的三层式密封刷

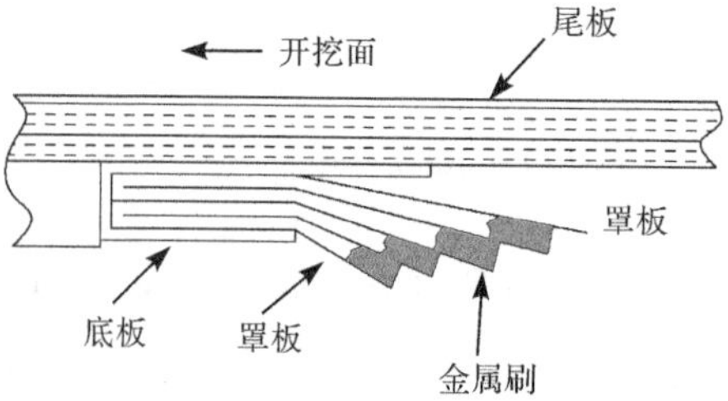

(b) 盾尾刷细部构造

(c) 现场涂抹油脂的盾尾刷

图 10.28　盾尾密封刷

当选用金属刷的盾尾密封时，仅用此种盾尾密封是不能止水的，此时必须用其他材料来堵塞刷子线材之间的间隙及金属刷中的网式薄板中的网眼，该材料为含易于堵网眼纤维素的高黏度油性或树脂类材料。

在掘进前，就将填充材料预先涂在金属刷之间的空间及刷子内，而随着盾构的推进，黏附在管片外表面的填充材料被消耗，该消耗部分必须及时补给。盾尾的密封油脂的技术指标如表 10.7 所示。

表 10.7　盾尾密封油脂的技术指标对比

技术要求	上隧牌	CONDAT 检测	三菱商事	宁政远 321	JP9-208943	FIX TSG6	CONDAT WR89
稠度	≥240	322	260	230～255	250	250±10	255～265
挥发性/%	≤2.5	1.0	<2	—	—	—	≤3
下垂值/mm	0	3	0	—	—	—	—
水冲损失量/%	无	少量	—	≤5	2～3	0	≤7
可泵性/(g/m)	打出油脂	可	—	—	—	—	40～45
抗渗性/MPa	—	—	0.8	—	<2.0	—	—
相对密度	—	—	1.33	—	—	1.62～1.68	—
生物降解率/%	—	—	—	—	100	—	—

10.4　土压平衡盾构穿越大型江河湖泊掘进系统减磨

土压平衡盾构穿越大型江河湖泊应尽可能减少河床下部换刀。河床下部换刀作业操作人员将长时间身处高压力、易塌陷或易爆炸等复杂恶劣环境，故每次换刀作业都将遭遇人身和盾构法隧道双重安全的重大风险。而通过盾构掘进系统的减磨技术能延长单次换刀距离，提升盾构穿越大型江河湖泊的安全性。

10.4.1　盾构掘进系统减磨原理

1. 盾构刀具类型

盾构开挖面的进土是依靠刀具和地层的相互作用实现的。根据刀具形状、作用方式的分类如表 10.8 所示，根据刀具的种类、位置和用途的分类如表 10.9 所示，常用的盾构刀具构造如表 10.10 所示。

表 10.8　根据形状、作用方式的盾构刀具分类

按作用方式分类	切割类，如齿刀、切刀、羊角刀 滚动类，如中心滚刀、单刃滚刀、双刃滚刀 刮扒类，如正面小刮刀、边部弧状刮刀
按位置分类	中心刀、正面刀、侧面、边刀
按形状分类	鱼尾刀、羊角刀、仿形刀、齿刀、单刃、双刃、三刃

表 10.9　根据种类、位置、用途的盾构刀具分类

种类名称	用途	设置部位
固定刀具 旋转刀具	掘削工作面	面板正面
超前刀具 导线钻具	超前掘削 破碎地层	面板正面
外沿保护刀具	保护刀盘外沿	面板正面外沿
修边刀具	减小推进阻力	面板外沿
背面保护刀具	保护背面刀具	面板
加泥嘴保护刀具	保护加泥嘴	加泥嘴部位
掘削障碍物刀具	掘削障碍物	面板正面外围

表 10.10　常用的盾构刀具构造

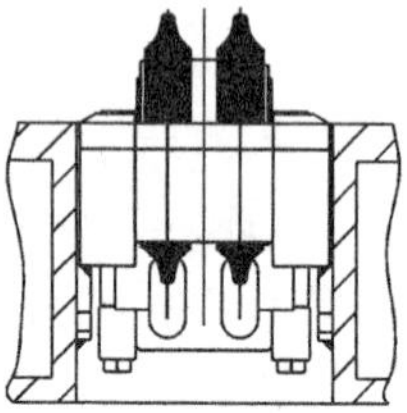 双刃滚刀	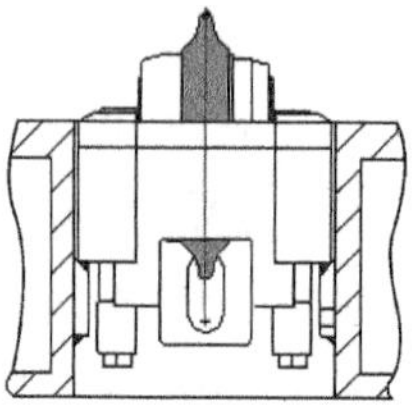 单刃滚刀	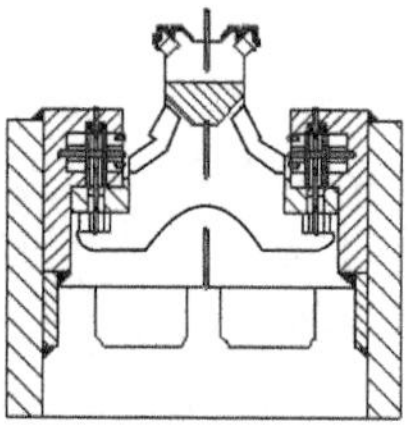 中心齿刀	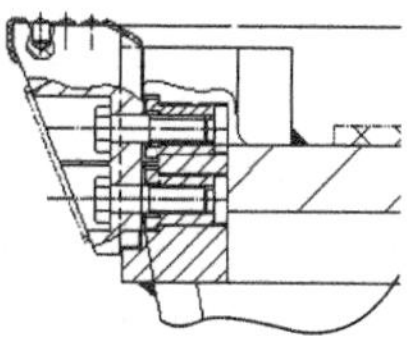 刮刀
用于中、硬岩掘进，可换装齿刀	用于硬岩掘进，掌子面与刀盘面间渣土空间大，利于流动，可换装齿刀	用于软土掘进，替换滚刀，更换后可以增加刀盘中心部分的开口率	刀盘弧形周边软土刀具，斜面结构，利于渣土流动。同时在硬岩掘进下可用作刮渣
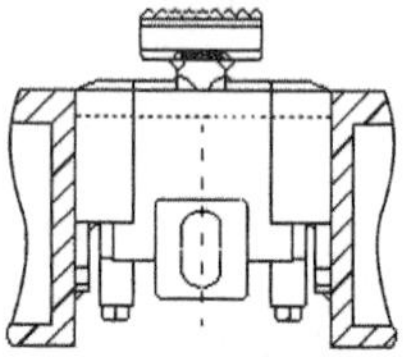 齿刀	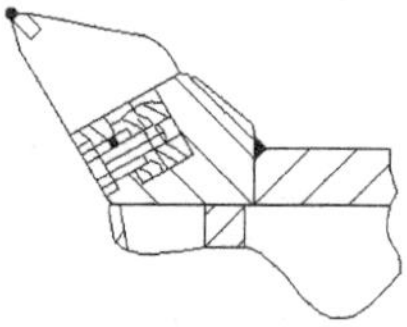 切刀	 超挖刀	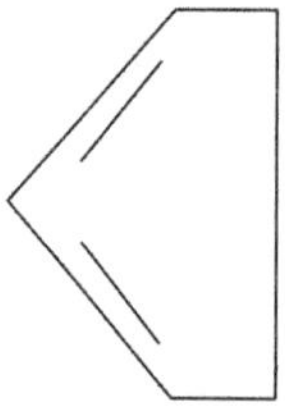 中心鱼尾刀
用于软土掘进，其结构形式有利于渣土流动进入土仓	软土刀具，图示斜面结构利于软土切削中的导渣作用。同时可用作硬岩掘进中的刮渣	用于局部扩大隧道断面	改善中心部位土体的切削和搅拌效果，提高盾构整体掘进效果

2. *盾构刀具掘削和磨损原理*

在岩石、漂石、砂卵石、圆砾等强度相对较高的地层，刀盘上通常会配置以滚刀、撕裂刀为代表的重型刀具。以滚刀为例，工作时刀具在盾构千斤顶推力作用下，排列在刀盘上的滚刀挤压地层，随着刀盘的旋转，地层被碾出一系列同心圆，利用滚刀的楔块作用，当超过地层受力极限时，两个同心圆之间的岩块被刀具剥落，从而达到掘削的目的。滚刀的掘削原理如图 10.29(a)所示。

在砂土、粉土、黏性土等强度相对较低的地层，刀盘通常会配置以切削刀为代表的轻型刀具。切削刀的作用主要是：在盾构机向前推进的同时，刀具随刀盘旋转对开挖面土体产生轴向（沿隧道前进方向）剪切力和径向（刀盘旋转切线方向）切削力，不断将开挖面前方土体切削下来。切削时，刀具通常做两个方向的运动：一个是沿开挖面的运动，它起着分离岩土的作用；另一个是切入开挖面的运动，它改变切削的厚度，切削刀的掘削原理如图 10.29(b)所示。

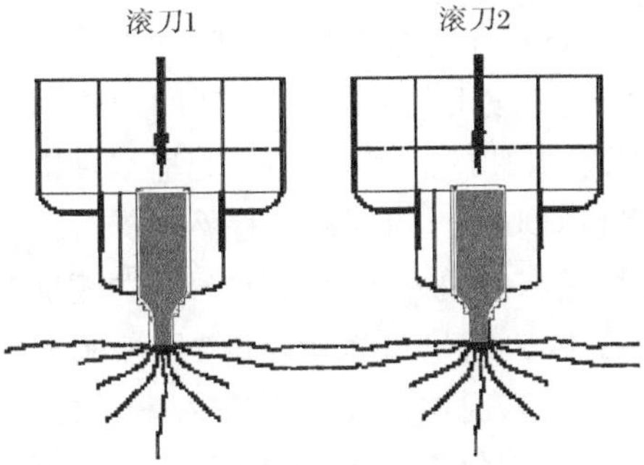

(a) 滚刀为代表的重型刀具掘削原理

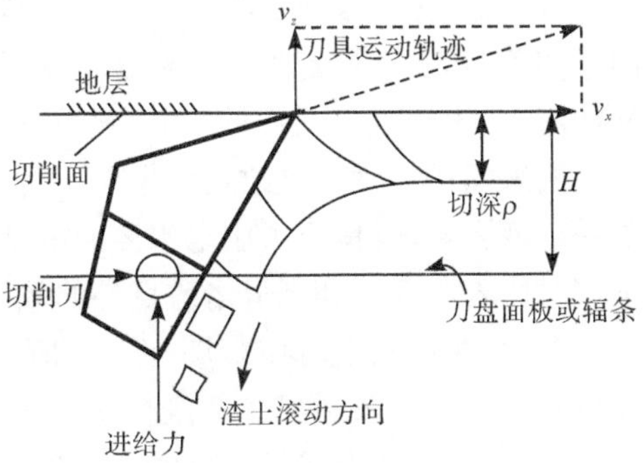

(b) 切削刀为代表的轻型刀具掘削原理

图 10.29　盾构刀具掘削原理

盾构开挖面前部地层的土体在被掘削导入土压平衡盾构机土仓的过程中，刀具时刻在发生磨耗，尤其是直接迎土面磨损量会更大。在内摩擦角较大的砂层、单体强度较高的卵石、圆砾等不良地层内，若盾构刀具长期与地层直接接触，刀具会较快被磨损超限，例如，成都地铁 1 号线土压平衡盾构机遭遇砂卵石地层时，盾构机每向前掘进 100 多米就必须被迫换刀，此时需要采取盾构掘进系统减磨措施。

10.4.2　盾构掘进系统减磨处理

土压平衡盾构穿越大型江河湖泊的掘进系统减磨以合理外加剂配方和控制参数的土体改良减磨为核心，并以刀盘刀具耐磨设计为辅助，叙述如下。

1. 土体改良减磨

盾构机掘进面前方的土体改良常采用外加剂，通过大量工程实践和试验研究探索出的外加剂种类较多，如泡沫剂、膨润土、聚合物等。当然，在特殊情况下可以采用肥皂水或河水作为减磨剂。

1) 砂土地层

在砂土层中常用的改良方法有泡沫剂、肥皂水、膨润土等外加剂，此类地层中一般选用一种改良方法即可达到目的。泡沫剂改良土是通过细小泡沫填充土颗粒间孔隙并挤出该区域的水分，以此实现减小砂土颗粒之间的摩阻力和减小砂土的渗透系数；膨润土改良土是通过黏性颗粒与砂性颗粒的混合增大砂土的流塑性和减小砂土的渗透系数；肥皂水是通过砂土颗粒上附着硬脂酸钠溶液，以此增大砂土颗粒间的润滑性。实际效果好坏与外加剂的生产质量、配方以及实际具体地层的适应性、外加剂注入工艺、盾构操作人员经验等因素均有关系。

以上海地区某砂土地层土压平衡盾构土体改良为例。该地层含水量为 31.5%，内摩擦角为 31.5°，无黏聚力，渗透系数为 10^{-4} cm/s，孔隙比为 0.86，砂土颗粒级配如图 10.30 所示。通过影响掘进功效的掘进速度和影响机械损耗的刀盘扭矩对比法来间接评判土体改良效果[25]。采用肥皂水进行土体改良时，肥皂水性能主要受浓度影响，改良土中肥皂水溶液浓度一旦达到 4‰，润滑性能将不再提升。本案例对比未改良环和肥皂水改良环的效果时，是在肥皂水发挥最大润滑性能前提下进行的，改良效果对比如图 10.31 所示。从试验结果可判定，此类地层肥皂水改良效果不佳。采用泡沫剂进行土体改良时，泡沫剂性能主要受注入率、发泡倍率和浓度影响，注入率与开挖面土体性质有关，发泡倍率与开挖面压力相关，特定砂性土考虑与此匹配的注入率和发泡倍率，一般考虑为定值，且浓度尝试采用多种配方，盾构装备的泡沫发生器实际控制泡沫剂浓度的能力为 0～5%，现场试验分别考虑 1.5%、2%和 3%三种浓度。未改良环和 1.5%、2%、3%浓度的泡沫剂改良环的效果对比分别如图 10.32～图 10.34 所示。可以看出，泡沫改良剂浓度变化对土体改良效果影响较大，随着掺入泡沫剂浓度增加，掘进速度提高，刀盘扭矩呈现“先减小，后增大”的变化规律，掺入 2%浓度泡沫剂后能大幅度增加掘进速度和减低刀盘扭矩，试验效果最佳。

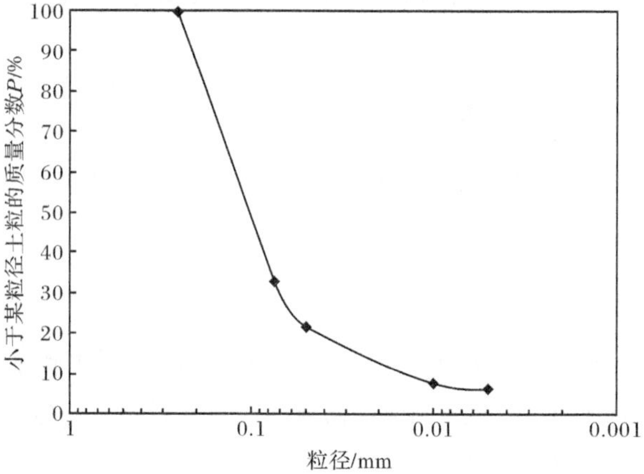

图 10.30　上海某地区土压平衡盾构所穿越砂土层的颗粒级配

2) 卵砾石地层

卵砾石地层的改良方法常采用膨润土、聚合物、泡沫剂等外加剂，一般采用两种以上的组合改良效果更佳。在卵砾石层中采用膨润土和泡沫剂的改良原理与砂土地层相似，而聚合物可分为聚丙烯酰胺(polyacrylamide，PAM)和羧甲基纤维素(carboxymethyl cellulose，CMC)等不同类型，聚合物可改善渣土结构，增加大团聚体数目，以此尽可能增强散体性较强的卵砾石地层的整体性。与砂土地层相

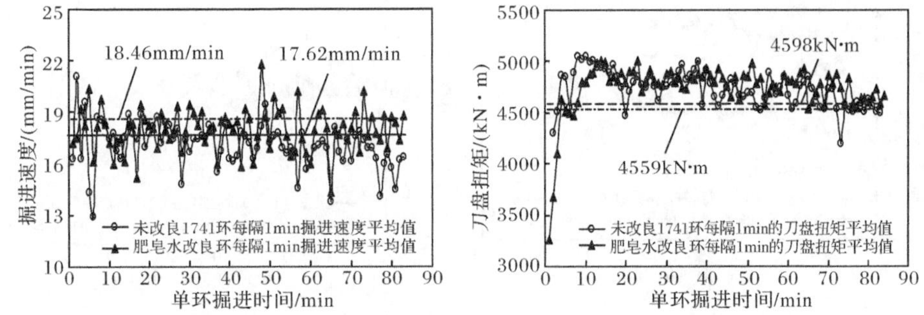

(a) 未改良环和肥皂水改良环掘进速度对比　(b) 未改良环和肥皂水改良环刀盘扭矩对比

图 10.31　某砂土地层工点盾构运用肥皂水的改良效果

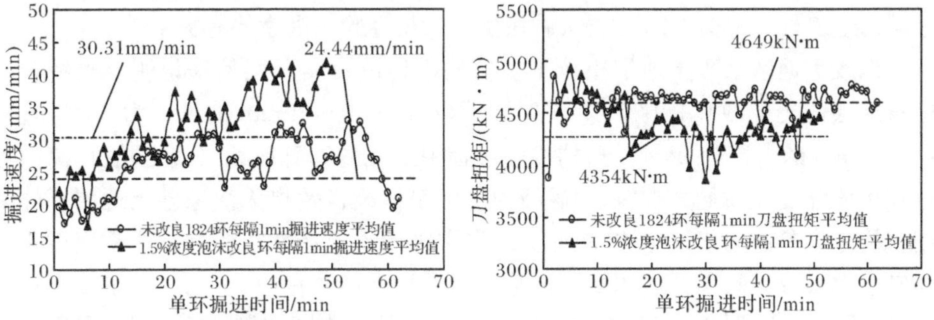

(a) 未改良和 1.5%浓度泡沫剂改良环掘进速度对比　(b) 未改良和 1.5%浓度泡沫剂改良环刀盘扭矩对比

图 10.32　某砂土地层工点盾构运用 1.5%浓度泡沫剂的改良效果

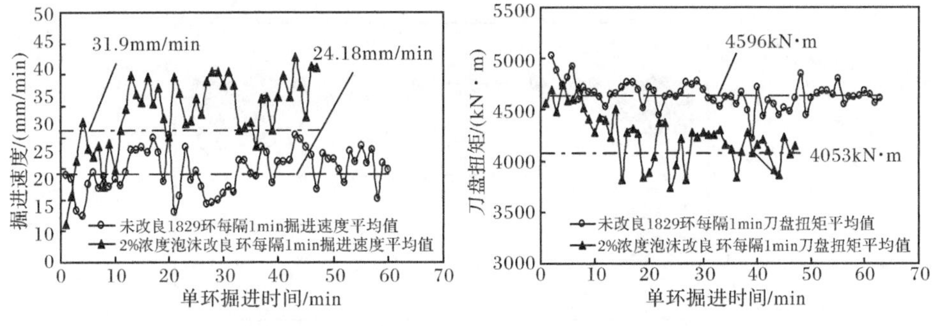

(a) 未改良和 2%浓度泡沫剂改良环掘进速度对比　(b) 未改良和 2%浓度泡沫剂改良环刀盘扭矩对比

图 10.33　某砂土地层工点盾构运用 2%浓度泡沫剂的改良效果

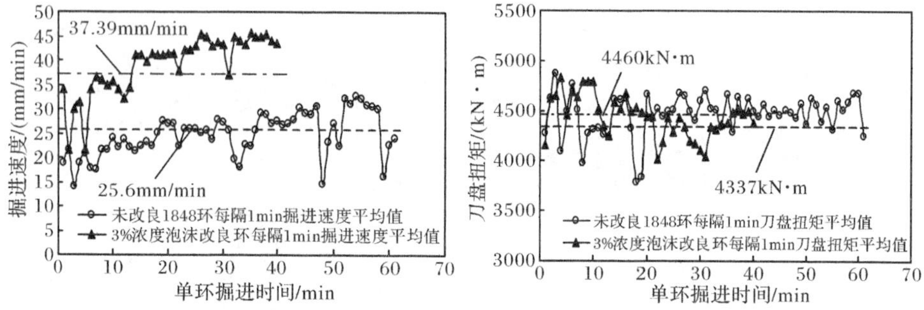

(a) 未改良和 3%浓度泡沫剂改良环掘进速度对比　　(b) 未改良和 3%浓度泡沫剂改良环刀盘扭矩对比

图 10.34　某砂土地层工点盾构运用 3%浓度泡沫剂的改良效果

似，卵砾石地层土体改良实际效果好坏也与外加剂的生产质量、配方与实际具体地层的适应性、外加剂注入工艺、盾构操作人员经验等因素均有关系[66]。

以成都地区某砂土地层土压平衡盾构土体改良实际案例来说明此类特定卵砾石地层的土体改良措施[25]。该地层颗粒直径 10～20mm 的占比为 65%、直径 20～30mm 的占比为 25%。盾构掘削过程中形成的卵砾石地层渣土随机、离散地存在单体强度较高的大颗粒，卵砾石地层中土体改良效果无法像砂土地层那样采用盾构施工参数间接评定法，故此类地层中采用渣土特性指标测定法来定性判定卵砾石地层改良效果。运用膨润土基泥浆进行土体改良时，不同的泥浆浓度和注入量下膨润土基泥浆的流动状态如图 10.35 所示，浓度控制在 12.5%、泥浆注入量控制在 20%所达到的效果较好。以膨润土基泥浆为基础，掺入 PAM 后，通过坍落筒试验得出坍落度随着 PAM 溶液添加量的增加呈先增大后减小的趋势，故 PAM 的添加量存在限值，膨润土基泥浆＋PAM 改良如图 10.36 所示。以膨润土

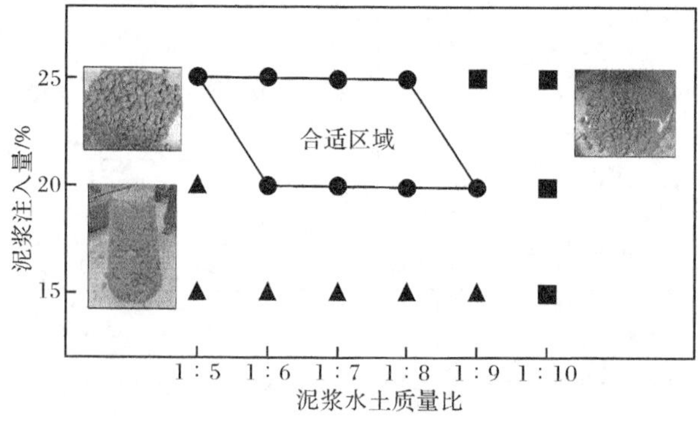

图 10.35　膨润土基泥浆改良效果

●合适、塑流性好；▲不合适、太干崩坍；■不合适、折浆、塑流性不好

基泥浆为基础，掺入 CMC 后，存在与添加 PAM 相似的规律，膨润土基泥浆＋CMC 改良如图 10.37 所示。运用泡沫剂进行土体改良时，不同的渣土含水率下，泡沫剂宜选用不同的注入率，泡沫剂改良效果如图 10.38 所示。

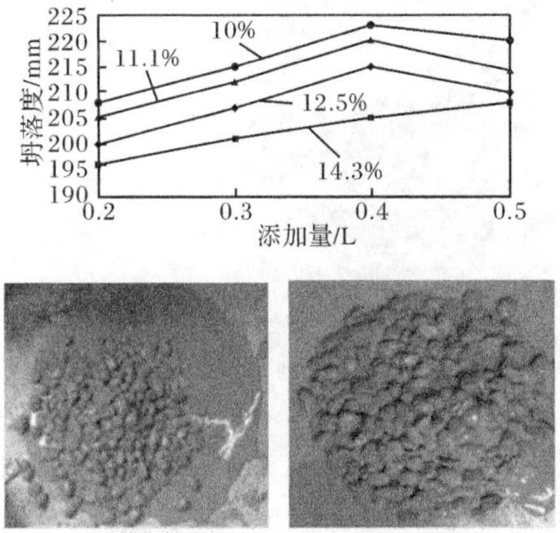

图 10.36　膨润土基泥浆＋PAM 改良

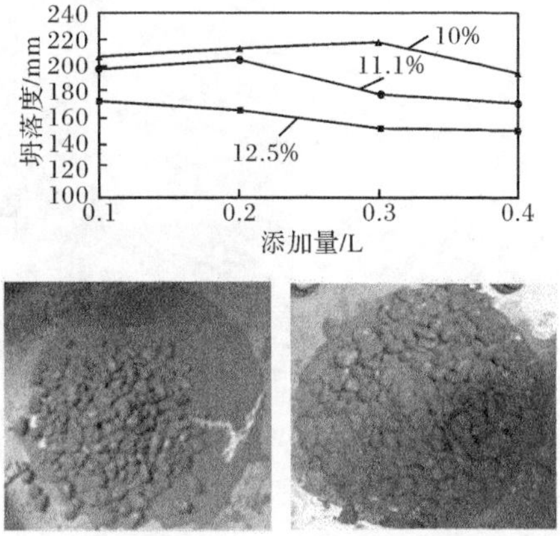

图 10.37　膨润土基泥浆＋CMC 改良

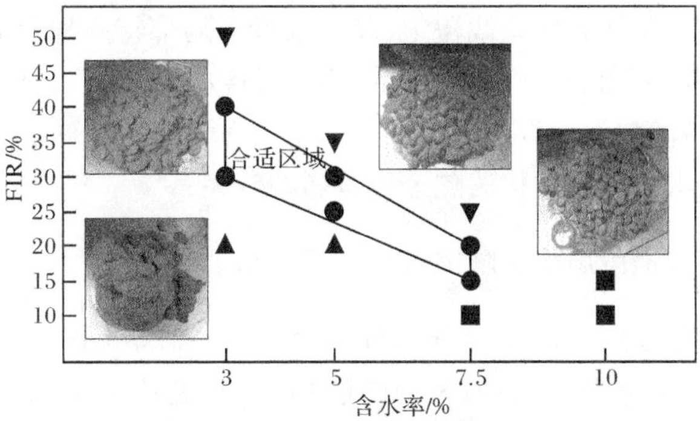

图 10.38　泡沫剂改良效果

● 合适、塑流性好；▼ 不合适、泡沫析出；■ 不合适、太干崩坍；▲ 不合适、失水

2. 盾构刀盘刀具耐磨设计

盾构掘进系统磨损时，刀盘刀具、刀盘最前方和外周最易磨损，刀具和刀盘面板堆焊耐磨合金焊条以加强设备抗磨性能。焊条可采用合金材料，焊点沿刀盘半径方向线速度逐渐增大，刀具和刀盘的磨损程度也逐渐加剧，所以需沿半径方向逐渐加大堆焊密度。刀盘面板及刀具上堆焊成网格状，某工点刀盘堆焊条耐磨性加固状态如图 10.39 所示。

图 10.39　刀盘堆焊条耐磨性加固状态

10.5　土压平衡盾构下穿大型江河湖泊隧道质量控制

土压平衡盾构下穿大型江河湖泊隧道施工质量控制，关键在于隧道抗浮控制和管片接缝防水控制两方面。浅覆土、高含水量等局部特殊地段盾构法隧道易浮起；管片过度浮起、局部沉降等引发管片接头过度张开、错台，且受外界高水压作用，盾构法隧道易渗漏水。穿越大型江河湖泊工程，盾构法隧道施工期抗浮起和管片接头长效防水技术对盾构法隧道质量影响较大。

10.5.1　局部特殊地段盾构法隧道管片上浮控制

地铁盾构法隧道以直径 6.1～6.4m、宽度 1.2～1.5m 居多，单环管片质量重达数十吨，但若以纯水排开隧道外轮廓所受浮力与之相比，纯水浮力要远高于管片自重。大型江河湖泊河床下部更易遭遇浅覆土、深切槽、高含水量、软弱地层等导致管片浮起的不良外界环境条件，针对河床下局部特殊地段的盾构法隧道管片上浮控制如下所述。

1. 盾构法隧道管片上浮控制因素

盾构法隧道施工期隧道管片受多对象的作用力：盾构机械对后部隧道管片的顶力、同步注浆浆液的压力、浮力、隧道上部地层的约束力、管片自重等。施工期管片受力浮起是复杂系统综合作用的产物。外部自然和人工环境对河床下部的影响是不可控的，如难以加固改善土性，此时判定出盾构施工参数中对管片上浮存在影响的因素，并对影响较大的因素加以控制，能达到抑制施工期管片上浮的效果。施工期盾构法隧道管片上浮潜在控制因素汇总如图 10.40(a)所示，土压平衡盾构穿越大型江河湖泊时，管片易浮起多为压缩性和含水量较高的软弱地层，宁波某工点实测了高含水量、高压缩性的淤泥质软土地层中总推力、注浆压力、浆液配比和掘进速度等单个因素对盾构法隧道管片上浮的影响[67~69]，如图 10.40(b)～(g)所示。

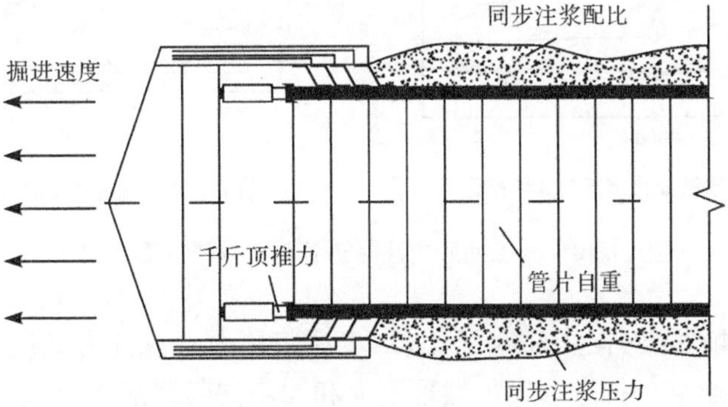

(a) 施工期盾构法隧道管片上浮潜在影响因素汇总

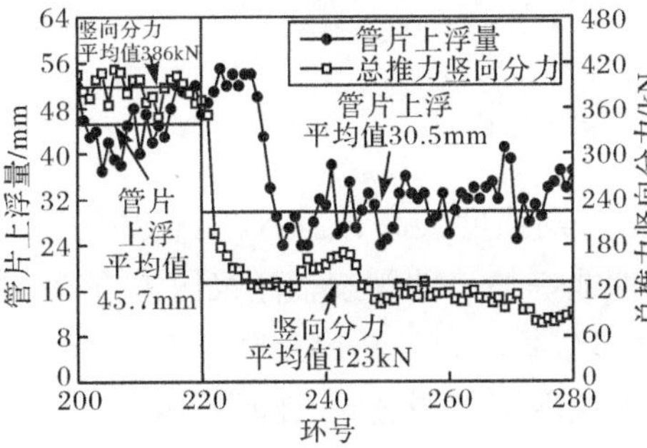

(b) 某工点实测总推力对管片上浮的影响

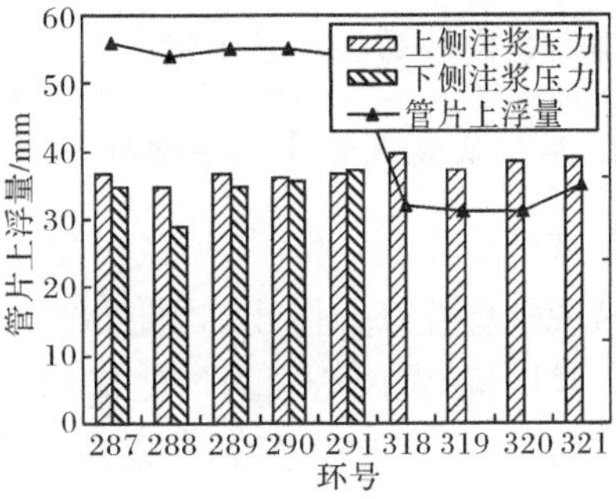

(c) 某工点实测注浆压力对管片上浮的影响

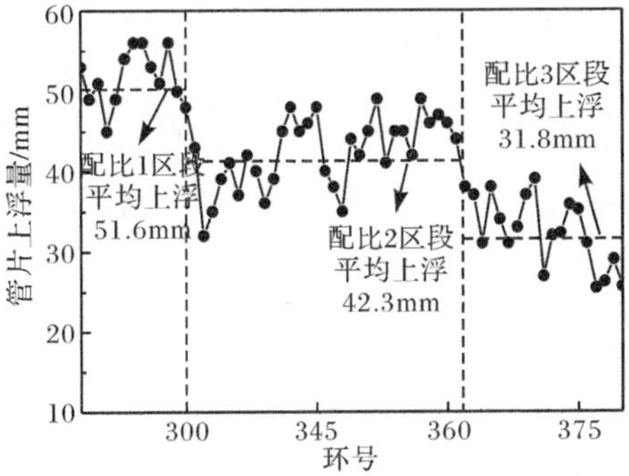

(d) 某工点实测浆液配比对管片上浮的影响

试验配比	水泥	膨润土	砂	粉煤灰	生石灰	水	外加剂
1	100	300	2750	700	100	900	1
2	150	300	2750	650	100	900	1
3	250	300	2750	650	0	900	1

注：配比各种材料的单位均为 kg。

(e) 前述浆液配比对上浮影响试验所用具体配方

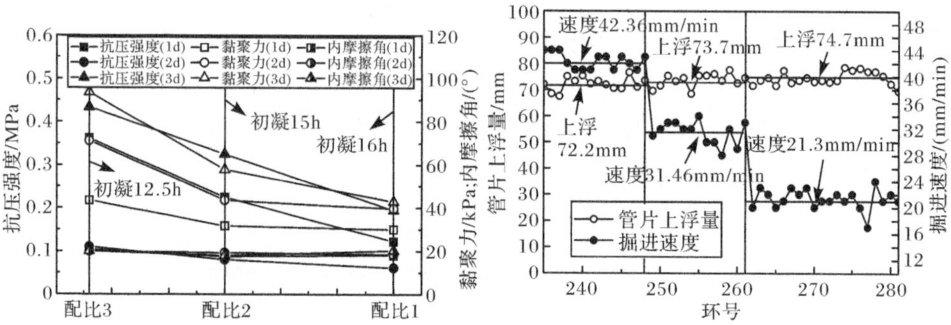

(f) 前述浆液配比测定的具体指标

(g) 某工点实测掘进速度对管片上浮的影响

图 10.40 施工期盾构法隧道管片上浮潜在影响因素

由图 10.40 可知，同步注浆配比、同步注浆压力和总推力竖向上的分力对管片上浮有较大影响。掘进速度虽然理论上和同步注浆浆液未凝固区长度有关联，但实际工程中单日隧道成洞长度更受制于管片组织调度、现场管理等软因素。故土压平衡盾构穿越大型江河湖泊要控制施工期管片浮起，控制浆液配方、注浆参数和推力竖向分力大小是关键。

2. 盾构法隧道管片抗浮控制

浆液配比方面，管片上浮区段建议采用早期强度较高、抗水性能较高的可硬性浆液或抗剪性好、有一定早期强度、工作性能好的惰性厚浆。注浆压力方面，在管片上浮区段，建议全周均匀注浆，保证下部注浆压力不超出上部注浆压力。总推力方面，在管片上浮区段，建议在盾构较大坡度下坡掘进时，在不影响与千斤顶接触管片局部受力均衡的前提下，微微保持盾构抬头掘进，尽可能减少总推力竖向分力值。

10.5.2 盾构法隧道管片接缝高防水能力

盾构法隧道往往以百年服役为设计目标，大型江河湖泊河床下方高水压时刻作用于隧道外侧。隧道管片接缝是外界水渗入隧道内部的通道，而与同步注浆层、接缝沟槽防水相比，接缝防水密封垫是管片接缝防水的核心。

1. 盾构法隧道接缝橡胶密封垫防水原理和影响参数

盾构法隧道防水体系如图 10.41(a)所示，大直径盾构法隧道可能会设置二次衬砌，中小盾构法隧道一般不设置二次衬砌，管片接缝密封垫防水在整个隧道防水体系中占据重要地位，其防水原理如图 10.41(b)所示。

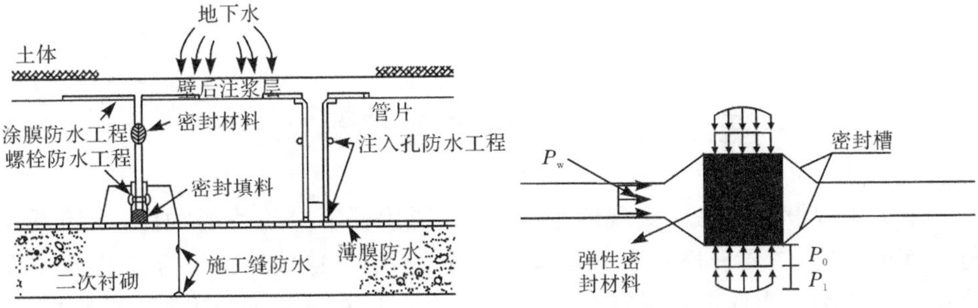

(a) 盾构法隧道防水体系　　(b) 管片接缝密封垫防水原理

图 10.41　盾构法隧道接缝橡胶密封垫防水原理

业界提出密封垫防水原理是:装在密封槽中的橡胶密封垫受压缩时,对初始接触面产生弹性复原应力 P_0,若不采用三元乙丙橡胶而是采用遇水膨胀材质,还会受到遇水膨胀力。另外,外界水压力作用于密封材料时,也将在接触面上产生附加应力 P_1。防水密封垫沿接触面的应力如式(10.11)所示。

$$P = \alpha(P_0 + P_1) = \alpha(1 + \beta)P_0 \tag{10.11}$$

式中,α 与密封材料的材质、耦合面表面状况有关;β 与材料硬度和断面形式有关;P_0 与闭合压缩力有关;P 为密封垫防水压力,水压力大于防水压力时,发生渗漏。

由式(10.11)可知,要提升接缝防水性能,可从密封垫的断面形式、硬度、接缝闭合压缩力等方面提出控制措施。

2. 盾构法隧道管片接缝防水性能控制

隧道管片接缝防水性能主要以定量的室内试验来进行测试。试验的目的主要是根据不利的隧道成型形态和设防水压力,选择较优的密封垫材质和断面。业界将设防水压力考虑为实际承受水压的 2～3 倍,将不利的隧道成型形态考虑为管片在盾尾拼装完成时,每环相邻管片高差允许值为 5mm,纵向相邻环管片高差允许值为 6mm。较优的密封垫材质和断面选型通过初选和终选两阶段完成。

初选阶段,首先依据工程成功断面经验和教训,提出数种候选的防水密封垫,这些防水密封垫因断面形状、材料类型、垫脚部牛腿的布置方式、有无内部空洞及空洞的数量与布置形式等不同而具有不同的性能,然后进行开孔率、硬度和闭合压缩力测定试验,初选接缝防水密封垫的断面形式。

终选阶段目标是进一步评判密封垫刚加工成型的防水性能和密封垫热处理老化后的防水性能,通过刚成型和热老化后密封垫间的接触应力强弱差异来终选较优的防水密封垫断面形式。

第 11 章　下穿工程设计方法

下穿工程设计要保证实现两个目标：一要确保下穿工程的功能，不因下穿施工而受影响；二要确保被下穿工程的安全，不因下穿施工或下穿工程建成而产生不良影响。为此需从下穿结构的线位和线型、被下穿工程的变形控制指标、下穿施工的安全控制以及下穿结构和被穿结构的长期影响控制等方面综合进行设计。

11.1　下穿结构的线位和线型设计

在城市轨道交通结构中，盾构法隧道是最为常见的基本结构体，下穿节点通常是线路选线设计的制约点之一。隧道的线位和线型设计既要满足地铁线型的良好功能，还应确保被穿越体的安全，同时还须兼顾下穿结构与被穿结构的长期性能协调。下穿结构的线位设计主要是确定实施下穿的具体位置，例如，选择铁道工程的桥梁段、路基段还是涵洞段进行下穿施工，确定离桩基、涵洞路基面的间距和埋深；选择在建筑物的正下方、侧下方下穿还是避让以及具体距离和深度等。下穿结构的线型设计主要确定下穿结构在下穿节点的平曲线和竖曲线设计参数，如曲率半径、坡度、变坡点位置等。

当然，对于下穿工程，线位和线型是相互影响的，有时甚至是相互矛盾的。根据良好线型确定的下穿点，未必是施工中最佳的下穿位置；相反，适合于穿越施工的位置未必是好的线路线型。于是，下穿工程线位线型设计就是寻找线路线型和下穿位置的平衡点，使其既满足下穿工程的功能要求，又保证被下穿体的安全和正常使用。

11.1.1　下穿结构的线位设计

1. 设计原则

地铁盾构法隧道下穿的线位设计应遵循以下原则：

(1) 尽可能选择对被穿越结构影响最小的位置进行下穿施工，必要时可选择避让敏感建(构)筑物。

(2) 盾构法隧道下穿铁道时，首选从桥梁下穿越，其次是从路基下穿越。

(3) 盾构法隧道下穿铁道时，应尽可能避开道岔区。

(4) 盾构法隧道下穿建筑物时，尽可能选择正下方下穿，其次为侧下穿。

(5) 尽可能使盾构法隧道在合适的土层中穿越施工，如果不得不在不理想的土层中进行穿越，则需对土层进行预处理以控制施工对被穿体产生的不利影响。

(6) 盾构法隧道的线位设计需考虑轨道交通运营时列车振动对被穿结构的影响及控制。

2. 下穿铁道

下穿铁道的线位设计主要涵盖两个方面的内容：一是确定沿着铁道纵向的穿越位置，二是确定盾构法隧道的埋置深度。

下穿铁道纵向穿越位置的确定主要考虑两种结构类型，即轨道结构类型和轨下结构类型。

铁道的轨道结构类型主要包括有砟轨道和无砟轨道，如图 11.1 和图 11.2 所示。其中，普速铁路和快速铁路以有砟轨道为主，高速铁路则大量采用无砟轨道，也有的采用有砟轨道。有砟轨道采用特级碎石道砟，当发生整体变形或不均匀变形时，可通过填充道砟进行改善，因此对变形的适应能力相对无砟轨道要强。无砟轨道是以混凝土或沥青混合料等取代散粒道砟道床而组成的轨道结构形式，无砟轨道分轨枕支撑式、轨枕嵌入式、轨枕埋入式和板式轨道四大类，具有稳定性好、平顺性高、舒适性好、使用寿命长等优点，但也存在对变形适应能力差、养护维修难度大等缺点，在下穿无砟轨道时需要根据无砟轨道的类型来控制施工变形。

图 11.1　有砟轨道

图 11.2　无砟轨道

在轨道结构中还存在一种特殊情况——道岔区，即由一条线路进入另一条线路的连接及交叉设备。道岔区轨道的竖向刚度和横向刚度变化远远高于普通轨道，机车车辆在通过道岔时，轮轨间的作用力也就比普通线路高很多，因此道岔区是轨道的一个薄弱环节，在下穿线位设计中需谨慎考虑从道岔区下穿的情况。

铁道线路的轨下结构类型有路基、涵洞、桥梁等多种形式，在不同的结构物下穿越施工所面临的变形控制要求不同，施工难度不同，所采取的技术措施也不相同，工程建成之后与铁道之间的相互影响也不相同，所以穿越线位的选择对下穿工程极为重要。

图 11.3～图 11.5 是典型的三种下穿方式，分别为从路基中下穿、铁路箱涵下面下穿以及桥梁跨中下穿。在上述三种下穿方式中，路基工程由于自身材料的特殊性，下穿施工引起的变形控制难度较大，对既有铁道的运营影响可能也较大。当然，若轨道结构为有砟轨道，则养护维修相对方便；桥梁工程的自身刚度较大，盾构法隧道从桥跨中的土层中穿越施工引起的变形相对较小，但桥上若为高速铁路无砟轨道，则应严格控制变形；涵洞工程位于上述两者之间。另外，每种下穿方式在具体穿越施工中也存在多种多样的变化，如盾构法隧道的埋深、与既有建(构)筑物的间距、采取的辅助措施等。

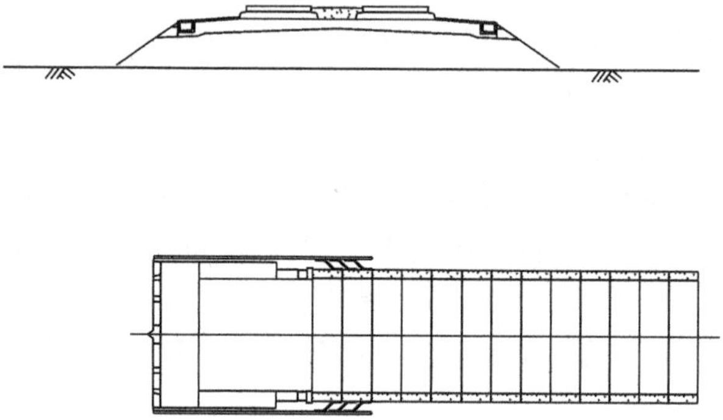

(a) 纵剖面图

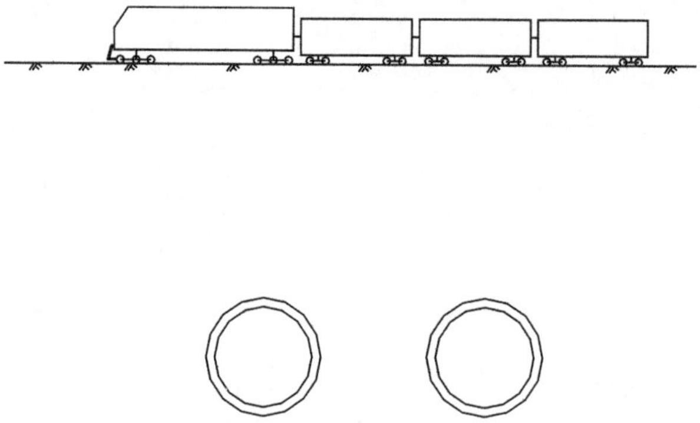

(b) 横剖面图

图 11.3　路基中下穿

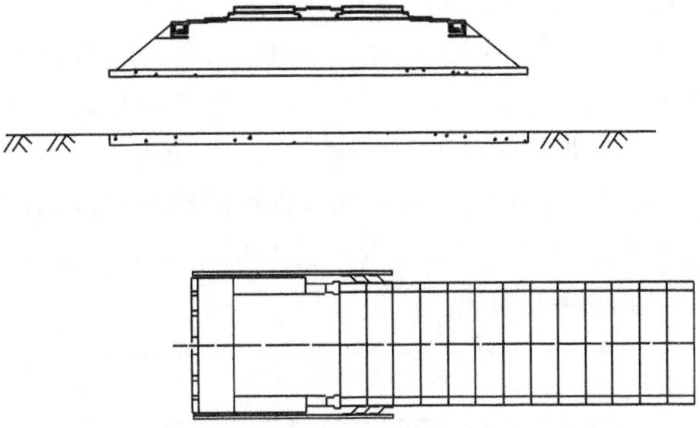

(a) 纵剖面图

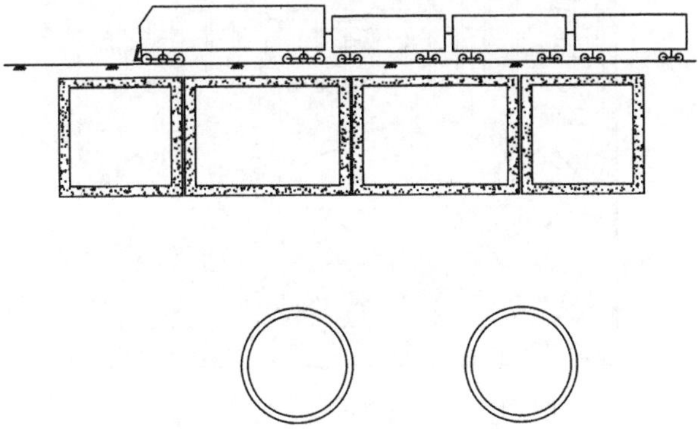

(b) 横剖面图

图 11.4　铁路箱涵下面下穿

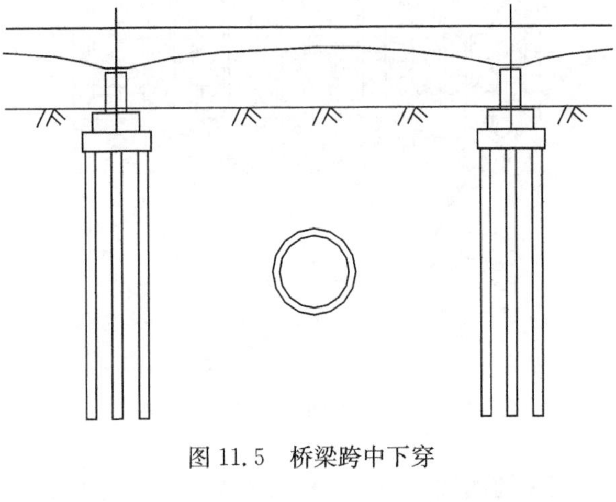

图 11.5　桥梁跨中下穿

目前,我国规定在普通铁道的路基中可以进行穿越施工,但在高速铁道的路基中实现下穿工程必须经过慎重的论证。近几年,随着铁道路基形式的多样化,从路基中下穿的情况也变得越来越复杂,除了从正常的地基中穿越,还经常面临需要从地基的加固体或加固体的下部穿越,图 11.6 和图 11.7 分别为从搅拌桩复合地基和桩网(或桩板)下穿越。另外,随着铁道线路网密度的增加,从既有铁道枢纽站下方以及不利地层(如软弱地层)中穿越的工程也逐渐增多,图 11.8 为从多股道既有枢纽站下穿越的情况。

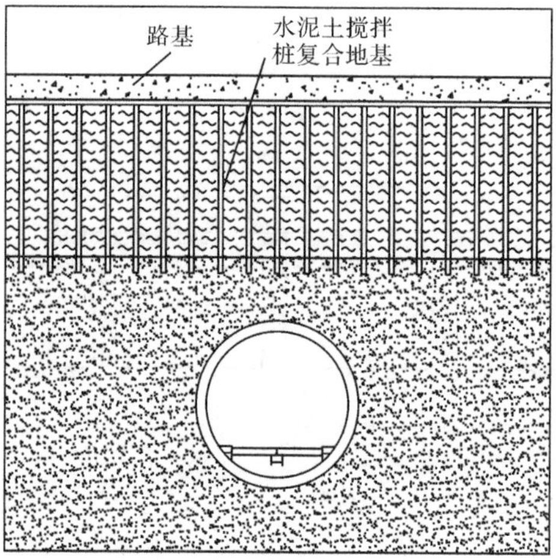

图 11.6　从搅拌桩复合地基下穿越

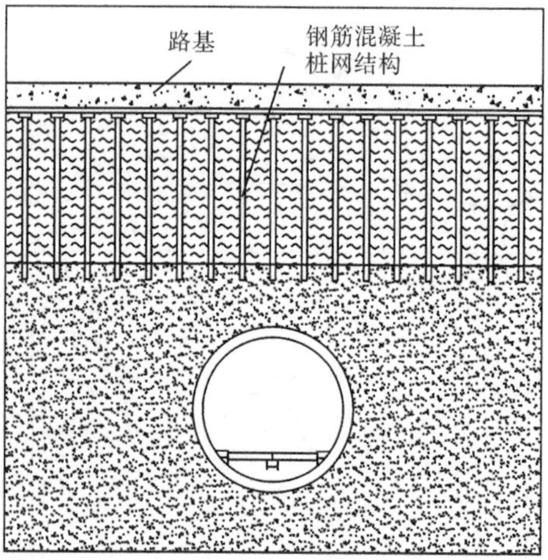

图 11.7　从桩网(或桩板)下穿越

盾构法隧道下穿铁道的线位设计还应考虑穿越地区地层的工程技术特征、穿

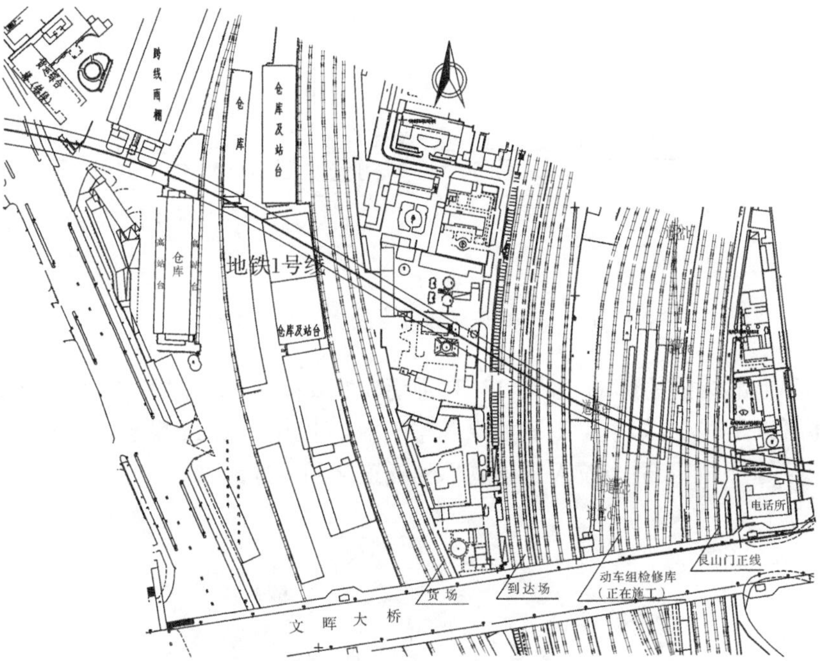

图 11.8　杭州地铁 1 号线下穿艮山门站

越施工的相互影响和长期运营的性能影响等，可通过建立穿越施工期和长期运营期的三维模型进行对比分析，选出对被穿铁道影响较小及穿越盾构法隧道施工安全的最佳方案。

3. 下穿建筑物

盾构法隧道下穿建筑物对线位选择影响比较大的因素有建筑物的重要性等级、建筑物的结构类型、建筑物的基础形式、建筑物对列车运行的敏感性及振动控制等级、穿越地层的工程技术特征等。在上述因素中，建筑物的重要性等级对下穿隧道线位的设计影响最大，如西安地铁 1 号线、2 号线在钟楼下立交穿越时，由于钟楼始建于明朝洪武十七年(1384 年)，距今 600 多年，是重要的历史文物，无论从施工变形还是地铁建成之后的振动控制，均不允许直接从钟楼下穿行，于是线路不得不从钟楼的侧面绕行，如图 11.9 所示。同样，当建筑物的振动等级控制要求极为严格时，通常也不直接下穿，大多采用绕行避让方案，这也大大增加了线路的长期运行成本。

建筑物的基础形式对下穿位置的选择影响颇大，若从箱形基础下穿越，隧道与基础之间的净距离几乎不受限制，若从浅基础下穿越，隧道与基础之间的最小净间距受控于上部结构的状况以及穿越土层的工程特性，需要分析隧道掘进施工

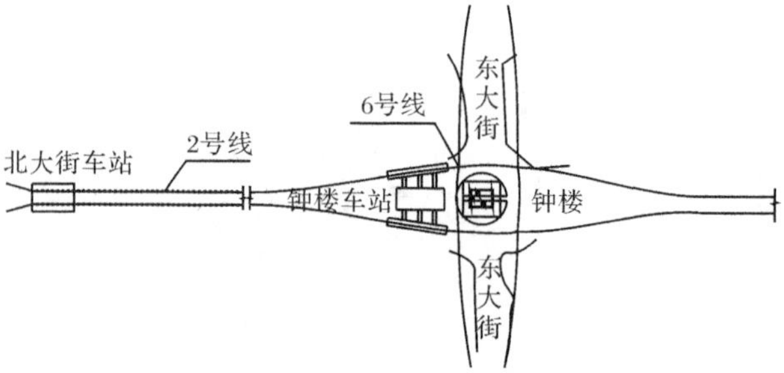

图 11.9　西安地铁 2 号线绕行下穿钟楼

对基础和上部结构的影响，如图 11.10 所示，如果隧道的线型顺直，土层也较好，净间距可以足够小，如小于 1m；如果线型不良，则如图 11.11 所示，在小半径或大变坡处穿越，则需要适当拉大基础底部到隧道之间的净距离。

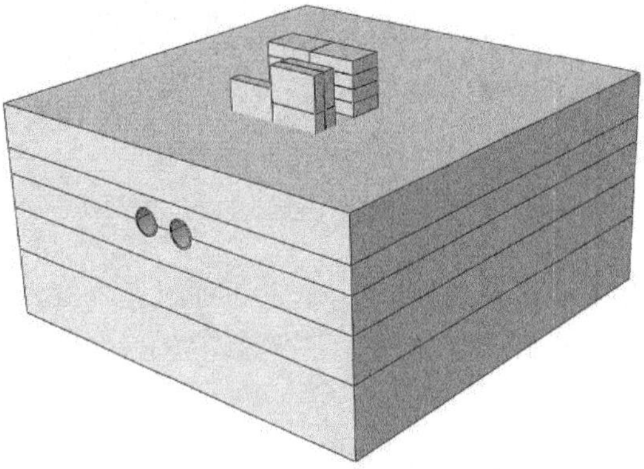

图 11.10　盾构穿越施工对既有浅基础建筑的影响分析

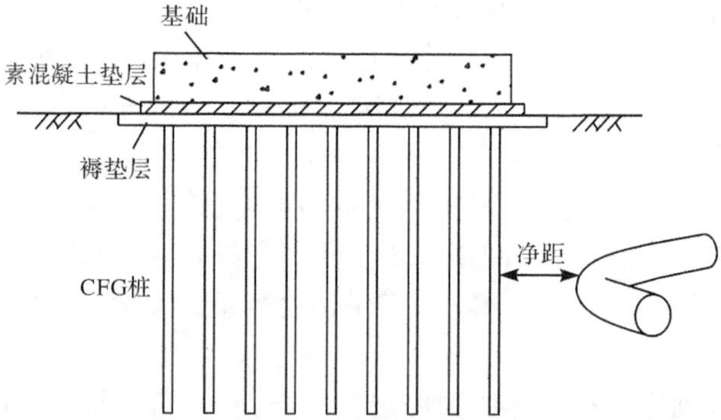

图 11.11　曲线隧道下穿建筑物基础

若建筑物的基础为桩基，则尽可能从桩间穿越，如图 11.12 所示。特殊情况无法从桩间穿越，则可以对部分桩基进行托换，托换之后实施穿越，如图 11.13 所示。若从个别摩擦桩下部穿越，经专题研究之后，可以采用截桩处理，此时桩端处的土层需要具有足够的强度和刚度。显而易见，上述情况均会对隧道的线型和线位产生影响。

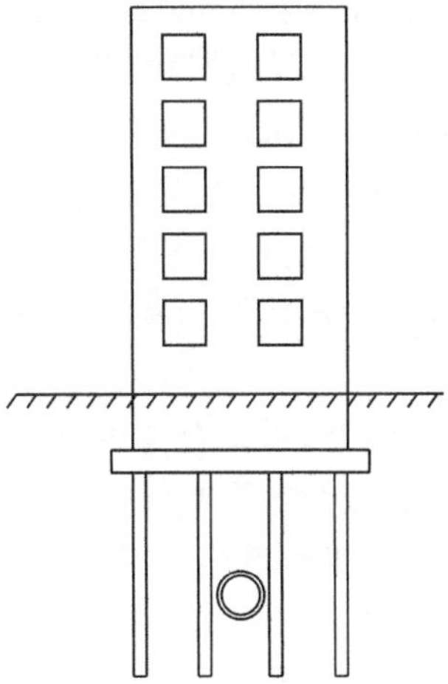

图 11.12　下穿建筑桩基

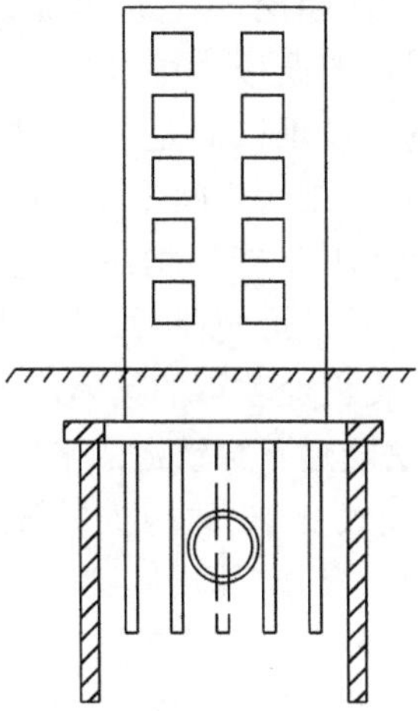

图 11.13　桩基托换后下穿建筑

11.1.2　下穿结构的线型设计

1. 设计原则

地铁盾构法隧道下穿的线型设计应遵循以下原则：

(1) 下穿重要的建筑物时，隧道线型应以平顺的直线下穿，尽量避免以小半径曲线下穿。

(2) 当不得不以较小半径曲线下穿时，盾构法隧道曲线半径的设计应考虑盾构机的灵敏度、掘进对地层的扰动以及采取的施工措施等。

(3) 盾构法隧道不宜在穿越结构下方及一定范围内设置变坡点。变坡点与穿越结构之间最近距离的确定需要考虑下列因素：①隧道埋深；②土层的工程力学性质；③坡度变化量的大小。

(4) 盾构法隧道不得在穿越结构下方及一定范围内设置联络通道。联络通道与穿越结构之间最小距离的确定应考虑以下因素：①联络通道的施工方法；②隧道埋深；③土层的工程力学性质。

(5) 尽量避免以大坡度方式下穿。

2. 下穿铁道

盾构法隧道的变坡点是纵断面上两相邻坡度线的交叉点。盾构机在变坡点掘进时须发生超挖,超挖所产生的变形会传递到上部的铁道,因此在下穿铁道的一定范围内严禁出现变坡点。盾构机在同一纵坡坡度下掘进时,姿态控制得当就不会引起过大超挖,但也应遵循最大限坡的要求。由于城市轨道交通的站间距较小,竖曲线需遵循最大限坡的要求,并以此确定下穿点的埋置深度,若埋深要求大,线路的纵坡难以满足要求时,则可以通过加大车站的埋深来解决这一问题。变坡点与穿越结构之间距离的确定同样是为了尽量减少对被穿结构的影响,可通过对被穿结构、下穿盾构法隧道、周围地层等进行计算分析,研究不同条件、不同控制参数下的变形规律,并进一步结合被穿结构的变形控制指标以及采取的变形控制措施,提出变坡点的具体位置。

盾构法隧道下穿铁道的平曲线设计较竖曲线复杂,需综合考虑城市轨道交通运营的平曲线要求、盾构机灵敏度、施工辅助措施以及被穿越铁道的变形控制标准等,通过综合分析确定工程造价、施工影响以及施工难度组合最佳的方案,下面以南京地铁 5 号线下穿宁杭高铁为例来进行介绍。

南京地铁 5 号线岔路口站—大校场站区间呈南北走向,线路出岔路口站后,沿规划土山路向北前行,穿过规划站前路,下穿宁杭高铁秦淮河特大桥,转向西北,侧穿上坊经济适用房小区,下穿京沪高铁和绕城高速到达大校场站,区间起终点里程 K14＋487.309～K16＋783.837,区间平曲线最小半径 R＝350m。区间隧道下穿处岩土从上至下主要有①-1 杂填土、②-2b4＋c3 淤泥质粉质黏土夹粉土、②-2c2＋d2 黏质粉土夹粉砂、②-4d3-4 粉砂、③-4e 含卵砾石粉质黏土、K1g-3 中风化泥岩,地铁区间地质剖面图如图 11.14 所示。考虑到下穿处设置变坡点会造成超挖,从而可能引起被穿体的过大变形,为此本工程在下穿处未设置边坡点。

地铁 5 号线需连续穿越敏感的宁杭高铁以及经济适用房小区,最初下穿的平面布置方案如图 11.15 所示,区间盾构法隧道线路分别从宁杭高铁桥相邻两跨桥墩间通过,左线与桥桩最小水平净距 4.89m,右线与桥桩最小水平距离 5.27m,左、右线路与桥梁平面夹角都为 60°。考虑到该方案一侧距离宁杭高铁桥墩较近,穿越施工期间可能对其产生不利影响,且应尽可能地垂直穿越,为此需加大隧道线路与桥梁线路的夹角,而过大的夹角会使线路侧穿房屋演变为下穿房屋,对既有房屋产生不利影响,最后通过研究和论证采取如图 11.16 所示的方案,即左线与桥桩最小水平净距 5.12m,右线与桥桩最小水平距离 5.41m,左、右线路与桥梁平面夹角分别为 61°和 62°。虽然此时盾构法隧道和既有房屋的距离缩短了,但保证了下穿宁杭高铁的安全,同时其对既有房屋的影响也可通过控制盾构掘进施工参数来满足,因此调整的方案是可行的,且现场实施效果也验证了这一点。

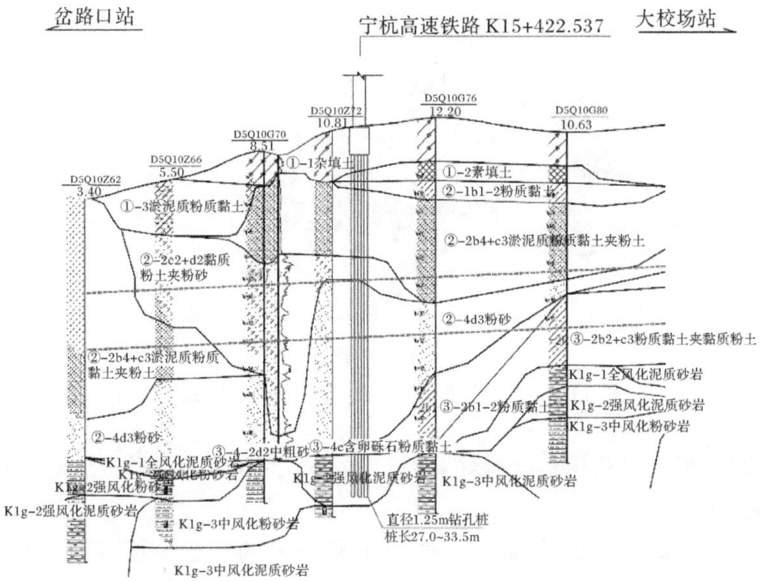

图 11.14　地铁区间地质剖面图(水平 1∶1000,竖向 1∶200)

3. 下穿建筑物

与铁道不同,建筑物的结构类型和基础形式差别很大,对变形的敏感度和适应性也各不相同。下穿建筑物的线型设计应根据建筑物对变形的敏感性和适应性进行区别对待,具体可参考如下:

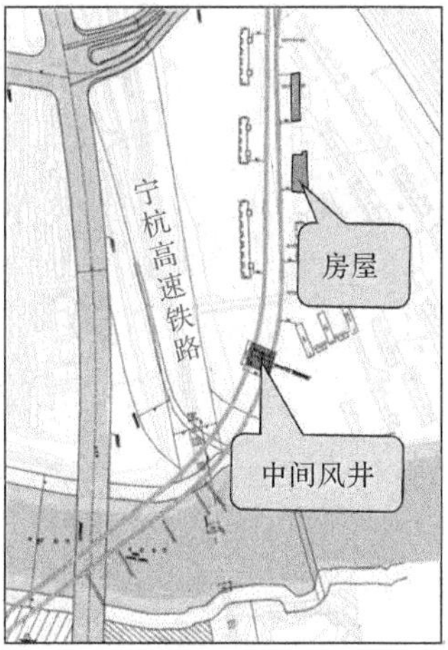

(a) 总平面图

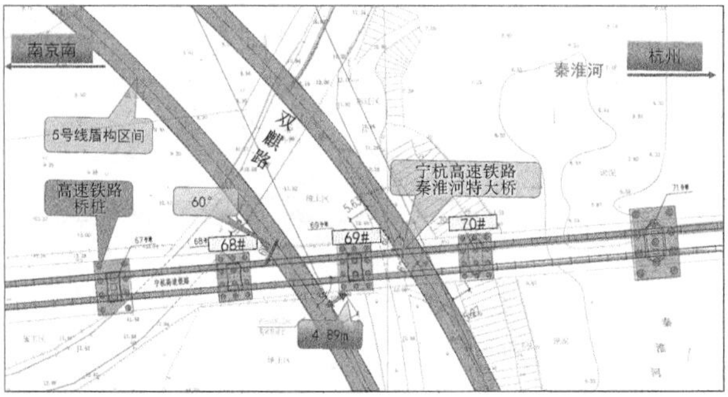

(b) 细部图

图 11.15　南京地铁 5 号线下穿宁杭高铁原方案

(1) 对变形特别敏感的建筑物，如古代的木结构建筑或砖混结构建筑，应采取避让措施。

(2) 对变形敏感的建筑物，如浅基础建筑物，应避免在下穿点出现变坡点和小半径平曲线。

(3) 对桩基建筑物，应尽可能从桩基中间穿越，并避免在下穿点出现小半径平曲线。

上海轨道交通 7 号线区间隧道在通过华池路和镇坪路时，连续穿越 5～7 层浅基础砖混结构房屋 23 栋，穿越形式有侧穿、斜穿和下穿。为了保证穿越期间既有建筑物的使用功能不受影响，在盾构法隧道线型设计时，以两条半径为 350m 的反向曲线穿越浅基础建筑物，如图 11.17 所示。区间隧道设置 V 字坡，变坡点设置在上部无建筑物的区域。

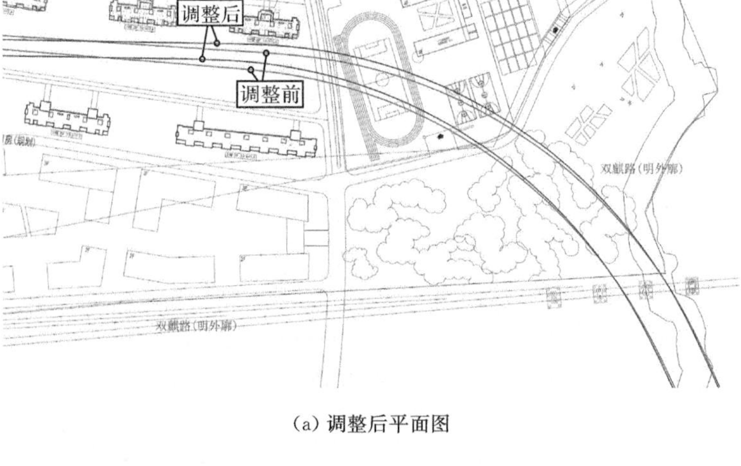

(a) 调整后平面图

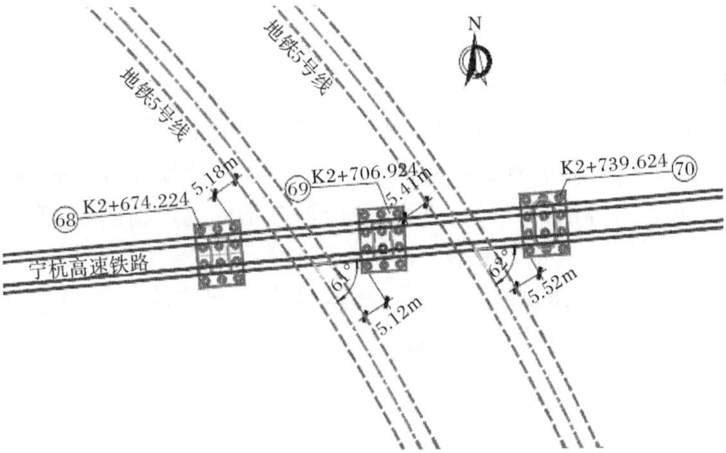

(b) 调整后细部图

图 11.16　南京地铁 5 号线下穿宁杭高铁线路实施方案

图 11.17　上海轨道交通 7 号线穿越建筑群示意图

11.2　变形控制指标

盾构法隧道下穿既有结构的关键就是如何采取合理措施保证被穿体的功能，使被穿体处于正常的使用状态。为了实现这一目标，被穿体在下穿工程实施的前后，其工程性能应该保持基本一致。评价工程性能的指标是多样的，总体来说可以从静力学性态和动力学性态两方面进行评价。最为直观而又简便的评价方法是从下穿施工对被穿体的变形影响进行评定，当变形量小于一定值时，可以认为被穿体的性能不受影响，于是变形控制指标的制定就尤为重要。

11.2.1 变形控制指标的个性化设计

不同的被穿体对变形控制的要求各不相同，即便相同类型的被穿体，其工作性状、所处环境不同时，对下穿体施工所产生的附加变形控制值也不相同，所以被穿体变形控制指标的确定需综合考虑下穿处的环境、地层特性、结构物特征等因素。当然，从对被穿体的保护角度来说，变形控制指标越严格越好，但从施工成本和工程的可实施性来说，希望变形控制指标宽松些。下穿工程的变形控制指标设计就是在严格和宽松之间找到平衡点，具体对某一个下穿工程来说，其变形控制指标的确定需考虑以下几方面的因素。

1. 下穿点的地层特性

土层的性质一方面影响开挖应力释放，另一方面也影响变形的大小和性态。这需要从土层的成因、应力历史、土层的颗分情况以及地下水的状态等四个方面进行分析，通过这些分析研究穿越时的变形大小及传递规律，这是制定变形控制指标的基础。

2. 被穿体的结构类型

被穿体的结构类型直接影响盾构掘进施工引起的变形量值及适应能力，在穿越地层和掘进参数相同的情况下，下穿铁道引起桥梁段的变形较路基段要小；无砟轨道刚度大，穿越施工引起的变形小，但变形适应能力差；有砟轨道刚度小，穿越施工引起的变形大，但其适应能力强；下穿桩基建筑物较浅基础建筑物变形量小，且桩基建筑物较浅基础建筑物的变形适应力强。因此，在确定变形控制指标时，还应考虑被穿体的结构类型及刚度大小。

3. 被穿体的功能和性能要求

变形控制指标的确定还需考虑被穿体的使用功能和性能保证需求，下穿高速铁路施工期间应能满足高铁正常运营所需的轨距、水平偏差和不平顺等要求；下穿特殊结构的建筑物(重要文物、博物馆等)时，需在满足建筑物安全的前提下，兼顾外观和观赏性能不受影响，同时还应严格控制城市轨道交通运营后的振动噪声。

4. 被穿体的现状

被穿体在下穿前的状况也是影响变形控制指标确定的重要因素，规范中对既有建(构)筑物的变形要求为总量，即变形的总和，而本次下穿的变形控制指标为增量。因此，必须掌握被穿体下穿前的现状，才能确定合理的变形控制指标。

总之，盾构法隧道下穿结构的变形控制指标确定是一项个性化设计，其值会因被穿体的结构类型和使用功能、被穿体的现状、穿越点的环境条件和地层条件不同而不同，需结合具体下穿工程的情况进行单独分析。在具体工程应用时，可采用以规范为基础的变形控制指标设计，也可以采用系统分析的方法来确定具体的指标。

11.2.2　以规范为基础的变形指标设计

一般情况下，被穿体的变形控制指标设计具有个性化特色，其值会因穿越点的地层特性、被穿体的现状和功能等不同而不同。严格来说，应针对每个下穿工程，通过现场调研、计算分析等手段来确定每个被穿体的变形控制指标，但工作量大，耗时长。值得注意的是，规范中对不同建(构)筑物的允许变形都有规定，可以采用以规范为基础的变形控制指标设计。

不同建(构)筑物的变形允许值在各自规范中都有规定，但本次下穿施工的变形控制指标确定还需考虑被穿建(构)筑物的前期变形，为后续可能发生的变形留出余地。建(构)筑物的前期变形需要通过对建(构)筑物状况进行调查和检测等给出评估意见，得出下穿施工之前建(构)筑物已经发生的变形值 δ_1。建(构)筑物的后续变形应考虑以下两方面：①轨道交通建成运行之后发生的长期变形 δ_2，含行车动荷载产生的累积变形、结构渗漏水所引发的固结变形等；②后续可能进行的工程活动及其引发的变形量 δ_3。如果规范规定的允许变形为 δ_t，那么本次施工所允许发生的变形为

$$\delta_k = \delta_t - \delta_1 - \delta_2 - \delta_3 \tag{11.1}$$

当缺乏详细的调查资料时，本次施工的允许变形量可以近似采用：

$$\delta_k \leqslant \alpha\delta_t \tag{11.2}$$

一般 $\alpha \in [0.1, 0.3]$，建(构)筑物状态良好时可以取大值，建(构)筑物状态一般时可以取小值，当建(构)筑物状况不良时，α 的取值需慎重。

11.2.3　下穿铁道

下穿铁道的变形指标控制主要是为了满足施工期铁道行车舒适和安全所需的轨面变形，轨面的变形控制指标与铁道的等级及行车速度密切相关，根据《铁路线路修理规则》(铁运[2006]146 号)，表 11.1 与表 11.2 分别是铁道工务部门规定的线路轨道和道岔轨道静态几何尺寸容许偏差管理值，显然对轨面变形的控制均在毫米级，本次穿越的变形指标可按式(11.2)来确定。

表 11.1　线路轨道静态几何尺寸容许偏差管理值

项目		v_{max}>160km/h 正线			120km/h<v_{max}≤160km/h 正线			v_{max}≤120km/h 正线及到发线			其他站线		
		作业验收	经常保养	临时补修	作业验收	经常保养	临时补修	作业验收	经常保养	临时补修	作业验收	经常保养	临时补修
轨距/mm		+2 −2	+4 −2	+6 −4	+4 −2	+6 −4	+8 −4	+6 −2	+7 −4	+9 −4	+6 −2	+9 −4	+10 −4
水平/mm		3	5	8	4	6	8	4	6	10	5	8	11
高低/mm		3	5	8	4	6	8	4	6	10	5	8	11
轨向(直线)/mm		3	4	7	4	6	8	4	6	10	5	8	11
三角坑(扭曲)/mm	缓和曲线	3	4	6	4	5	6	4	5	7	5	7	8
	直线和圆曲线	3	4	6	4	6	8	4	6	9	5	8	10

注：(1) 轨距偏差不含曲线上按规定设置的轨距加宽值，但最大轨距(含加宽值和偏差)不得超过 1456mm。

(2) 轨向偏差和高低偏差为 10m 弦测量的最大矢度值。

(3) 三角坑偏差不含曲线超高顺坡造成的扭曲量，检查三角坑时基长为 6.25m，但在延长 18m 的距离内无超过表列的三角坑。

(4) 专用线按其他站线办理。

表 11.2　道岔轨道静态几何尺寸容许偏差管理值

项目		v_{max}>160km/h 正线			120km/h<v_{max}≤160km/h 正线			v_{max}≤120km/h 正线及到发线			其他站线		
		作业验收	经常保养	临时补修	作业验收	经常保养	临时补修	作业验收	经常保养	临时补修	作业验收	经常保养	临时补修
轨距/mm		+2 −2	+4 −2	+5 −2	+3 −2	+4 −2	+6 −2	+3 −2	+5 −3	+6 −3	+3 −2	+5 −3	+6 −3
水平/mm		3	5	7	4	5	8	4	6	9	6	8	10
高低/mm		3	5	7	4	5	8	4	6	9	6	8	10
轨向/mm	直线	3	4	6	4	5	8	4	6	9	6	8	10
	支距	2	3	4	2	3	4	2	3	4	2	3	4
三角坑(扭曲)/mm		3	4	6	4	6	8	4	6	9	5	8	10

注：(1) 支距偏差为现场支距与计算支距之差。

(2) 导曲线下股高于上股的限值：作业验收为 0，经常保养为 2mm，临时补修为 3mm。

(3) 三角坑偏差不含曲线超高顺坡造成的扭曲量，检查三角坑时基长为 6.25m。但在延长 18m 的距离内无超过表列的三角坑。

(4) 尖轨尖处轨距的作业验收的容许偏差管理值为±1mm。

(5) 专用线道岔按其他站线道岔办理。

对于高速铁路，变形控制更为严格。表 11.3 是《高速铁路无砟轨道线路维修规则(试行)》(TG/GW 115—2012)对线路轨道静态几何尺寸容许偏差管理值，表 11.4是《高速铁路无砟轨道线路维修规则(试行)》(TG/GW 115—2012)对铁路线路轨道动态质量容许偏差管理值。由此可见轨下施工对线路的变形均须控制在毫米级，这对下穿施工无疑是极大的挑战。

表 11.3　250(不含)～350km/h 线路无砟轨道静态几何尺寸容许偏差管理值

项目	作业验收	经常保养	临时补修	限速(200km/h)
轨距/mm	+1 −1	+4 −2	+5 −3	+6 −4
水平/mm	2	4	6	7
高低/mm	2	4	7	8
轨向(直线)/mm	2	4	5	6
扭曲(基长 3m)/mm	2	3	5	6
轨距变化率	1/1500	1/1000	—	—

注：(1) 高低和轨向偏差为 10m 及以下弦测量的最大矢度值。

(2) 扭曲偏差不含曲线超高顺坡造成的扭曲量。

表 11.4　250(不含)～350km/h 线路无砟轨道动态质量容许偏差管理值

项目		经常保养	舒适度	临时补修	限速(200km/h)
偏差等级		Ⅰ级	Ⅱ级	Ⅲ级	Ⅳ级
轨距/mm		+4 −3	+6 −4	+7 −5	+8 −6
水平/mm		5	6	7	8
扭曲(基长 3m)/mm		4	6	7	8
高低/mm	波长 1.5～42m	4	6	8	10
轨向/mm	波长 1.5～42m	4	5	6	7
高低/mm	波长 1.5～120m	7	9	12	15
轨向/mm	波长 1.5～120m	6	8	10	12
复合不平顺/mm		6	8	—	—
车体垂向加速度/(m/s^2)		1.0	1.5	2.0	2.5
车体横向加速度/(m/s^2)		0.6	0.9	1.5	2.0
轨距变化率(基长 3m)/‰		1.0	1.2	—	—

注：(1) 表中管理值为轨道不平顺实际幅值的半峰值。

(2) 水平限值不包含曲线按规定设置的超高值及超高顺坡量。

(3) 扭曲限值包含缓和曲线超高顺坡造成的扭曲量。

(4) 车体垂向加速度采用 20Hz 低通滤波，车体横向加速度Ⅰ、Ⅱ级标准采用 0.5～10Hz 带通滤波处理的值进行评判，Ⅲ、Ⅳ级标准采用 10Hz 低通滤波处理的值进行评判。

(5) 复合不平顺指水平和轨向复合不平顺，按水平和 1.5～42m 轨向代数差计算。避免出现连续多波不平顺。

对高速铁道而言，桥梁所占的比例较高。目前下穿高速铁路工程多数为下穿桥梁，图 11.18为典型盾构隧道侧穿桥梁桩基的情况。当桩基发生变形引起承台变形时，承台上面的桥墩也会发生沉降或倾斜变形，桥墩沉降主要影响轨道的高低不平顺；桥墩水平变形主要影响轨道的轨向不平顺，且墩高增加，轨道的水平变形也将随之增加。另外，目前在高速铁路正常运营的情况下，监测轨道不平顺的技术还不成熟，下穿高速铁路的变形监控主要通过监测桥梁墩顶变形来间接反映。为此，下穿高速铁路桥梁段变形指标的确定就转化为墩顶变形指标的确定。

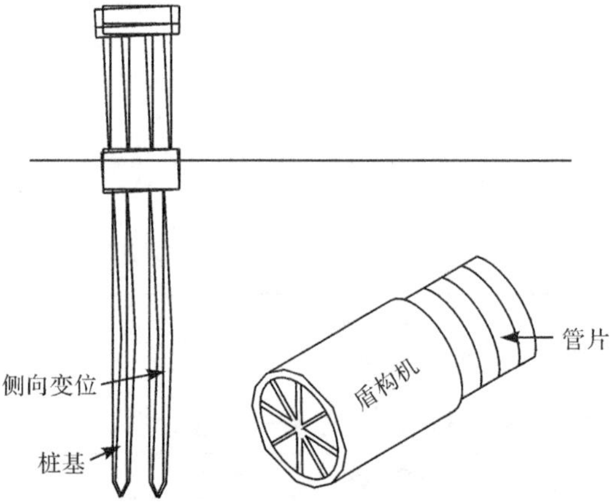

图 11.18　盾构法隧道侧穿桩基引起桥墩的变形

从高速铁路桥梁墩顶变形与轨道平顺性及内力分析可知，轨道结构类型(CRTSⅠ型板、CRTSⅡ型和 CRTSⅢ型板式结构)对其结果有一定影响，另根据高速铁路轨道静态几何尺寸容许偏差管理值，可换算出墩顶的允许变形量，如表 11.5所示。本次穿越的变形控制指标按式(11.2)选取，考虑到应用方便以及变形指标过于严格带来的实时监控困难，在具体应用中可取盾构下穿高速铁路桥墩的竖向、横向及纵向变形控制指标都为 1mm。如果下穿施工时变形难以满足限制要求，则需要在施工期进行限速通行，以保证行车的安全。限速值可以通过变形值反演计算获得，但施工所发生的变形值不能突破结构的允许限值。

表 11.5　高速铁路桥梁墩顶允许变形量

轨道结构类型	竖向/mm	横向/mm	纵向/mm
CRTSⅠ型板	+6	+6	+6
	−6	−6	−6
CRTSⅡ型板	+5	+3	+3
	−5	−3	−3
CRTSⅢ型板	+5	+3	+3
	−5	−3	−3

11.2.4　下穿建筑物

盾构法隧道单次下穿建筑物的变形控制指标(差异沉降量)可参考《建筑地基基础设计规范》(GB 50007—2011)来获得。该规范中建筑物允许变形量是根据建筑物基础的倾斜度以及基础长度所确定的相对量。建筑物倾斜方向的长度为 L，差异沉降为 δ_t，则倾斜率为

$$倾斜率 = \frac{\delta_t}{L} \tag{11.3}$$

建筑物变形控制指标的确定还需考虑建筑物的破坏情况，表 11.6 是不同倾斜及沉降的建筑物破损情况，下穿施工所引起的变形不能引起建筑物的破损，否则下穿施工属于失效。对于某一特定建筑物在某次下穿施工时的变形控制标准，则需综合考虑上述两种允许倾斜率对应的变形量以及前期已发生的变形和后续预留变形来确定，具体可取表 11.6 所列数值的 10%～30%。

表 11.6　不同倾斜及沉降的建筑物破损情况

建筑结构类型	倾斜率	最大沉降量/mm	建筑物状态评价
一般砖墙承重结构，包括有内框架的结构	<1/1000	<20	无建筑物破坏，裂缝宽度在 1mm 之内
	1/1000～1/300	20～67	破坏程度轻微，有破损，出现明显集中裂缝
	1/300～1/150	67～133	破坏程度中等，有功能破坏，设施破坏，裂隙达 13～25mm
充填式框架结构	<1/500	<50	无裂缝
	1/500～1/300	50～83	开始出现裂缝
	1/300～1/150	83～167	有结构破坏可能
开间式框架结构	<1/250	<100	无裂缝产生
	1/250～1/125	100～200	有结构破损可能
	>1/125	—	有结构破坏危险
有桥式行车的单层排架结构厂房	>1/300	—	桥式行车运行困难，不调整轨面水平难运行，隔墙有裂缝
地表轨道线路	—	10m 之内弦量测最大矢度值小于 4mm	满足正常行车
街道	—	<25mm	满足正常行车

下穿建筑物施工，除了对建筑物的倾斜率即差异沉降进行控制，对于侧穿建筑物桩基时，需要进行桩基附加内力和附加变形验算，并验算施工引起负摩阻力对桩基承载力和变形的影响。

下穿施工仅仅是地铁下穿工程设计的一部分，运营期地铁行车对建筑物产生

的振动影响也需要在下穿设计时考虑，控制指标可以采用振动位移、振动速度或振动加速度等的限值进行设计。建筑物的振动限值通常由地铁运营所产生的振动和噪声作为控制值。表 11.7 为住宅建筑室内振动限值，单次下穿施工的振动限值可取表 11.7 所列数值的 10%～30%。振动数据一般需要借助如图 11.19 所示的车辆-轨道-隧道-土层-建筑结构整体分析模型，由计算获得。

表 11.7　住宅建筑室内振动限制

1/3 倍频程中心频率/Hz			1	1.25	1.6	2	2.5	3.15	4	5	6.3	8
L_a 限值/dB	1 级限值	昼间	76	75	74	73	72	71	70	70	70	70
		夜间	73	72	71	70	69	68	67	67	67	67
	2 级限值	昼间	81	80	79	78	77	76	75	75	75	75
		夜间	78	77	76	75	74	73	72	72	72	72
1/3 倍频程中心频率/Hz			10	12.5	16	20	25	31.5	40	50	63	80
L_a 限值/dB	1 级限值	昼间	72	74	76	78	80	82	84	86	88	90
		夜间	69	71	73	75	77	79	81	83	85	87
	2 级限值	昼间	77	79	81	83	85	87	89	91	93	95
		夜间	74	76	78	80	82	84	86	88	90	92

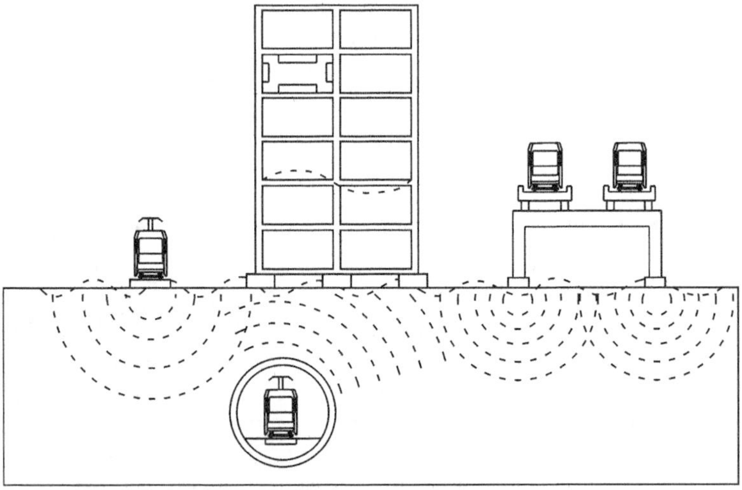

图 11.19　车辆-轨道-隧道-土层-建筑结构整体分析模型

11.2.5　下穿其他结构物

地铁盾构法隧道除了常见的下穿建筑物和铁道，还常遇到下穿其他结构物，如公路、机场跑道、管线和其他各种市政工程，其中，高速公路和机场跑道同属于交通线，其变形控制取决于行车(或飞机)的安全和道面结构的安全，无论是高速公路还是机场跑道，由于汽车和飞机是橡胶轮，对道面变形的适应能力较强，其变形控制要求较铁道宽松。表 11.8 是高速公路和机场跑道沥青路面破损分类级别。

表 11.8　沥青路面破损分类级别

破损类型	分级	外观描述	分级指标
沉陷	轻	深度浅，行车无明显不适感	深度≤25mm
	重	深度深，行车明显颠簸不适	深度>25mm

道面的平整度影响飞机滑跑的稳定性和舒适性。飞机滑过道面的不平整处将产生冲击和振动。道面平整度的变坏和恶化，不仅影响乘客的舒适性和货物的完好性，还会影响飞行员操纵飞机和判读仪表，引起机件的磨损，危及飞行安全。

道面平整度评价一般采用国际平整度指数(international roughness index, IRI)作为指标；不具备测试条件时，可采用 3m 直尺法进行评价。3m 直尺法是以 3m 直尺下最大间隙(R)的平均值和最大间隙大于 5mm 所占百分比作为评价指标；对于水泥混凝土道面还应包括邻板差的平均值和邻板差大于 5mm 所占百分比。《民用机场道面评价管理技术规范》(MH/T 5024—2009)中对 3m 直尺法评价道面平整度的标准如表 11.9 所示。

表 11.9　道面平整度状况等级评价标准(3m 直尺法)

评价等级	3m 直尺下最大间隙 R		水泥混凝土道面邻板差	
	平均值/mm	大于 5mm/%	平均值/mm	大于 5mm/%
好	<3.0	<10	<2.0	<5
中	3.0～4.5	10～20	2.0～3.5	5～20
差	>4.5	>20	>3.5	>20

下穿或侧穿市政桥梁时，根据《城市桥梁养护技术规范》(CJJ 99—2003)，简支梁桥的墩台基础均匀沉降值大于 $2.0\sqrt{L}$cm 时，应对墩台进行加固，其中，L 为相邻墩台间的最小跨度，以米计，当跨径小于 25m 时以 25m 计，即跨径小于 25m 的墩台的加固沉降为 10cm。但对每次下穿工程来说，应对下穿前桥梁的状况进行评估，并考虑后续可能会发生的沉降。

考虑到被穿体前期已发生的变形量并为后续可能变形留有余地，单次下穿的变形控制指标可按式(11.2)取值。

11.3　变形协调控制

变形控制指标是根据下穿工程的被穿体保护要求提出的，是局部的单一指标,如果扩大下穿工程的考察范围,对变形控制指标的认识将会有所变化,从稍大一点的范围来说,下穿工程设计所要解决的核心问题是在系统之内的变形协调,这是下穿工程设计需要关注的。首先界定几个基本概念:一是系统,下穿工程的系统有哪些组成?二是协调,哪些变形之间需要协调?变形协调的内涵是什么?

下穿工程作为一个系统由以下两个子系统组成:被穿结构及其所组成的子系统,如图 11.20 所示。前者属于下穿施工之前已经存在的先期子系统,不同的结构所对应的子系统内容有所不同;后者属于下穿之后形成的后续子系统,在这一子系统中包含隧道结构、轨道结构和行车系统。由于先期子系统和后续子系统的功能及结构特性各异,两个子系统之间势必会存在矛盾,所有的矛盾最终都可以归结为变形,或者所有的矛盾最终都可以通过变形的协调得以解决。变形协调的含义:系统内各部分的变形不对系统的功能和服务性能产生影响,于是先期子系统和后续子系统中各部分的变形既不能影响子系统的性能,也不能因为变形的发生而导致子系统之间出现连锁影响。可见,下穿工程的变形协调因先期子系统的不同,侧重点也有所不同。

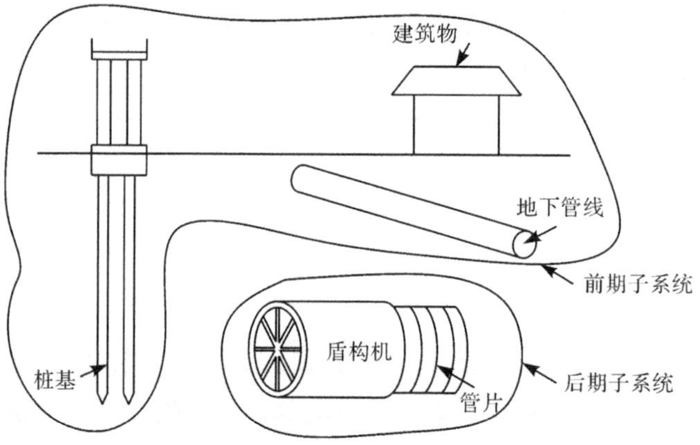

图 11.20　两大子系统

进行变形协调控制设计的前提是需要对各系统中各部分变形的大小及其对子系统和系统产生的影响进行分析。对下穿工程来说,系统中各部分变形的大小是具有阶段性特征的,一般可以分为施工阶段和运营阶段。大多数地铁的区间隧道采用单线双洞结构,即左右线各一个隧道,两个隧道既可以同方向施工,也可以相对方向施工,无论采用哪种方法施工,两个隧道的施工面必须保持一定的安全间距,如图 11.21 所示。于是,在施工阶段可以进一步细分为:左线(或右线)施工面到达前、施工面通过时和施工面通过之后,接着是右线(或左线)施工面到达前、施工面通过时和施工面通过之后共计六个阶段。运营期可以根据结构和土层的特性结合运营阶段的变形发展趋势分为变形发展期和变形稳定期，或者是变形快速发展期、变形缓慢发展期和变形稳定期等子阶段。

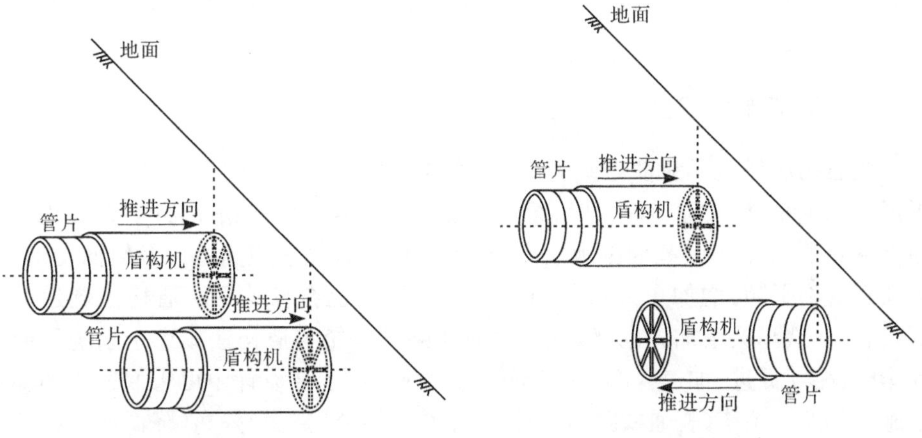

(a) 同方向施工　(b) 相对方向施工

图 11.21　单线隧道施工

变形的阶段划分让我们知道下穿工程在时间域中如何考虑工程的动态发展。这是问题的一个方面，同时对变形的协调来说，下穿结构与被穿体之间在空间中的相互关系是另一个重要问题，因为空间关系直接影响系统中各个部分变形的梯度，即工程上所关心的差异变形。下穿隧道与被穿体的空间位置关系一般可以分为正下穿、偏下穿、侧下穿、正交下穿和斜交下穿等多种形式。

下穿工程的变形协调问题在时间和空间关系上也存在相互影响。例如，对于双洞隧道，当其中一个隧道是正下穿时，另一个隧道便可能是偏下穿或侧下穿。

在下穿工程时空分析的基础上，需要对先期子系统和后续子系统的各部分变形进行计算，以便确定子系统中主体结构和附属结构所发生的变形量及其分布，以此确定变形的协调性。

11.3.1　下穿建筑物的协调变形控制

建筑物的基础形式和结构类型不同，隧道下穿施工时对变形的适应性也不同，所需采用的应对措施也不同。由前述分析可知，下穿建筑物的类型可以分为多层建筑和高层建筑，其中，多层建筑又可细分为浅基础砖混结构和深基础框架结构，高层建筑一般为深基础框架结构。

为了实现盾构法隧道下穿建筑物的协调变形控制，需从时间和空间两方面开展。首先根据建筑物的前期变形量、预留变形量以及允许变形量确定本次施工的变形控制指标；然后根据下穿的空间位置关系，建立下穿施工过程的三维分析模型，获得先期子系统和后续子系统各部分及各阶段的变形量及分布；结合本次施工的变形控制指标，得到各部分在各阶段的变形控制值以及辅助措施（加固或隔离）。另外，在深基础高层建筑下穿时，还需要考虑城市轨道交通运营引起高层建筑的动位移。

11.3.2 下穿普通铁道

当盾构法隧道下穿普通铁道，在计算各部分和各阶段的变形量和分布时，需考虑先期子系统（普通铁路）和后续子系统（盾构法隧道）的相互影响，即盾构法隧道下穿普通铁路将引起周围地层变位，进而诱发普通铁道路基以及轨面变形，加大轨道的不平顺，增加车致荷载；相反，车载加大也会导致下穿盾构法隧道的变形，引起地铁车振增加。也就是说，普通铁路子系统与盾构法隧道子系统可能相互影响、相互促进，加速各部分的变形量。为此，在下穿设计中可采取适当的辅助措施将先期子系统（普通铁路）和后续子系统（盾构法隧道）隔离，降低或消除相互影响。图 11.22 为上海轨道交通 11 号线下穿沪宁铁路路基加固布置图，主要由隔离加固区、主加固区和次加固区三部分组成，其协调变形作用原理为控制普通铁道和城市轨道交通的沉降量及差异沉降量。对被穿铁道来说，通过隔离加固区可减少盾构法隧道在外侧施工对铁道的影响，通过对铁道范围内土体进行注浆加固可减少盾构施工引起的沉降，同时通过双洞的 Peck 曲线，也可以减少铁道的不均匀沉降；对地铁盾构来说，通过主加固和次加固，不仅减小隧道的沉降量，而且减小了长期沉降差，最终实现下穿普通铁路的协调变形控制。

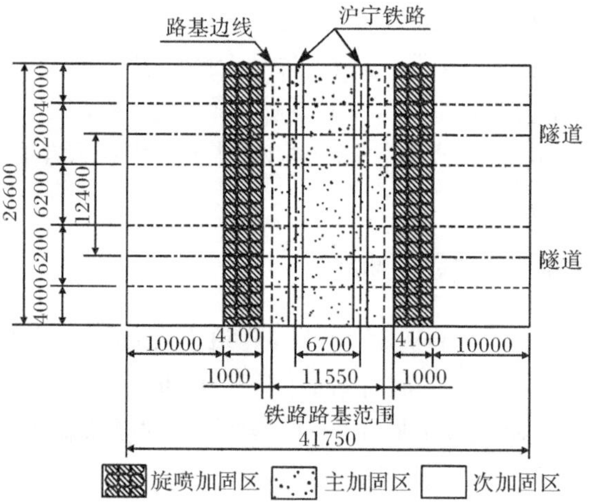

(a) 平面图

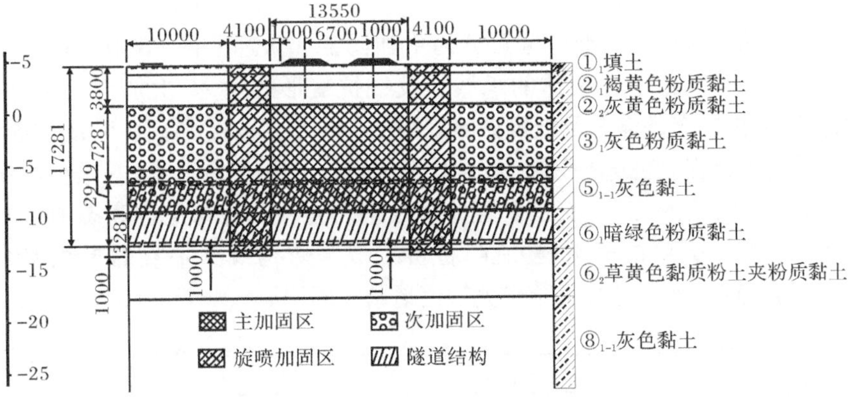

(b) 剖面图

图 11.22　上海轨道交通 11 号线下穿沪宁铁路路基加固布置图(单位:mm)

11.3.3　下穿高速铁道

高速铁道作为变形较为严格的先期子系统,要求后续子系统的变形和振动也较小才能协调。为此在下穿高速铁道时,可通过采取主动控制(控制和优化盾构施工参数)、被动加固(隔离桩加固、旋喷桩加固和注浆加固)等措施来实现先期子系统和后续子系统施工期的变形协调;同时这些加固措施也可以阻断或削减两子系统间振动的相互影响,实现后期长期运营变形和振动的协调。

11.4　下穿工程的辅助措施设计

为了控制盾构法隧道下穿施工引起的地层及周围建(构)筑物变形,实现先期子系统和后续子系统处于良好的工作状态,下穿工程设计除了线型和线位设计,常常还会根据工程的特性选择适当的辅助措施,以确保工程顺利进行。不同的辅助措施,其目的各不相同,有的是针对先期子系统的安全,有的是针对后期子系统的性能,也有一些是针对系统之间的协调性问题。

11.4.1　施工安全控制的主动加固

1. 路基加固

由前述分析可知,盾构法隧道在从普通铁路路基中下穿时引起的变形应该在毫米级,但完全依赖盾构施工参数控制来实现该目标是非常困难的,特别是在软弱地层中施工时。为了控制盾构法隧道下穿铁道路基的变形,对地层进行主动加固是一个行之有效的措施。

地基主动加固根据功能分区可分为主加固区和次加固区，其中，主加固区的作用是增加铁路线路下方土体的承载力及抵抗变形的能力；次加固区是过渡区域，以保证盾构机掘进姿态及抵抗铁路线路的侧向变形。主加固区和次加固区之间通过采用咬合旋喷桩进行分割，咬合旋喷桩的主要作用有三个，一是分离作用，二是抵抗铁路线路的变形，三是保证注浆效果。为利于盾构推进姿态的控制，盾构直径区域内的旋喷桩可空提，旋喷桩可采取与盾构线路垂直的折线型布置，图 11.23为南京地铁 2 号线下穿宁芜铁道地基加固图。

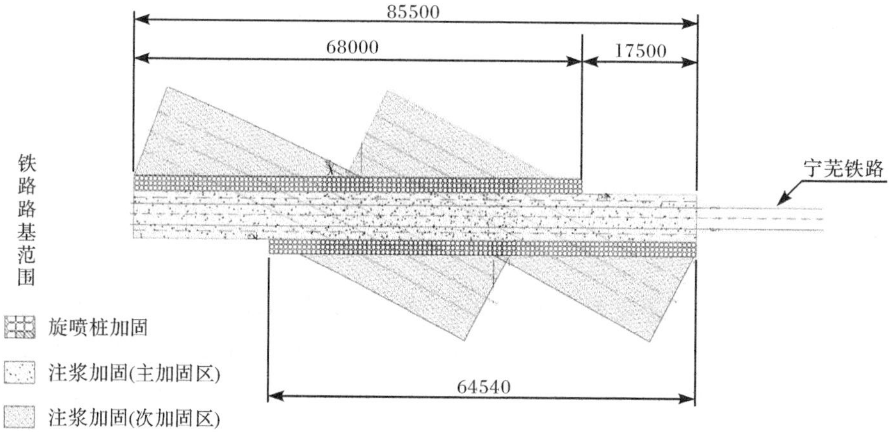

图 11.23　南京地铁 2 号线下穿宁芜铁道地基加固图(单位：mm)

各加固区的范围和参数可根据地层情况，由静力变形计算或根据当地经验获取。无经验时，可根据下述方法确定：

(1) 旋喷加固区。沿铁道路基外侧 1m，两侧超出盾构法隧道外边缘 5m，由两排直径为 1.5m 或三排直径为 0.8m 的旋喷桩相互咬合形成，咬合量为 0.2m 或 0.15m，深度为隧道底部以下 1m。

(2) 主加固区。旋喷加固之间的范围，可采取与盾构线路垂直的折线型布置，注浆加固要求 $P_s \geqslant 1.0$MPa，深度为隧道底部以下 0.5m。

(3) 次加固区。旋喷桩外侧 10m 范围，注浆加固要求 $P_s \geqslant 0.8$MPa，深度为隧道底部以下 0.5m。

主加固区、次加固区的加固要求逐渐降低，在强度及刚度上形成过渡。

2. 基础加固

同样，对于对地面变形比较敏感且影响后果比较严重的建筑物，仅通过调整盾构施工参数可能无法满足变形控制要求，还需采取有效的加固措施，特别是对于浅基础建筑物。常用的加固措施如下所述。

1）设置隔断墙

在建筑物附近进行下穿施工时，通过在盾构法隧道和建筑物间设置隔断墙等措施，阻止盾构机掘进造成的土体变形，以减少对建筑物的影响，避免建筑物产生破坏的工程保护法，称为隔断法，如图 11.24 所示。该法需要建筑物基础和隧道之间具有一定的作业空间。

隔断墙墙体可由密排钻孔灌注桩、高压旋喷桩和树根桩等构成，主要用于承受由隧道施工引起的侧向土压力和由土体差异沉降产生的负摩阻力，使之减小建筑物靠盾构法隧道侧的土体变形。设置隔断墙可以有效地减少隧道开挖对建筑物基础的影响，采用钻孔灌注桩的优点是桩的强度和刚度好，安全可靠，同时钻孔桩施工以后桩身强度成长快，施工过程中对原有建筑物影响很小，缺点是由于场地限制只能选用较小的设备作业，速度较慢。高压旋喷桩的优点是施工设备灵巧，速度快，施工中对建筑物影响小，成本比钻孔灌注桩低，但其强度较低，施工后桩身强度成长慢。树根桩优点是成本低，施工设备较小，施工时对原有建筑物影响小，但由于桩小，隔断效果较差。还需注意，隔断墙施工也是邻近施工，故施工中要注意控制对周围土体的影响。

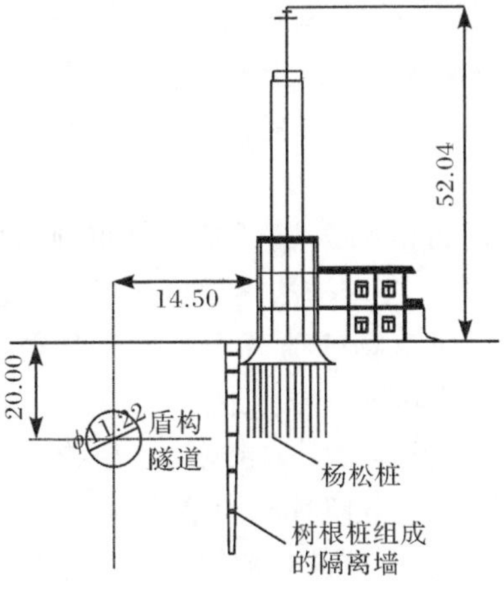

图 11.24　隔断法处理措施(单位:m)

2）土体加固

土体加固包括隧道周围土体的加固和建筑物地基的加固。前者通过增大盾构法隧道周围土体的强度和刚度，以减少或防止周围土体产生扰动和松弛，从而减少对邻近建筑物的影响。后者通过加固建筑物地基，提高其承载强度和刚度而抑制建筑物的沉降变形，如图 11.25 所示。

这两种加固一般采用化学注浆、喷射搅拌等方法来实施。当地面具有施工条

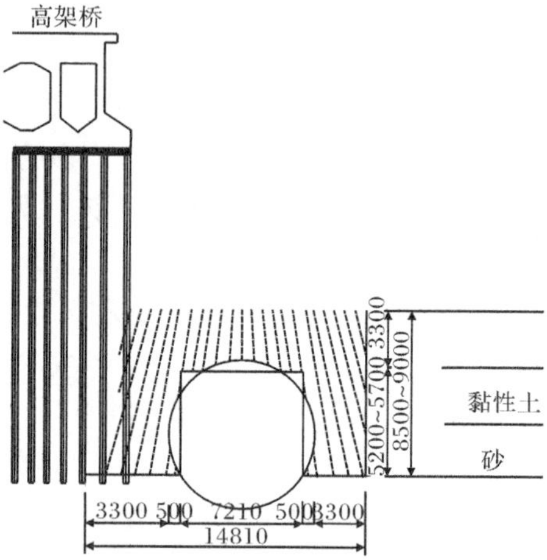

图 11.25　地基加固处理措施(单位:mm)

件时,可采用从地面进行注浆或喷射搅拌的方式来进行施工;当地面不具备施工条件或不便从地面施工时,可以采用洞内注浆。

3) 桩基托换

桩基托换就是将上部结构对桩基的荷载,通过托换的方式转移到新建基础上的工程方法。桩基托换根据建筑物的形式、重量等不同而有不同的施工方法,常见的方法有承压板法(见图 11.26)、桩基转换层法(见图 11.27)以及桩基转换层与承压板共用方法等。

(1) 承压板法是把基础桩的荷载尽可能地分布到盾构上部的地层中,来保护上部建筑物的一种工程方法。在盾构法隧道施工前,事先在既有结构物的下面设置承压板(钢筋混凝土),将建筑物的荷载用千斤顶顶替到承压板上,再切断基础桩,以排除已有桩下沉造成的影响。盾构通过时,要经常观测建筑物各点的位移,基于测试数据调整千斤顶的行程,防护建筑物。盾构通过后待松动地基稳定后,在承压板与基础之间浇筑混凝土,使其成为整体。

承压板的施工范围根据盾构推进对地层的扰动范围决定,设计时可采用弹性地基梁或板模式计算,但应考虑盾构施工引起的地层松弛影响。承压板方式宜用于重量较轻的建筑物,在软弱地层中承压板的承载力不充分时,应进行地层改良或设支承桩。

(2) 桩基转换层法是在不妨碍盾构法隧道施工的位置重新设桩,在原基础承台下或附近设置转换层,靠新建的桩和转换层来支撑上部建筑物,从而把上部荷载传递到隧道以下深部地层或离隧道较远的地层,如图 11.27 所示。

新建桩要根据工程实际选用适宜的桩型,比较成熟的托换桩型主要有静压桩、微型钻孔桩、人工挖孔灌注桩、钻孔灌注桩等。新建桩应尽可能布置在盾构施

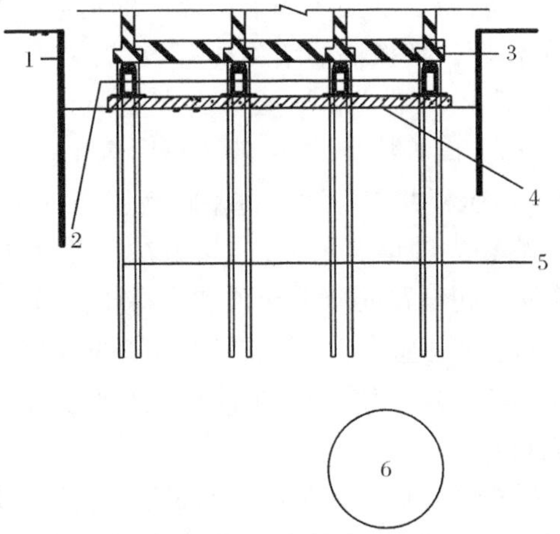

图 11.26　承压板法

1. 防塌支护桩；2. 液压千斤顶和支撑千斤顶；3. 现有建筑物；4. 承压板；5. 已有桩；6. 盾构法隧道

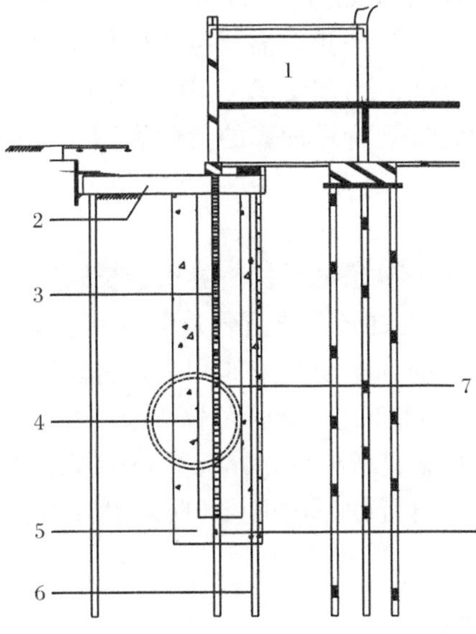

图 11.27　桩基转换层法

1. 现有建筑物；2. 底撑结构物；3. 障碍物；4. 采用深基础施工法清除障碍桩；
5. 地基改良；6. 新设桩；7. 盾构机通过位置；8. 原有桩

工影响小的区域，并保持新建桩与周围旧桩合理的间距，同时转换层的跨度不要太大。为了提高新桩的承载力，减少新建桩的沉降变形，可在桩侧或桩底采用后压注浆施工。

在托换结构体系中，转换层承受上部结构传来的荷载并将其传递到下部托换桩基，起着承上启下的作用。转换层的结构形有板式、梁板式、梁式、拱式、桁架式等，可根据工程实际来选择。梁式转换层具有布置灵活、结构合理可靠、造价较低，便于原桩与上部结构分离等特点，在一般工程中应用较多。

(3) 桩基转换层与承压板共用方法。桩基转换层与承压板共用方法在盾构机通过时对新建桩基影响较大的情况下使用，该方法以新建桩和转换层为承压板，在转换层与现有建筑物之间设置液压千斤顶和支撑千斤顶，在临时支撑状态下让盾构机通过，盾构机通过时地基扰动造成新建桩基的位移用液压千斤顶进行调整，盾构机通过后待地基松动稳定后进行主体托换及修复施工。

4) 管片结构加固设计

盾构法隧道在下穿铁道或建筑物时，由于铁道列车动荷载或建筑物超载的作用，可能使盾构法隧道产生长期的后续沉降和不均匀沉降，使得管片出现错台、开裂、渗漏水等影响耐久性的病害，为此需对下穿段盾构法隧道管片结构进行加固设计。对于盾构法隧道管片的结构计算方法相关书籍已进行了详细阐述，不再赘述，此处仅对下穿工程管片结构设计时的特殊性予以阐述。

(1) 特殊附加荷载。在下穿铁道时需要考虑列车动荷载对管片受力和变形的影响。列车动荷载引起盾构管片的附加动应力可通过建立车辆-轨道-路基耦合模型计算得到，然后再叠加到常规管片计算的荷载模型中(见图 11.28)。在下穿建筑物时还需考虑建筑物超载引起管片的附加应力，可以采用地基附加应力计算方法得到。

(2) 特殊工作环境。下穿铁道的盾构法隧道会长期经历上部列车动荷载的作用，管片可能产生疲劳破坏，为此还需进行管片的抗疲劳设计。

另外，盾构法隧道在长期列车动荷载作用下，可能产生较大的沉降和不均匀沉降，特别是隧道的不均匀沉降将引起管片错台或开裂，从而引起隧道不同程度的渗漏水，因此还应针对性地进行减少差异沉降和渗漏水的设计，其中，隧道的差异沉降可通过对周围土体进行预加固来削弱，防水设计可从防水条的材料和结构等方面着手改进。

11.4.2 运营阶段减振措施

下穿工程设计不仅需要保证下穿体和被穿体(铁道、建筑物和其他结构物)在施工阶段的结构安全，还需要保障下穿工程完工后下穿体和被穿体的功能要求。在后期运营阶段，地铁盾构法隧道在车辆荷载作用下产生自身结构振动，通过土体传播后可能会引起被穿体结构动力响应，严重时甚至与被穿体产生共振，影响地铁隧道与被穿体的正常使用。因此，在下穿工程设计中需要针对运营阶段的振动问题进行辅助措施设计，以期减小运营阶段的振动响应，保障运营阶段下穿体

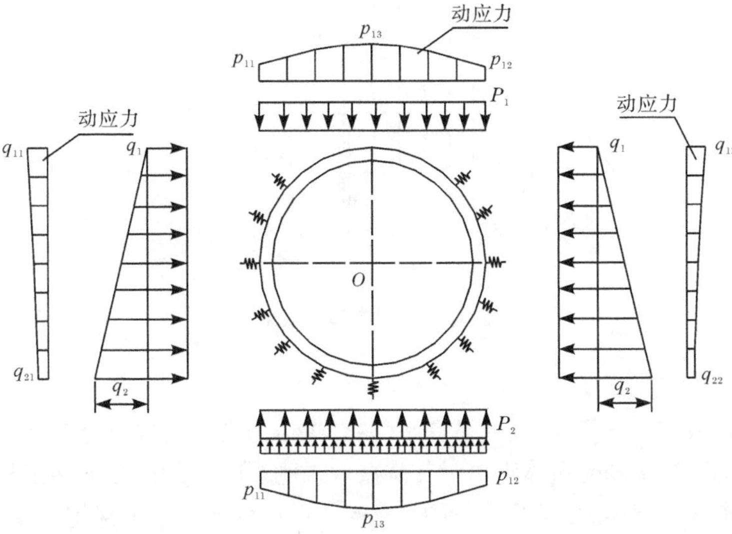

图 11.28　考虑列车动荷载的弹性地基梁计算模型

和被穿体的安全性和舒适性。

运营阶段的减振措施根据作用区位不同可以分为振源减振、传播途径减振和受振体减振三个方面。对于盾构法隧道下穿建筑物和管线等其他市政结构，振动的振源为地铁行车所产生的振动，受振体为建筑物和市政管线；而盾构法隧道下穿铁道、道路和机场跑道等工程，铁道、道路和机场跑道既作为受振体受地铁列车荷载影响，同时是产生振动的振源，振源与受振体共为一体使下穿工程减振问题变得极为复杂。

1. 屏障隔振

屏障隔振是在振源和被保护物体之间设置一个垂直于地表的隔离层，当振动波在传播过程中遇到屏障时，就会出现一个环境振动降低的屏障区，从而改变振源对受振体的振动作用方式，达到减振的目的，如图 11.29 所示。屏障系统按照屏障形式可以分为连续屏障隔振和非连续屏障隔振。连续屏障如空沟、膨润土泥浆、混凝土芯墙、粉煤灰等；非连续性屏障如孔列、混凝土单排桩、多排桩等。根据瑞利波距振源多远处开始占主导地位分为主动隔振和被动隔振。主动隔振又称为近场隔振，即在靠近人工振源的位置设置屏障，减小振源向外辐射能量；被动隔振又称为远场隔振，是在远离人工振源而又必须减小振动的地方设置屏障，即减小振动的输入。本节将对空沟隔振、填充沟隔振和波阻块隔振措施进行简单介绍。

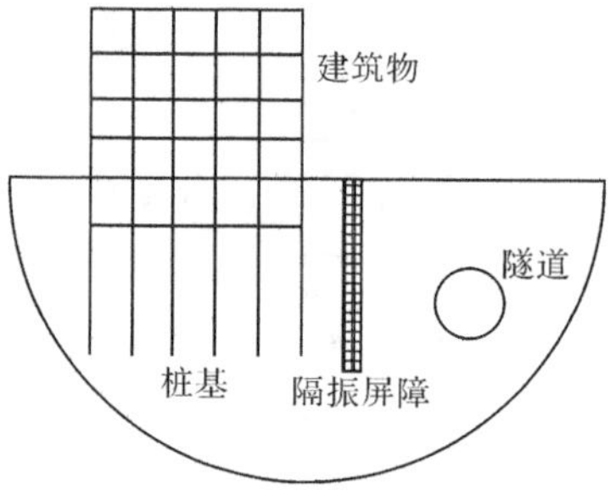

图 11.29　屏障隔振示意图

1) 空沟隔振

空沟隔振施工方便、减振效果良好，在空沟结构设计时应充分考虑空沟深度、宽度及空沟距振源和受振体距离对其减振效果的影响。然而在下穿工程中，地铁盾构法隧道与被穿体之间的距离较近，空沟的设计可能会对下穿施工带来一定的安全隐患，因而很少在我国下穿工程中作为辅助减振措施出现。

2) 填充沟隔振

填充沟隔振则避免了空沟隔振的安全隐患，可以与下穿施工安全控制措施协同设计，使得下穿施工安全控制措施在保障施工期安全的同时起到减轻运营期下穿体和被穿体振动的效果。在济南轨道交通 R1 线和 R2 线盾构法隧道下穿京沪高铁工程中就曾使用钻孔灌注桩和旋喷桩组合式填充沟，如图 11.30 所示，既保障了盾构法隧道施工的安全控制，又减小了地铁与高铁交互振动的影响。

3) 波阻块隔振

波阻块(wave impedance block，WIB)隔振是一种新型的隔振屏障，如图 11.31 所示。其工作原理主要为：土中的波阻块导致土体存在某些内在的固有模态，并具有一定的截止频率范围，任何超出土层截止频率范围的振动模态都不能产生。在低频段，波阻块比填充沟隔振屏障的隔振效果要好，波阻块的有效宽度应该考虑由荷载激发产生振动波的波长；同时，土体参数对波阻块的隔振效果有较大影响，增加波阻块的厚度和弹性模量是提高其隔振效果最有效的措施。

通过自身的振动消耗振动能量，波阻块可以较大地降低受振体和土体的振动幅值，但仍不能完全阻隔振动波的传播。基于此，学者对传统波阻块进行改进，发展出箱体波阻块(box wave impedance block，BWIB)和蜂窝波阻块(honeycomb wave impedance block，HWIB)两种形式的新型波阻块。波阻块基于波的散射原理，将入射波调制为波长较短的波，而且箱体或蜂窝中间的空间填充隔振降噪材料，吸收波长较短的入射波，因而隔振效果更好。

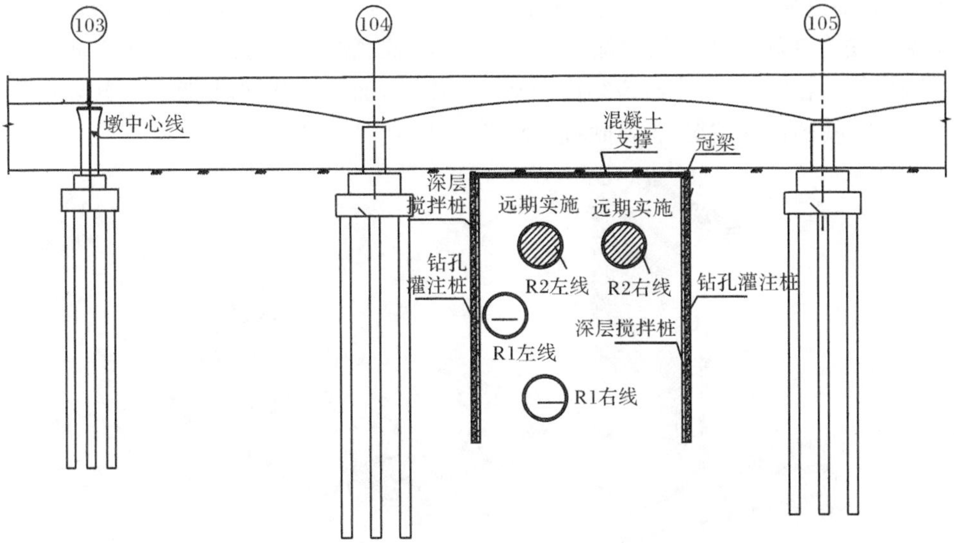

图 11.30　济南轨道交通下穿京沪高铁的组合式填充沟

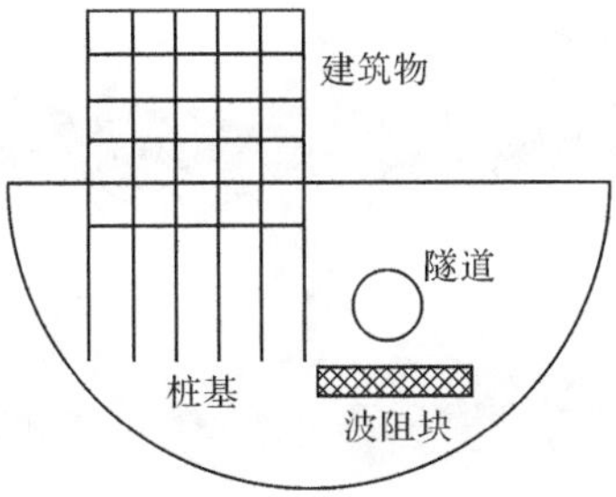

图 11.31　下穿工程波阻块示意图

2. 轨道减振

轨道减振属于振源减振的主要类型，通过对钢轨、扣件、轨枕及轨道结构进行特殊处理达到降低振源处振动的目的，减小下穿体与被穿体的振动交互影响，几种常用的轨道减振措施如图 11.32 所示。

阻尼钢轨的工作原理为使用高阻尼复合板吸收钢轨的振动能量，可以减小钢轨腹板振动引起的振动和噪声，相关现场试验的数据表明，在线路直线段，阻尼钢轨可以降低振动和噪声达 6dB，该类型钢轨最先由日本在地铁高架线路投入使用，取得了理想的效果。扣件减振是我国地铁线路常用的减振措施，减振扣件类型包括 Vanguard 扣件、Cologne-Egg 扣件、Lord 扣件和 Z 系列扣件等，根据其不同的减振机理，其减振效果从 5dB 到 20dB 不等，扣件减振的机理为降低扣件支承刚度，提高垫板弹性，其弊端在于荷载作用下钢轨的振动位移加剧。轨枕类减振的主要做法为在轨枕块四周增加橡胶套靴、在轨枕底部增加橡胶垫板，其减振思路与减振扣件相同，即减小轨道结构的支承刚度、增加轨枕弹性，根据弹性短轨枕和弹性长轨枕的设计情况，弹性轨枕可降低振动 10～12dB。

(a) 阻尼钢轨

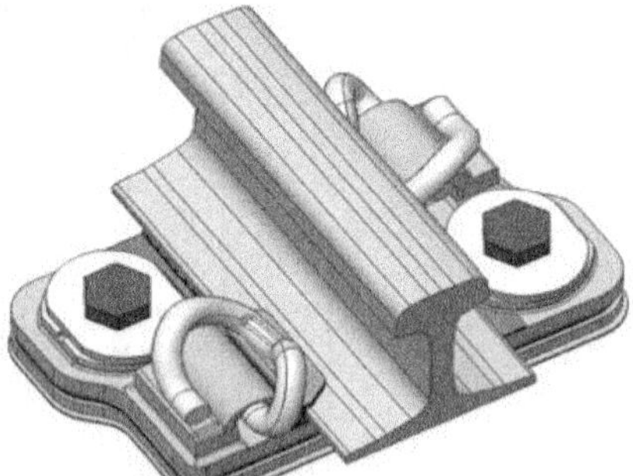

(b) 减振扣件

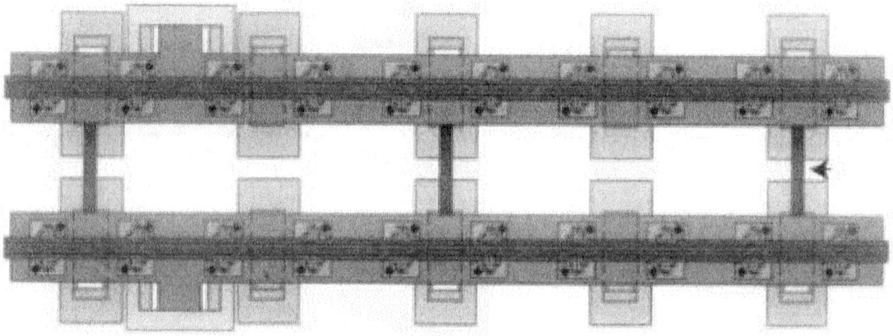

(c) 梯形轨道

图 11.32　地铁隧道减振措施

浮置板轨道结构是目前最为有效的道床减振措施，可以分为钢弹簧浮置板结构和橡胶浮置板结构两种，如图 11.33 所示。其结构由混凝土浮置板和钢弹簧或橡胶支承块组成，根据橡胶支承块的分布不同，橡胶浮置板结构又可以分为整体支承、线性支承和离散支承三种。浮置板轨道结构的减振思路为通过大质量浮置板结构的振动吸收振动能量，使得车致振动经过衰减后再传递给隧道主体结构以达到减振目的，其减振效果可达到 10～20dB。

下穿工程运营期减振措施的首要目标为降低盾构法隧道结构、周边土体和被穿体的车致振动响应，实际工程中必须以隧道、土体或被穿体的振动响应为评价指标，研究不同的减振设计参数对振动的影响，才能选择出合理优化的结构设计，最大限度地发挥减振措施的效果。然而这并不意味着无限制地降低隧道、土体和被穿体的振动，相关减振措施的基本原理为降低支承刚度或者增加参振质量，这两种减振思路都会加剧轮轨相互作用和轮轨振动程度，这种加剧效果如果达到一定程度就可能引起钢轨磨耗异常，造成相关结构部件的非正常伤损，增加轮轨养护维修工作量，并在一定程度上影响列车运营的安全性和舒适性，所以实际工程中应注意避免过度减振。

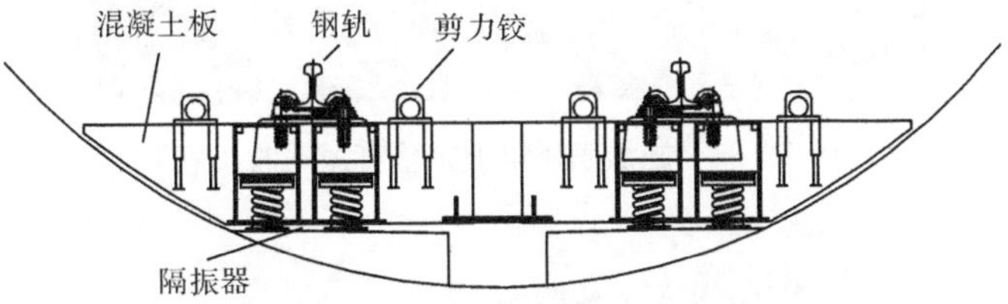

(a) 钢弹簧浮置板结构

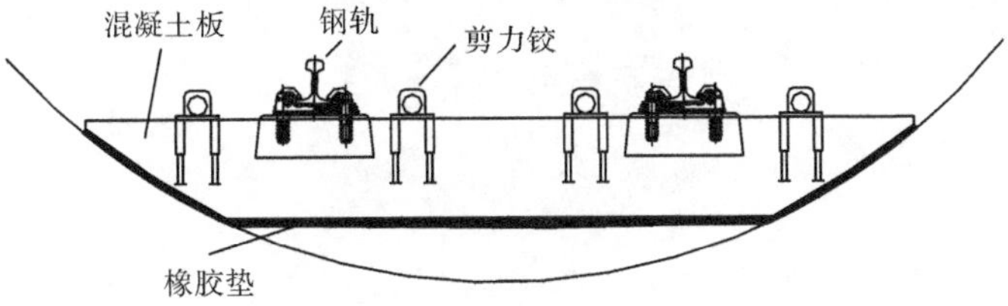

(b) 橡胶浮置板结构

图 11.33　浮置板轨道结构

3. 结构减振

结构减振是指在受振体内部补充采取的减振措施，用以保证被穿体的正常使用要求，其中使用最为广泛的是调谐质量阻尼器。调谐质量阻尼器(tuned mass damper，TMD)是一个相对小质量的辅助系统，当它加到一个大质量的主系统上以后，往往会显示出良好的减振效果。对于一些桥梁或建筑物，在地铁隧道中运行的列车振动荷载及自身列车荷载等外力作用下，可能会与自身的固有频率产生共振，这种情况下使用 TMD 通过能有效地使其逐渐停止下来，如图 11.34 和图 11.35所示。其减振原理十分简单，主要是应用了两个自由度受迫振动的理论，用辅助系统的振动，逐渐平衡主系统的激振力，从而有效减小主系统的振动。

盾构法隧道下穿铁道桥梁工程中，地铁列车荷载与铁道列车荷载的交互作用，可能会造成桥梁振动超限的共振现象。由于桥梁阻尼小，因此采用 TMD 减振非常合适。实践表明，如果所用 TMD 合适，正常情况下的桥梁横向振幅可以降低

图 11.34　施加于桥梁上抗垂直振动的 TMD

图 11.35　施加于建筑物楼板抗垂直振动的 TMD

到原来的 1/5 左右，这种措施对桥梁改动很小，施工周期最短。

而在盾构法隧道下穿既有建筑物工程中，由于建筑结构的复杂性，建筑物受迫振动特性也较为复杂，通过振源减振或传播途径减振的方法可能会造成下穿建筑物部分楼板振动放大的现象，难以做到针对性减振。此时在振动超限的下穿建筑物部分房间内采用 TMD 减振，可以在降低该房间振动的同时不造成其他房间振动放大。因而采用该项技术，可以实现对部分振动超限位置的有效治理。

11.4.3　被动性措施

在穿越施工过程中，先期子系统的监控指标接近报警值，于是不得不新增辅助措施，以确保施工安全。由于新增的措施是在施工进行之后额外被动增加的，因此称为被动性措施。被动性措施可以分为：①恢复变形方面的措施；②对结构进行被动性加固的措施；③增加系统安全性的临时措施。

1. 恢复变形措施

恢复变形措施是在被穿体发生变形之后采取的阻止变形发展甚至产生反向位移的措施，常用的方法有跟踪注浆和复位纠偏。

1) 跟踪注浆

跟踪注浆是一种治理土体移动的常用方法，该方法利用土体损失引起地面沉降的滞后现象，在隧道开挖影响范围与被控制的基础之间设置补偿注浆层，即在土层沉降处注入适量的水泥或化学浆，以起到补偿土体的作用，然后通过施工过程中的监测数据，不断控制各注浆管的注浆量，实现隧道开挖与基础沉降的同步控制，从而减小土体的沉降。跟踪注浆可以根据隧道的可能位移或已经发生的位移，通过局部注浆增大隧道外侧的荷载和改善土质，使其停止移动甚至产生反向位移。这种方法能够非常有效地弥补土体损失，提高结构物承载强度和刚度，使其受隧道开挖的影响降低到最低限度。因此，在隧道开挖措施无法满足地表沉降要求时，跟踪注浆加固无疑是一种十分可行的方法。

跟踪注浆可根据地面条件，选择地面注浆或洞内注浆，如图 11.36 所示。地面注浆孔的布置可根据建(构)筑物的平面形状和尺寸、地层情况、隧道穿越位置等综合情况确定。洞内注浆可采用盾构法隧道管片上的二次注浆孔来完成。

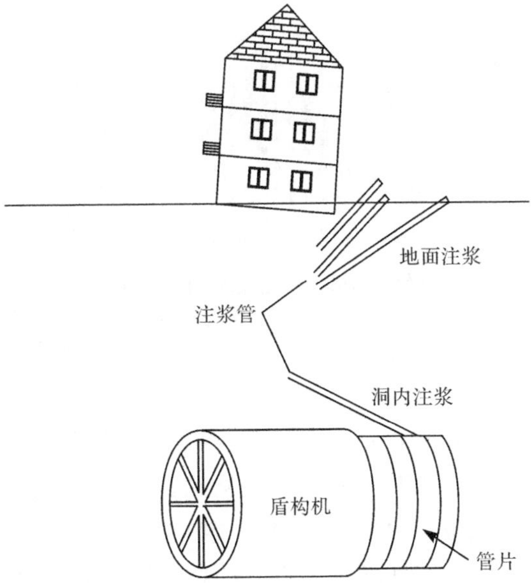

图 11.36 跟踪注浆示意图

2) 复位纠偏复位纠偏是针对已经发生影响既有建(构)筑物正常使用的变形后,所采取的使既有建(构)筑物恢复原状的措施。复位纠偏技术具体包括竖直抬升技术和水平平移技术。竖直抬升技术是利用旋喷桩侧向约束,对既有建(构)筑物进行注浆控制下沉甚至抬升的技术,图 11.37 为对运营高速铁路路基变形进行加固与抬升控制的实施图,其关键点是通过现场试验确定注浆压力、注浆量和抬升变形量之间的关系,该技术已应用于杭甬客运专线、甬台温铁路路基的变形抬升中。水平平移技术是在背离侧试打旋喷桩挤压地基土以带动既有建(构)物移动,平移侧设置应力释放孔以减少施工扰动,实现平移的纠偏技术,图 11.38 为铁路路基纠偏平移方案图。

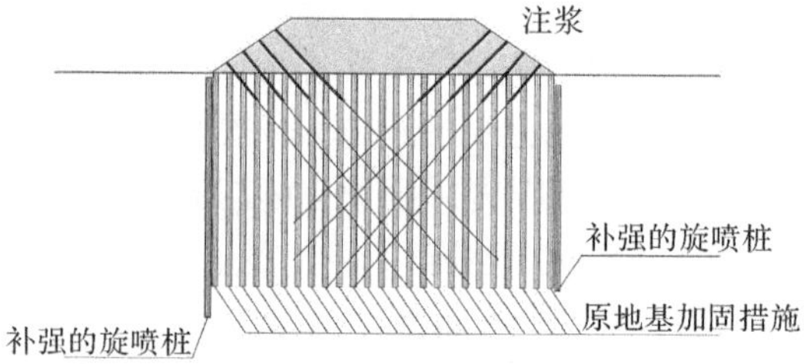

图 11.37　加固与抬升

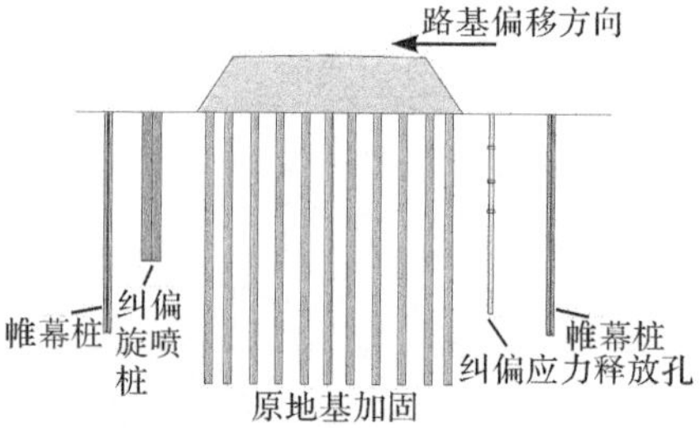

图 11.38　铁路路基纠偏平移

2. 结构被动加固措施

针对既有建筑物的被动加固可以采取跟踪注浆加固的措施,该部分内容已经进行了阐述,不再赘述。下穿既有铁道时的被动加固措施可采用便梁加固。便梁是用于在铁路既有线上施工时加固线路,使线路轨道结构保持正常的几何形位,确保既有铁路线路正常运营而架设的临时结构,其本质是一种特殊的桥梁结构,目的是在不中断行车的情况下,最大限度地减少盾构法隧道施工对既有铁道的干扰。便梁为箱形结构,主要由纵梁和横梁及连接构件构成,其高度和宽度随跨度增大而递增,横梁两端通过连接板及牛腿与纵梁定位相连,横梁上设有若干孔眼,以便安装扣件，固定钢轨，如图 11.39 所示。需要说明的是，采用便梁加固后，由于便梁刚度问题，既有铁路须限速通行，限速值为 45km/h。

图 11.39　便梁架设图

采用便梁进行线路加固的基本程序为：在桥位处既有线路两侧构筑便梁临时支撑，临时支撑达到设计强度后安装钢便梁，列车在钢便梁上应限速慢行。采用便梁加固具有以下特点：

(1) 与同等跨度的下承式板梁和工字钢梁相比，便梁建筑高度较低。

(2) 便梁为定型标准化构件，设计合理、结构简单、组装方便、使用寿命长，不易变形损坏。

(3) 便梁加固线路后，相当于架设了下承式钢桁架桥，桥上线路稳定性得以保证，增大了行车与梁下施工的安全系数，减少了梁上线路的维修工作量。

(4) 线路荷载可由便梁传入基础支墩，梁下路基基本处于无荷载状态，便于线下盾构法隧道的掘进施工，而且不受行车干扰，安全系数大。

3. 系统安全措施

系统安全措施是同时保证先期子系统和后期子系统的安全措施，主要由以下四个环节组成：实时监控、调控施工参数、实时预警和应急处理。

1) 实时监控

实时监控主要是在盾构下穿施工阶段以及穿越后期，对被穿体及周围土层的变形和内力等变化过程进行实时监测，了解被穿体的安全状况及盾构机的掘进状态，并与前期预测值比较以判定前一步施工工艺和施工参数是否符合预期要求，并为下一步施工方法的优化以及施工参数的调整提供依据，或采取被动加固措施，以避免危及被穿体安全事故的发生。

另外，下穿施工涉及多个管理方，其中，隧道工程有自身的业主和建设管理方，被穿体有被穿体的业主方或者还有运营(使用)管理方。实时监控获得的信息是所有业主和管理方对被穿体安全与否的评判依据，为此必须建立信息报送制度，确保各管理方能够及时、全面地掌控下穿施工信息，以便及时做出决策。

2) 调控施工参数

调控施工参数的依据是实时监控结果与预警值的对比，调控的目的是保证既有建(构)筑物的正常使用和下穿施工的安全，调控的内容主要包括盾构下穿施工参数和辅助措施施工参数。盾构施工参数主要包括千斤顶推力、掘进速度、土仓压力、注浆压力及注浆量等，影响因素及详细调控方法参见第 4 章。下穿辅助措施的参数调控主要包括注浆参数、隔离桩施工参数等。

3) 实时预警

实时预警则是根据监测的结果和预警值，及时将预警信息反馈给施工单位，使其能及时调整施工参数来满足既有建(构)筑物的正常使用不受影响。在此需要说明的是预警值的设置问题，如将 11.2 节的变形控制指标作为预警值，则会过于危险，有可能造成既有建(构)筑物的正常使用受到影响甚至引发工程事故，因为该值为变形控制的红线；但如果预警值设置过于苛刻(远小于指标值)，则可能使监测精度难以满足要求，同时也会因大量辅助措施、设备改进等而增加工程造价，为此设置合理的预警值至关重要。一般可将预警值设定为指标值的50%～60%。

4) 预警处理

预警处理是所有业主和管理方对被穿体变形发生预警后所采取的措施，由于涉及管理方较多，必须建立联席会议制度和应急联动制度，以充分调动各方的积极性和能动性，确保预警处理及时、快速、有效。

监测数据超过预警值时，监测单位应联合施工单位、设计单位及时分析原因，根据分析结果调整施工参数及进度，同时监测单位加强监测，并将监测结果及时反馈给施工单位，根据监测数据判断调整后的施工参数效果；监测数据超过报警值时，应立即通知各管理方，由业主或建设管理方对施工单位下达停工指令，被穿体业主或运营管理方对被穿体安全性能或使用功能进行评估，采取应急处理措施(铁路列车降速)，确保被穿体安全。

11.5 方案设计要点

11.5.1 方案设计目标

下穿工程方案设计的核心是为了获得稳妥的下穿施工和下穿工程结构最佳方案，使大系统在施工期和运营期均处于和谐状态，方案设计的目标应遵循以下三个原则，目标的合理性、方案的可行性和论证的科学性等。

1. 目标的合理性

目标的合理性取决于设计目标的定位，设计目标制定得过高，会使穿越施工期的工程投入大量增加，虽能保证下穿工程的安全，但可能造成浪费；设计目标制定得偏低，则会引发事故，或难以保障工程的长期性能，会大大增加工程的后续投入，这其实是最大的浪费。另外，合理性的前提是方案要可靠，即下穿工程方案在各种影响因素的共同作用下应具有可实施、可监控、可改进等性能。因此，在方案设计目标确定的过程中，需要考虑影响下穿工程实施的各种因素，并在分析其各自影响程度的基础上，结合方案的实施难度、工程造价、监控设备的精度等，确定合理的设计目标。

2. 方案的可行性

方案的可行性是指提出的方案应具备可操作性，即方案涉及的设备应具有可选性或可改进性，采用的施工工艺应具有可控性，建设成本应具有可接受性。在施工设备选择时，要根据场地情况、施工安全要求等，对设备的几何尺寸(高度、平面体积等)、是否存在振动以及设备功率等进行比选。在邻近建(构)筑物施工工艺选择时，要考虑邻近施工产生的瞬时变形和最终变形、施工初期强度能否保证安全、对后续施工是否存在不利影响等情况，选择具有可实施性、安全性高的工艺。同时在方案设计时，还需使建设成本控制在可接受范围之内。

3. 论证的科学性

下穿工程方案论证的科学性主要涵盖三个方面的内容，即可靠的计算方法、准确的物理模拟过程和合理的计算参数。在计算方法选择前，应对下穿系统进行正确的分析和判定，以确定计算分析的主要内容，例如，在下穿铁路路基时，应以动力计算为主；但在侧穿铁路桥桩时，动力计算为次要，摩擦计算才是主要的。在此基础上，选择合理的、可靠的计算方法。不同施工方法的物理模拟过程要准确，否则可能使模拟结果偏离实际，如采用隔离桩时，隔离桩的施工模拟是关键，因其施工方法和施工工序直接影响施工扰动。计算参数分为静力学参数和动力学参数，具体采用何种计算参数则需根据计算内容来确定，而参数的取值可通过室内试验、现场测试或现场实测反演的方法来获取。

11.5.2　技术措施对比分析

下穿工程的技术措施有许多种，在具体对比分析中可以从以下三个层面进行，即宏观技术层面、具体技术层面以及具体细节层面。

1. 宏观技术

宏观技术主要是对下穿结构的线型、线位进行调整，即通过对比分析确定对既有建(构)筑物影响、下穿结构性能保障和建设投资等的最佳结合方案。

2. 具体技术

具体技术则是在宏观技术层面已经确定的方案(线型、线位)基础上，结合被穿体的类型和结构特征、下穿点的场地条件和地层特性等，选择合理的辅助措施，例如，采取主动加固还是被动加固，是对地层进行加固还是对结构进行加固等。

3. 具体细节

具体细节是在具体技术方案确定之后，针对实施过程中所涉及的施工工艺和施工工序的调整，例如，采取加固措施时，是采用旋喷加固、搅拌加固还是注浆加固；采用隔离桩措施时，隔离桩的打设方法以及施打顺序等。

11.5.3 施工工艺设计

在下穿工程方案设计中，施工工艺设计是其中一项重要的组成部分，工艺不当会导致下穿实施失效，而工艺又常与施工机械配置以及设备性能和参数等相关，对一般穿越施工工程的工艺而言，工序和施工参数是最为重要的。

1. 施工工序设计

施工工序设计就是要制定合理的施工顺序。合理的施工工序不仅可以提高施工工效，同时也是减少施工影响的有效手段。例如，下穿高速铁路的隔离桩施工顺序若是由远到近，挤压会累积作用于高速铁路桥墩，引起附加变形；若是由近到远，第一排隔离桩施打完成后会成为一道屏障，从而减少后续桩基施工对高速铁路的影响。为此，在盾构下穿施工以及辅助措施施工时，应优选合理的施工工序，必要时可进行室内或现场试验，确保施工的安全和高效。

2. 施工参数设计

在合理工序设计的基础上，还需确定合理的施工参数。盾构施工参数的合理设定是控制施工影响的直接措施，也是最有效的措施。施工参数具体包括推力、推进速度、土仓压力、注浆压力及注浆量等。盾构施工参数的设定是一个非常复杂的系统工程，影响因素众多，不仅包括穿越地层的特征、盾构机的配置，还与隧道的埋深、线型等相关，同时还受到被穿体超载或动荷载的影响。另外，施工参数的设定还是一个动态调整的过程，即根据监控到的被穿体性状和隧道状态进行实时调整。为此,可主要从两个方面着手进行盾构施工参数设计,其一是根据前述提出的理论初选施工参数进行调整;其二是根据掘进过程中的监控数据进行实时调整,做到智能化动态调整。

在实际操作中,还应在隧道下穿施工前一定距离设置试验段,摸索出最优的施工参数匹配,并在掘进施工时根据监测反馈结果实时调整。在盾构下穿施工前,应做好盾构机的检查保养及姿态调整工作,不得在穿越点进行换刀、停机、盾构姿态大幅度调整或超挖等对周围土层扰动比较大的施工作业。在盾构下穿施工时,宜适当放缓推进速度,连续推进,严控管片拼装质量,并根据监测反馈结果实时调整同步注浆量,进行洞内二次和多次注浆[50]。

11.5.4　安全监控设计

安全监控主要针对两个对象:①被穿体功能安全的监控,应区分不同的结构类型;②下穿施工的监控,主要是为了确保穿越施工的安全。这两个对象不是完全独立的,而是具有一定因果关联的,被穿体的功能之所以受影响,是由于穿越施工。安全监控设计主要是针对两个监控对象而进行的监控方法的确定、监控仪器的选择以及监控方案的设计。

1. 确定监控方法

监控方法主要包括传统的人工监测和自动化监测。人工监测的主要方法是几何水准测量,具有机动灵活、适应各种复杂环境等优点,但也存在监测频率受限、监测精度不高、受环境影响大等缺点,适合于监测精度和频次不高的下穿工程,如下穿房屋、道路和管线等。自动化监测主要是借助自动监测系统监测建(构)筑物的变形,主要方法有液体静力水准测量法、电子水平尺法和测绘机器人法等,适合高精度、多频次的监测项目,如下穿高速铁路等。

2. 选择监控仪器

下穿工程的监控以变形(沉降和水平变形)监控为主,沉降监测以水准仪为主,水平变形监测可以采用经纬仪或全站仪。当采用自动化监测时,其监测系统的构成分为数据采集系统、数据通信和数据分析系统三大部分,现阶段数据采集系统主要借助测量机器人、GPS 卫星等测量设备,对需监测项目进行实时监测,将监测所得的数据经过软件处理接入管理系统现场监控模块,在监控模块中呈现给相关权限的部门和工程管理人员使用,并且实现直观的人机交换界面、形变数值或监测数值超限自动预警和报警、监测数据自动汇总、提报等功能。

3. 设计监控方案

监控方案的设计就是制定详细的、具有可实施性和操作性的监控方案，具体包括监控目的、监控意义、监控内容、测点布置、监控方法及信息处理、监控步骤、实时预警及预警处理等。

第 12 章　下穿工程案例

在下穿工程的实施中，下穿铁路技术是最为复杂的，工程风险也最高。原因有以下几点：①列车运行产生的动荷载会对下穿施工面周围的土体产生振动影响，从而降低土体的强度，进而影响开挖面的稳定性，并加大施工变形；②列车的行驶需要轨面保持足够的平顺性，否则将加大列车运行产生的动荷载，或者发生脱轨事故；③下穿铁路施工是行车与掘进施工的动态相互影响系统，其响应远较静力系统复杂，一旦发生事故，无论危害性还是社会影响也远甚于其他工程。

下穿铁路有以下几个主要类型：①下穿普通干线铁路，主要特点为客货共线而且运输繁忙，在正常行车条件下，货车产生的振动远较客车大；②下穿高速铁路，主要特点为列车行驶速度高，对变形的要求极为苛刻；③下穿大型铁路枢纽，主要特点为铁路股道数多，相邻股道上的列车行驶会在路基中形成振动叠加效应。

12.1　下穿Ⅰ级铁路干线

我国的Ⅰ级干线铁路均为列车行驶速度较高的客货混运线路，客车的设计速度为 160～200km/h，货车为 80～120km/h。图 12.1 分别为路基面中实测客车和货车的竖向动应力变化曲线。可以看出，即使货车的行驶速度较低，所产生的动应力也较大，这在下穿施工和结构设计中都必须考虑。

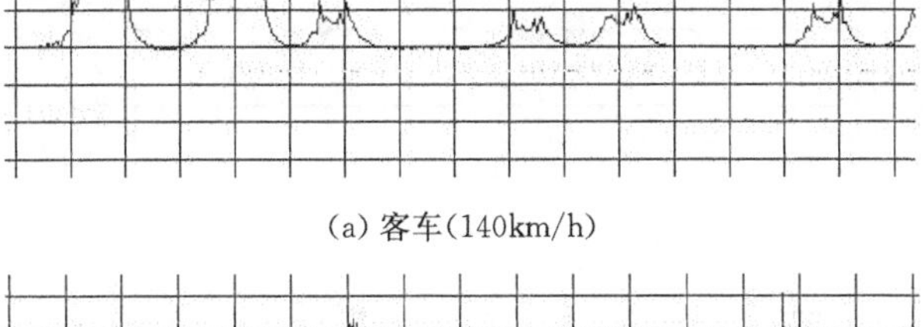

(a) 客车(140km/h)

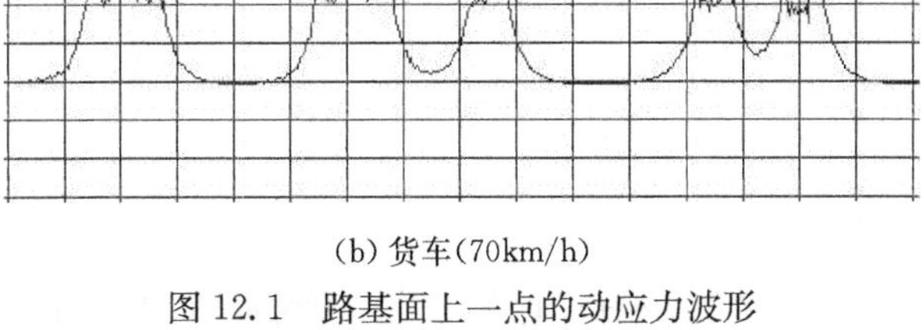

(b) 货车(70km/h)

图 12.1　路基面上一点的动应力波形

12.1.1　工程概况

上海轨道交通 11 号线北段(一期)工程上海赛车场站—昌吉东路站区间采用外径 6.2m 盾构法隧道沿南北向以斜交角 85°穿越京沪铁路，隧道纵坡为 4%，穿越处地面房屋建筑较少，场地比较开阔，下穿节点西侧为百安公路，东侧和南侧分别为蕴藻浜和车站河。管片内径为 5.5m，外径为 6.2m，管片厚度为 0.35m；管片分 6 块，1 封顶块＋2 邻接块＋3 标准块，采用通缝拼装。左右线盾构法隧道基本在同一立面，水平中心间距为 12.4m，隧道顶埋深约为 11m，穿越处平面图、横剖面图及纵剖面图分别如图 12.2～图 12.4 所示。

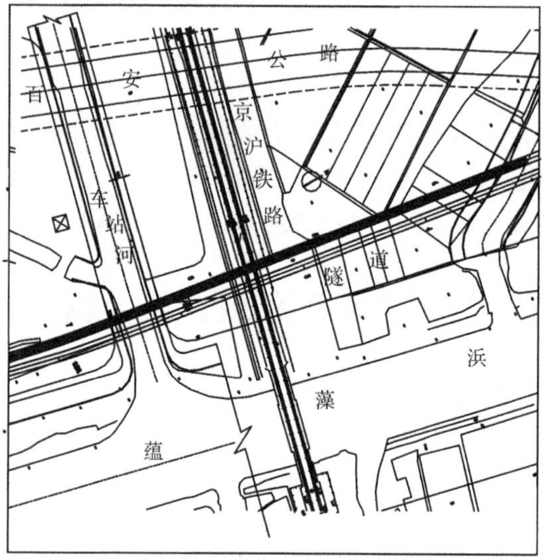

图 12.2　盾构法隧道下穿京沪铁路平面图

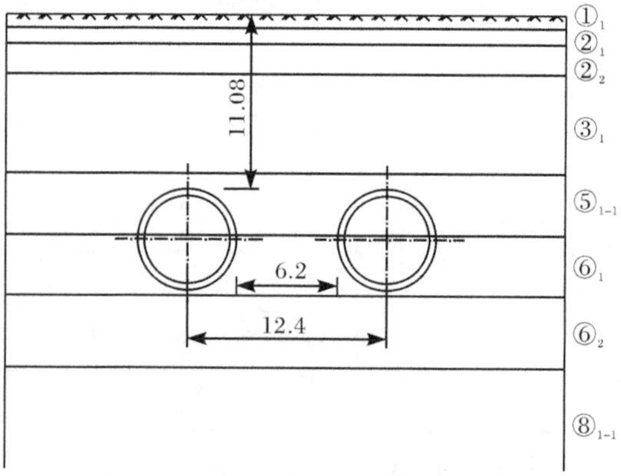

图 12.3　盾构法隧道下穿京沪铁路横剖面图(单位：m)

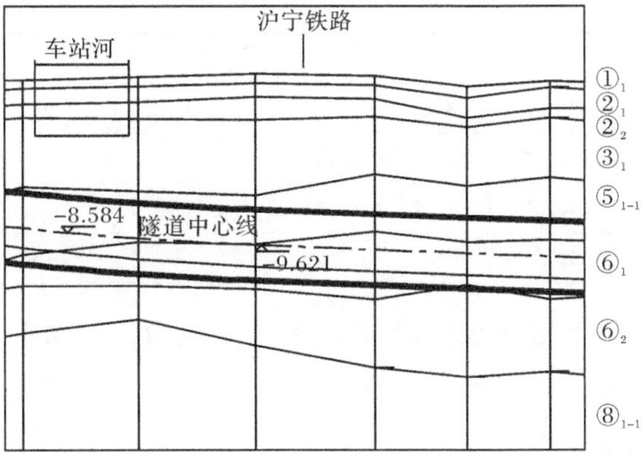

图 12.4　盾构法隧道下穿京沪铁路纵剖面图

上方京沪铁路为双线有砟轨道，线路中心间距 6.70m，道砟厚度 50cm，梯形道床上部宽度 3.1m，道床坡度 1∶1.75，道床下方为 0.5m 的砂垫层。京沪普铁属繁忙干线，运输任务重，每天运行客货车 108 对，客车设计速度 200km/h，货车设计速度 120km/h。

如图 12.3 和图 12.4 所示，穿越地段自地表至 40.0m 深度范围内所揭露的土层均为第四纪松散沉积物，自上至下依次为①$_1$人工填土、②$_1$褐黄色粉质黏土、②$_2$灰黄色粉质黏土、③$_1$灰色粉质黏土、⑤$_{1-1}$灰色黏土、⑥$_1$暗绿色粉质黏土、⑥$_2$草黄色黏质粉土夹粉质黏土、⑧$_{1-1}$灰色粉质黏土，各土层物理力学性质参数见表 12.1。

表 12.1　主要土层的物理力学性质参数表

项目		层序						
		②$_1$	②$_2$	③$_1$	⑤$_{1-1}$	⑥$_1$	⑥$_2$	⑧$_{1-1}$
重度/(kN/m^3)		19.1	18.8	18.1	17.7	19.4	18.8	18.2
孔隙比		0.79	0.87	1.01	1.11	0.74	0.83	0.97
含水率/%		27.7	30.9	36.0	39.1	25.4	29.0	34.0
液限/%		37.6	36.8	37.0	41.2	36.1	36.2	37.0
塑限/%		22.0	21.6	21.6	23.6	20.8	21.0	21.5
直剪(固快)	C/kPa	33	26	12	12	49	18	20
	Φ/(°)	18	16	16	13	18.5	26	17.5
压缩模量/MPa		4.93	4.24	3.30	3.14	6.61	6.37	4.16
静止侧压力系数		0.55	0.48	0.49	0.59	—	—	—
现场十字板剪切试验 $C_u(C_V)$/kPa		50.7	37.2	34.9	38.5	—	—	—

续表

项目	层序						
	②1	②2	③1	⑤1-1	⑥1	⑥2	⑧1-1
渗透系数 K_V/(cm/s)	1.28×10^{-7}	1.53×10^{-7}	1.11×10^{-7}	1.17×10^{-7}	—	—	—
渗透系数 K_H/(cm/s)	1.49×10^{-7}	1.73×10^{-7}	1.36×10^{-7}	1.82×10^{-7}	—	—	—
承载力 f_{ak}/kPa	90	75	60	65	150	—	150

本场地浅部地下水属潜水类型，主要补给来源为大气降水，水位随季节而变化。年平均地下水位一般为 0.5～0.7m。

12.1.2 技术特点及控制标准

我国普速铁路具有建设年代久远，路基段基本未做特殊加固处理的特点。本工程有以下技术特点：

(1) 隧道的拱顶位于灰色黏土层中，该层土的灵敏性高，在动荷载的作用下稳定性较差，易于变形，当隧道结构拱部的刚度大于土层刚度时，列车产生的附加动应力在隧道拱部的土隧界面会产生反射。

(2) 隧道在穿越处的线型比较平顺，且以单坡下穿京沪铁路。

(3) 隧道的埋深和间距比较有利，上覆土层厚约 $2D$，两隧道之间的净间距为 D。

(4) 隧道拱腰及以下的土层比较稳定，有利于抵抗隧道的变形和后续的沉降。

(5) 本区段的铁路线属于既有线的最高提速区段，客车的最高行驶速度达200km/h，货车为 120km/h。通过运能分析，本区段在施工期客车以 120km/h、货车以 80km/h 运行对线路的运能损失属于可接受范围。施工期的沉降控制极限为10mm，当路基面的沉降达到 10mm 时，利用天窗时间对线路进行养护，以确保行车安全。

12.1.3 主动预加固设计理念

本工程隧道拱部及其以上的土层性质较差，列车动应力衰减缓慢，加上土-隧界面处动应力的反射，隧道顶部的附加动应力偏大，如图 12.5 所示。于是对隧道拱腰以上较差的土层③1、⑤1-1进行加固处理，以提高拱顶土层的模量，引导附加动应力扩散到隧道的周边，如图 12.6 所示。图中，各土层编号的类型和物理力学性质参数同 12.1.1 节。结合目前华东地区的工程实践，对轨下路基土进行注浆预加固，一方面可以减小施工期土层产生的变形，另一方面也有利于改善运营期的受力条件。

由于加固区的土层性质发生了变化，当地铁列车通过加固区时，产生的动力响应与通过非加固区有区别，为了减缓这种差异，在加固区的外侧增加次加固区进行过渡，以期使行车的平稳性更为合理，也减少了运营期的结构病害。而铁路线下路基区域由于同时经受上部铁路列车荷载和地铁列车荷载的影响，加固的要求较高，这一区域为主加固区。

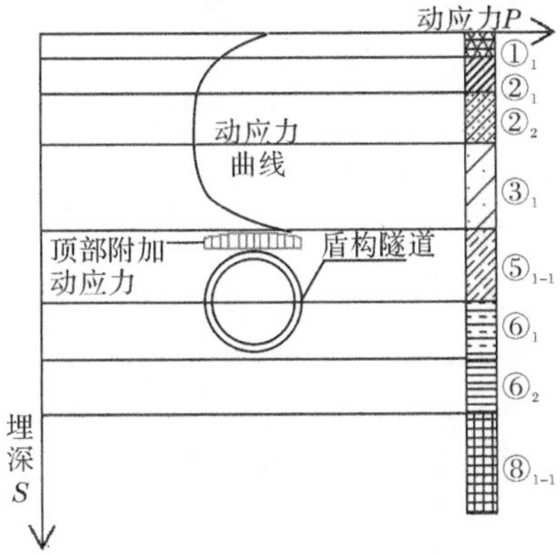

图 12.5　加固前竖向动应力曲线

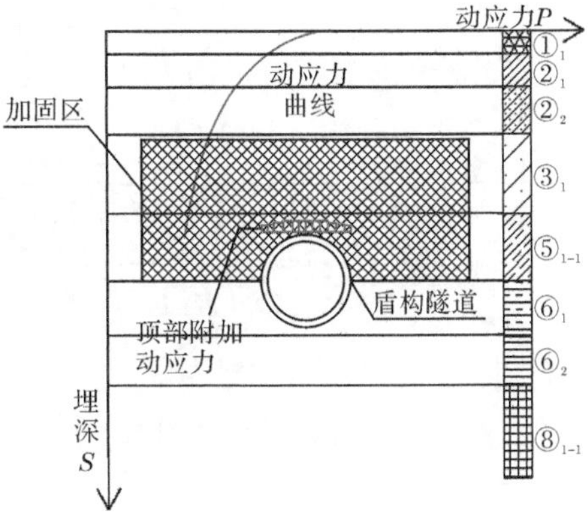

图 12.6　加固后竖向动应力曲线

注浆预加固的原则为：按动应力影响程度的不同，通过旋喷桩将注浆预加固区域划分为主加固区和次加固区，主加固区为隧道穿越区域的路基正下方及向四周各延伸一定长度（一般顺盾构推进方向，保证距离最近铁路线路中心不小于10m；顺铁路线路方向，保证距离盾构结构外边缘不小于 0.5 倍盾构外径），加固深度一般根据土层的工程性质确定，当断面内均为软弱土层时，自路基底至盾构结构底边缘以下不小于 0.5 倍盾构外径，若有工程性质较好的土层，则可选择仅加固软弱土；次加固区为旋喷桩向外延伸一定距离（一般顺盾构推进方向，保证距离旋喷桩边缘不小于 10m；顺铁路线路方向，保证距离盾构结构外边缘不小于 0.5 倍盾构外径），加固深度同主加固区；主次加固区通过旋喷桩进行隔离（一般采用多排咬合旋喷桩形成隔离墙，厚度不小于 3m，深入主次加固区以下不小于 1m）。

对于盾构斜交穿越铁路线路的情况，为保证沿铁路线路方向左右轨地基刚度的一致性，加固区边界需保证与铁路线路方向垂直相交；同理，为保证盾构掘进过程中掌子面土体强度的一致性，加固区边界需保证与盾构推进方向垂直相交，图 12.7 为杭州地铁 4 号线和 6 号线下穿沪昆铁路平面加固情况。

土体加固的基本原理是：通过对土体加固提高土体的刚度和强度，增加土体抵抗受外荷载作用时的变形或破坏能力。软土层中采用注浆进行加固处理的机理比较复杂，以浆液劈裂对土体产生的压密和浆脉形式加固体共存为主，这样所形成的注浆加固体是非均匀的。即便如此，加固后的土体既能减小掘进产生的应力释放，又能减小外荷载作用下的变形，从而有利于控制施工变形。此外，这种加

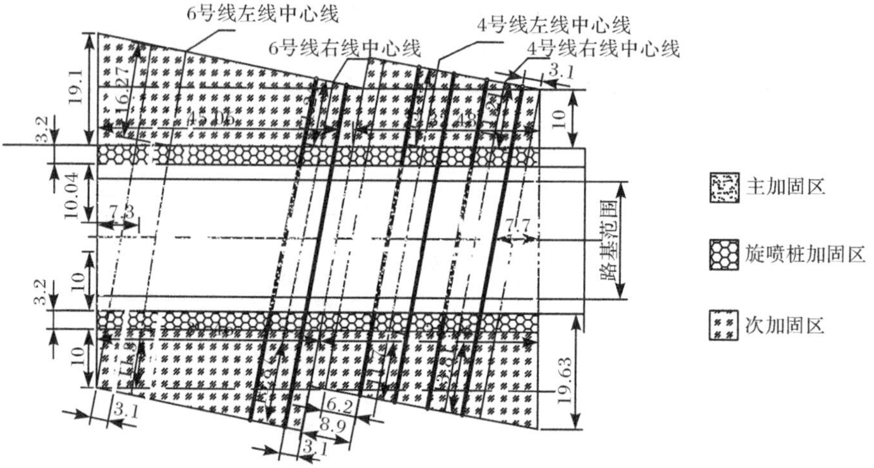

图 12.7　杭州地铁 4 号线和 6 号线下穿沪昆铁路加固平面图(单位:m)

固体的渗透性会大为降低,运营期隧道的渗水量也会随之减小,也减小了后续沉降。

在主次加固区间设置旋喷桩是为了提高主加固区的加固效果。由于主加固区位于既有线下,如果在线路的两侧不设置一定强度的隔离体,注浆扰动会引发线路沉降,所以在主加固区实施加固之前,需对加固区进行适当的封闭。

12.1.4　主动注浆预加固方案设计

主动预加固是在下穿工程实施之前对穿越区的土体进行先期加固处理,控制穿越施工引起的变形,降低穿越施工的工程风险。但预加固施工对行车的安全必须在方案设计中得到充分体现。

1. 主动预加固方案

主动预加固设计的基本思路:在盾构法隧道下穿掘进施工之前,对施工影响范围内的土体进行加固处理。铁路线路下穿的一定范围是施工变形的主要控制区,需要进行较强的加固,即主加固区。为了保证主加固区的加固效果,在铁路两侧先施作隔离的旋喷桩,在隔离桩的外侧再设置次加固区。加固区与铁路的位置关系如图 12.8 和图 12.9 所示。

1) 旋喷桩加固区

自铁路路基坡脚外侧 1m 位置起向两侧加固 4.1m,由三排直径为 1.5m 的旋喷桩相互咬合形成,咬合量为 0.2m;沿深度方向深入⑤$_{1-1}$灰色黏土层 1m(主次加固区以下 1m)。

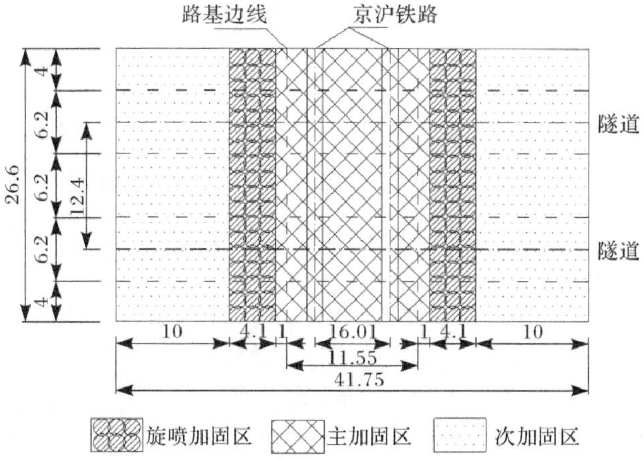

图 12.8　加固区平面图(单位:m)

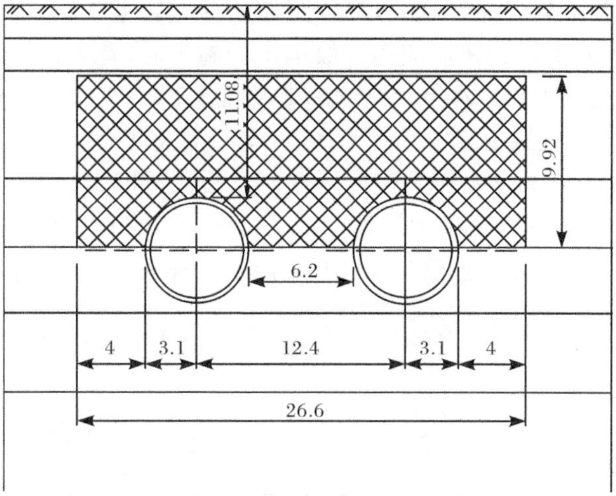

图 12.9　加固区沿铁路路线方向剖面图(单位:m)

2) 主加固区

在路基两侧旋喷桩之间的范围内均为主加固区。沿深度方向,隧道下卧的第 6 层土不加固,因为 6 层土承载力达 150kPa(一般情况下承载力 150kPa 以上,无需加固),注浆加固会对其造成扰动,甚至会降低其原有强度,故无需加固。自⑤$_{1\text{-}1}$层起,向上加固至隧道顶以上 7m(一般情况可加固至基床底);隧道两侧向外保证加固区垂直盾构轴线方向的最小距离至少 4m。

3) 次加固区

旋喷桩外侧为次加固区。保证次加固区垂直铁路线路方向的最小距离为

10m，隧道两侧外扩范围及加固深度同主加固区。

2. 主动预加固工艺

主动预加固的施工工艺必须达到以下两个目的：①预加固施工须确保铁路的行车安全；②预加固效果须符合设计要求。为此需要在计算的基础上进行工艺设计。

1）旋喷桩隔离区施工

方案中旋喷桩起封闭主加固区的作用，须先行施工。为了减小施工对铁道变形的影响，一般采用隔桩跳打、先内侧（靠近铁路侧）后外侧的方式进行施工，前一施工次序完成 48h 后，所施工的高压旋喷桩浆液初步固化，桩体强度开始形成，渗透系数减小，对地基产生加固作用，可明显减小后续施工造成的临近铁路线路变形。在隔桩跳打施工中，跳孔数越小，短时间造成的临近铁路线路变形越大，越不利于铁路安全，一般施工中跳孔数宜取 3 以上。另外，在铁路内侧旋喷桩施工以前，可以预先设置部分应力释放孔，深度至加固深度以上 2m，以减少旋喷桩施工时对铁路路基下方土体的挤压应力。故本工程施工时，首先设置 350mm 直径的应力释放孔，深度为 12m。在近铁路侧的旋喷桩施工时，采取施 1 隔 2 法的跳打工艺进行施工，即 1＃桩施工完毕后机械移至 4＃位置施工，待 48h 后加固的土体有一定的强度，再按 2＃、5＃、…渐序施工，周而复始，如图 12.10 所示。而且先跳打施工靠近铁路侧的两排，在后续旋喷桩施工过程中，靠近铁路测的双排旋喷桩已具有一定强度，发挥一定的遮帘隔离作用，保证了铁路的安全运营。

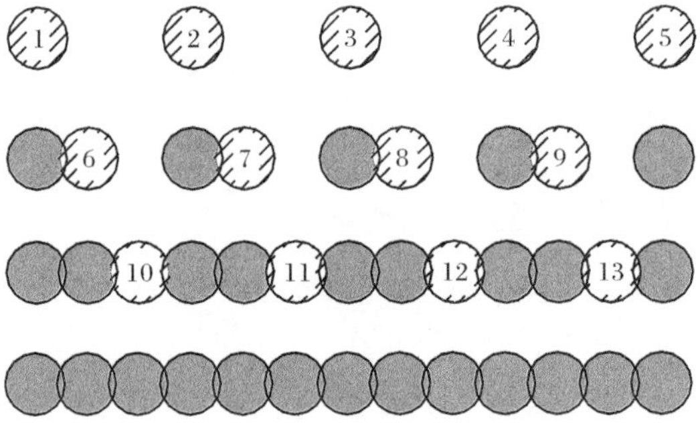

图 12.10　旋喷桩跳打施工顺序示意图

2）主加固区施工

为保证铁路线路下部主加固区施工过程中不影响列车正常运行，主加固区采用在路基两侧斜打注浆管，且分层注浆加固，如图 12.11 所示。首先实施第一层斜孔注浆，注浆孔与地面的夹角为 30°，并采用复合浆液，缩短胶凝时间，以控制注浆压力和扩散范围，减小注浆对基床的影响。注浆时的施工温度不得超过（或低于)无缝线路的锁定轨温±10℃。第一层斜孔注浆完成后,再进行下部深层注浆加固,注浆压力和注浆速度应根据线路变形的监测数据及时进行调整。注浆引起的隆起量控制在 2mm 以内。主加固区施工现场如图 12.12 所示。

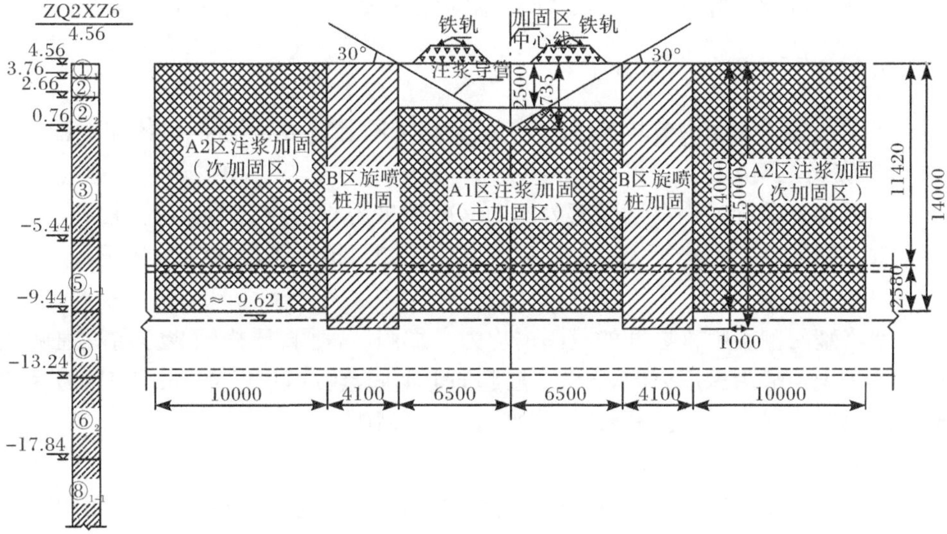

图 12.11　斜打注浆管分层注浆加固示意图(单位:mm)

①$_1$. 填土;②$_1$. 褐黄色粉质黏土;②$_2$. 灰黄色粉质黏土;③$_1$. 灰色粉质黏土;⑤$_{1\text{-}1}$. 灰色黏土;⑥$_1$. 暗绿色粉质黏土;⑥$_2$. 草黄色黏质粉土夹粉质黏土;⑧$_{1\text{-}1}$. 灰色粉质黏土

图 12.12　主加固区施工现场图

3) 次加固区施工

次加固区与主加固区场地相比相对开阔，鲜有施工障碍，故可采用垂直钻孔注浆的方式正常进行。

主加固区、次加固区的加固要求逐渐降低，在强度及刚度上形成过渡。

3. 主动预加固技术要求

主动预加固方案为分块加固，不同区域的加固要求不尽相同，具体如下：

1) 旋喷桩隔离区

本方案要求旋喷隔离区厚度为 4.1m，旋喷桩需相互咬合形成隔离墙，从地面至主次加固区以下不小于 1m，加固后的土体无侧限抗压强度 $q_u \geqslant 1.0$MPa。

2) 主加固区

在路基两侧旋喷桩之间的范围内均为主加固区，垂直盾构轴线方向隧道两侧向外不小于 4m；沿深度方向，自⑤$_{1\text{-}1}$层起向上加固至隧道顶以上 7m。该区域为注浆加固，加固后的土体无侧限抗压强度 $q_u \geqslant 1.0$MPa。

3) 次加固区

旋喷桩外侧为次加固区，同样采用注浆加固的方式，加固后的土体无侧限抗压强度 $q_u \geqslant 0.8$MPa。保证次加固区垂直铁路线路方向的最小距离为 10m，隧道两侧外扩范围及加固深度同主加固区。

12.1.5 盾构掘进控制

为了减小盾构掘进施工产生的变形，须尽可能减小掘进产生的应力释放，即合理设定土仓压力，并及时进行同步注浆，以在最短的时间内填充盾尾间隙，减小因间隙临空面而产生的应力释放变形。土仓压力受掘进速度、排土量等因素综合影响。而同步注浆量则受盾构机姿态、土层性质等因素影响。一般可以将掘进参数分解为若干可控量，如土仓压力、推进速度、注浆压力和注浆量等。

1. 土仓压力

盾构机平衡推进时，土仓压力应与刀盘面前方的水平土压力相等：

$$P_0 = P_e + P_w = K_0(\gamma' H + q) + \gamma_w H \tag{12.1}$$

式中，P_e 为土压力；P_w 为水压力；$K_0 = 1 - \sin\varphi'$；φ' 为土的有效内摩擦角；H 为盾构工作面中心处深度；γ' 为土的有效重度；q 为地面超载；γ_w 为水的重度。

当地下水位接近地表，土质渗透系数较小时，土仓压力可以采用水土合算：

$$P_0 = K_0 \gamma H \tag{12.2}$$

式中，γ 为土的饱和重度。

由于盾构法隧道中心点埋深 14.2m，盾构上方土质渗透系数较小，可采用水土合算，求得土仓压力 P_0 为 160.4kPa。

同时铁路路基高约 0.5m，根据 $K_0\gamma H$ 折合计算相应的侧土压力；另外，考虑到火车动载作用，其最开始随深度的增加迅速衰减，之后由于下方存在刚度较大的隧道结构，随着土层深度的增加，动应力逐渐增大，在接近隧道顶部时达到最大。根据本工程隧道埋深及土层特点，考虑在轨道位置土仓压力增加 10kPa 列车动荷载，所以铁路段土压值比穿越铁路前高 15～25kPa，但从路基外至路基下土压力增加应有一个过渡段，每环增量为 5～10kPa。考虑到土仓压力的波动和衰减，以及为了弥补盾尾沉降损失，在通过京沪铁路时，土仓压力设定在 0.20～0.22MPa，同时结合现场的实际情况进行调整。

2. 推进速度

在软土地区，盾构机的推进速度控制在 2.0cm/min 左右，尽可能匀速掘进，日均掘进 6～7 环；螺旋输送机的转速保持在 8～12r/min，排土量为理论值的 98%。上述措施可以保证管片拼装和同步注浆的质量。

3. 盾构机姿态控制

盾构施工过程中，对初始出现的小偏差应及时纠正，在铁路下，纠偏坡度控制在±1%之内，平面偏差在 15mm 以内。对称区域的千斤顶油压差应小于 5MPa，其伸出长度差应小于 2cm，防止盾构机一次纠偏过大。应尽量避免盾构机走蛇形，对于蛇形运动的修正，应以长距离慢修正为原则，一次纠偏量不超过 5mm。

4. 注浆压力

注浆压力需综合考虑隧道埋深、土质情况、盾构机机型以及地区经验来确定。注浆压力不能过大，若大于割裂压则会出现翻浆冒浆现象。同时注浆压力不能过小，过小不能达到填充盾尾空隙的目的，注浆压力不应小于隧道埋深处的地层应力和列车荷载等效土压力之和。国内外关于盾构注浆压力与地表沉降量之间关系的研究表明，当注浆压力相当于隧道埋深处的地层应力（含等效列车荷载）时，对减少地层损失和地表沉降量效果最为显著。

5. 注浆量

注浆量同样需综合考虑土质情况与盾构机机型来确定。注浆量的确定，是以盾尾空隙量为基础，并结合地层、线路及掘进方式等因素考虑适当的饱满系数，以保证达到充填密实的目的。一个行程的注浆量为

$$Q=\frac{\pi}{4}(D_1^2-D_2^2)ma \tag{12.3}$$

式中，D_1 为理论掘削半径；D_2 为管片外径；m 为行程长度；a 为注入率，主要与注入压力、土层特性、施工损耗、超挖等因素有关。

6. 注浆速度

实际施工中靠注入速度来控制注浆量，因此需对注入速度进行计算，根据每环注入量和每行程推进时间得到注入速度：

$$v=\frac{Q}{t} \tag{12.4}$$

式中，v 为注入速度，m^3/s；Q 为每环注入量，m^3；t 为每行程推进时间，s。

同时应在盾构穿越铁路前设置试验段，在试验段内根据监测反馈结果实时调整，摸索出最优的施工参数匹配方案，为穿越铁路段提供施工控制经验。

12.1.6 实施效果

加固施工阶段和盾构下穿推进阶段必然会引起铁路路基的变形，进而影响轨道的平顺性，对铁路的运营安全直接造成影响。为避免施工影响铁路运营安全，必须加强施工过程中的监控测量，把施工引起的一系列动态变化信息及时反馈到施工单位，使之能够在现场及时优化调整施工参数，改进施工方法，以避免危及铁路行车运营安全的事故发生。

监测项目为线路沉降及水平变形。为了能够更为直接地反映轨道沉降变形情况，监测点一般布置在盾构穿越影响区范围内的轨枕上。同时考虑铁路监测要求频率较高但不能频繁上道测量，一般采用全站仪机器人，可实现全天候 24h 不间断测量。

监测布点原则为：顺铁路线路方向，自左右线盾构轴线向两侧监测点间距逐渐加大，监测点布置区域为盾构施工沉降槽影响范围，监测点布置于轨枕之上。顺盾构推进方向，自铁路路基向两侧监测点间距逐渐加大。其中，左右线盾构与铁路路基交叉部分加密处理。本工程监测点平面布置如图 12.13 所示。

线路加固期间，每次注浆后均须进行线路变形观测，注浆隆起超过 2mm 应立即报警，其余监测报警值见表 12.2。

表 12.2　施工监测报警值（预警值按 70%报警值考虑）

序号	监测项目	日变化速率报警	累计变化量报警
1	线路竖向沉降/mm	2	10
2	线路水平变形/mm	2	6

旋喷桩施工于 2007 年 1 月 13 日开始，至 2007 年 1 月 29 日结束，1 月 20 日～1 月 26 日为动车组试验阶段，旋喷桩停止施工。从图 12.14 可以看出，1 月 28 日～

2 月 2 日铁路变形值超过 10mm，最大累计变形量达到 15mm 左右，经施工参数调整及铁路线路养护，变形量减小，多数测点变形值控制在了报警值以下，变形曲线相对比较平稳。

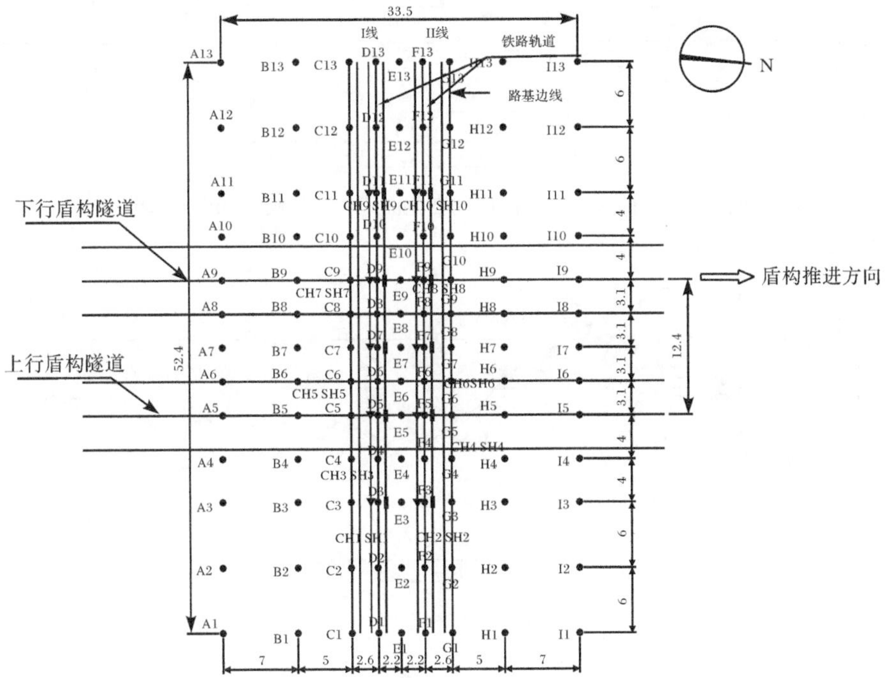

图 12.13　监测点平面布置(单位：m)

地面测点(编号 A～I，每个断面 13 个测点，共计 117 点)；线路沉降测点：其中地面沉降测点编号 C～G，每个断面 13 个测点，兼作线路沉降测点；轨道测点编号 CH1～CH10，共计 75 点；线路方向偏移测点：其中线路方向偏移测点编号 SH1～SH10，共计 10 点；管线测点以及轨面与电化柱差异沉降测点根据实际情况布设

上行线盾构于 2007 年 3 月 10 日～3 月 17 日穿越京沪铁路，实测上行线盾构正上方路基面变形曲线如图 12.15 所示，其中，正值表示隆起，负值表示沉降。下行线盾构于 2007 年 3 月 29 日～4 月 13 号穿越京沪铁路，实测下行线盾构正上方路基面隆沉曲线如图 12.16 所示。在下穿铁路施工期间，下行盾构推进过程中路基面最大隆起量为 11.69mm，盾构穿越完成后，路基面逐渐下沉，最终收敛在 5mm 以内。上行盾构推进过程中同样表现为先隆起，最大值为 5mm 左右；盾构穿越完成后，路基面逐渐下沉，最大累计沉降量为 15.31mm。因此，在下穿施工中同时需配合铁路部门对轨道及时进行维修养护，以便多方面措施配合实施，将线路最终变形控制(恢复)在允许范围之内。

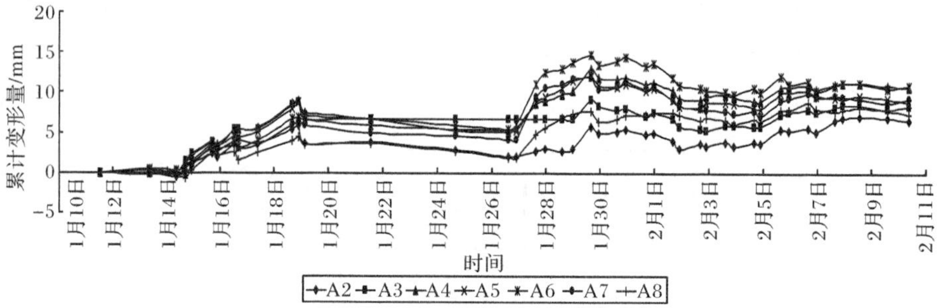

图 12.14　路基面隆沉随时间变化曲线(注:旋喷加固引起隆起)

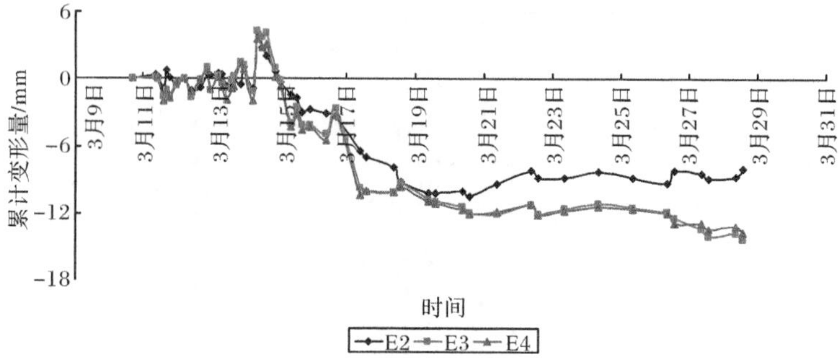

图 12.15　上行盾构推进过程中路基面的累计变形曲线图

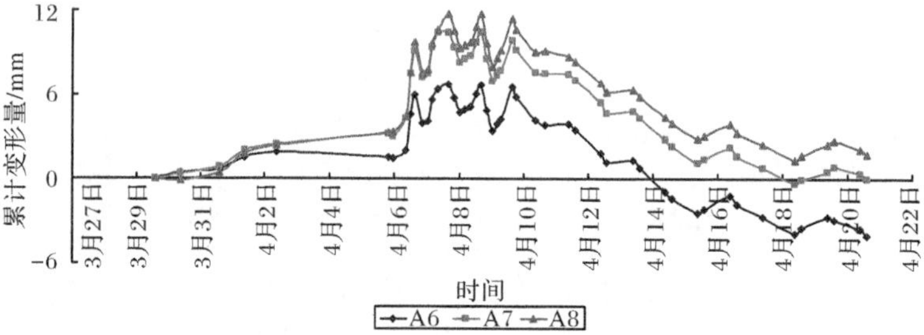

图 12.16　下行盾构推进过程中路基面的累计变形曲线图

12.2　下穿高速铁路

高速铁路与普通干线铁路的最大区别在于以下两点:

(1) 高速铁路大多为客运专线,行车速度快,对变形要求苛刻。

(2) 高速铁路大多为无砟轨道,一旦发生破损,养护维修的难度极大。于是下穿高速铁路的关键是施工期的变形控制。

12.2.1　工程概况

杭州地铁 1 号线盾构区间在右线里程 K37＋424～K37＋469、左线里程 K37＋412～K37＋457 内下穿沪杭高速铁路余杭站，下穿段沪杭高速铁路里程范围为 DK142＋824～DK142＋888。下穿区段临近地铁余杭高铁站，地铁隧道的线型为直线段与 450m 半径圆曲线过渡的缓和曲线，下穿段盾构法隧道中心埋深 11.7m，线间距 15m，隧道外径 6.2m。下穿段区间隧道与沪杭高速铁路在平面上斜交，交角约 62°，盾构法隧道左线外边缘与沪杭高速铁路桩基最小净距 6.16m，与承台水平方向最小净距 5.63m；右线外边缘与沪杭高速铁路桩基最小净距 5.19m，与承台水平方向最小净距 4.24m；左线下穿段与端头井最小净距 15.22m，右线下穿段与端头井最小净距 6.77m，高速铁路承台与端头井最小净距 3.62m。如图 12.17 所示。

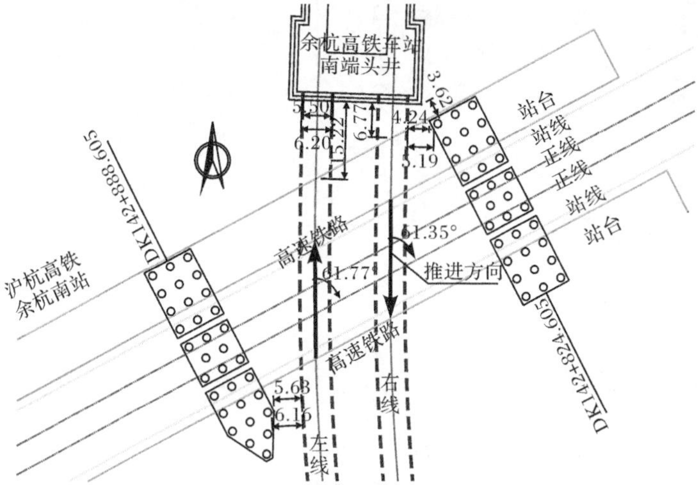

图 12.17　盾构区间与沪杭高速铁路平面关系图

沪杭高速铁路设计速度 350km/h，采用无砟轨道。盾构法隧道下穿段沪杭高速铁路高架桥梁为 3 跨连续梁桥，连续梁全长 145.5m，下穿位置为中跨，跨度 64m，净空约 12m。下穿段高架桥上设 2 条正线、2 条站线及 2 座站台，下部桥梁及基础承台独立。桥梁基础为钻孔灌注桩，通长配筋，直径 1.5m，桩长 69.5m 左右，正线和两侧站线钻孔桩数量分别为 8 根和 12 根。

穿越地段第四纪覆盖层厚度大于 50.0m，上部主要为钱塘江近代冲积沉积的粉、砂性土，下部为陆-海相沉积地层。从上至下土层分别为：①$_1$ 杂填土、①$_2$ 素填土、②$_1$ 黏质粉土夹粉质黏土、③$_1$ 砂质粉土、③$_2$ 粉砂、③$_5$ 砂质粉土、③$_8$ 粉砂、⑥$_1$ 粉质黏土、⑦$_1$ 黏土。盾构主要穿越土层为③$_2$粉砂层、③$_5$砂性粉土(见图 12.18)，盾构穿越段土层主要物理力学性质指标见表 12.3。

表 12.3　穿越段土层主要物理力学性质指标

层号	土层名称	含水量/%	重度/(kN/m³)	饱和度/%	孔隙比	塑性指数	液性指数	压缩模量/MPa	承载力特征值/kPa	直剪(固快)		渗透系数		静止侧压力系数
										C/kPa	Φ/(°)	K_v/($\times 10^{-6}$ cm/s)	K_h/($\times 10^{-6}$ cm/s)	
②$_1$	黏质粉土夹粉质黏土	29.3	18.8	94	0.846	11.4	0.83	7.9	90	6	27	25	35	0.41
③$_1$	砂质粉土	27.1	19.1	95	0.771	—	—	14.38	110	4	30.5	150	200	0.38
③$_2$	粉砂	25.5	19.2	92	0.743	—	—	13.08	130	1	32	300	400	0.36
③$_5$	砂质粉土	26.5	19	93	0.771	—	—	12.22	110	1	31	150	250	0.38
③$_8$	粉砂	25	19.2	92	0.731	—	—	12.69	140	0	32.5	400	600	0.35
⑥$_1$	粉质黏土	33.8	18.2	95	0.977	16.4	0.64	5.09	100	19	17	2.5	4	0.49
⑦$_1$	黏土	28.1	18.8	92	0.836	20.8	0.32	6.57	200	31	15.5	1	1.5	0.46

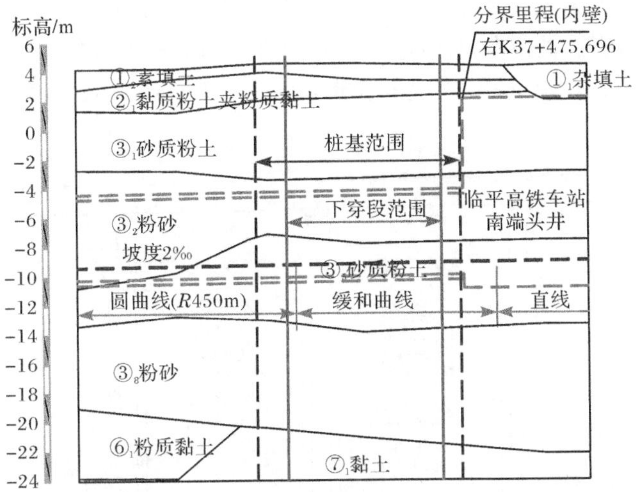

图 12.18　盾构法隧道纵剖面图

12.2.2　技术特点及控制指标

本工程属国际范围内在软土层中第一例下穿实际运行速度为 300km/h 的高速铁路线，具有以下技术特点：

(1) 高速铁路的单跨桥跨与双线地铁隧道以斜交方式下穿。

(2) 下穿位置临近盾构法隧道的始发和接收工作井，施工风险高。

(3) 下穿区隧道线型为缓和曲线，盾构机姿态控制难度较大。

(4) 高速铁路桥墩的桩基虽然嵌入全风化岩层，由于该岩层的承载力不高，桩基仍以摩擦桩设计。

(5) 穿越处的桥墩高超过 12m，承台处微小的变形传递到上面的线路将会产生放大效应。

综合考虑以上述特点，结合计算分析，当桥墩承台的沉降和水平位移均小于 1mm 时，不影响列车正常行驶，因此在实施中以 1mm 作为承台的变形控制指标。

12.2.3　下穿方案设计理念

由于这是国际范围内首例下穿 300km/h 运行高铁地下穿越施工工程，必须遵循变形可控、风险可控的设计原则。最大的工程风险在于盾构机始发或者到达工作井时发生涌水，以及掘进到下穿区段中发生流砂、喷涌等事故。这在方案设计中需变被动应对为主动控制。

基于上述原则，并充分考虑本工程的特点，下穿方案设计思路如下：采用隔离桩将下穿施工区与桥墩分隔开。隔离桩既要能阻隔变形传递和扩散，还须能够防止流砂。为此,隔离桩的外侧(靠桥墩侧)采用刚性桩,内侧(靠盾构侧)采用密排桩起防水作用,刚性桩顶设门式框架支撑,使外侧隔离桩形成整体结构,如图 12.19 所示。即便内侧的柔性桩发生大的变形,也不至于对保护对象,即桥墩产生大的影响。

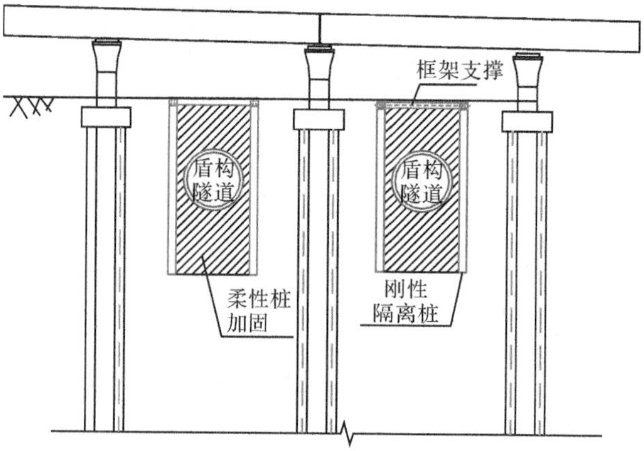

(a) 剖面

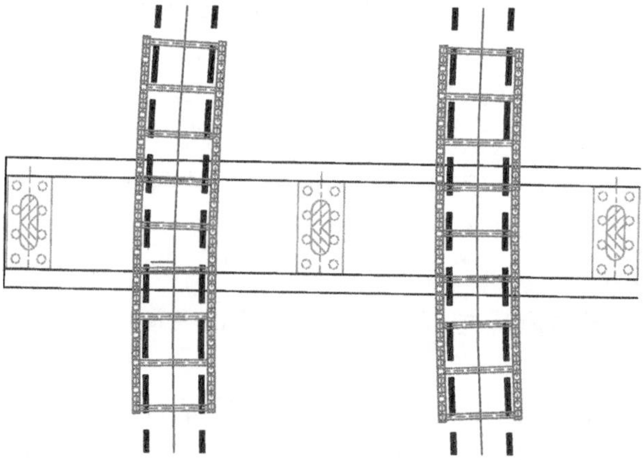

(b) 平面

图 12.19　隔离加固示意图

12.2.4　变形阻隔方案设计

1. 方案设计

为减小盾构施工以及后续长期运营引起的沪杭高架桥基础变形,对盾构法隧道下穿段进行了加固,加固方案如图 12.20 和图 12.21 所示。下穿段盾构法隧道两侧各打设一排钻孔灌注桩和在灌注桩内侧设置两排咬合旋喷桩,钻孔桩紧靠旋喷桩,西侧加固范围南至 2 号站台边缘外 3.8m,北至余杭高铁车站南端头井加固区,加固长度约 62m;东侧加固范围南至 2 号站台边缘外 3.3m,北至余杭高铁车站南端头井加固区,加固长度约 45m。钻孔桩直径 0.8m,中心间距 0.9m,深度为自地面以下 1m 至隧道底部以下 3m,桩长约 17m,隧道两侧钻孔桩桩顶各设置一道冠梁,冠梁长度西侧约 62m,东侧约 45m,截面尺寸为 1.2m×1m,与隧道外边缘最小净距 2m;旋喷桩直径 0.6m,咬合 0.2m,旋喷桩加固深度为自地面至隧道底部以下 1m,桩长约 16m。

条件允许时,隔离桩一般采用 $\phi\geqslant1$m 的钻孔灌注桩,灌注桩与隧道结构间的净距宜为 0.5～1.0m。沿盾构掘进方向的设置范围应超出承台两端各 10m,在条件困难的情况下,至少应与承台两端齐平。钻孔桩顶设置冠梁,两排钻孔桩之间设置垂直排桩的系梁连接。对于穿越土层较差时,还可在隔离桩之间的盾构穿越区域进行注浆加固,提高穿越土层的整体强度及抵抗变形的能力,以保证盾构正常穿越,高速铁路列车安全运行。

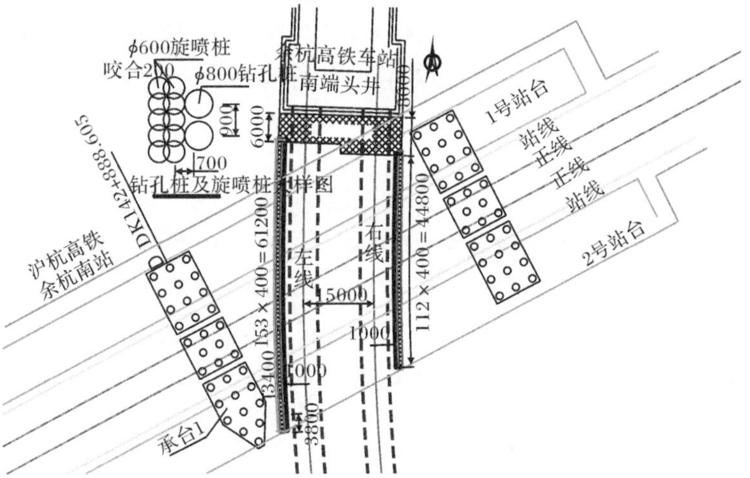

图 12.20　加固处理平面图(单位:mm)

2. 施工工艺

鉴于高速铁路对振动施工的控制,高速铁路桥下钻孔灌注桩施工通常不允许使用冲击钻。同时考虑受桥下净空限制,一般采用循环钻机钻孔。

钻孔灌注桩施工应采用跳打的方式,且在前一根钻孔桩混凝土灌注达到一定强度后再进行下一根桩基钻孔施工。对于极其软弱的淤泥层,距离高速铁路桩基

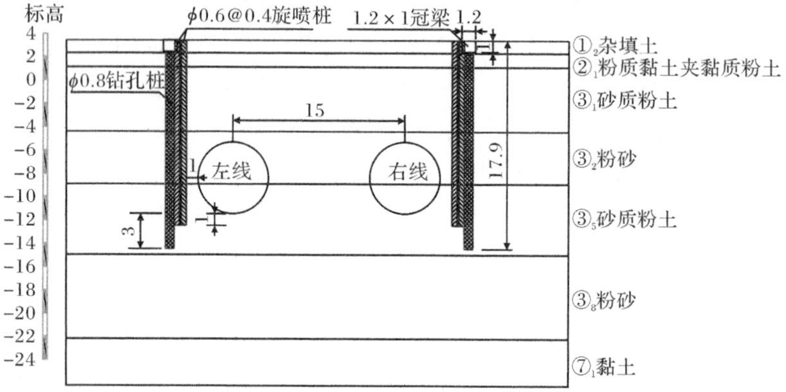

图 12.21　地基加固剖面图(单位:m)

10m 范围内的钻孔灌注桩,在满足施工净空要求的情况下应考虑采用全回转护筒跟进的方法进行钻孔施工。钻孔桩内侧的旋喷止水桩应在钻孔桩施工完毕后再行施工,以起到钻孔桩隔离旋喷桩施工压力传递到高速铁路桩基侧的作用。盾构穿越前钻孔桩及旋喷止水桩应施工完成并达到相应的设计强度,尤其是若在钻孔桩之间进行土体注浆加固,需加固土体达到设计强度后再行盾构穿越施工。盾构穿越需逐条进行,不可同时掘进穿越,且两条盾构先后穿越施工应设置一定的时间间隔。

3. 技术要求

要达到设计所提出的各项要求,需要在实施过程中的各个环节进行保障,技术要求就是从施工的人员、设备、材料各方面满足设计技术指标要求的各项措施。

在人员要求方面分为管理人员和技术人员两大类,无论哪类人员,都必须明确自己的岗位职责,并熟知工序的衔接、工序间的关系以及各类突发事故的应急处理方式。

在设备方面需要解决功能、型号的选择,以能够实现设计所提的各项技术措施和工艺要求。

材料分为主材、消耗品和应急物资,各种材料都应满足性能指标等要求,并结合规范进行抽检。

12.2.5　盾构掘进控制

除土仓压力、盾构机姿态控制,注浆压力、注浆速度和注浆量类似于 12.1.5 节的计算方法与设定外,本工程盾构法隧道左右线的掘进控制略有差别,右线隧道始发后即进入下穿区域,施工材料的运输距离短,大量的施工准备工作可以在地面进行，从掘进施工工艺配套方面来说，可以适当提高掘进速度，但由于盾构刚刚始发，人、机、地层之间还需要磨合，从这方面来讲，掘进速度不宜太快。对于左线隧道，由于离接收井比较近，施工材料的运输距离较长，但施工中人、机、地层的磨合已经成熟，盾构机的推进速度完全取决于施工材料的运输和各工序之间的配合。

12.2.6　实施效果

本工程实施效果的评价应该从总体效果和阶段效果（或分项效果）两个方面进行考察，总体效果是最终的实施情况，而阶段效果则是多分项或不同施工过程所对应的效果，最重要的评价指标是桥墩承台的沉降和水平位移。

根据本标段工程的特点，将监测分为两期进行，第一期为钻孔桩加旋喷桩加固施工期间的监测，监测项目包括沪杭高架桥承台水平变形和竖向变形；第二期为盾构推进施工期间的监测，监测项目主要包括沪杭高架桥承台水平变形和竖向变形及地表沉降。

由于承台埋深较浅，在沪杭高铁高架桥桩基承台角点处布置直接测点，12 个承台，共计 37 点。在穿越段盾构中心轴线两侧范围内，沿垂直盾构推进方向设置 2 个地表变形观测断面（A1～A11 和 D1～D12），A 断面位于余杭高铁车站南端头井南侧 9m，D 断面位于沪杭高速铁路余杭南站 2 号站台南侧 9m；沿高速铁路纵向设置 2 道地表变形观测断面（B1～B12 和 C1～C13），B 断面位于沪杭高速铁路北侧正线下方，C 断面位于沪杭高速铁路南侧站线下方；地表测点共计 48 个，其中测点 A2、A10、B2、B11、C2、C11 及 D1 布置在冠梁上。

第一期和第二期监测点布置如图 12.22 和图 12.23 所示。

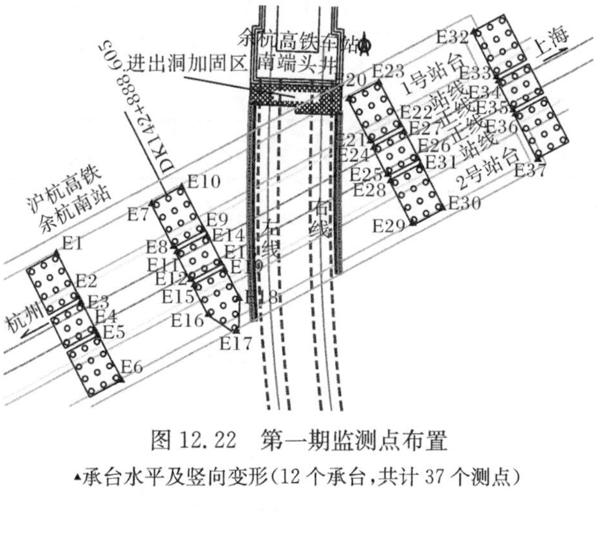

图 12.22　第一期监测点布置

▲承台水平及竖向变形（12 个承台，共计 37 个测点）

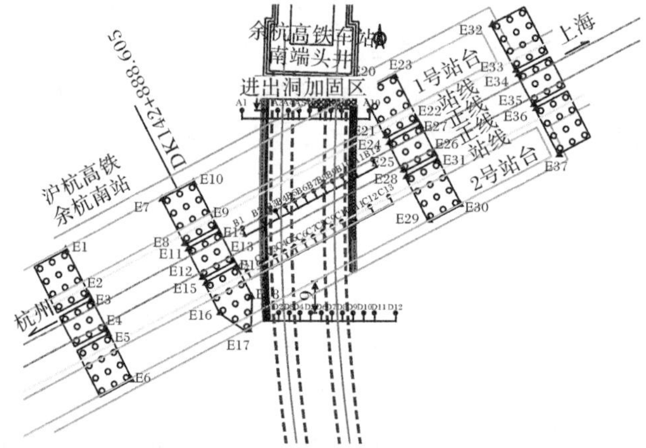

图 12.23 第二期监测点布置

▲承台水平及竖向变形(12 个承台,共计 37 个测点);•地表变形(4 个断面,共计 48 个测点)

对变形监测分预警和报警两级,监测报警值见表 12.4。

表 12.4 施工监测报警值

序号	监测项目	累计变化量预警/mm	累计变化量报警/mm
1	桥墩水平变形	1	2
2	桥墩竖向变形	1	2

图 12.24 和图 12.25 分别为实测的加固施工以及盾构施工期间承台的垂向与水平向位移,从总体效果来看,无论加固施工还是盾构法隧道施工,承台垂向位移和水平位移均在 1mm 之内,说明施工控制取得了良好的效果。

从阶段效果来看,承台的垂向位移主要发生于穿越区加固施工阶段,而后期左右线盾构穿越时,承台的垂向位移不明显,这说明隔离加固对后期盾构穿越过程中承台的变形控制效果明显。

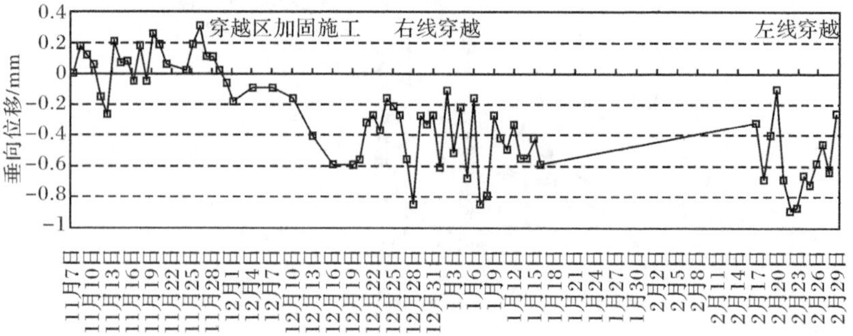

图 12.24 承台垂向位移

负值表示沉降,正值表示隆起

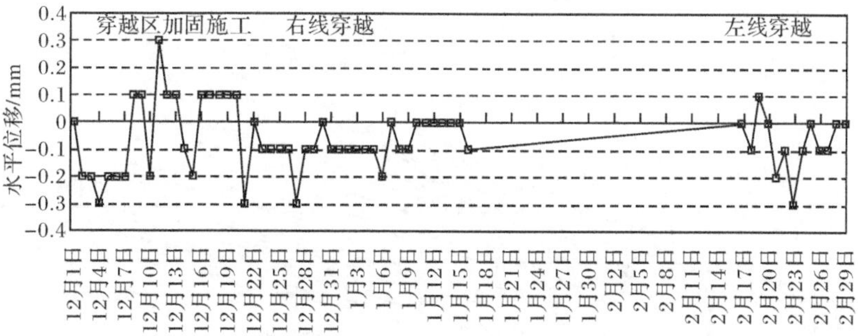

图 12.25　承台水平位移

负值表示向东，正值表示向西

12.3　下穿铁路枢纽

下穿铁路枢纽与下穿其他铁道线相比，最大的区别在于下穿铁路枢纽面临多股铁道线，相临铁道线上的列车动荷载对下穿施工存在叠加效应；此外，一般下穿双线铁道的施工直接影响区为 20～30m，即 20 环左右管片对应的隧道长度。无论人员、材料、设备，还是工艺控制，都比较容易做到，但对长距离穿越施工来说，需要长时间满足严格的施工控制要求，更需要加强多环节的管理，否则容易发生事故。

12.3.1　工程概况

苏州轨道交通 2 号线盾构法隧道出苏州火车站后，以 400m 的半径曲线由北向南依次下穿新建的沪宁城际高速铁路和既有沪宁铁路，平面位置如图 12.26 所示。既有沪宁铁路为 I 级线路等级，双线正线，有砟轨道，在苏州火车站改造范围之内，速度目标值为 160km/h。新建沪宁城际高速铁路为客运专线，双线正线，无砟轨道，速度目标值为 350km/h。盾构法隧道与铁路线路的斜交角度较小，特别是下穿沪宁城际高速铁路段，相交角为 19°～56°。盾构法隧道上、下行线的水平中心间距为 13.7m，线路纵坡为 4‰，穿越处隧顶平均埋深为 12.4m，盾构法隧道管片外径 6.2m，厚度 350mm。盾构法隧道施工时，上、下行线均由南向北推进，穿越既有沪宁铁路时，沪宁城际高速铁路建设完成通车，既有沪宁铁路上运营的列车逐渐过渡到沪宁城际高速铁路上，穿越沪宁城际高速铁路时，运营列车再回到既有沪宁铁路上。

本段工程土层自上而下分别为①$_2$ 素填土、③$_1$ 黏土、③$_2$ 粉质黏土、④$_2$ 粉质黏土、④$_3$ 粉土夹粉砂、④$_5$ 粉质黏土、⑤$_2$ 粉质粉土，土层的分布见图 12.27，其具体物理力学指标详见表 12.5。

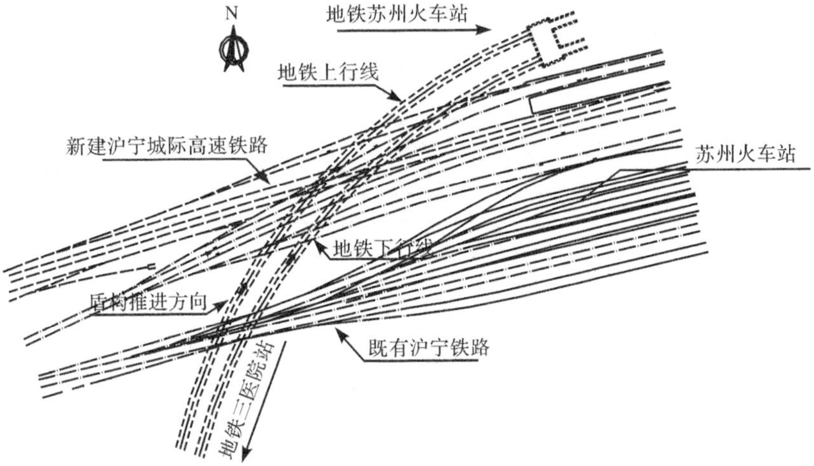

图 12.26　地铁盾构法隧道与新建和既有铁路的位置关系平面图

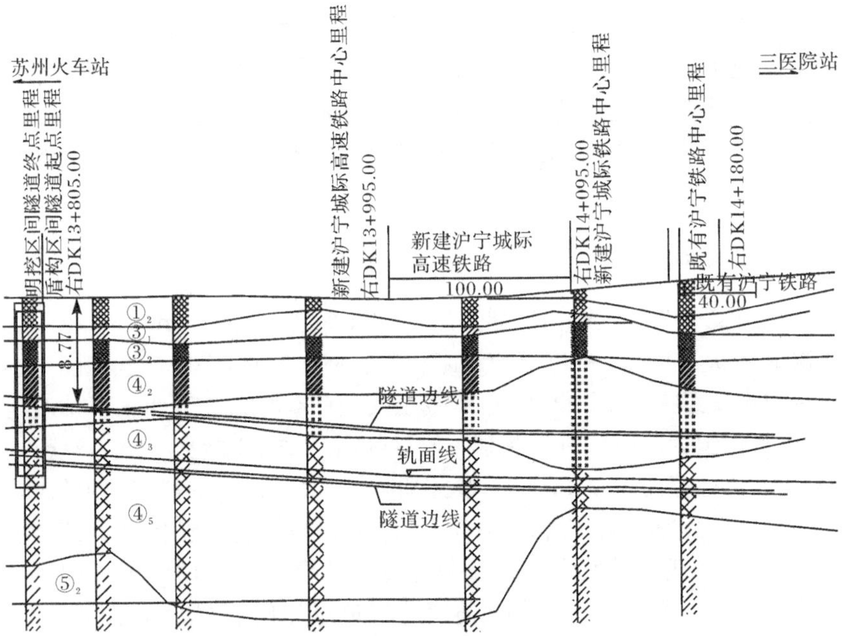

图 12.27　土层的纵剖面图(单位:m)

本工程在苏州站改造时进行了下穿沪宁城际预留设计,采用板＋桩组合结构进行加固。加固板为钢筋混凝土板,厚 1.5m,长(平行于正线方向)79.077m,宽 12m;沿新建沪宁城际高速铁路线路方向,加固板下方设有 4 排 ϕ1000@3000mm 钻孔灌注桩,即下穿处两隧道的两侧分别各有 1 排钻孔灌注桩,每排桩桩顶设 1.5m×

表 12.5　土的物理力学指标

土层代号及名称	含水量/%	重度/(kN/m³)	孔隙比	压缩指标		基床系数/(MPa/m)		固结系数		静止侧压力系数	直剪(固快)		渗透系数/(cm/s)	承载力特征值/kPa
				α_{1-2} /MPa^{-1}	E_{s1-2} /MPa	垂直	水平	垂直	水平		C /kPa	Φ /(°)		
①₂ 素填土	30.5	18.8	0.843	0.374	4.88	—	—	—	—	0.60～0.65	22.1	3.1	5.0×10^{-4}	—
③₁ 黏土	27.1	19.8	0.756	0.269	6.67	18～25	25～30	3.211	3.034	0.45～0.48	52.2	11.0	6.0×10^{-8}	180～210
③₂ 粉质黏土	30.0	19.4	0.826	0.341	5.61	15～18	18～22	3.561	3.333	0.50～0.53	21.3	12.9	1.5×10^{-5}	150～170
④₂ 粉质黏土	32.7	19.1	0.890	0.423	4.66	12～14	14～18	3.582	3.178	0.53～0.56	18.1	10.7	1.5×10^{-6}	90～100
④₃ 粉土夹粉砂	27.0	19.2	0.818	0.171	12.02	20～25	28～35	4.326	4.234	0.40～0.42	8.7	27.6	3.5×10^{-3}	140～160
④₅ 粉质黏土	32.1	19.0	0.888	0.389	5.38	10～12	12～14	2.939	2.997	0.55～0.58	17.4	14.4	2.6×10^{-5}	90～100
⑤₁ 黏土	24.1	20.4	0.670	0.229	7.64	20～25	28～35	3.318	3.205	0.45～0.47	55.3	13.2	9.0×10^{-8}	210～230
⑤₂ 粉质粉土	28.2	19.5	0.788	0.301	6.23	16～20	20～25	3.195	3.138	0.49～0.52	23.6	11.0	4.0×10^{-6}	160～180
⑥₁ 粉质黏土	28.8	19.3	0.812	0.353	5.44	14～16	16～20	1.955	1.726	0.52～0.54	28.0	10.8	1.0×10^{-5}	130～140

2.0m 梁连接。两隧道外侧的桩长为 55m,两隧道内侧的桩长为 50m。预留加固方案如图 12.28 所示。

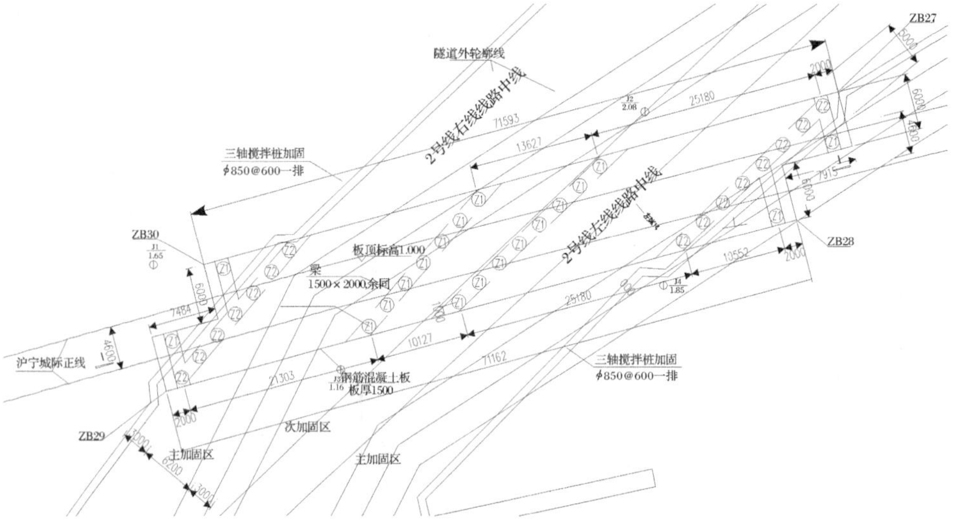

(a) 平面图

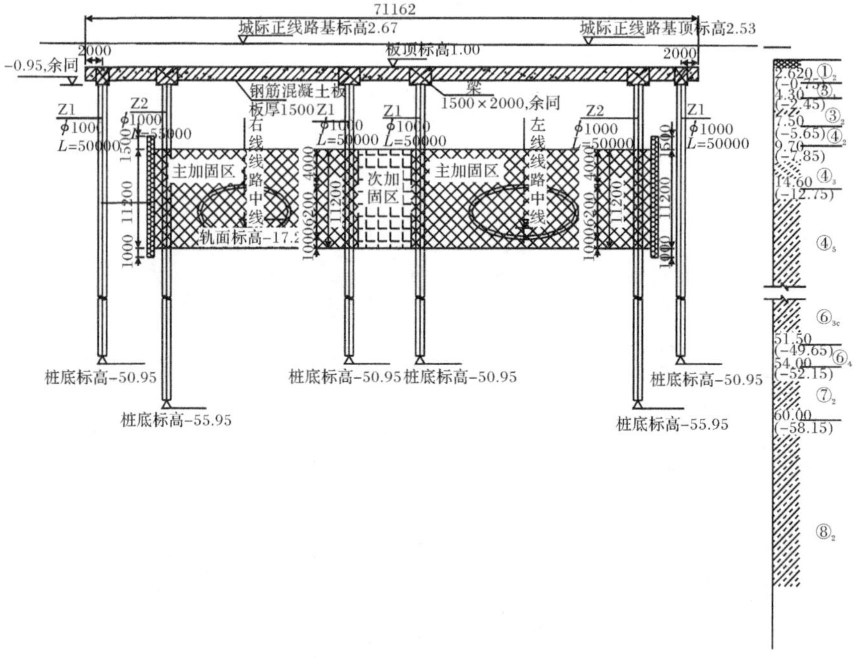

(b) 纵剖面图

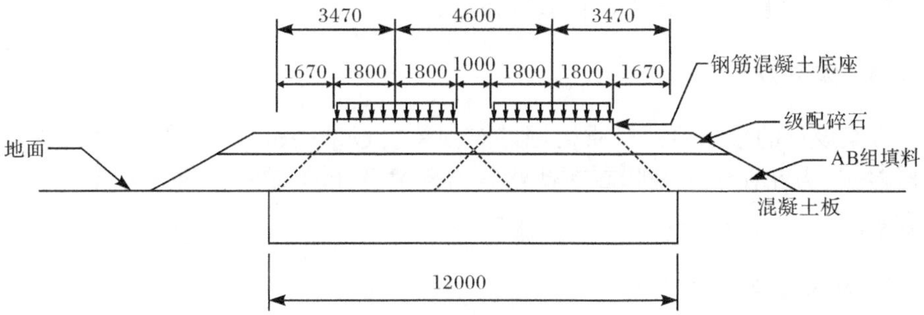

(c) 横剖面图

图 12.28　预留加固设计方案

12.3.2　技术特点及控制指标

本工程具有以下特点：

(1) 地铁隧道以小半径曲线下穿高速铁路和繁忙干线铁路，下穿线路多、距离长。

(2) 隧道所穿越的土层为粉土层，容易发生流砂或喷涌事故。

(3) 下穿京沪铁路的区域为道岔区，道岔与斜交下穿的不利叠加将显著加大列车过岔时的横向作用力，从而加大脱轨的风险，于是需要对道岔进行钉闭或临时迁移至施工影响区之外。

(4) 下穿沪宁城际高速铁路区段，由于沪宁城际高速铁路在建设时已经做了预留下穿设计，为下穿施工提供了便利。但穿越区位于桩板复合地基，稍有变形，桩板的共同作用效果将失效。

基于上述工程特点，本工程采用极为严格的变形控制标准：对于普铁区，最大沉降为 10mm，最大水平位移 6mm；对于高铁，无论沉降还是水平变形，均以 2mm 控制。

12.3.3　方案设计理念

在结构上，沪宁城际高速铁路在下穿的位置处采取预留设计，其实也是沿用主动预加固的设计理念，由于本工程的特殊性，方案设计还需要考虑曲线盾构法隧道侧面超挖引起的应力释放和地层损失变形，并克服相邻线路列车动荷载的叠加效应影响。为此，方案设计的思路还是采取提高盾构掘进影响区土体的刚度和强度以减小盾构掘进施工产生的变形。

针对盾构掘进对预留桩板结构桩基产生的负摩阻效应，预设以下辅助设施：

(1) 在盾构法隧道同步注浆的基础上，采用二次注浆及后续补浆。

(2) 在混凝土板梁之下进行适当补浆处理。

12.3.4　设计方案

方案设计的重点须针对盾构掘进对预留桩板结构桩的影响以及京沪铁路的变形控制,为此在沪宁城际高速铁路结构预留设计的基础上,进一步完善地基处理方案。

1. 地基处理方案

根据前述的设计思路,对盾构穿越区进行注浆加固,为了提高注浆效果,在铁道的外侧采用咬合旋喷桩对加固区进行隔离,在已施工的旋喷桩加固区的基础上,沿新建沪宁城际铁路的主加固区边缘采用单排 ϕ850mm@600mm 三轴搅拌桩作为止水帷幕。考虑到盾构法隧道与铁道斜交的角度较小,旋喷桩(搅拌桩)的强度较高,为了确保隧道轴线控制,旋喷桩(搅拌桩)的平面布置应与隧道轴线正交,加固方案如图 12.29 所示。同时为了实现隧道穿越区域土层刚度的平顺过渡,在主加固区的外侧仍设置次加固区。

在既有线站场一侧,虽然在盾构施工期间上方铁路已经迁至城际站场一侧运营,但考虑到地铁的长期运营会弱化隧道周围土体承载力,影响上方铁路变形,故仍需对该段土体实施注浆加固,并且分主、次加固区,其作用同上。

加固方案的平面和剖面分别如图 12.29 和图 12.30 所示,其中,阴影部分为注浆加固区范围。

2. 技术要求及施工工艺

各加固区的具体技术要求如下:

(1) 旋喷桩(搅拌站)加固区。沪宁城际高速铁路路基北侧,由两排直径为 1.5m的旋喷桩相互咬合形成,咬合量为 0.2m;沪宁城际高速铁路南侧,由三排直径为 0.85m 的搅拌桩相互咬合形成,咬合量 0.25m;沪宁城际高速铁路区段上行线盾构法隧道西侧与下行线盾构法隧道东侧采用单排 ϕ850mm@600mm 三轴搅拌桩作为止水帷幕。加固深度均为地面至隧道底部以下 1m。

(2) 主加固区。沪宁城际高速铁路包括两排旋喷桩与三排搅拌桩之间的区段,上行线隧道西侧与下行线隧道东侧外各至少 3m 的范围。既有沪宁铁路为最北铁路线外 5m 至最南铁路线外 5m 的范围,加固区的长度均为上行线隧道西侧与下行线隧道东侧外各 3m 的范围。加固区的深度均为③$_2$ 土层底至隧道底部以下 0.5m。采用袖阀管注浆加固,要求静力触探时的比贯入阻力 $P_s \geq 1.0$MPa。

(3) 次加固区。沪宁城际高速铁路包括上、下行线隧道主加固区之间的范围,既有沪宁铁路为主加固区外延至少 10m 的范围。加固长度、深度均与主加固区相

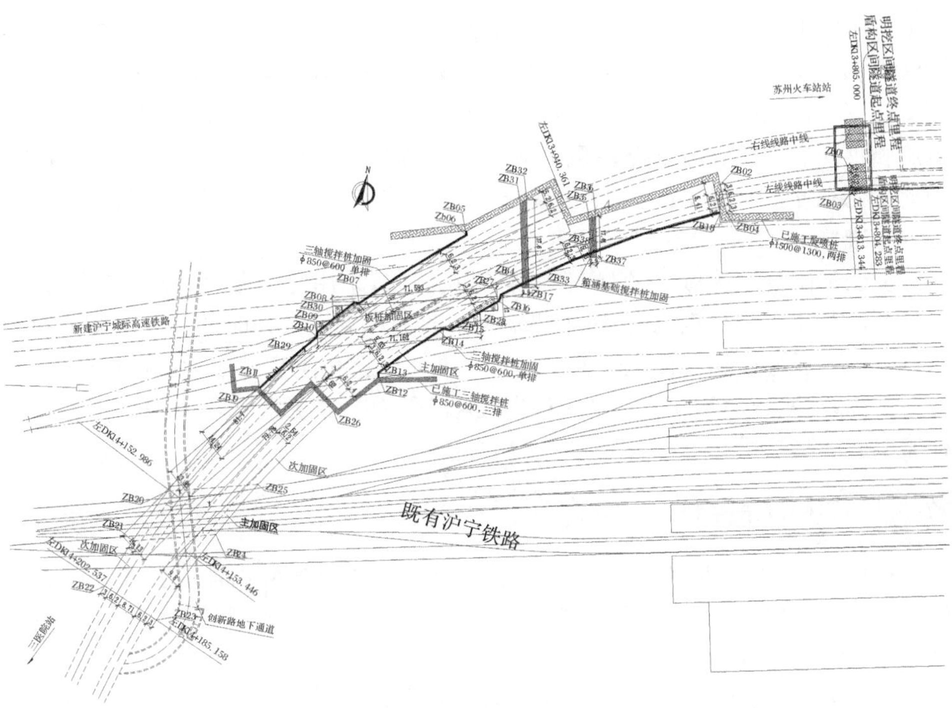

图 12.29　地基加固方案平面图(单位:mm)

“ZB”为搅拌桩拼音略写

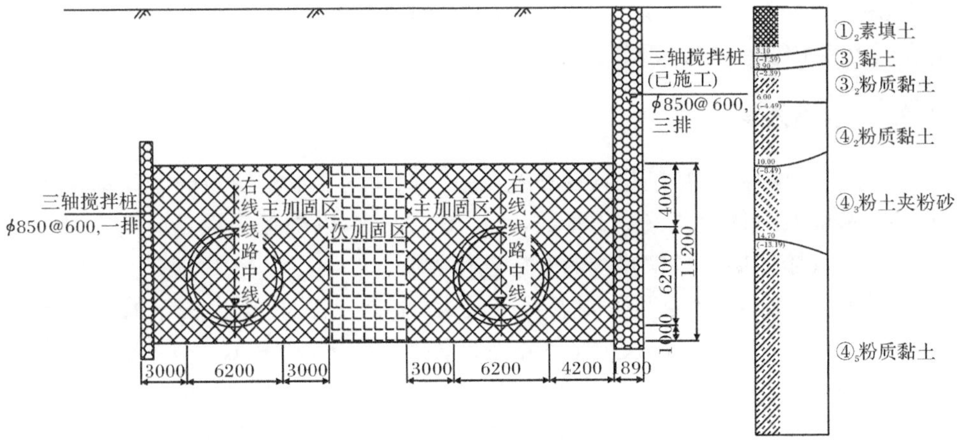

图 12.30　一般路段地基加固剖面图(单位:mm)

同。采用袖阀管注浆加固，要求 $P_s \geqslant 0.8$MPa。

主加固区、次加固区的加固要求逐渐降低，在强度及刚度上形成过渡。

施工旋喷桩以前，在靠近铁路一侧设置 φ350mm@1.2m 的泄压孔，深度为

16m(通常情况下,泄压孔深度可为加固深度以上 2m)。高压旋喷桩施工时采用跳桩法施做(可采用施 1 隔 4 的工序),相邻两根旋喷桩的施工时间间隔不少于 90min。先施工靠铁道一排,然后施工外排,最后施工中间排。同时应避免铁路两侧旋喷桩同时施工。沿铁路两侧的旋喷桩加固施工期间,应严格控制施工速度,同时加强监护和监测,根据监测结果调整施工参数,并由铁路部门对线路进行及时养护维修。

注浆加固分层施做,先实施第一层斜孔注浆,采用复合浆液,缩短胶凝时间,以控制注浆压力和扩散范围,减小注浆对基床的影响。注浆时的施工温度不得超过(或低于)无缝线路的锁定轨温±10℃。第一层斜孔注浆完成后,进行下部深层注浆加固,注浆压力和注浆速度应根据线路变形的监测数据进行调整。严格控制注浆引起的隆起量。

12.3.5 盾构掘进控制

按照与 12.1.5 节相同的方法,计算得到穿越沪宁城际高速铁路及京沪普速线时盾构中心理论压力值,同样综合考虑土质情况与盾构机机型确定注浆压力、注浆量及注入速度。

本工程实际施工时的参数为:盾构在穿越京沪普速线及沪宁城际高速铁路到发线时每天推进 6 环,盾构在穿越沪宁城际高速铁路正线下方桩板结构时,每天推进 4 环。在穿越整个站场范围内,盾构施工参数基本保持恒定:推进速度基本为 1.8~2.0cm/s,同步注浆 3.8m^3/环左右,同步注浆压力控制在 0.3MPa 左右,土仓压力基本维持在 0.23MPa。

12.3.6 实施效果

为了把周围环境,特别是各铁路线在施工期间的变形情况及时地反馈给施工方,使之能够及时优化调整施工参数,改进施工方法,以确保工程自身和铁路行车安全,对下穿施工期间各铁路线的变形进行监测。

监测布点为:线路变形监测点共布设为 31 个,监测范围为沪宁铁路上行线 K1367+631~ K1367+731、沪宁铁路下行线 K1367+720~ K1367+820、沪宁城际高速铁路 K84+100~ K84+210。根据现场实际情况,对地铁隧道轴线影响范围内的电化杆 92#、127#、129#、133#、135#、P135#、136#、137#、139#、140#、143#进行沉降观测,测点布设在电化杆侧面。测点布置如图 12.31 所示,线路沉降监测点与水平位移监测点相同。

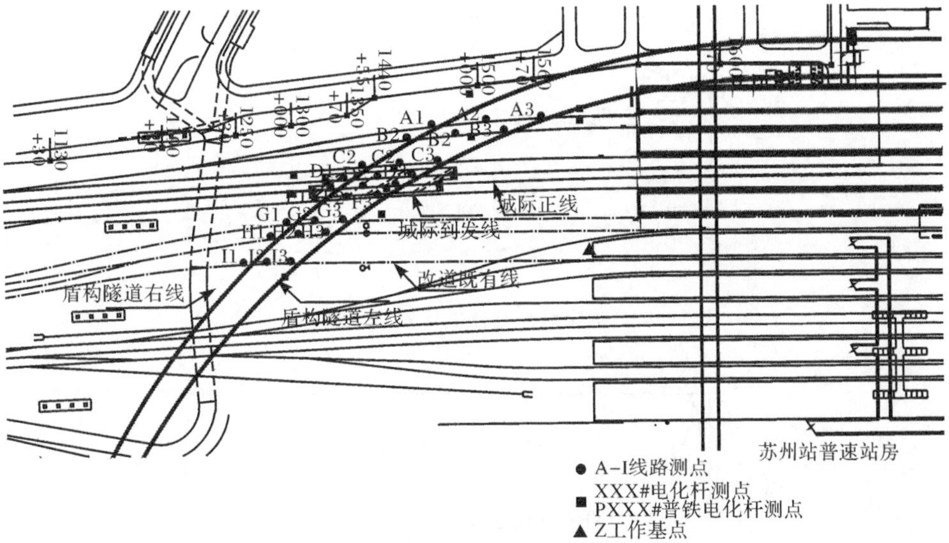

图 12.31　监测布点图

1. 每条线路布设三个测点，分别位于每条隧道轴线及两条隧道中线与铁路交点位置；同时保护板与正线相交四个位置布设四个测点。2. 隧道影响范围内的电化杆设置沉降监测点。3. 工作基点位于 4 号站台西侧

监测报警值见表 12.6。

表 12.6　本工点施工监测报警值

序号	监测项目	日变化速率报警	累计变化量预警	累计变化量报警
1	普铁线路竖向变形/mm	2	7	10
2	普铁线路水平变形/mm	2	4	6
3	高铁线路竖向变形/mm	—	1	2
4	高铁线路水平变形/mm	—	1	2

图 12.32 和图 12.33 分别为沪宁城际高速铁路和京沪普通铁路的累计竖向变形曲线。其中，正值表示隆起，负值表示沉降。可以看出，盾构下穿铁路施工期间，盾构正上方的测点，均表现为先隆起，后下沉的形态。经统计分析，沪宁城际高速铁路最大隆起量为0.8mm，最大沉降值为 0.5mm；京沪普通铁路最大隆起量为 1.8mm，最大沉降均为－3.6mm，线路变形得到了较好的控制。

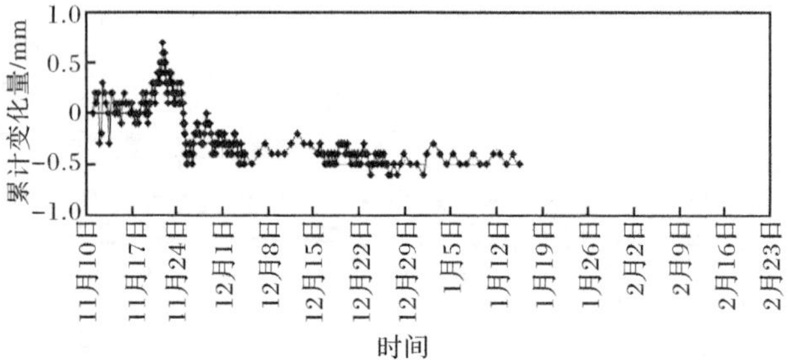

图 12.32　沪宁城际高速铁路累计竖向变形曲线

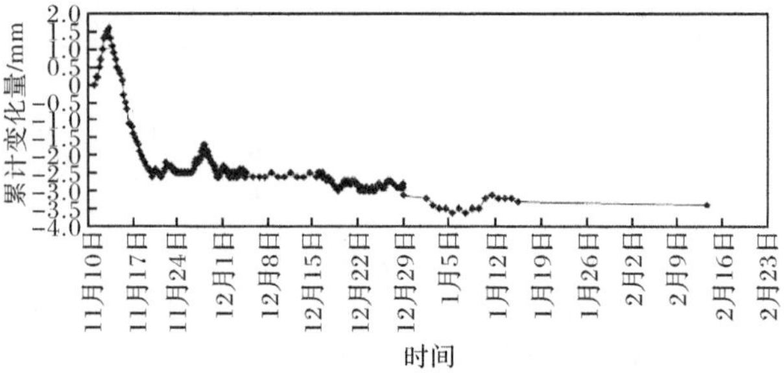

图 12.33　京沪普通铁路累计竖向变形曲线

参考文献

[1] 沈林冲，周顺华，张金荣，等. 杭州地铁一号线穿越钱塘江工程理论与实践[M]. 北京：人民交通出版社，2012.

[2] Peck R B. Deep excavations and tunnelling in soft ground[C]//Proceedings of the 7th International Conference on Soil Mechanics and Foundation Engineerin，Mexico，1969：225-290.

[3] 周顺华，高渠清，崔之鉴. 开挖应力释放率计算模型[J]. 力学季刊，1997，(1)：91-98.

[4] 周顺华，徐正良，刘恩军. 软土隧道应力释放率研究[C]//中国土木工程学会隧道及地下工程学会年会，洛阳，1994.

[5] 庄丽. 散粒体的加卸载与应力释放特性[D]. 上海：同济大学，2009.

[6] 维亚洛夫 C C. 土力学的流变原理[M]. 杜余培译. 北京：科学出版社，1987.

[7] 庄丽，周顺华. 散粒体卸载特性的三轴伸长试验研究[J]. 固体力学学报，2009，30(4)：354-360.

[8] 庄丽，周顺华. 砂的静力加卸载试验和应力释放模型研究[J]. 岩土力学，2009，30(9)：2667-2673.

[9] 张倬元，王士天，王兰生. 工程地质分析原理[M]. 北京：地质出版社，1994.

[10] 吴迪，周顺华，贾剑. 开挖问题摩擦效应的有限元计算方法[J]. 岩石力学与工程学报，2015，34(5)：907-914.

[11] Guo P. Modelling Granular Materials with Respect to Stress-dilatancy and Fabric：A Fundamental Approach[D]. Calgary：University of Calgary，2000.

[12] 阳军生，刘宝琛. 城市隧道施工引起的地表移动及变形[M]. 北京：中国铁道出版社，2002.

[13] Balendran B，Nemat-Nasser S. Double sliding model for cyclic deformation of granular materials，including dilatancy effects[J]. Journal of the Mechanics & Physics of Solids，1993，41(3)：573-612.

[14] Rankin W J. Ground movements resulting from urban tunnelling：Predictions and effects[J]. Geological Society London Engineering Geology Special Publications，1988，5(1)：79-92.

[15] Whittle A J，Hsleh Y M，Pinto F，et al. Numerical and analytical modeling of ground deformations due to shallow tunneling in soft soils[J]. Psychology in the Schools，1986，23(4)：417-418.

[16] 付龙龙，李晓龙，周顺华，等. 土压平衡盾构机土舱压力的设定方法及原位实测反分析[J]. 中国铁道科学，2015，36(5)：68-74.

[17] 邹春华，周顺华，徐正良，等. 基于位移反分析法的盾构掘进面土压力计算[J]. 中国铁道科学，2010，31(4)：53-58.

[18] 周冠南. 土压平衡盾构螺旋输送机出渣稳定性计算模型[D]. 上海：同济大学，2010.

[19] 周冠南. 土压平衡盾构螺旋输送机排土及保压作用分析[J]. 隧道建设，2012，32(3)：302-308.

[20] 孙玉永，周顺华，向科，等. 近距离下穿既有隧道的盾构施工参数研究[J]. 中国铁道科学，

2010,31(1):54-58.
[21] 周俊宏,周顺华,吴迪,等.盾构隧道破损管片修补强度的理论与试验研究[J].岩石力学与工程学报,2013(z2):3643-3649.
[22] 王林涛.盾构掘进姿态控制关键技术研究[D].杭州:浙江大学,2014.
[23] 李雪.软土地层盾构施工姿态控制可靠度计算模型[D].上海:同济大学,2016.
[24] 许恺,季昌,周顺华.砂性土层盾构掘进面前土体改良现场试验[J].土木工程学报,2012,45(9):147-155.
[25] 钟毅,杨龙才,房师涛,等.砂卵石地层的土压平衡盾构施工土体改良试验研究[J].华东交通大学学报,2015,32(6):44-53.
[26] 周顺华,刘建红,陈翰,等.一种确定下穿铁路工程刚度匹配的方法:ZL201510460192.9[P].2015-11-18.
[27] 霍军帅,王炳龙,周顺华.地铁盾构隧道下穿城际铁路地基加固方案安全性分析[J].中国铁道科学,2011,32(5):71-77.
[28] 周冠南,周顺华,王春凯,等.盾构隧道施工对短桩基-框架结构的影响[J].中国铁道科学,2009,30(4):51-57.
[29] 徐祥其.电水平尺沉降自动遥测系统在地铁监护中的应用[J].矿产勘查,2009,12(2):71-74.
[30] 朱杠.地铁施工引起的高铁桥梁基础变形监测研究[D].成都:西南交通大学,2014.
[31] 邓颖烜.电子水平尺在铁路道岔变形监测中的应用技术[J].建筑工程技术与设计,2016,(6):142-143.
[32] 薛玖红,谭长瑞,阮昕宇.静力水准自动化在高层建筑沉降监测中的应用[J].现代测绘,2015,38(6):49-50.
[33] 中华人民共和国住房与城乡建设部.建筑变形测量规范(JGJ 8—2016)[S].北京:中国建筑工业出版社,2016.
[34] 庞晨睿.盾构下穿高速铁路路基位移传感器优化布置[D].上海:同济大学,2015.
[35] 何永琦,陈伟民,符欲梅.倾斜传感器在桥梁变形监测中的应用[J].重庆大学学报(自然科学版),2004,27(7):28-31.
[36] 苏宝华,董翠屏.一种测量喷油杆尺寸的新方法[J].计量与测试技术,2014,41(3):18-19.
[37] 卢晓霞.基于图像处理的混凝土裂缝宽度检测技术的研究[D].成都:电子科技大学,2010.
[38] 方杨,王广兴,杜玉军,等.三种粗差检测方法的比较及分析[J].测绘通报,2009,(9):9-11.
[39] 欧吉坤.粗差的拟准检定法(QUAD法)[J].测绘学报,1999,28(1):15-20.
[40] 周大华,彤增湘,陈建平.基于小波分析的隧道监测数据处理[J].现代隧道技术,2010,47(4):58-61.
[41] 胡丛玮,刘大杰.基于方差分量估计原理的自适应卡尔曼滤波及其应用[J].测绘科学技术学报,2002,19(1):15-18.
[42] 陈晓梅,杨成祥.时间序列模型的进化识别方法及其应用[J].沈阳工业大学学报,2004,26(6):689-691.
[43] 毕卫国,田岗,张耀庆,等.运用灰色理论预测隧道变形的探讨[J].现代隧道技术,2011,

48(6):53-57.
[44] 朱春雷,周顺华.杭州地铁1号线盾构隧道施工的风险与对策[J].施工技术,2014,(7):94-97.
[45] 赵焕臣,和金生,许树柏.层次分析法在科技管理中的应用[J].科学学与科学技术管理,1985,(6):23-25.
[46] 张少夏.隧道工程风险分析方法及工期损失风险研究[D].上海:同济大学,2006.
[47] 边亦海.基于风险分析的软土地区深基坑支护方案选择[D].上海:同济大学,2006.
[48] 赵晓周,黄建忠,陈纬岳,等.盾构隧道邻近施工风险管理[C]//第十三届海峡两岸隧道与地下工程学术及技术研讨会,南宁,2014.
[49] 徐正良.软土地区盾构隧道下穿浅基础建筑群的土仓压力设定方法[D].上海:同济大学,2009.
[50] 代仁平.盾构掘进超挖引起的施工期地表沉降的计算方法[D].上海:同济大学,2011.
[51] 中华人民共和国国家标准局.铁道车辆动力学性能评定和试验鉴定规范(GB 5599—85)[S].北京:中国标准出版社,1985.
[52] 中华人民共和国铁道部.铁道机车动力学性能试验鉴定方法及评定标准(TB/T 2360—93)[S].北京:中国铁道出版社,1993.
[53] 中华人民共和国铁道部.高速铁路工程动态验收技术规范(TB 10716—2013)[S].北京:中国铁道出版社,2013.
[54] 长沙铁道学院随机振动研究室.关于机车车辆/轨道系统随机激励函数的研究[J].铁道科学与工程学报,1985,(2):4-39.
[55] 铁道科学研究院铁道建筑研究所.我国干线轨道不平顺功率谱的研究,TY-1215[R].北京:铁道科学研究院,1999.
[56] 德国联邦铁路慕尼黑研究中心.城间特快列车ICE技术任务书[R].慕尼黑:德国联邦铁路慕尼黑研究中心,1993.
[57] 陈果,翟婉明.铁路轨道不平顺随机过程的数值模拟[J].西南交通大学学报,1999,34(2):138-142.
[58] 康庄,宫全美,何超.基于盾构隧道斜交下穿的修正Peck公式法[J].同济大学学报(自然科学版),2014,(10):1562-1566.
[59] 周顺华.城市轨道交通结构设计与施工[M].北京:人民交通出版社,2011.
[60] 周顺华,毛坚强,王炳龙,等.城市轨道交通地下工程计算与分析[M].北京:人民交通出版社,2014.
[61] 翟婉明.车辆-轨道耦合动力学[M].4版.北京:科学出版社,2015.
[62] 杨新文.高速铁路无砟轨道区段轮轨滚动噪声特性分析[J].同济大学学报(自然科学版),2014,42(3):421-428.
[63] 代仁平,周顺华,宫全美,等.盾构越江隧道囊状沼气爆炸风险的事故树分析[J].城市轨道交通研究,2010,(5):30-34.
[64] 周顺华.城市轨道交通施工力学的新挑战[J].中国科学(技术科学),2016,(6):560-569.
[65] 代仁平,宫全美,周顺华,等.土压平衡盾构砂卵石处理模式及应用分析[J].土木工程学

报,2010,(s2):292-298.

[66] 周冠南,周顺华,余儿忠,等. 土压平衡盾构螺旋输送机模拟试验系统:ZL201010145581. X[P]. 2010-8-11.

[67] 季昌,周顺华,许恺,等. 盾构隧道管片施工期上浮影响因素的现场试验研究[J]. 岩石力学与工程学报,2013,(s2):3619-3626.

[68] 季昌,王培鑫,李雪,等. 软土地层地铁盾构隧道施工期管片上浮因素权重分析[J]. 现代隧道技术,2014,51(s1):164-171.

[69] Zhou S H, Ji C. Tunnel segment uplift model of earth pressure balance shield in soft soils during subway tunnel construction[J]. International Journal of Rail Transportation, 2014, 2(4):221-238.